Elise Henle

Stenographischer Bericht

Verhandlungen des Katholikencongresses

Elise Henle

Stenographischer Bericht
Verhandlungen des Katholikencongresses

ISBN/EAN: 9783742816023

Hergestellt in Europa, USA, Kanada, Australien, Japan

Cover: Foto ©Lupo / pixelio.de

Manufactured and distributed by brebook publishing software (www.brebook.com)

Elise Henle

Stenographischer Bericht

Stenographischer Bericht

über die

Verhandlungen des Katholiken-Congresses

abgehalten

vom 22. bis 24. September 1871 in München

Mit einer historischen Einleitung und Beilagen.

München.
Theodor Ackermann.
1871.

Einleitung.

Am 18. Juli 1870 verkündete Pius IX. in feierlicher Sitzung dem versammelten Rumpfconcil die Decrete über des Papstes Machtfülle und Unfehlbarkeit.

Tags vorher hatten 55 Bischöfe von den 88, welche in der General-Congregation vom 13. Juli mit Non placet gestimmt hatten, ihr Votum feierlich erneuert und das Concil verlassen.

Abgesehen von denjenigen, welche mit Placet juxta modum stimmten oder sich der Abstimmung enthielten, hatten allein aus Deutschland und Oesterreich die Erzbischöfe und Bischöfe von Prag, Wien, Olmütz, München, Bamberg, Metz, Triest, Mainz, Budweis, Breslau, Augsburg, Trier, Lavant, Osnabrück, Ermeland, Rottenburg, sowie der apostolische Vikar von Sachsen und der Feldprobst der preußischen Armee „gedrungen von ihrem Gewissen und aus Liebe zur heiligen Kirche" die päpstlichen Propositionen verworfen.

Die Haltung unserer Bischöfe ließ hoffen, daß sie der klar erkannten und bekannten Wahrheit auch nach dem Gewaltakt des 18. Juli unter allen Umständen treu bleiben würden. In diesem Vertrauen vereinbarten Anfang Juli 1870 Professor v. Schulte in Prag, Stiftspropst von Döllinger in München und Professor von Kuhn in Tübingen eine Erklärung, welche eintretenden Falls dem pflichtmäßigen Auftreten unserer Bischöfe eine glänzende Unterstützung durch die deutsche katholische Wissenschaft sichern sollte. Fast einstimmig traten diesem Unternehmen bei die katholischen Lehrer an den Hochschulen zu München, Tübingen, Bonn, Münster, Braunsberg, Würzburg, Breslau, Prag, Freiburg u. s. w.

Inzwischen aber war die That des 18. Juli geschehen und es begann die Schwäche der bisherigen Oppositions-Bischöfe offenbar zu werden. So unterblieb denn die beabsichtigte Kundgebung. Dagegen traten rheinische Männer aus Coblenz, Bonn und Cöln, welche seinerzeit die dem Bischofe von Trier und dem Erzbischofe von Cöln eingereichte Laienadresse veranlaßt, resp. derselben zugestimmt hatten, am 14. August in Königswinter zu einer Berathung zusammen. Man vereinigte sich zu einem öffentlichen Proteste gegen die vaticanischen Dekrete, welcher in den rheinisch-westphälischen Diözesen ebenso zahlreiche, als gewichtige Unterschriften fand.

Um eben diese Zeit schlossen sich die katholischen Professoren an den einzelnen Hochschulen in ihrer großen Mehrzahl dem Vorgehen der Münchener Collegen an, welche (nahezu 50 an der Zahl) schon Ende Juli durch eine gemeinschaftliche Erklärung die neue Lehre zurückgewiesen hatten.

Aber auch der vor Monatsfrist gescheiterte Plan, die Stimme der kirchlichen Wissenschaft zur Geltung zu bringen, wurde jetzt wieder aufgenommen. Am 27. August beschlossen zu Nürnberg die Professoren von Döllinger, Friedrich und Reischl, Knoodt, Reusch und Langen, Balzer, Reinkens und Weber, von Schulte, Maher und Löwe, Michelis und Dittrich nachstehende Erklärung:

„Wir sind der Ueberzeugung, daß ein längeres Schweigen gegenüber den in Folge der Majoritäts-Beschlüsse der vaticanischen Bischofsversammlung vom 18. Juli 1870, durch die Bulle „Pastor aeternus" kundgemachten päpstlichen Decreten weder uns ziemt, noch zum Nutzen der Kirche gereichen kann.

In dem dritten Capitel dieser „Constitutio dogmatica prima de ecclesia Christi" wird als Glaubenssatz aufgestellt:

der römische Bischof habe nicht blos das Amt der Oberaufsicht und der höchsten Leitung über die Kirche, sondern sei Inhaber der ganzen Machtfülle und besitze über alle Kirchen und jede einzelne, über alle Kirchenvorsteher und jeden einzelnen und über jeden Christen die ordentliche und unmittelbare Gewalt.

Im vierten Capitel wird gelehrt:

es sei von Gott geoffenbarter Glaubenssatz, daß der römische Bischof als Lehrer für die ganze Kirche („ex Cathedra") in Gegenständen des Glaubens und der Sitten die der Kirche von Christus verheißene Unfehlbarkeit besitze, und daß deshalb derartige Entscheidungen irreformabel seien aus sich selbst, nicht aber auf Grund der Zustimmung der Kirche.

Diese Sätze vermögen wir nicht als Aussprüche eines wahrhaft ökumenischen Concils anzuerkennen; wir verwerfen sie als neue von der Kirche niemals anerkannte Lehren. Von den Gründen, deren streng wissenschaftliche Ausführung vorbehalten wird, machen wir folgende namhaft:

1) Eine Constatirung der Lehre der Kirche über diese Punkte ist auf der Synode zufolge der Verheimlichung vor ihrer Eröffnung, sowie durch Verhinderung vollständiger Zeugnißabgabe und freier Meinungsäußerung mittelst vorzeitigen Schlusses der Debatte nicht erfolgt. Damit ist die wesentliche Aufgabe eines ökumenischen Concils bei Seite gesetzt worden.

2) Jene Freiheit von jeder Art moralischen Zwangs und jeder Beeinflussung durch höhere Gewalt, welche zum Wesen eines

öcumenischen Concils gehört, ist auf dieser Versammlung nicht vorhanden gewesen, unter Anderm:

a) weil der Versammlung von dem Papste im Widerspruche mit der Praxis der früheren Concilien eine die Freiheit hemmende Geschäftsordnung auferlegt, trotz Protestes einer großen Anzahl von Bischöfen belassen, und nachher wiederum ohne Zustimmung der Versammlung modificirt und gegen den abermaligen Protest aufrecht erhalten wurde;

b) weil in einer erst zu entscheidenden und den Papst persönlich betreffenden Lehre durch die mannigfaltigsten dem Papste zu Gebote stehenden Mittel ein moralischer Druck auf die Mitglieder ausgeübt worden ist.

3) Wenn bisher stets in der Kirche als Regel gegolten, daß nur das immer, überall und von Allen Bekannte Glaubenssatz der Kirche sein könne, so ist man auf der vaticanischen Versammlung von diesem Grundsatze abgewichen. Der bloße Bruchtheil einer Bischofsversammlung hat gegen den beharrlichen und noch zuletzt schriftlich erneuerten Widerspruch einer durch ihre Zahl sowohl als durch die Dignität und den Umfang ihrer Kirchen überaus gewichtigen Minorität eine Lehre zum Dogma erhoben, von der es notorisch und evident ist, daß ihr von den drei Bedingungen keine, weder das Immer, noch das Ueberall, noch das von Allen, zukomme. In diesem Vorgange liegt die thatsächliche Anwendung des völlig neuen Satzes, daß als göttlich geoffenbarte Lehre eine Meinung erklärt werden könne, deren Gegentheil bis dahin frei gelehrt und in vielen Diözesen geglaubt wurde.

4) Indem das dritte Kapitel gerade die ordentliche Regierungsgewalt in den einzelnen Kirchensprengeln, welche nach katholischer Lehre den Bischöfen zukommt, auf den Papst überträgt, wird die Natur und Wesenheit des Episcopates als göttlicher, in dem Apostolate gegebener Institution und als integrirenden Bestandtheiles der Kirche alterirt, beziehungsweise völlig zerstört.

5) Durch die Erklärung, daß alle an die ganze Kirche gerichteten doctrinellen Aussprüche der Päpste unfehlbar seien, werden auch jene kirchen-politischen Sätze und Aussprüche älterer und neuerer päpstlicher Erlasse für unfehlbare Glaubensnormen erklärt, welche die Unterwerfung der Staaten, Völker und Fürsten unter die Gewalt der Päpste auch in weltlichen Dingen lehren, welche über Duldung Andersgläubiger und Standesrechte des Clerus Grundsätze aufstellen, die der heutigen Gesellschaft widersprechen. Hiermit wird das friedliche Einvernehmen zwischen Kirche und Staat, zwischen Clerus und Laien, zwischen Katho-

liken und Andersgläubigen für die Zukunft ausgeschlossen.

Angesichts der Verwirrung, welche durch diese neuen Lehren in der Kirche jetzt schon eingetreten ist und sich in der Zukunft voraussichtlich noch steigern wird, setzen wir in jene Bischöfe, welche diesen Lehren entgegen getreten sind und durch ihre Haltung auf der Versammlung den Dank der katholischen Welt verdient haben, das Vertrauen und richten zugleich an sie die Bitte, daß sie in gerechter Würdigung der Noth der Kirche und der Bedrängniß der Gewissen auf das baldige Zustandekommen eines wahren, freien und daher nicht in Italien, sondern diesseits der Alpen abzuhaltenden öcumenischen Concils mit den ihnen zu Gebote stehenden Mitteln hinwirken mögen."

Die Sammlung weiterer Unterschriften und die Veröffentlichung des Actenstückes (für den 9. September angesetzt) wurde den Münchener Theilnehmern an der Versammlung überlassen.

Wenige Tage nachher, am 31. Aug., kam es endlich auch zu einer bischöflichen Vereinbarung. Das Ergebniß, welches die neun am Grabe des hl. Bonifacius versammelten Bischöfe erzielten, zerstörte leider vollends die Hoffnungen, zu welchen das bekannte Fuldaer Hirtenschreiben vom Herbste 1869 die deutschen Katholiken berechtigt hatte. Da diese neun Bischöfe für die Urkunde ihres Glaubensabfalles gleichfalls erst Unterschriften warben, wurde ein Aufschub bezüglich der Veröffentlichung des Nürnberger Protestes in München für unbedenklich erachtet, zumal Prof. Reischl auf das bestimmteste versicherte, daß ein baldiges Erscheinen des Fuldaer Hirtenbriefes nicht zu befürchten sei.

Dieses Zaudern war der Anlaß, daß das traurige Document über die moralische Niederlage unserer Bischöfe, mit 17 Namen versehen, zuerst veröffentlicht wurde und somit den noch zurückgehaltenen Nürnberger Protest antiquirte.

Bis zu diesem Zeitpunkte waren demselben beigetreten:

Aus Bonn: die Professoren Dieringer und Hilgers; aus Braunsberg: die Professoren Bender, Feldt, Hipler, Menzel, Wollmann, Seminardirektor Treibel, Subregens Kolberg und Privatdocent Weiß; aus Breslau: die Professoren Elvenich, Lutzen und Schmölders; aus Gießen: die Professoren Lutterbeck, Rügen und Willbrand; aus Luzern: Professor Herzog; aus Regensburg: Professor Kastner.

Um diese Zeit war bereits unsere ganze Nation durch die Abwehr des äußeren Feindes in Anspruch genommen. Das war eine günstige Gelegenheit für die siebzehn Verbündeten von Fulda, um daheim das deutsche Gewissen in die neugeschmiedeten römischen Fesseln zu schlagen. Ein Hirtenbrief nach dem andern wurde erlassen, und alle waren mit mehr oder weniger Geschick darauf berechnet, die Concilsereignisse zu beschönigen oder zu leugnen und die neuen Lehren je nach Bedarf der Diöcesen dem katholischen Volke mundgerecht zu machen. Da diese Bemühungen zunächst auf keinen erheblichen Widerstand stießen und sogar die meisten Mitglieder der theologischen Fakultäten, der bischöflichen Willkür preisgegeben, sich zu der geforderten „Unterwerfung" bequemten; so glaubte man, noch ehe die günstige Zeit durch die Friedensbotschaft aus Frankreich beendet würde, den Sieg Roms über deutsches Wissen und Gewissen vollständig machen zu können. Darum liefen mit dem Kriege auch die Fristen ab, welche die Hierarchie mit begreiflicher Langmuth den Münchener Führern der kirchlichen Opposition bisher zur Unterwerfung bewilligt hatte.

Aber statt auch seinerseits das den Bischöfen so wohlgefällige Opfer des Verstandes zu bringen, rüttelte Stiftspropst von Döllinger durch sein Antwortschreiben an den Erzbischof von München-Freising unterm 28. März das katholische Bewußtsein aus seinem Schlummer und wandte die Blicke des ganzen Volkes auf die inzwischen im Innern großgewachsene Gefahr. Die Situation war wie mit einem Schlage verändert. Mit lautem Beifalle traten die denkenden Katholiken aller Orten an die Seite des greisen Vorkämpfers und die eben noch so zuversichtliche Hierarchie griff in ihrer Bestürzung zu den ihr noch gebliebenen rostigen Waffen des canonischen Strafrechts. Die Excommunicationssentenz gegen von Döllinger und Friedrich sollte die Gläubigen erschrecken und zum Schweigen bringen; man bedachte nicht, daß die Autorität durch Mißbrauch nur sich selbst zerstört.

Vor Allem war es München, wo unbeirrt durch die Maßnahmen eines Erzbischofs, welcher durch die offenen Briefe der Professoren Friedrich und J. Huber vor der öffentlichen Meinung gerichtet wurde, die glaubenstreuen Katholiken sich sofort zur Wahrung ihrer kirchlichen und staatsbürgerlichen Rechte vereinigten. Die am 10. April im Museumssaale abgehaltene Versammlung richtete an Seine Majestät den König von Bayern die motivirte Bitte: „mit allen gesetzlichen Mitteln die gefährlichen Folgen dieser Lehre abzuwehren, die Verbreitung derselben in den öffentlichen Bildungsanstalten zu verbieten und energische und rasche Fürsorge zu treffen, daß das Verhältniß zwischen Kirche und Staat auf dem verfassungsmäßigen Wege neu geregelt werde." Zugleich nahm von diesem Tage an ein von der Versammlung selbst autorisirtes Comité die Leitung der katholischen Bewegung in die Hand und gewann schon nach kurzer Zeit für die allerorts und unaufhaltsam entstehenden Oppositionsherde in Deutschland, Oesterreich und der Schweiz eine centralisirende Bedeutung.

Während dieser Zeit zeigte sich an dem deutschen Episcopat und Clerus so recht, daß nichts schlüpfriger ist als der Irrweg des Geistes und Herzens. Die ehemaligen Oppositionsbischöfe wurden Schritt für Schritt in dem Kampf für Verbreitung einer Lehre, die sie so eben noch „gedrungen von ihrem Gewissen und aus Liebe zu der heiligen Kirche" bekämpft hatten, rücksichtsloser gegen die bestehenden Staatsgesetze, gegen die ersten Forderungen der christlichen Humanität, gegen jeden im Weg stehenden überzeugungstreuen Charakter. Auf diese Weise verwickelte sich rasch der Conflikt ebenso sehr auf dem staatsrechtlichen, wie auf dem religiösen und sittlichen Gebiete. Und schon gegen Pfingsten war die kirchenpolitische Situation derart, daß für die Männer der Aktion die Pflicht vorlag, neuerdings zusammenzutreten, um die durch die immer umfangreicher und intensiver sich gestaltende Entwicklung der Dinge gebotenen weiteren Schritte zu berathen und gegenüber den mit einer nie dagewesenen Schamlosigkeit von Seite der Gegner vorgebrachten Verdächtigungen und sachlichen Verdrehungen eine klare Darlegung der Principien zu geben, von welchen allein die katholische Bewegung getragen sei. Diese Versammlung, an welcher außer den Münchener Führern u. a. die Professoren von Schulte aus Prag, Reusches aus Breslau, Knoodt aus Bonn, Stumpf aus Coblenz, Michelis aus Braunsberg theilnahmen, fand zu Pfingsten unter der Leitung des Stiftspropstes von Döllinger statt.

Das Resultat war folgende Erklärung:

„Gegenüber den amtlichen Maßregeln und Kundgebungen der deutschen Bischöfe zu Gunsten der vaticanischen Decrete erachten es die Unterzeichneten für nothwendig, durch folgende Erklärung ihren Standpunkt zu wahren und so viel an ihnen liegt, der hereinbrechenden Verwirrung der Gewissen entgegenzutreten.

1) Treu der unverbrüchlichen und auch von Papst und Bischöfen nicht bestrittenen Pflicht jedes katholischen Christen, am alten Glauben festzuhalten und jede Neuerung, würde sie auch von einem Engel des Himmels verkündet, abzuweisen, beharren wir in der Verwerfung der vaticanischen Dogmen. Es ist bisher nicht Lehre der Kirche und nicht katholischer Glaube gewesen, daß jeder Christ an dem Papste einen unumschränkten Oberherrn und Gebieter habe, welchem er direct und unmittelbar unterworfen ist und dem er, bei Strafe zeitlicher und ewiger Verdammniß, in Allem, was seinen religiösen Glauben, so wie sein sittliches Thun und Lassen betrifft, unbedingt gehorchen muß — ihm oder seinen Sendboten und Bevollmächtigten. Deßgleichen ist es bisher notorisch nicht Lehre der Kirche gewesen, daß einem Menschen, dem jedesmaligen Papst, in seinen an die Kirche gerichteten Aussprüchen über den Glauben, über die Pflichten und Rechte der Menschen die Gabe der Unfehlbarkeit verliehen sei. Diese Sätze sind vielmehr bis jetzt bloße, wenn auch von Rom sehr begünstigte und mit allen Herrschermitteln beschützte Schulmeinungen gewesen, welche die angesehensten Theologen, ohne sich einem Tadel auszusetzen, bekämpft und verworfen haben. Es ist bekannt — und wenn die deutschen Bischöfe es nicht wissen, so sollten sie es doch wissen —, daß dieselben Lehren ihren Ursprung der Fälschung,

ihre Verbreitung dem Zwang verdanken. Durch diese Lehren, wie sie der Papst in seinen vaticanischen Decreten verkündet hat, wird die Gesammtheit der Gläubigen ihrer wesentlichen Rechte beraubt, das Zeugniß dieser Gesammtheit entwerthet, das Gewicht der kirchlichen Ueberlieferung entkräftet und der oberste Grundsatz des katholischen Glaubens zerstört, daß der Christ nur das anzunehmen verpflichtet sei, was jederzeit, überall und von Allen gelehrt und geglaubt worden ist. Wenn gleichwohl der jüngste Hirtenbrief der deutschen Bischöfe (vom Mai 1871) behauptet: Petrus sei es, der durch den Mund des sich für unfehlbar erklärenden Papstes gesprochen habe, so müssen wir dieses Vorgehen als eine Blasphemie zurückweisen. Petrus spricht klar und allgemein faßlich zu uns durch seine in der Schrift verzeichneten Thaten und Reden und durch seine auch an uns gerichteten Briefe; aber diese Thaten, Reden und Briefe des Apostels athmen einen völlig andern Geist und enthalten eine andere Lehre als die, welche uns jetzt aufgezwungen werden soll. Wohl hat man es versucht, diese neuen Lehren, welche in ihrer nackten Derbheit und kaum zu berechnenden Tragweite jedes christliche Gefühl verletzen, abzuschwächen und dem Volke den Wahn beizubringen, als ob man alt und stets geglaubt und ganz unversänglich seien. Wie früher, so hat man auch wieder in dem jüngsten Hirtenbriefe sich Mühe gegeben, die Unfehlbarkeit, von der die Decrete sprechen, als ein Vorrecht, welches dem ganzen aus Papst und Bischöfen gemeinschaftlich bestehenden Lehramte zukomme, erscheinen zu lassen. Dies widerspricht aber dem klaren Wortlaut der Decrete: ihm zufolge ist nur der Papst und er aus sich selber unfehlbar; nur er empfängt den Beistand des hl. Geistes und ist in seinen Entscheidungen völlig unabhängig von dem Urtheile der Bischöfe, deren Zustimmung zu jedem päpstlichen Ausspruch nun Sache der Pflicht geworden ist und nicht mehr verweigert werden kann. Wenn die deutschen Bischöfe aber behaupten: die „Fülle der Gewalt", welche gemäß den vaticanischen Decreten dem Papste zukomme, dürfe nicht als eine unbeschränkte oder Alles umfassende bezeichnet werden, weil der Papst in deren Ausübung an die göttliche Lehre, Ordnung und Satzung gebunden sei, so würde man mit dem gleichen Rechte sagen können, daß eine unumschränkte despotische Gewalt überhaupt, selbst bei den Mohamedanern nicht existire. Denn auch der türkische Sultan oder der Schah von Persien erkennt die Schranke des göttlichen Rechts und die Satzungen des Korans an. Durch die neuen Decrete erhebt der Papst nicht nur den Anspruch: das ganze Gebiet der Moral zu beherrschen, er bestimmt auch allein und mit unfehlbarer Lehrautorität, was zu diesem Gebiete gehöre, was göttliches Recht sei, wie dasselbe auszulegen und in Einzelfällen anzuwenden sei. In der Ausübung dieser Gewalt ist der Papst an keine fremde Zustimmung gebunden, Niemand auf Erden verantwortlich, Niemand darf ihm Einsprache thun; Jeder, wer er auch sei, Fürst oder Taglöhner, Bischof oder Laie, ist im Gewissen verpflichtet, sich ihm unbedingt zu unterwerfen und jedes seiner Gebote ohne Widerrede zu vollziehen. Wenn eine solche Gewalt nicht als eine unumschränkte und despotische bezeichnet werden soll, so hat es niemals und nirgends in der Welt eine unumschränkte und despotische Gewalt gegeben.

2) Wir beharren in der festbegründeten Ueberzeugung, daß die vaticanischen Decrete eine ernste Gefahr für Staat und Gesellschaft bilden, daß sie schlechthin unvereinbar sind mit den Gesetzen und Einrichtungen der gegenwärtigen Staaten, und daß wir durch die Annahme derselben in einen unlösbaren Zwiespalt mit unsern politischen Pflichten und Eiden gerathen würden. Vergeblich versuchen die Bischöfe die unläugbare Thatsache theils todtzuschweigen, theils durch willkürliche Auslegungen päpstlicher Bullen zu beseitigen, daß diese Bullen und Entscheidungen alle politischen Gewalten der Willkür des päpstlichen Stuhles unterwerfen und gerade jene Gesetze am entschiedensten verdammen, welche in der heutigen gesellschaftlichen Ordnung die unentbehrlichsten sind. Die Bischöfe wissen sehr wohl, daß sie in Folge der vaticanischen Decrete nicht das geringste Recht haben, päpstliche Erlasse, die neuesten oder früheren, durch künstlich ersonnene Auslegungen zu beschränken, und daß die entgegengesetzte Auslegung eines einzigen Jesuiten gerade so viel wiegt als die von hundert Bischöfen. Ueberdies stehen auch bereits den Deutungen deutscher Bischöfe die Auslegungen anderer Prälaten gegenüber, unter anderen des Erzbischofs Manning von Westminster, welcher der päpstlichen Unfehlbarkeit den denkbar weitesten Umfang zuerkennt. — Und so halten wir uns auch trotz der bischöflichen Rüge für wohlberechtigt, auch fernerhin die Unfehlbarkeit, welche dem Papste und ihm allein ohne jede Theilnahme Anderer zukommen soll, eine persönliche zu nennen; denn dieser Ausdruck ist hier vollkommen richtig und entspricht dem allgemeinen Sprachgebrauche, wie man denn die Gewalt, welche ein Monarch, unabhängig von den anderen Staatsbehörden, für sich besitzt und übt, eine persönliche zu nennen pflegt; denn auch eine amtliche Prärogative heißt dann mit Recht eine persönliche, wenn sie so fest und unzertrennlich an die Person geknüpft ist, daß diese sich ihrer weder entäußern noch sie Anderen übertragen kann. — Wenn man, was die deutschen Bischöfe unterlassen, die Verdammungen des Syllabus, welcher nun ein mit päpstlicher Unfehlbarkeit bekleidetes Decret geworden ist, die feierliche Verdammung der österreichischen Verfassung durch den Papst, die gleichzeitigen Publicationen der Jesuiten in Laach, in Wien und in Rom — die bekanntlich besser als die deutschen Bischöfe über die Absichten der Curie

unterrichtet sind — wenn man alles dieses mit den vaticanischen Decreten zusammenhält, so muß man die Augen schließen, um den wohlüberlegten Plan päpstlicher Universalherrschaft nicht zu erkennen. Unsere Regierungen, unsere Gesetze und Staatseinrichtungen, das gesammte Gebiet des Sittlichen, die Handlungen der einzelnen Menschen, Alles soll künftig der Curie und ihren Werkzeugen, und theils wandernden, theils stabilen Commissären, seien es Bischöfe oder Jesuiten, unterthan sein. Als alleiniger Gesetzgeber in Sachen des Glaubens, der Disciplin und der Sitte, als oberster Richter, als verantwortlicher Gebieter und Vollstrecker seiner Sentenzen besitzt der Papst nach der neuen Lehre eine Gewaltfülle, wie selbst die ausschweifendste Phantasie sie nicht größer sich denken kann. Die deutschen Bischöfe aber würden wohlthun, das treffende Wort zu beherzigen, welches einst in ähnlicher Lage der Franziskaner Occam in München ausgesprochen hat. „Wenn der römische Bischof," sagt Occam, „eine solche Fülle der Gewalt besäße, wie die Päpste sich verwerflicher Weise anmaßen, und wie viele irrig und schmeichlerisch ihnen zuzutheilen unternehmen, so wären alle Sterblichen Sclaven, was der Freiheit des evangelischen Gesetzes offen zuwider läuft."

3) Wir berufen uns auf das unfreiwillige Zeugniß, welches die deutschen Bischöfe selbst für die Gerechtigkeit unserer Sache ablegen. Wenn wir die neue Lehre, daß der Papst der universale Bischof und der absolute Gebieter jedes Christen im ganzen Umfange der Moral, also des gesammten sittlichen Thuns und Lassens sei, offen und direct zurückweisen, so zeigen die Bischöfe durch die ungleichen und widersprechenden Deutungen in ihren Hirtenbriefen, daß sie die Neuheit und das Abstoßende dieser Lehre sehr gut erkennen, und daß sie im Grunde sich derselben schämen. Keiner von ihnen kann sich dazu entschließen, dem Beispiel Mannings und der Jesuiten zu folgen und den vaticanischen Decreten ihren einfachen und natürlichen Sinn zu lassen. Aber sie vergessen, daß solche Deutungs- und Abschwächungsversuche, wie sie in ihren Hirtenbriefen in Anwendung gebracht werden, wenn man sie bei andern Glaubensdecreten sich erlauben wollte, geradezu alle Festigkeit und Gleichmäßigkeit der Lehre erschüttern und eine allgemeine Unsicherheit und Ungewißheit des Glaubens zur Folge haben würden. Was würde wohl an den Glaubensentscheidungen der Kirche, den alten und den neuen, noch fest und zuverlässig bleiben, wenn man eine Behandlung, wie sie im jüngsten Hirtenbriefe der Bulle des achten Bonifazius widerfährt, auf sie alle anwenden, dem klaren Wortlaut, der offenkundigen Absicht der Abfassung überall so ins Antlitz schlagen wollte, wie es hier geschieht? Wir beklagen einen solchen Gebrauch des bischöflichen Lehramtes. Wir beklagen noch tiefer, daß dieselben Bischöfe sich nicht ge-

scheut haben, in einem Hirtenbrief an das katholische Volk den Gewissensschrei ihrer Diöcesanen mit Schmähungen auf Vernunft und Wissenschaft zu beantworten. Wahrlich, wenn wir von Männern, die keine höhere Pflicht als den blinden Gehorsam zu kennen scheinen, auf ihre ehrwürdigen Vorfahren im Episcopat, auf Bischöfe wie Cyprian, Athanasius, Augustin, blicken, so haben wir ein größeres Recht als der heil. Bernhard zu dem Schmerzensruf: „Quis nobis dabit videre ecclesiam sicut erat in diebus antiquis." (Wer wird es dahin bringen, daß wir die Kirche so sehen, wie sie in den alten Tagen war?)

4) Wir weisen die Drohungen der Bischöfe als unberechtigt, ihre Gewaltmaßregeln als ungiltig und unverbindlich zurück. — Sonst pflegte man in der ganzen Kirche den Grundsatz hochzuhalten: „Sobald von einer Lehre der Zeitpunkt angegeben werden könne, in welchem sie zuerst aufgebracht worden, sei dies ein gewisses Zeichen ihrer Unrichtigkeit." Gerade dies ist bei der neuen Lehre von der päpstlichen Unfehlbarkeit der Fall. Man vermag den Zeitpunkt, in welchem diese Lehre zuerst sich hervorgewagt, die Personen, welche sie ersonnen, die Interessen, denen sie damit fröhnten, genau zu bestimmen. Wenn Päpste und Bischöfe in früheren Zeiten die Urheber und Anhänger einer unkatholischen Lehre aus der Kirchengemeinschaft ausschlossen, so war es vor Allem der Hinweis auf die Neuheit der Lehre und auf ihren Widerspruch mit dem altüberlieferten Glauben, womit sie, wie mit einem Schilde, sich deckten. An dieser offenbaren und leicht zu constatirenden Thatsache, daß die Lehre bisher nicht als göttlich geoffenbarte gegolten habe, sollten die Betroffenen die Gerechtigkeit des kirchlichen Richterspruches und die Unhaltbarkeit der von ihnen vorgetragenen Lehre erkennen. Jetzt hat man zum erstenmal — der Fall ist in achtzehn Jahrhunderten nicht vorgekommen — Männer mit dem Kirchenbanne belegt, nicht weil sie eine neue Lehre behaupten und ausbreiten wollen, sondern weil sie den alten Glauben, wie sie selber ihn von ihren Eltern und Lehrern in Schule und Kirche empfangen haben, bewahren und das Gegentheil davon nicht annehmen, ihren Glauben nicht wie ein Kleid wechseln wollen. — Daß eine ungerechte Excommunication nicht den davon Betroffenen, sondern nur den Bannenden schädige, daß Gott vielmehr solchen unschuldig Mißhandelten ihre Leiden zu einer Quelle des Segens werden lasse, ist die gemeinsame Lehre der Väter. Wir wissen aber auch, daß diese Bannungen ebenso ungiltig und unverbindlich als ungerecht sind, daß weder die Gläubigen ihr gutes Recht auf die Gnadenmittel Christi, noch die Priester ihre Befugniß, dieselben zu spenden, dadurch verlieren können, und sind entschlossen, durch Censuren, welche

zur Förderung falscher Lehren verhängt worden sind, unser Recht uns nicht verkümmern zu lassen.

5) Wir leben der Hoffnung, daß der jetzt ausgebrochene Kampf unter höherer Leitung das Mittel sein wird, die längst ersehnte und unabweisbar gewordene Reform der kirchlichen Zustände sowohl in der Verfassung als im Leben der Kirche anzubahnen und zu verwirklichen. Der Blick auf die Zukunft erhebt und tröstet uns mitten in der Trübsal der gegenwärtigen Verwirrung. Wenn uns gegenwärtig allenthalben in der Kirche die überwuchernden Mißbräuche begegnen, welche durch den Sieg der vaticanischen Dogmen gestärkt und unantastbar gemacht, ja schließlich bis zur Vernichtung alles christlichen Lebens gesteigert werden würden; wenn wir trauernd das Streben nach geistlähmender Centralisation und mechanischer Uniformität wahrnehmen; wenn wir die wachsende Unfähigkeit der Hierarchie beobachten, welche die großartige geistige Arbeit der neuen Zeit nur mit dem Schellengeklingel altgewohnter Redensarten und ohnmächtiger Verwünschungen zu begleiten oder zu unterbrechen vermag — so ermuthigt uns doch die Erinnerung an bessere Zeiten und die Zuversicht auf den göttlichen Lenker der Kirche. In solcher Rückschau und Vorschau zeigt sich uns ein Bild ächt kirchlicher Regeneration, ein Zustand, in welchem die Culturvölker katholischen Bekenntnisses, ohne Beeinträchtigung ihrer Gliedschaft an dem Leibe der allgemeinen Kirche, aber frei von dem Joch unberechtigter Herrschsucht, jedes sein Kirchenwesen, entsprechend seiner Eigenart und im Einklange mit seiner Culturmission und einträchtiger Arbeit von Clerus und Laien gestaltet und ausbildet, und die gesammte katholische Welt sich der Führung eines Primats und Episcopats erfreut, der durch Wissenschaft und durch die thätige Theilnahme an einem gemeinsamen Leben sich die Einsicht und die Befähigung erworben hat, um der Kirche die ihrer einzig würdige Stelle an der Spitze der Weltcultur wieder zu verschaffen und auf die Dauer zu erhalten. Auf diesem Wege, und nicht durch die vaticanischen Decrete, werden wir zugleich uns dem höchsten Ziele christlicher Entwicklung wieder nähern, der Vereinigung der jetzt getrennten christlichen Glaubensgenossenschaften, die von dem Stifter der Kirche gewollt und verheißen ist, die mit immer steigender Kraft der Sehnsucht von unzähligen Frommen, und nicht am wenigsten in Deutschland, begehrt und herbeigerufen wird. Das gebe Gott!"

In Bezug auf die Organisation der Bewegung selbst wurden nur jene Mittel berathen, welche von der Nothlage unumgänglich gefordert wurden; dafür aber beschloß man den organisatorischen

Zusammenschluß auf einem für Ende September nach München zu berufenden Katholikencongreß festzustellen zu lassen.

Mit den nöthigen Vorbereitungen befaßte sich eine am 5. und 6. August in Heidelberg unter dem Vorsitze des Geheimrath Professor Dr. v. Windscheid abgehaltene Conferenz, zu welcher vierzig Männer (Gelehrte, Beamte und Bürger; Geistliche und Laien) aus allen Theilen Deutschlands, aus Oesterreich und aus der Schweiz herbei gekommen waren. Es wurde von diesen der von Professor Joh. Huber ausgearbeitete und vom Münchener, und Cölner Comité acceptirte „Entwurf zur Organisation des Ende September abzuhaltenden Katholikencongresses", mit unwesentlichen Modificationen angenommen.

Darnach sollte dieser Congreß am 22.—24. September in München statthaben, in berathende und öffentliche Sitzungen zerfallen. An den berathenden Sitzungen mit Stimmrecht theilzunehmen, sollten nur Delegirte aus Deutschland, Oesterreich und der Schweiz, sowie solche hervorragende Katholiken berechtigt sein, welche von den Actionscomités zu Cöln, München, Solothurn und Wien besonders geladen würden. Dieser Delegirtenversammlung wurde die Feststellung einer umfassenden materiell wie geistig gesicherten Organisation und die Einigung über die leitenden Ideen der Bewegung auf Grund einer naturgemäßen Erläuterung und Erweiterung der Pfingsterklärung überantwortet. In den öffentlichen Sitzungen sollten unr Vorträge zur Aufklärung über die Ursachen, den Geist und die Zielpunkte der Bewegung gehalten werden. Die Einladung zur Versammlung sollte zwar nur direct an die Katholiken Oesterreichs, der Schweiz und Deutschlands ergehen, aber auch rege Theilnahme von Gästen aus allen Ländern als sehnlichsten Wunsch aussprechen.

Bei dem an diese Vereinbarungen sich reihenden Meinungsaustausch über die Ziele und die benöthigten Mittel hiezu zeigte sich nach allen Richtungen hin trotz einzelner Sonderanschauungen eine große Uebereinstimmung und war schließlich Jeder von dem Glauben an eine bessere Zukunft getragen. Vor Allem herrschte die vollste Uebereinstimmung aller Anwesenden über die Nothwendigkeit und zugleich über die Schranken der Reform in der katholischen Kirche. Die gemeinsame Anschauung sprach sich in folgenden Worten aus: „Wir wollen Reformen, und sie sollen so intensiv sein, daß sie Alles abzustoßen vermögen, was dem wahrhaft katholischen Princip fremd ist und die Entwicklung des religiösen Lebens zu hemmen vermag. Sie sollen aber den unverfälschten christlichen Geist fördern. Was wesentlich in der Verfassung, das besitzt heute noch ebenso wie ehedem Bildungskraft und Lebenswerth. Aber heute schon sagen wollen: Das ist wesentlich; das stoßen wir ab! — Das geht nicht."

Als nun gegen Ende August durch das Münchener Comité der Aufruf an alle glaubenstreuen Katholiken erging, sich zusammenzuschaaren und durch Delegationen an den Berathungen in den Tagen des 22.—24. September activen Antheil zu nehmen, da zeigte sich alsbald in den täglich sich mehrenden Zuschriften, welche theils Anbildungen von Comité's anzeigten, theils persönliche Theilnahme zusagten, theils die innigste Freude über den Geist der Unternehmung aussprachen, daß die kirchliche Reformbewegung bereits tiefe unausrottbare Wurzeln im katholischen Volk selbst gefaßt habe, und sich eine imposante Betheiligung voraussehen lasse. Und diese Voraussetzung täuschte nicht.

Selbst die Kirche von Utrecht, welche ein unverdientes Geschick ihren deutschen Glaubensbrüdern äußerlich entfremdet hatte, sandte ihre Vertreter; ebenso wußten die getrennten christlichen Confessionen die Bedeutung dieser Versammlung zu würdigen. Zeuge dessen sind die Beweise verständnißvoller Sympathie, welche unsern Bestrebungen seitens unserer deutschen protestantischen Brüder, sowie von hervorragenden Gliedern der bischöflichen Kirchen Englands und Amerikas und den Vertretern der griechischen Kirche entgegengebracht wurden.

So gestaltete sich denn der Katholikencongreß vor den Augen der Welt zu einer großartigen Manifestation des katholischen Bewußtseins, deren segensreiche Folgen schon jetzt sich bemerklich machen, aber erst in einer ferneren Zukunft nach ihrem ganzen Inhalte in die Erscheinung treten können.

Verzeichniß der Delegirten und Gäste*).

Deutschland.

Baden. Durlach: Medicinalrath Dr. Kreuzer. Heidelberg: Gemeinderath H. A. Bilabel, Brauer Ditteney, Kreisgerichtsrath Krebs, Geheimrath Dr. von Windscheid. Karlsruhe: Buchdruckereibesitzer Malsch. Kenzingen: Weinhändler L. Mayer. Konstanz: Buchdrucker J. Stelbl. Mannheim: Gymnasialprofessor J. Bauer, pract. Arzt Dr. Zenoni. Mosbach: Ingenieur C. A. Ihm, Bahnverwalter Gotha. Offenburg: Gymnasialdirector M. Jnllekofer. Pforzheim: Notar Damm, Expeditor Eglan, Gewerbeschuldirector Huber.

Bayern. Aichach: Advocat Lauter, Advocat Martin, Bezirksgeometer Staubinger. Allersberg: Privatier Fr. X. von Hedl. Altötting: Assessor St. Reiter. Altusried (Allgäu): Gastgeber Albrecht, Kaufmann Miller. Aschaffenburg: Bezirksingenieur Rügemer. Augsburg: Professor Berlach, rechtsk. Bürgermeister Fischer, Kaufmann A. Hertel, Fabrikant Kathan, Bezirksarzt Dr. Kerschensteiner, pract. Arzt Dr. Schauber, Advocat Dr. Wölt. Babenhausen: Landrichter J. Pickl. Bayreuth: Kaufmann G. Gerber, Bergamtmann Hahn, Professor Puschkin, Landtagsabgeordneter Th. Wagner. Dechtersweiler (bei Lindau): pract. Arzt Dr. Preiser. Blaichach (bei Immenstadt): Oeconom Käfer. Brugg (Allgäu): Gutsbesitzer Stabler. Buchenberg (bei Kempten): Gastgeber H. Kreuzer. Buchloe: Posthalter Eser, Landrichter Fritsch, Bürgermeister Keßler, Essigfabrikant Kugelmann. Pöhl: pract. Arzt Dr. Maschner. Dachau: Brauereibesitzer Hörhammer und E. Ziegler. Seidesheim: Reichstagsabgeordneter Dr. Buhl. Pletmannsried (Allgäu): Kaufmann Herz, Müller Schmid. Sillingen: Studienlehrer Bullinger. Donau-

---

*) Wenn der eine oder der andere Name incorrect sein sollte, so bitten wir, diese Incorrectheit auf Rechnung der undeutlichen Handschrift in den Originallisten zu setzen.

würth: Bürgermeister Dr. Förg, Advocat Dr. Hofer. Dürkheim (Rheinpfalz): Studienlehrer F. Bed, Dürnbach: Gemeindebevollmächtigter A. Hallmaier. Ebersbach: Gastgeber und Oeconom A. Epple. Eberehrim (Rheinpfalz): Gutsbesitzer Tillmann. Eichstädt: Oberstaatsanwalt v. Hohenadel, Rector Rott. Engiswiler: Bürgermeister Schmid. Erlangen: Fabrikant L. Edert, Baumeister Hadner, Privatier Dr. Roßhirt, Professor der Staatswirthschaft Dr. Malowiczka. Frankenthal (Rheinpfalz): Fabrikant M. Schmitt, Bahnhofverwalter C. Seethaler. Freilassing: Official Müller. Freising: Apotheker Baumgartner, Privatier C. Mittermayer, Bezirksgerichtsrath Sailer, Concipient Steinecker. Fürth: Baurath Friebreich, Inspector Ph. Kreppel. Furth: Postexpeditor Deiß, Bahnhofinspector Louis. Goßholz (Allgäu): Baumeister Keller. Griesbach: Bezirksthierarzt M. Käsl. Grönenbach: Bürgermeister Mableuer. Gänsach: Bahnmeister C. Willmann. Günzburg: Magistratsrath J. Blank. Gunzenhausen: Ingenieur Pfändler. Hensenfeld: protest. Pfarrer und Abgeordneter Kraussold. Hof: Thierarzt Biber. Hürben (bei Krumbach): Anton Rosler. Ichenhausen: Kaufmann und Bürgermeister Moll. Immenstadt: Kaufmann F. J. Herz, Rentbeamter Huber, Bürgermeister Hübeler, Kaufmann Th. Vogt. Ingolstadt: Brauer J. Engl, Notar Pfeiffer, Prof. Bohrer. Irrsee: Oberförster v. Stengel. Kaiserslautern: Bezirksrichter A. Reuthner. Kempten: Magistratsrath C. Bail, Brauer L. Teuringer, Assessor C. Henggi, Sattler Hoder (?), Privatier C. Rist, Fabrikant Sandholz, Oberförster Werner, Magistratsrath Willmayr, Gutsbesitzer M. Willmayr. Königsbach (Rheinpfalz): Gutsbesitzer Erlenwein. Kolbermoor: Vorstand des Gemeindecollegiums C. Dirmayr, Expeditor Zierngiebel. Kronach: Kaufmann Pfreischner. Krumbach: Bürgermeister Miller. Kulmbach: Forstamtsassistent Dr. L. Biernsteiner. Kusel (Rheinpfalz): Studienlehrer Kranzfelder. Landau: (Rheinpfalz): Redacteur Eb. Josl. Kenzfried (bei Kempten): Gastgeber Mich. Rieble. (?) Malkammer (Rheinpfalz): J. Ziegler. Memhölz (bei Kempten): Bürgermeister Speiser. Memmingen: Kaufmann M. Juggs, Advocat J. Glas, Schuhmachermeister M. Schlichte. Merring: Aufschläger Fr. X. Bayerl, Maler J. Birkmaier, Tuchmacher J. Breitfeld, Kaufmann F. Fischer, Apotheker Girit (?), Privatier M. Herrmann, Bürgermeister J. Hölzl, Gastwirth M. Mair, Pfarrer J. Renftle, Baner M. Syllecher (?), Privatier G. Sedlmayer, Privatier Wankmüller. München: Professor der Rechte Dr. Berchtold, Polizeidirector v. Burchtorff, Generaldirectionsaccessist Ceito,

Professor der Geschichte Dr. Cornelius, Stiftspropst J. v. Döllinger, Privatier Drehne, Dr. von Druffel, Oberappellationsgerichtsrath v. Enhuber, Prof. der Theologie Dr. Friedrich, Bäckermeister Friedrich, Verwaltungsrath Gail, Dir. Dr. Halm, Prof. Dr. M. Haushofer, p. kgl. Forstwart A. R. Helber (?), Weltpriester Hirschwälder, Stabsrath Hölzl, Professor der Philosophie Dr. Huber, Kaminkehrermeister Kargus, Stadtrichter Kastner, Fabrikdirector Kesler, Privatier v. Liaño, Tischlermeister Jac. Mayer, Geh. Rath und großh. badischer Gesandter v. Mohl, Attaché der preußischen Gesandtschaft v. Mohl, Oberstholceremonienmeister Graf v. Moy, Archimandrit M. Papadakis, Hoftheater- und Hofmusik-Intendant Baron v. Perfall, Landgerichtsassessor Peter, Bierwirth Raba, Kaufmann Raila, Privatdocent der Geschichte Dr. Ritter, chem. Advocat Dr. Ruhwandl, p. Hauptmann v. Schauzenbach, Fabrikant M. Schaumberger, Bankdirector v. Schauß, Münzmeister v. Schauß, Oberbuchhalter Schieder, Privatier Schmitzberger, Rechtsrath Schrott, Professor der Rechte Dr. v. Sicherer, Landtagsabgeordneter Baron v. Stauffenberg, Dr. Stieler, Staatsanwalt Streng, Geheim. Hofrath von Wagen, Oberstaatsanwalt v. Wolf, Dr. Zirngiebl. **Neuburg v. W.**: Bezirksgerichtsrath Joh. Eigner, Gemeindebevollmächtigter R. Fall, Bezirksgerichtsassessor Helbardner, Magistratsrath Jos. Kutzer, Kaufmann und Bürgermeister Pföfinger, Gemeindebevollmächtigter Schmucker, Staatsanwaltsubstitut Strober. **Neuötting**: Apotheker Oberwegner, Ingenieur R. Kretiner. **Neustadt a. d. H.**: Kaufmann J. Streuber. **Neu-Ulm**: Fabrikant Jos. Freiberger, Kunstschreiner und Magistratsrath Schuster. **Nördlingen**: Eisenbahnofficial Prebl, Kaufmann Nädler, Eisenbahnofficial Vorholzer. **Nummershorn (Allgäu)**: Kaufm. C. Forster. **Nürnberg**: Abgeordn. Herz, Kaufmann Jos. Kolb, Kaufmann C. Stark. **Oberaudorf**: Mühlenbesitzer Gr. Frauenberger. **Oberhausen (bei Augsburg)**: Wollschläger J. Buhler, Accordant Hefele, Privatier C. König. **Oberkauffen**: Müller G. Huber, Kaufmann Büttner. **Ortenburg**: Priester Th. Braun. **Osin**: Bürgermeister J. Hagn. **Parsdorf**: Zimmermeister Wust. **Passau**: Fabrikant und Professor Chr. Bergeat, pr. Arzt Dr. Egger, Appellationsgerichtsrath Dr. Erras (?), Bürgermeister Stockbauer, Appellationsgerichtsrath Frhr. v. Wulffen. **Pfarrkirchen**: Lederermeister Eigl, Advocat Riedhammer. **Regensburg**: Rechtsrath Heigl, Redacteur Reitmayer, Magistratsrath Roinauer (?). **Rosenheim**: Gutsbesitzer Ortner, Notar Schlosser. **Rorheim (Rheinpfalz)**: Gastwirth Chr. Hack.

Sachsenkamm: Oeconom J. Schätzbauer. Schafsloch: Gemeindebevollmächtigter A. Haussstängel. Schleißheim: Ackerbaulehrer Anselm, Verwalter Enzensberger. Schönau: Kaufmann Bitsch. Schweinfurt: Bezirksgerichtsrath Röder. Simbach: Landgerichtsassessor M. Fluel. Southofen: Kaufmann O. Ley, Bürgermeister Schafitzl. Speyer: Gymnasialprofessor Standacher. Staufen: Oeconom J. G. Schädler. Straubing: Professor M. Hort, Studienrector Liepert. Sulzberg: Fabrikant Jubas, Privatier Schmelz. Tegernsee: Kaufmann Gr. Schmidt. Teisendorf: Ministerialsecretär Fr. Beck, pens. Hauptmann L. Kleissinger, Apotheker A. Weber. Thingers (Allgäu): Gutsbesitzer M. Schneyer. Vilshofen: Stadtschreiber M. Bachl, Landtags-Abgeordneter Föckerer. Waakirchen: Oeconom Joh. Schrepfer. Waal: Gutsverwalter Vivs König. Wallenhofen: Bürgermeister Rauch, Gastgeber Schneider. Weiler: Bote Joh. Förster, Kaufmann Raiterer, Kaminfegermeister J. N. Walch, Posthalter P. Wucher. Wellheim: Notar Reinhard. Weismain: C. Weiß. Weissenburg: Ingenieur Brauser. Würzburg: R. Graf zu Bentheim, Gymnasialprofessor Ernenwein, Rechtsanwalt J. Gerhard, Hotelbesitzer C. Rier.

Hessen (Darmstadt). Giessen: Professor Lemble, Professor Dr. Lutterbeck.

Preußen. Berlin: Universitätsprofessor Dr. H. Weingarten, Staatsrath H. v. Sybel. Bonn: Dr. Bettendorf, Theologieprofessor Dr. Langen, Theologieprofessor Dr. Reusch, Pfarrer Dr. Tangermann. Boppard: Rentner J. Lohwecht, Ingenieur Nachtsheim, Rentner Schrick, Bürgermeister Syrée, Beigeordneter Wachter. Braunsberg: Philosophieprof. Dr. Michelis, Gymnasial-Religionslehrer Dr. Wollmann. Breslau: Prof. Dr. Reinkens. Celle (Hannover): Prof. Helmes. Friesberg (Rgsbz. Aachen): Kaplan Ad. Thürlings. Kattowitz (Schlesien): Prof. P. Kaminsky. Koblenz: Gymnasialprofessor Stumpf. Köln: Ingenieur Berger, Redacteur Fridolin Hoffmann, Kaufmann Jac. Schall, Ober-Regierungsrath v. Wülffing. Krefeld: Kaufmann C. Jores, Lehrer Neussen, Rechtsconsulent P. J. Schiffer, Fabrikant Jöhlen. Münster: Professor der classischen Philologie Dr. C. Langen. Nordstrand (Westküste von Schleswig): Pfarrer Dievenbach. Paderborn: Privatier Dr. v. Florencourt. Uerdingen (bei Krefeld): Rector Dittenburg. Wiesbaden (Nassau): Ober-Medicinalrath Dr. Reuter, Gerichtsassessor H. Reusch.

Würtemberg. Stuttgart: Rentier J. Meier.

Brasilien.

Frederic José Nery, Employé à la Legation.

England.
Cambridge-Town: Professor der Theologie Dr. J. Overbeck.
London: Decan von Westminster Stanley.

Frankreich.
Paris: Abbé Loyson (Père Hyazinthe), Dr. Giraud-Teulon,
Dr. Monnod, Dr. Lauzé.

Holland.
Amersfoort: Pfarrer T. van Rooien. **Dordrecht:** Pfarrer
J. A. van Beck. **Enkhuizen:** Pfarrer B. J. van Thiel.

Irland.
Dublin: Advocat James Lowry Whittle.

Nord-Amerika.
New-York: Redacteur B. Prieth, Reporter Frank al Trott,
Literat Richmond, Literat Jackson.

Oesterreich.
Braunau: Kaufmann A. Vigl. Haid: ...... Bürger......
Bürgerlehrer Bur. Kraus. Linz: Mayer u. C., und die
Weinhandlg. C. Hackenegg. Ofen (Ungarn): Landschreiber
Schneider. Prag: Professor des Kirchenrechts Dr. von
Schulte. Warnsdorf (Böhmen): Fabrikant J. Michler,
Fabrikant C. Födel, Fabrikant I. Kreibich, Religions-
lehrer A. Mittag, Fabrikant Dr. Richter. Fabrikant
G. Richter. Wien: Pfarrer Alois Anton, Beamter Dr.
Tuschmied, Literat C. Paulli, Professor Dr. Maaßen.

Rußland.
St. Petersburg: Professor der Theologie Dr. Ossinin.

Schweiz.
Aarau: Nationalrath Dr. A. Keller. **Bern:** Professor d. Rechte
Dr. Munzinger, Redacteur Hans Frei. **Frauenfeld:**
Regierungsrath Anderwert. **Gries:** Dr. der Theologie
C. Ströhlin.

Spanien.
Juan de Alabro, Geschäftsträger im Haag.

Erste Sitzung.

(Am 22. September. Anfang um 9½ Uhr Morgens.)

Vorsitzender Herr Oberstaatsanwalt von Wolf:

Meine sehr geehrten Herrn! In höchst erfreulicher großer Anzahl haben Sie sich heute aus Nah und Ferne hier eingefunden, um mit uns in einer alle Gemüther tief bewegenden, wichtigen, erhabenen Angelegenheit zu berathen.

Sie, meine Herrn, welche mit dem Vertrauen einer großen Anzahl unserer Gesinnungsgenossen in fast allen Gauen unseres engeren Vaterlandes, Deutschlands, und selbst außerdeutscher Länder beehrt wurden, sind, wie ich nicht bezweifeln darf, entschlossen, mit männlichem Muthe, mit der tief gewurzelten Ueberzeugung von der Gerechtigkeit unserer Sache, mit uns einen uns aufgedrungenen Kampf fortzusetzen, in dem es sich um die Vertheidigung unserer wichtigsten, edelsten, geistigen Rechte handelt.

Meine Herrn! Ihre Betheiligung erweckt in uns das vollste Vertrauen auf den günstigen Ausgang unseres gerechtfertigten Ringens, indem Ihnen die kräftigen, wirksamen Waffen echter Religiösität, geläuterter Intelligenz und tiefbegründeter Wissenschaft und unbeugsamen Mannesmuthes zu Gebote stehen.

Meine Herrn! Indem ich Sie Namens unseres Comités auf das herzlichste begrüße und willkommen heiße, bitte ich Sie bringend, bei unseren Berathungen nur das zur Zeit relativ Erreichbare ins Auge zu fassen und bestrebt sein zu wollen, unserer Bewegung eine kräftige Unterlage zu verschaffen, welche Garantie für den gedeihlichen Fortgang und den ersehnten Ausgang derselben zu bieten vermag.

Ich erlaube mir noch Ihnen mitzutheilen, daß wir aus besonderer Verehrung für unsere auswärtigen Freunde uns veranlaßt gesehen haben, das Ehrenpräsidium dem Herrn Prof. Dr. von Schulte aus Prag, das Ehrenvicepräsidium dem geheimen Rathe Herrn Dr. v. Windscheid aus Heidelberg und dem Nationalrathe Herrn Dr. Keller aus Aarau, sowie das Schriftführeramt Herrn Prof. Schwider aus Ofen, Herrn Prof. Stumpf aus Coblenz, sowie Herrn Appellationsgerichtsrath Baron v. Wulffen aus Passau anzutragen. — Da die genannten Herrn, wie ich nicht bezweifle, die ihnen angetragenen Funktionen freundlichst anzunehmen sich entschließen werden, lade ich dieselben ein, ihre Plätze hier einzunehmen und erkläre hiermit die Sitzung für eröffnet. —

Professor Dr. von Schulte aus Prag:

Hochgeehrte Versammlung! Lassen Sie mich einige Worte zur Einleitung sagen.

Zunächst bitte ich um Ihre gütige Unterstützung, um das Vertrauen, welches mir entgegengetragen wurde, zu rechtfertigen.

Die Aufgabe, welche uns hier zusammenführt, hat der verehrte Präsident des Münchener Localcomités bereits skizzirt. Meines Erachtens sind wir hier, weil uns das Bewußtsein sittlicher Pflicht treibt. Unsere Aufgabe und Absicht ist es nicht, wie man uns vorgeworfen hat, gegen die Autorität zu kämpfen; unsere Absicht und Intention ist es nicht, gegen die Kirche Opposition zu machen. Was wir unternehmen, geschieht im Gefühl sittlicher Pflicht; man hat uns etwas aufgedrungen, man verlangt von uns etwas, das wir in dem Bewußtsein, den wirklichen Glauben zu haben, nicht annehmen können.

Unser Standpunkt ist also vorzugsweise der Standpunkt der Abwehr. Wir haben immer in der Kirche gestanden, wir wollen in der Kirche stehen, wir wollen uns nicht aus der Kirche drängen lassen. Unsere Aufgabe und unsere Absicht ist es, alles zu thun, damit das Uebel, welches sich eingeschlichen hat, wieder gehoben werde. Ich bin überzeugt, daß in Folge dieser Hebung auch alles das erreicht werden wird, was seit Jahrhunderten im richtigen Verständniß gewünscht und verlangt worden ist.

Diesen unseren Standpunkt, und damit komme ich so zu sagen auf die historische Erzählung, haben wir ausgesprochen zu Pfingsten. Das Programm, welches zu Pfingsten hier in dem engeren Kreise verfaßt und dann publizirt worden ist, enthält unser Programm. Es wurde damals der Beschluß gefaßt, es solle im Herbst ein Katholiken-congreß zusammenberufen werden. Wir stehen sofglich sämmtlich auf diesem Standpunkte des Programms und es liegt auf der Hand, daß derjenige, welcher zu diesem Congreß gekommen ist, auch zu dem Programme sich im Wesentlichen bekennt. Damit ist unser Standpunkt gegeben.

Wir bedauern, daß Programme in die Oeffentlichkeit gelangt sind, welche in wichtigen und wesentlichen Punkten Abweichungen enthalten von demjenigen, was wir alle in München und was die diejenigen, welche dem Congreß jetzt beiwohnen, indirect dadurch angenommen haben, daß sie auf unsere Einladung gekommen sind.

Offenbar sind in diesen Programmen, welche durch die Zeitungen veröffentlicht wurden, Punkte enthalten, die unzweifelhaft gegen uns die größten Angriffe hervorrufen könnten, die im Stande wären, uns ganz falsche Intentionen zu unterschieben.

Ich freue mich nun, in der Lage zu sein, hier ausdrücklich erklären zu dürfen, daß diese Programme, die veröffentlicht wurden, nicht Gegenstand der heutigen Berathung sind.

In österreichischen und in anderen Blättern ist ein angebliches Programm des Wiener-Actionscomité's veröffentlicht worden, welches dem Priester Herrn Anton beigelegt wurde.

Es ist mir nun ausdrücklich von Hrn. Anton erklärt worden, daß dieses Programm nicht von ihm ausgehe und er mit ihm nichts zu thun habe, daß er keine Kenntniß davon bis in die letzte Zeit gehabt habe und daß er nicht zu diesem Programme stehe. Ich glaube, nach dieser Erklärung, welche selbstverständlich hier abgegeben werden mußte, damit jeder mit dem vollsten Bewußtsein und der vollsten Sicherheit an der Versammlung und Discussion theilnehmen könne, sind wir nicht weiter verantwortlich für all' das, was in dieser Beziehung publizirt worden ist.

Weiter ist in den Zeitungen ein Stuttgarter Programm veröffentlicht worden, in welchem ebenfalls einige Punkte sind, die unzweifelhaft Bedenken erregt haben und erregen können. Auch dieses Programm, wie mir von einem der Stuttgarter Herrn im Auftrage ausdrücklich erklärt worden ist, wird zurückgenommen und ist nicht Gegenstand der heutigen Discussion. Ich glaube, daß durch diese Erklärung jedwedem Angriffe, der vielleicht durch absichtliche Verbreitung, vielleicht auch durch Fabrikation von Programmen, vorbereitet worden ist, hiemit von vornherein vollständig entgegengetreten wurde. Ich erlaube mir, an die geehrte Versammlung weiter die Bitte zu richten, eingedenk dessen zu sein, was schon mein hochverehrter Herr Vorredner gesagt hat, daß unsere Aufgabe gewiß nicht sein kann, hier alles Mögliche vorzubringen. Ich glaube, wir sollen uns bewußt sein der Worte: In necessariis unitas, in dubiis libertas, in omnibus caritas.

Zunächst richte ich nun an alle diejenigen, welche als Reporter und Journalisten sich hier befinden, auf Grund eines Beschlusses des Münchener Comité's, die Bitte, nichts zu veröffentlichen ohne vorherige Berathung und ich ersuche daher die Herrn, sich nach der Versammlung im großen Berathungszimmer einzufinden. Es ist von dem Comité ausdrücklich der Beschluß gefaßt worden, daß kein Referat über die heutige Versammlung und alle anderen Versammlungen, die nicht den Charakter der öffentlichen tragen, als authentisch oder irgendwie von uns vertretbar angesehen werde, welches nicht genehmigt worden ist. Es ist weiter Herr Dr. Zirngiebl bezeichnet worden als derjenige Reporter, der im Namen des Comité's und des Präsidiums die quasi offiziellen Berichte über die heutige Versammlung zu schreiben hat. Ich brauche bei der Einsicht der Herrn nichts weiter hinzuzufügen. Es liegt ja auf der Hand, daß, wenn ich die Phrase gebrauchen soll, ganz Europa auf uns sieht und jedenfalls die Ultramontanen aller Orten; wir müssen deshalb nun so vorsichtiger sein, etwaige Aeußerungen hinauszugeben, die blos in der Eile der Discussion gemacht sind. — Darnach gestatten Sie mir, daß ich zu den Gegenständen unserer heutigen Versammlung übergehe.

Vorher erlaube ich mir, ein Telegramm, das eben aus Linz eingetroffen, zu verlesen. Es lautet:

„Möge der Katholikentag zur Lösung der kirchlichen Frage einen festen Grund legen, aus welchem als gedeihliche Früchte für das deutsche Volk die religiöse Eintracht, die endliche und völlige Befreiung vom ultramontanen Jesuitenjoche herausreife. Der liberale politische Verein Oberösterreichs. Dr. Carl Weser. Dr. Adolf Türnberger."

Unsere nächste Aufgabe ist, den Entwurf unseres Programmes, welches gedruckt in den Händen der verehrten Mitglieder sich befindet, zu discutiren.

Ich ersuche demnach die beiden Herrn Referenten, die Herrn Prof. Dr. Huber und Reinkens, sich dem Referate zu unterziehen.

Professor Dr. Huber aus München:

Meine sehr geehrten Herrn! Der Herr Vorredner hat ausgesprochen, daß in diesem Augenblick ganz Europa auf München schaue. Es ist dies, meine Herrn, kein übertriebenes Wort. Hoffend und fürchtend sieht man nicht blos aus allen Gauen Deutschlands auf diesen heutigen Tag, sondern auch außerhalb Deutschlands. Es ist für uns ein hochwichtiger Moment gekommen; und ich bin überzeugt, meine Herrn, daß Niemand in diesem Saale ist, der nicht von dem heiligen Ernst unserer Aufgabe sich tief durchdrungen fühlte. Möge daher der Geist der Mäßigung und der Geist der Eintracht, der Geist des Rathes und der Geist der That unter uns walten!

Wir haben nach bestem Wissen und Gewissen Ihnen ein Programm vorgelegt, vor allem in dem Gedanken, daß es sich zunächst darum handelt, die Grundlinien zu zeichnen, die Wege anzugeben, die Basis festzustellen, auf welcher unsere Bewegung zu wachsen und gedeihliche Resultate zu fördern vermöge.

Principieller Natur ist daher unser Programm. Kommt es zur Annahme, so wird es die Aufgabe sein, dieser idealen Grundlage die practische Gestalt, den Leib zu geben. Haben wir einmal diese Principien in die Wirklichkeit eingeführt, so wird auf ihrem Grund — davon sind wir fest überzeugt — unsere Sache ihre weitere segensreiche Entwicklung nehmen.

Ich bitte Sie also, meine Herrn, diesen Gesichtspunkt festzuhalten, um sich nicht in Einseitigkeiten zu verlieren in dem Momente, wo es sich um das Ganze und die Grundlage handelt. Wir sind — Herr Dr. Reinkens und ich — beauftragt worden, das Programm zu vertreten. Wir beide sind durch die Arbeiten der letzten Tage sehr angegriffen und ich bitte daher um Ihre Nachsicht, wenn es uns nicht in der Weise gelingen sollte, wie wir es wünschen.

Ich erlaube mir, das Programm vorzulesen:

"1. Im Bewußtsein unserer religiösen Pflichten halten wir fest an dem alten katholischen Glauben, wie er in Schrift und Tradition bezeugt ist, sowie am alten katholischen Cultus. Wir betrachten uns deshalb als vollberechtigte Glieder der katholischen Kirche und lassen uns weder aus der Kirchengemeinschaft noch aus den durch diese Gemeinschaft uns erwachsenden kirchlichen und bürgerlichen Rechten verdrängen."

Ich glaube, meine Herrn, der Satz ist einfach und klar und bedarf durchaus keiner weiteren Begründung. Es war nothwendig, daß wir vor allem unsere Pflichten, welche uns die kirchliche Gemeinschaft auferlegt, betonten, wenn wir von unseren Rechten innerhalb derselben sprechen wollten; und deshalb haben wir diesen Satz vorausgestellt. Eine vorzügliche und erste religiöse Pflicht ist es ja, festzuhalten an dem, was man als Wahrheit erkannt hat. Unsere ganze Opposition ist aus diesem Pflichtgefühl entsprungen und so werden Sie wohl keinen Widerspruch erheben, daß wir auf diesen Standpunkt uns gleich von vorneherein gestellt haben.

"2. Wir erklären die wegen unserer Glaubenstreue über uns verhängten kirchlichen Censuren für gegenstandslos und willkürlich und werden durch dieselben an der Bethätigung der kirchlichen Gemeinschaft in unserem Gewissen nicht beirrt und nicht verhindert."

Dies ist nichts anderes als die Consequenz und nähere Erklärung des ersten Satzes. Wir sprechen aus, wie man auch immerhin uns von außen her durch hierarchische Gewaltmaßregeln aus der Kirchengemeinschaft hinaustreiben will, daß wir diese äußerlichen Maßnahmen durchaus nicht in unser Gewissen hereinwirken lassen, daß wir von unserem Gewissen aus fest entschlossen sind, in dem Nothstand, in dem wir uns befinden, die Opposition, jeder für sich und alle zusammen, aufrecht zu erhalten. (Bravo.)

"3. Von dem Standpunkte des Glaubensbekenntnisses, wie es noch in dem sog. tridentinischen Symbolum enthalten ist, verwerfen wir die unter dem Pontificate Pius' IX. im Widerspruche mit der Lehre der Kirche und den vom Apostel-Concil an befolgten Grundsätzen zu Stande gebrachten Dogmen, insbesondere das Dogma von dem "unfehlbaren Lehramte" und von der "höchsten, ordentlichen und unmittelbaren Jurisdiction" des Papstes." (Bravo.)

Ich glaube, meine Herren, auch dieser Passus ist vollständig klar. Ich habe zur Erläuterung wohl kaum zu sagen, daß unter den von uns verworfenen Dogmen das Dogma von der immaculata conceptio mitinbegriffen ist. (Bravo.) Wir verwerfen es nicht blos, weil es auf illegitimem Wege von Pius IX. auferlegt wurde, sondern auch deshalb, weil es auf demselben Wege der

Erdichtung und Fälschung entstanden ist, wie das Dogma von der Unfehlbarkeit. (Bravo.)

Die Anführungszeichen in diesem Passus bedeuten, daß wir den officiellen Ausdruck aus der dogmatischen Constitution vom 18. Juli 1870 hiemit geben.

„II. Wir halten fest an der alten Verfassung der Kirche. Wir verwerfen jeden Versuch, die Bischöfe aus der unmittelbaren und selbstständigen Leitung der Einzelkirchen zu verdrängen. Wir verwerfen die in den vaticanischen Decreten enthaltene Lehre, daß der Papst der einzige göttlich gesetzte Träger aller kirchlichen Autorität und Amtsgewalt sei, als im Widerspruche stehend mit dem tridentinischen Canon, wonach „eine göttlich gestiftete Hierarchie von Bischöfen, Priestern und Diaconen besteht". Wir bekennen uns zu dem Primate des römischen Bischofes, wie er auf Grund der Schrift von den Vätern und Concilien in der alten ungetheilten christlichen Kirche anerkannt war."

Wir erklären hier, daß wir die alte Kirchenverfassung festhalten und sprechen es aus, daß zum Theil die alte Kirchenverfassung noch auf dem tridentinischen Concil festgehalten worden ist; wir sprechen es aus, daß die neuesten vaticanischen Decrete auch diesen tridentinischen Canon gebrochen haben, wonach eine göttliche Hierarchie von Bischöfen, Priestern und Diaconen besteht. Wir befinden uns also mit dieser Erklärung durchaus auf dem Standpunkt des tridentinischen Concils.

„Wir bekennen uns zu dem Primate des römischen Bischofes, wie er auf Grund der Schrift von den Vätern und Concilien in der alten ungetheilten christlichen Kirche anerkannt war", d. h. bis zum 9. Jahrhundert, — und nun führen wir aus:

a) Wir erklären, daß nicht lediglich durch den Ausspruch des jeweiligen Papstes und die ausdrückliche oder stillschweigende Zustimmung der dem Papste zu unbedingtem Gehorsam rechtlich verpflichteten Bischöfe, sondern nur im Einklange mit der h. Schrift und der alten kirchlichen Tradition, wie sie niedergelegt ist in den anerkannten Vätern und Concilien, Glaubenssätze bestimmt werden können. Auch ein Concil, welchem nicht, wie dem vaticanischen, wesentliche äußere Bedingungen der Oecumenicität mangelten, welches aber in allgemeiner Uebereinstimmung seiner Mitglieder den Bruch mit der Grundlage und Vergangenheit der Kirche vollzöge, vermöchte durchaus keine die Glieder der Kirche innerlich verpflichtenden Decrete zu erlassen."

Meine Herren! Es ist ein feststehender Vorwurf gewisser Gegner, daß wir eine ganz äußerliche Ansicht von der Oecumenicität und Legitimität der Concilien hätten, daß wir mit der Herstellung des Consensus unter den Concilsvätern schon die Legitimität des Concils verwirklicht erkennen. Einen so hinfälligen Standpunkt nehmen wir aber nicht ein. Selbst wenn ein freiwilliger Consensus — etwa durch moralische Bestechung — auf einem Concil zu Stande käme, so würden wir diesem Concil die Autorität, innerlich bindende Glaubensdecrete zu erlassen, doch nicht vindiciren. Im Gegentheil, uns genügt in diesen Dingen nicht schon der heutige und blos zeitweilige Universalismus, der durch den Consensus der gegenwärtigen Hierarchie zu Stande kömmt, sondern wir halten an dem großen historischen Universalismus fest, demnach auf einem Concil auch die anfängliche und alte Kirche repräsentirt und also die Stimme von fast zwei Jahrtausenden gehört werden muß. Wenn sich darum ein Concil soweit vergessen würde, diese Stimme zu überhören oder gegen diese Stimme zu entscheiden, so möchten alle äußeren Bedingungen für die Legitimität des Concils erfüllt sein, wir würden ihm dieselbe absprechen; (Bravo!) denn Oecumenicität ist nicht blos diese zeitweilige, sondern die durch die ganze Geschichte begründete, auf dem Grund der hl. Schrift stehende und von ihr aus sich organisch vollziehende Allgemeinheit.

„b) Wir betonen, daß die Lehrentscheidungen eines Concils im unmittelbaren Glaubensbewußtsein des katholischen Volks und in der theologischen Wissenschaft sich als übereinstimmend mit dem ursprünglichen und überlieferten Glauben der Kirche erweisen müssen. Wir wahren dem katholischen und dem Clerus wie der wissenschaftlichen Theologie bei Feststellung der Glaubensregeln das Recht des Zeugnisses und der Einsprache".

Wir protestiren gegen ein äußeres Lehramt, welches sich losloßt von dem lebendigen Glaubensbewußtsein des christlichen Volkes.

Die Kirche, meine Herrn, ist nicht Mechanismus, sondern Organismus. Was die Kirche ist, das muß sie auch sein aus der eigenen innerlichsten Mitwirkung aller ihrer Mitglieder. In ihr soll nicht, wie in einer Maschine, alles durch eine Hand in Bewegung gesetzt und in eine bestimmte Richtung getrieben werden, sondern aus der in jedem Mitgliede der Kirche lebendigen und schaffenden Kraft der christlichen Lehre heraus erbaut sich die Kirche organisch. Also, meine Herrn, wir betonen das Recht der Individualität, der gläubigen Individualität in der Kirche gegenüber einem äußerlichen Lehramt, welches dieselbe in ihrer heiligsten und innerlichsten Bethätigung, in der religiösen Ueberzeugung, brechen und tödten möchte. (Bravo.)

„III. Wir erstreben unter Mitwirkung der theologischen und canonistischen Wissenschaft eine Reform in der Kirche, welche im Geiste der alten Kirche die heutigen Gebrechen und Mißbräuche heben und insbesondere die berechtigten Wünsche des katholischen Volks auf Theilnahme an den kirchlichen Angelegenheiten erfüllen werde."

Wir sprachen aus unser Bestreben nach Reform. Meine Herrn, es wäre durchaus kein naturgemäßes Vorgehen, wenn man einzelne Reformen bezeichnen wollte und nicht vorerst die Principien feststellen würde, woraus die Reformen von selbst entstehen müssen. Unsere heutige Aufgabe ist eben, Principien zu finden, welche naturgemäß berechtigte Reformen und die Abbestellung der Mißbräuche, die im Widerspruch mit der alten Kirche sich eingeschlichen haben, bewerkstelligen. Dergleichen einzelne Reformvorschläge, meine Herrn, wie sie hie und da laut werden, erscheinen dieser gemeinsamen principiellen Grundlage gegenüber wie zufällige Einfälle. Ich glaube, daß, wenn das Princip der Reform eingeführt werden kann in der Kirche, daß wir diesem Princip der Reform vertrauen sollen; ich bin daher nicht dafür, daß heute einzelne Reformvorschläge eingebracht werden. Es handelt sich darum, die Kraft der Reform herzustellen. (Bravo.)

„Wir erklären, daß der Kirche von Utrecht der Vorwurf des Jansenismus grundlos gemacht wird, und folglich zwischen ihr und uns kein dogmatischer Gegensatz besteht."

Dieses ist eine Stelle, wo ich Herrn Reichsrath v. Döllinger um ihre nähere Erläuterung bitten möchte.

Der Vorsitzende:

Ich bitte Herrn Reichsrath von Döllinger, gütigst einige Worte darüber zu sagen.

Herr Reichsrath von Döllinger:

Die Kirche von Utrecht, meine Herrn, ist eine religiöse Verbindung in Holland, welche seit den früheren Zeiten des vorigen Jahrhunderts sich dort als eine bischöflich geordnete Kirche auf Grund einer nicht unterbrochenen Succession aus der Zeit vor der Reformation her gebildet hat. Diese aus einigen Bischöfen und Diöcesan-Sprengeln bestehende Kirche ist vom ersten Beginn an scharf angefeindet worden, theils durch den Jesuitenorden, der sich als besonderer Gegner des holländischen Clerus von Anfang an gezeigt hat, theils in Folge der Einflüsse dieses Ordens auf dem römischen Hofe. Man hat diesen Bischöfen ihre Berechtigung streitig gemacht; man hat sie angeklagt, daß sie eine Irrlehre, die sogenannte „Jansenistische", wenn nicht offen, so doch insgeheim hegten und lehrten. Man hat dem Capitel zu Utrecht sein Wahlrecht streitig gemacht und behauptet, daß überhaupt in jener Kirche in Holland eine bischöfliche Gliederung und Verfassung gar nicht stattfinden dürfe. Diese Kirche sollte blos von dem Nuntius in Cöln oder von päpstlichen Vicaren als eine Missionskirche regiert werden. Dagegen hat ein Theil der holländischen Katholiken sein Recht geltend gemacht, eine bischöflich consitituirte Kirche zu haben. Dieses Recht ist von Rom aus geläugnet worden und es ist daher über jeden Bischof dieser Kirche, sobald derselbe seine Erwählung in Rom anzeigte und sein Glaubensbekenntniß einsendete, sofort die Excommunication ausgesprochen worden, ein Verfahren, welches fortwährend bis in die jüngste Zeit beobachtet wurde. Indem sich die Bischöfe nach Rom wandten, erkannten sie den Primat des päpstlichen Stuhls an und wollten sie ihre Zugehörigkeit zur katholischen Gesammtkirche ausdrücken und bethätigen. Es war dies aber vergeblich; denn von dort erfolgte immer wieder die Zurückweisung und Erklärung, daß diese Kirche eine unberechtigte, schismatische, selbst eine häretische sei. Das ist in kurzen Zügen die Geschichte dieser durch ihre Standhaftigkeit ausgezeichneten, auch in ungünstiger Zeit treu an dem katholischen Bekenntnisse mitten unter Andersgläubigen, da der größere Theil Hollands bekanntlich protestantisch ist, festhaltenden kleinen Kirche. Sie ist klein, denn sie besteht jetzt aus 5000 Seelen; das sind aber alte, treu gebliebene katholische Familien, welche stets mit ihren Bischöfen in Eintracht und Harmonie gelebt haben und sich das große Gut einer geordneten selbstständigen bischöflichen Verfassung mit ihren alten Rechten nicht willkürlich zu Gunsten eines päpstlichen Vicars rauben lassen wollen. Gegen diese Kirche ist nun die Beschuldigung, wie sie im Artikel des Programmes bezeichnet ist, erhoben worden. Die Bischöfe, die Priester und die Laien dieser Kirche haben zu allen Zeiten erklärt, daß diese Beschuldigung unwahr sei, daß sie mit dem, was man in der katholischen Kirche „Jansenismus" nennt, keine Gemeinschaft hätten. Sie haben Bekenntnisse abgelegt, welche mit katholischen Bekenntnissen vollständig übereinstimmen und es ist also durchaus kein Grund vorhanden, warum diese Kirche von Utrecht nicht von uns als eine rechtmäßig bestehende Kirche anerkannt werden solle. Diese Kirche widerstrebt und weist dieselben Lehren und Zumuthungen ab, welche auch wir nicht anerkennen können und wollen. Diese Kirche verwirft nun schon seit länger als einem Jahrhundert den neuen Grundsatz, daß ein Mann in der Kirche aus eigener Vollmacht neue Glaubensartikel machen und die Zugehörigkeit zur Kirche von der Unterwerfung unter diese neuen Lehren abhängig machen könne. In der Wahrung ihrer Rechte und Pflichten ist uns die Utrechter Kirche vorangegangen, wie sie denn auch jetzt selbstverständlich die vaticanischen Decrete vom 18. Juli 1870 zurückweist, und zwar aus denselben Gründen, aus welchen wir dies thun. Dies ist der Grund, warum diese kleine, aber den altkatholischen Principien treu gebliebene sehr beachtenswerthe Kirche eigens von unserem Programm hervorgehoben wurde.

Der Vorsitzende:

Erlauben die Herren ein geschäftsordnungswidriges Intermezzo. Ich habe gewartet, bis der hochverehrteste deutsche Theologe das Wort ergreifen würde und gesprochen hätte. Es genügt mir nun nicht, die Versammlung zu ersuchen, für diese Rede und diese Mittheilung dem Herrn Kirchenrath Stiftspropst von Döllinger den Dank auszusprechen. Ich glaube: wir sind es einem Manne, der trotz Allem und Allem, was man gegen ihn versucht hat, trotz aller Machinationen und Mittel und Wege, ihn wanken zu machen — die freilich von vorneherein nichts helfen konnten — treu und unerschütterlich blieb, mit einem Pflichtgefühl, wie es wenige gezeigt haben, wie es namentlich im ganzen Episcopat kein Beispiel gegeben hat, der vom ersten Moment an mit dieser unerschütterlichen Treue, die nicht Nachtheile, Uebel, Leiden, nichts berücksichtigt, sondern unerschütterlich nur dem Pflichtbewußtsein nachgibt, aufgetreten ist mit dem ganzen Schatze seines Wissens als Urheber und Führer der pflichtmäßigen Opposition gegen die vatikanischen Dekrete; ich glaube, wir sind es schuldig diesem Manne durch Aufstehen und Hochrufen unsern tiefsten Dank auszudrücken. (Die Versammlung erhebt sich und bricht in ein lebhaftes dreimaliges Hoch aus).

Professor Dr. Huber:

„Wir hoffen auf eine Wiedervereinigung mit der griechisch-orientalischen und russischen Kirche, deren Trennung ohne zwingende Ursachen erfolgte und in keinen wesentlichen dogmatischen Unterschieden begründet ist."

Diese Trennung wurde ja bekanntlich schon auf dem Concil von Florenz im 15. Jahrhundert als aufgehoben erklärt.

„Wir erwarten unter Voraussetzung der angestrebten Reformen und auf dem Wege der Wissenschaft und der fortschreitenden christlichen Cultur allmälig eine Verständigung mit den übrigen christlichen Confessionen, insbesondere mit den protestantischen und den bischöflichen Kirchen Englands und Amerika's."

Meine Herren! In diesem Saale befinden sich hervorragende Vertreter der katholischen Theologie, welche den größten Ruhm für sich in Anspruch nehmen können. Sie werden aber gern gestehen, daß sie aus den wissenschaftlichen Forschungen der protestantischen Theologie viel gelernt haben, sowie man auch aus der Literatur der protestantischen Theologen leicht erkennen kann, daß dieselben auch von unserer Seite, von Seite der katholischen Theologie viel gelernt haben. Man darf sagen, wir sind in vielen Punkten, die die Katholiken und Protestanten früher trennten, jetzt einstimmig im Urtheil geworden. Auf diesen Geist der Wahrheitsliebe, auf diesen Geist der ächten Forschung, der namentlich auch der Nerv unserer Bewegung ist, vertrauen wir, auf daß er die Verständigung bringe — nicht in der nächsten Zeit; solche Dinge müssen organisch wachsen. Wir haben uns alle, die wir mit Protestanten zusammenleben, überzeugt, daß das Christenthum bei ihnen ein innerliches und werthhaltiges Leben ist. Die großen Ereignisse der letzten Zeit haben uns in ernsten, in guten und in schlimmen Tagen neben einander in der aufopferndsten Menschenliebe zusammenwirken gesehen. Wir sprechen es aus: Wir hoffen von dieser christlichen Nächstenliebe, daß sie auch das Band wieder schlingen werde zwischen uns und den von uns kirchlich getrennten Brüdern.

„IV. Wir halten bei der Heranbildung des katholischen Clerus die Pflege der Wissenschaft für unentbehrlich."

Ich glaube, da habe ich nichts hinzuzusetzen.

„Wir betrachten die künstliche Abschließung des Clerus von der geistigen Cultur des Jahrhunderts (in Knabenseminarien und einseitig von Bischöfen geleiteten höheren Lehranstalten) bei dessen großer pädagogischer Bedeutung für das Volk als gefährlich. Wir wünschen die Mitwirkung der weltlichen Obrigkeiten zur Erziehung und Heranbildung eines sittlich frommen, wissenschaftlich erleuchteten und patriotisch gesinnten Clerus."

So lange sich unsere Hierarchie in die Ketten des Jesuitismus schlagen läßt, ist eine Rettung für den Clerus nur dann zu erwarten, wenn Obrigkeit, Volk und Laien für die Bildung desselben energisch zusammenwirken. Wir dürfen dieses Moment, was das wichtigste ist, wenn es nicht blos allenthalben in kirchlicher Beziehung, sondern auch insbesondere in politischer Beziehung für Bayern besser werden soll, nicht außer Augen lassen.

„Wir verlangen für den sog. niederen Clerus eine würdige und gegen jegliche hierarchische Willkür geschützte Stellung. Wir verwerfen die durch das französische Recht eingeführte und neuestens allgemeiner angestrebte willkürliche Versetzbarkeit (amovibilitas ad nutum) der Seelsorgsgeistlichen."

Die traurigen Folgen der Amovibilität ad nutum sehen wir namentlich in Frankreich. Hier ist der niedere Seelsorgs-Geistliche nur ein Paria, der keinen Augenblick seiner Stelle sicher ist. Wenn er durch irgend eine Person bei seinem Bischof denuncirt wird und dieser leiht der Denunciation sein Ohr, so wird der arme Geistliche ohne alles rechtliche Verfahren aus seiner Stelle oder Pfründe hinausgetrieben und kann dem Elend entgegengehen. In Paris giebt es Hunderte von Geistlichen, die als Kellner, Kutscher, als Setzer in Buchdruckereien sich ihre kümmerliche Existenz fristen. Man wirft sie auf die Denunciation hin ins Verderben hinaus. Nicht minder hat die Amovibilität ad nutum die zerstörendsten Folgen gehabt für das wissenschaftliche Leben des Klerus in Frankreich. Die großartige theologische Wissenschaft, wodurch Frankreich Jahrhunderte lang vor allen christlichen Ländern hervorleuchtete, ist heute in Frankreich völlig gebrochen; und nicht eine der geringsten Ursachen für diese beklagenswerthe Thatsache ist die rechtlose Stellung des Klerus gegenüber dem Episcopat. Wenn irgend ein Professor an einer theologischen Lehranstalt ein durch wissenschaftliche Forschung gefundenes Resultat mittheilt und es gefällt dem Bischof nicht, so tritt für gewöhnlich der Fall ein, daß er sein Lehramt niederlegen muß und seine Bestallung verliert. Kann hier noch eine Freude an wissenschaftlicher Thätigkeit gedeihen?

Und solche Uebelstände sollen nun auch nach Deutschland verpflanzt werden, indem unser Clerus mit dem Prinzip der Amovibilität allgemein bedroht wird. Wir kämpfen darum gegen diese Bedrohung, da wir den niederen Clerus zu retten, sittlich und wissenschaftlich zu retten suchen. (Bravo.)

„V. Wir halten zu den die bürgerliche Freiheit und humanitäre Cultur verbürgenden Verfassungen unserer Länder, verwerfen darum auch aus staatsbürgerlichen und culturhistorischen Gründen das den Staat bedrohende Dogma von der päpstlichen Machtfülle und erklären, unseren Regierungen im Kampfe gegen den im Syllabus dogmatisirten Ultramontanismus treu und fest zur Seite zu stehen.

„VI. Da offenkundig durch die sog. „Gesellschaft Jesu" die gegenwärtige unheilvolle Zerrüttung in der katholischen Kirche verschuldet worden ist, da dieser Orden seine Machtstellung dazu mißbraucht, um in Hierarchie, Clerus und Volk culturfeindliche, staatsgefährliche und antinationale Tendenzen zu verbreiten und zu nähren; da er eine falsche und corrumpirende Moral lehrt und übt: so sprechen wir die Ueberzeugung aus, daß Friede und Gedeihen, Eintracht in der Kirche und richtiges Verhältniß zwischen ihr und der bürgerlichen Gesellschaft erst dann möglich ist, wenn der gemeinschädlichen Wirksamkeit dieses Ordens ein Ende gemacht sein wird.

„VII. Als Glieder der katholischen noch nicht durch die vaticanischen Decrete alterirten Kirche, welcher die Staaten politische Anerkennung und öffentlichen Schutz garantirt haben, halten wir auch unsere Ansprüche auf alle realen Güter und Besitztitel der Kirche aufrecht."

Der Präsident:

§ 3 unserer Geschäftsordnung sagt: „Der Präsident eröffnet die Discussion über die Gegenstände nach der Reihenfolge der Tagesordnung. Ueber die Trennung der Debatte in eine allgemeine und specielle entscheidet auf Vorschlag des Präsidenten die Versammlung."

Ich möchte der geehrten Versammlung den Vorschlag machen, auf eine allgemeine Debatte zu verzichten und zwar aus folgenden Gründen: Das Programm als solches enthält verschiedene Punkte, die zum Theil allerdings in ganz organischem Zusammenhang miteinander stehen, zum Theil aber minder streng aneinander hängen. Der Grund für das Letztere liegt darin, daß wir auch Einzelheiten in unserem Programm aufgegriffen haben, indem sie gerade diejenigen Fragen betreffen, die wir von dem Standpunkt den wir festhalten müssen, als wichtig in religiöser, kirchlicher und auch politischer Beziehung betrachten mußten. Es unterliegt also gar keinem Zweifel, daß, wenn eine allgemeine Debatte stattfände, gewiß bei den meisten Rednern immer wieder dieselben Gesichtspunkte über unsere Aufgabe, Absichten, über das was wir verfolgen, zu Tage träten. Nun ist auch die Zeit nicht in der Art reichlich zugemessen, daß wir taglang — und ich gebe zu, über das Programm ließe sich gewiß eine Woche eine allgemeine Debatte führen — uns mit einer allgemeinen Debatte befassen könnten.

Ich richte aus diesen Gründen den Vorschlag an die Versammlung, auf eine allgemeine Debatte zu verzichten und gleich in die specielle eingehen zu wollen. Diejenigen, welche dafür sind, bitte ich, gütigst sich zu erheben.

(Die Versammlung erhebt sich.)

Mein Vorschlag ist einstimmig angenommen.

Das Programm ist von dem Herrn Referenten in seiner Totalität motivirt worden. Ich eröffne nunmehr die Discussion in der Weise, daß ich jeden einzelnen Absatz zur Debatte stelle.

Ich ersuche diejenigen Herrn, welche über Punkt I. reden wollen, sich gütigst bei dem Secretariate zu melden.

Meine Herrn! Da die Geschäftsordnung nicht ausdrücklich verlangt, daß die Redner vor dem Beginne der Discussion über die einzelnen Gegenstände sich zum Wort gemeldet haben müssen, so versteht es sich von selbst, ohne daß ich hierzu eine Aufforderung an vielen Reden erlassen haben will, daß man auch während der Debatte sich noch zum Worte melden kann.

(Nach einer Pause.)

Ueber den Artikel I des Programms hat Niemand sich zum Wort gemeldet. Ich werde mir daher die Freiheit nehmen, ihn noch einmal zu verlesen und dann zur Abstimmung der Versammlung zu stellen.

„I. Im Bewußtsein unserer religiösen Pflichten halten wir fest an dem alten katholischen Glauben, wie er in Schrift und Tradition bezeugt ist, sowie am alten katholischen Cultus. Wir betrachten uns deshalb als vollberechtigte Glieder der katholischen Kirche und lassen uns weder aus der Kirchengemeinschaft noch aus den durch diese Gemeinschaft uns erwachsenden kirchlichen und bürgerlichen Rechten verdrängen.

„Wir erklären die wegen unserer Glaubenstreue über uns verhängten kirchlichen Censuren für gegenstandslos und willkürlich und werden durch dieselben an der Bethätigung der kirchlichen Gemeinschaft in unserem Gewissen nicht beirrt und nicht verhindert.

„Von dem Standpunkte des Glaubensbekenntnisses aus, wie es noch in dem sog. tridentinischen Symbolum enthalten ist, verwerfen wir die unter dem Pontificate Pius' IX. im Widerspruche mit der Lehre der Kirche und den vom Apostel Concil an befolgten Grundsätzen zu Stande gebrachten Dogmen, insbesondere das Dogma von dem „unfehlbaren Lehramte" und von der „höchsten, ordentlichen und unmittelbaren Jurisdiction" des Papstes."

Stimmt die Versammlung diesem Punkte des Programmes bei, so bitte ich, sich zu erheben.

(Die Versammlung erhebt sich.)

Er ist einstimmig angenommen.

Zum Artikel II des Programmes, welcher lautet:

„Wir halten fest an der alten Verfassung der Kirche. Wir verwerfen jeden Versuch, die Bischöfe aus der unmittelbaren und selbstständigen Leitung der Einzelkirchen zu verdrängen. Wir verwerfen die in den vaticanischen Decreten enthaltene Lehre, daß der Papst der einzige göttlich gesetzte Träger aller kirchlichen Autorität und Amtsgewalt sei, als im Widerspruche stehend mit dem tridentinischen Canon, wonach eine göttlich gestiftete Hierarchie von Bischöfen, Priestern und Diaconen besteht. Wir bekennen uns zu dem Primate des römischen Bischofes, wie er auf Grund der Schrift von den Vätern und Concilien in der alten ungetheilten christlichen Kirche anerkannt war.

„a) Wir erklären, daß nicht lediglich durch den Anspruch des jeweiligen Papstes und die ausdrückliche oder stillschweigende Zustimmung der dem Papste zu unbedingtem Gehorsam eidlich verpflichteten Bischöfe, sondern nur im Einklange mit der heil. Schrift und der alten kirchlichen Tradition, wie sie niedergelegt ist in den anerkannten Vätern und Concilien, Glaubenssätze definirt werden können. Auch ein Concil, welchem nicht, wie dem vaticanischen, wesentliche äußere Bedingungen der Oecumenicität mangelten, welches aber in allgemeiner Uebereinstimmung seiner Mitglieder den Bruch mit der Grundlage und Vergangenheit der Kirche vollzöge, vermöchte durchaus keine die Glieder der Kirche innerlich verpflichtenden Decrete zu erlassen.

„b) Wir betonen, daß die Lehrentscheidungen eines Concils im unmittelbaren Glaubensbewußtsein des katholischen Volks und in der theologischen Wissenschaft sich als übereinstimmend mit dem ursprünglichen und überlieferten Glauben der Kirche erweisen müssen. Wir wahren der katholischen Laienwelt und dem Clerus wie der wissenschaftlichen Theologie bei Feststellung der Glaubensregeln das Recht des Zeugnisses und der Einsprache"

hat sich Herr Pfarrer Anton gemeldet.

Herr Pfarrer Anton aus Wien:

Ich möchte mir zu den Worten:

„Wir bekennen uns zum Primat des römischen Bischofs, wie er auf Grund der Schrift von den Vätern und Concilien in der alten ungetheilten christlichen Kirche anerkannt war" einige Bemerkungen erlauben.

Es fällt uns katholischen, uns deutschen Oesterreichern nicht ein, den Primat Petri zu leugnen; wir lassen sogar den Primat des römischen Bischofs als eine eben in der Geschichte sich herausgebildete Thatsache bestehen. Wir Oesterreicher haben aber von dem Papstthume eine ganz besondere Anschauung; ich sage es gerade heraus: wir Oesterreicher sind Josephinisten. Dieser Josephinismus sitzt tief in dem Volke und in den Gemüthern unserer Intelligenz, auch unserer Priesterschaft. Nun, wenn wir Oesterreicher von dem Primate des römischen Bischofs reden, so kann dieser in der Kirche, wie wir ihn uns denken, keine andere Stelle und keinen anderen Rang vindiziren, als den eines primus inter pares. So haben wir den römischen Bischof aufgefaßt, so werden wir ihn in Oesterreich festhalten und so kann ich mit meinen Oesterreichern über das Papstthum conferiren, da kann ich sie gewinnen und bewegen dafür, da werden sie nicht kopfscheu werden. Wenn also das die Ansicht ist, so kann ich allerdings den vollkommenen Consens der Oesterreicher hier aussprechen. Allein ich würde mich schwer vergehen gegen diejenigen, die mich gesandt haben, wenn ich hier nicht wider eine andere Auffassung des Primats Protest von unserer Seite erheben würde.

Das Römlingthum, das römische Papstthum, wie es jetzt ist und durch die letzten Jahrhunderte sich herausgebildet hat, das wird der Oesterreicher nun und nimmermehr anerkennen.

Hier spricht eben ein Oesterreicher und ich spreche aus der Seele heraus. Es schweben mir da große Ideen vor, dieselben, die auch in München vertreten worden sind, nämlich die kirchliche Reform und die allgemeine Vereinigung der christlichen Gemeinschaften.

Jesus Christus ist ja gekommen, um uns in Liebe und Eintracht zu versammeln, nicht aber um uns zu trennen. Nun, ich halte selbst dafür, daß wir den einzelnen Confessionen möglichst weite Zugeständnisse machen; aber das, glaube ich, daß das Papstthum in dieser Form gewiß nicht, weder von der einen, noch von der andern Confession als Vereinigungspunkt angenommen wird. Gnocebixt man uns Oesterreichern meine Ansicht vom Primat, dann bin ich vollständig mit dem Programme einverstanden.

Der Präsident:

Ich glaube im Sinne der Versammlung mir die Bemerkung erlauben zu müssen, daß es hier nicht unsere Aufgabe sein kann — es liegt wahrscheinlich ein Mißverständniß des Herrn Vorrednerns vor — den einzelnen Ländern oder einzelnen Theilen Concessionen zu machen. Wir sind ja eben katholisch; wir wollen dasjenige, was überhaupt Allen frommt. Nun kann ich mir keine prinzipielle Besonderheit für Oesterreich denken. Ich glaube also, der Herr Redner hat wahrscheinlich gemeint, daß nur die Erklärung abgegeben werden solle, es sei das Programm dahin zu verstehen, daß wir nicht allen und jeden Anwachs und die Schäden, die sich an den Primat angesetzt haben, anerkennen;

aber eine besondere Auffassung für Oesterreich kann, wie ich glaube, hier gar nicht zur Discussion kommen.

Herr Pfarrer Anton:

Ich habe nicht eine Prärogative für Oesterreich beansprucht, sondern ich habe den Standpunkt präcisirt, auf welchem wir Oesterreicher bei der Beurtheilung des Papstthums stehen. Wenn man mit dieser Präcisirung der österreichischen Anschauung von dem römischen Primate einverstanden ist, so ist meine Sache erledigt.

Der Präsident:

Ich gebe Herrn Professor Reinkens das Wort zu einer Erklärung.

Professor Reinkens aus Breslau (Referent):

Mir scheint hier ein Mißverständniß obzuwalten. Die ganze Polemik des Herrn Anton bezieht sich nur darauf, daß er Anstoß nimmt an der Entwicklung des Papstthums in den letzten Jahrhunderten. Wir schließen aber diese Entwicklung, sofern sie eine Ausdehnung der Rechte des Papstes in sich schließt, die im Widerspruche steht mit dem Wesen des Primates in der alten Kirche, eben aus. Wir haben ausdrücklich gesagt: „Wir bekennen uns zu dem Primate des römischen Bischofes, wie er auf Grund der Schrift von den Vätern und Concilien in der alten ungetheilten christlichen Kirche anerkannt war."

Herr Anton wird wissen, daß die ungetheilte Kirche bis zum Jahre 1053 reicht, daß also von der Entwicklung der letzten Jahrhunderte hier gar nicht die Rede sein kann.

Was also die Qualität des Primats betrifft und die Quantität der Rechte, so ist beides nur zu bestimmen aus der Lage und Beschaffenheit der Kirche in dem ersten Jahrtausend. Was aber den Josephinismus betrifft, so ist das auch ein Standpunkt des vorigen Jahrhunderts. Wir wissen, daß in den Bestrebungen desselben auch Wahrheit war; allein wir müssen uns vorbehalten, den Josephinismus ebenfalls mit historisch-kritischem Auge zu betrachten. Wir haben unsern Maßstab in der alten Kirche und nicht in dem Josephinismus. (Bravo.)

Es hat sich ein Mißverständniß geltend gemacht in Bezug auf den Ausdruck „des römischen Bischofs". Es ist die Frage gestellt worden, ob denn der Papst als Inhaber des Primates immer in Rom residiren müsse. Das ist eine ganz einfache Sache. Wir halten uns an den Nachfolger der Bischöfe von Rom. Ob der augenblickliche Inhaber des apostolischen Stuhles in der Stadt Rom selbst residirt oder nicht, ist für die Sache an sich gleichgültig. Wir kennen keinen andern Primas der ganzen Kirche als den Bischof von Rom. Wo ein Vorrang eines Bischofs vor allen Uebrigen in der alten Kirche hervortritt, ist es stets der Vorrang des Bischofs von Rom. So hieß der Papst in der alten Kirche: „Bischof von Rom" aber zur Zeit, wo der Ausdruck „Papst" gleichbedeutend mit „Bischof" war, „Papst von Rom".

Der Präsident:

Da sich kein Redner mehr gemeldet hat, ersuche ich diejenigen Herren, welche den Art. II des Programmes annehmen wollen, sich zu erheben.

Der Artikel ist mit großer Majorität angenommen.

Ich bringe nunmehr den Art. III zur Discussion. Als Redner hat sich zuerst gemeldet Herr Prof. Michelis, dann Herr Pfarrer Anton, Priester Nittel, Prof. Stumpf und Prof. Schwider.

Professor Michelis aus Braunsberg:

Meine Herren! Ich habe mir das Wort erbeten zu einer Bemerkung über den 3. Satz des Art. III, der sich auf das Verhältniß der griechisch-orientalischen zum russischen Kirche bezieht. Es haben mich zwei Gründe bewogen, um das Wort zu bitten zu diesem Punkte. Zunächst möchte ich eine kleine sachliche oder formelle Aenderung beantragen in der Hoffnung, was den letzten Passus angeht, die in keinen wesentlichen dogmatischen Unterschieden begründet ist.

Ich wollte aber dann zweitens diese Gelegenheit benützen, um, wie mir scheint, ein gewisses Bedürfniß zu befriedigen, welches durch die Erläuterung nicht vollständig befriedigt worden ist, nämlich überhaupt mit drei Worten das Verhältniß der griechisch-orientalischen und der russischen Kirche zur römisch-katholischen in ähnlicher Weise zu präcisiren, wie in sehr ausreichender Weise und mit wenigen Worten mit diesem Gegenstand in Bezug auf die Kirche von Utrecht vorher geschehen ist. Ich glaube die Sache so lassen zu können, weil eben der Antrag, den ich auf eine kleine formelle Aenderung im letzten Theile bringen wollte, eine innere Motivirung gerade in der richtigen Darstellung dieses Verhältnisses hat. Ich glaube, daß in Bezug auf die wahre Darstellung und das wahre Verhältniß der griechischen Kirche — ich will immer genau unterscheiden, der griechischen — bei uns in der That ebensoviele Mißverständnisse herrschen, wie in Bezug auf die Utrechter Kirche. Es ist das Verhältniß, wie ich mich wenigstens überzeugt zu haben glaube, ein ganz anderes und für den Grundgedanken, den wir hier verfolgen, hoffnungsreicheres, als wir uns gewöhnlich vorstellen.

Die griechische Kirche steht uns in vielfacher Beziehung durchaus nicht so ferne, als wir uns die Sache zu denken gewohnt sind. Ich kann in das Geschichtliche nicht eingehen. Sie wissen, wie weit im Concilium von Florenz eine Einigung schon angebahnt ist, obgleich wir heutzutage nicht mehr uns darauf berufen können, weil diese Concilsvereinbarung nicht historische Basis geworden ist, und wir unmöglich den Standpunkt, den man im Florentiner Concil zu Grunde gelegt hat, heutzutage zu dem unsrigen machen können. Ich kann aber hinzusetzen, daß dieses Bewußtsein von der Zusammengehörigkeit der griechischen mit der katholischen Kirche in der inneren, wesentlichen, christlichen, ich kann sagen katholischen Grundlage, auch in diesem Augenblick ein viel lebendigeres, ein viel angeregteres ist, als wir uns vorstellen. Vieles ist davon ja schon in den Zeitungen berichtet worden und in einzelnen Schriften.

Die Lage liegt im Ganzen so, daß man sagen kann: Es ist im Episkopat der griechischen Kirche jetzt vollständig das Bewußtsein angeregt, nachdem eben dieser Kampf gegen die Uebergriffe der päpstlichen Macht in unserer katholischen Kirche recht aufgenommen wird, daß damit eigentlich die inneren trennenden Hindernisse einer Vereinigung schon gehoben sind. Es ist klar und bestimmt ausgesprochen und zwar in der griechischen Synode, wo wenigstens ein großer Theil des griechischen Episkopates zusammentrat, daß der Primat an und für sich kein Hinderniß mehr bietet. Es ist nicht an dem, daß sie den Primat läugnen, sie sind darüber vollständig einig, sie erkennen den Primat an, sie erkennen auch den römischen Bischof an, den historisch berechtigten Träger der Primatsidee der Kirchen, welchen sie als einen wesentlichen Grundzug der Kirche Christi durchaus nicht weggeworfen und aufgehoben haben wollen. Es liegen dafür bestimmte Aussprüche vor. Es handelt sich also bei den Griechen in ganz ähnlicher Weise wie bei den Utrechtern — obwohl diesen ein viel größeres Unrecht geschehen ist, nur um Anerkennung der richtigen Stellung des Primates. Ich erwähne dabei nebenbei: es wäre noch weiter zu erörtern die Frage nach den Rechten des römischen Bischofs auf diese Stellung. Die Sache ist aber vollständig genügend abgemacht. Auch ich bin der Ueberzeugung, daß wir diese Sache rein historisch fassen müssen; und wer überhaupt historischen Sinn hat, wer das Verhältniß der entwickelten Weltgeschichte zu würdigen weiß, wird sagen daß, wer überhaupt den Primat will in der Kirche, nicht mehr darüber streitet, ob irgend ein anderer als gerade der römische Bischof geschichtlich dieses Recht für sich in Anspruch nehmen könne.

Darüber sind also die Griechen auch einig. Sie würden also mit uns zusammengehen können, wenn wir diese Beschränkung der päpstlichen Rechte auf das rechte Maß, auf den wahren Sinn, wie er ursprünglich in der Kirche war, in jener Stellung, die Papst Gregor I. der sich seines Primates wohl bewußt war, noch bestimmt und klar bezeichnet hat, durchführen könnten. Papst Gregor I. nahm nicht den Standpunkt ein, wie er jetzt im Vatikan hergestellt werden will, daß ein Bischof nämlich sich als König und Herrscher der andern erhebe, — ein Standpunkt, der gerade als Werk des Teufels bezeichnet wird von Gregor I.

Also auf diesem Standpunkt würden wir uns mit den Griechen zusammenfinden können. Ich füge hinzu, daß die griechischen Bischöfe vollständig einig geworden sind über die Form des wesentlichen Aktus im Cultus, nämlich das hl. Meßopfer. Bisher haben die Griechen sich allerdings so gestellt, daß sie gerade die griechische Form des Meßopfers als schlechthin die allein berechtigte betrachteten, daß sie der lateinisch-römischen Form die Berechtigung absprachen. Dieser einseitige Standpunkt ist innerhalb des Bewußtseins der griechischen Kirche überwunden worden und man hat sich darüber verständigt, daß auch die Form der lateinischen Messe im Wesen dieselbe sei und die griechische Messe eben so gut gefeiert wird, wie die lateinische, daß also diese Form keinen trennenden Unterschied mehr machen dürfe; es wäre also ohne einen Eingriff in diese bestehende Form eine Vereinigung möglich.

Auf alle weiteren Punkte gehe ich nicht ein, namentlich was den Cölibat angeht; denn Alles dies liegt bei den Griechen ganz anders als man im Allgemeinen sich vorstellt. Ich glaube nicht, diese Punkte hier berühren zu sollen, und gehe über auf den Antrag einer kleinen Aenderung, die ich in dem letzten Theile dieses Passus angebracht wissen möchte, wo es nämlich heißt, daß „kein wesentlich dogmatischer" Unterschied begründet sei.

Bekanntlich besteht in Bezug auf das eigentliche Dogma über die Grundwahrheiten unseres Glaubens ein scheinbar kleiner Unterschied, der aber zuletzt zur Trennung der griechischen und römischen Kirche wesentlich mit beitrug. — In Bezug auf den Ausgang des hl. Geistes. Die Griechen haben den Zusatz der lateinischen Kirche im nicänischen Symbolum, daß der hl. Geist im inneren Geheimniß des göttlichen Wesens als ausgehend nicht blos vom Vater, sondern vom Vater und Sohn bezeichnet wird, bekämpft und bekämpfen ihn gegenwärtig noch. Sie haben ihn aber sicher ursprünglich mehr bekämpft als einen traditionell vielleicht nicht hinlänglich begründeten Zusatz, und ich glaube, daß wir uns auch in diesem Punkt, wenn wir uns auf den Standpunkt der heutigen theologischen Wissenschaft stellen, verständigen könnten; und ich glaube, daß uns die Griechen wohl zugeben würden, daß dieser Zusatz innerlich berechtigt ist und gelten muß, wenn der Grund unseres Glaubens in seiner innern Wesenheit soll aufrecht erhalten werden.

Ich kann unmöglich diese scheinbar so unbedeutende Abweichung als eine unwesentliche bezeichnen. Es schlägt das ganz in die Philosophie ein, den Begriff des Wesentlichen richtig zu fassen; aber ich führe nur das Eine an, daß das kleinste Ding sehr wesentlich sein kann, wenigstens in seiner inneren Beziehung zum organischen Ganzen betrachtet, und eben eine solche Stellung hat für mich diese unsere lateinische Lehre vom Ausgang des hl. Geistes vom Vater und Sohn. Es würde für mich die innere Faßbarkeit, der innere speculative Gehalt, der tiefste Grund des ganzen Geheimnisses selbst verloren gehen, wenn dieser Punkt nicht aufrecht erhalten werden könnte.

Ich glaube dadurch meinen Antrag hinlänglich motivirt zu haben, die Fassung dieses Passus etwas zu ändern; ich möchte eben, daß dieser dogmatische Unterschied nicht als ein nicht wesentlicher bezeichnet werde, und dafür setzen „ein unüberwindbarer".

Präsident:

Herr Professor Ossinin aus Petersburg wünscht zur Aufklärung über die Verhältnisse der griechischen zur katholischen Kirche einige Worte zu sagen. Ich muß die Versammlung bitten, da der Herr nicht Mitglied der katholischen Kirche ist, zu erklären, ob sie gestattet, daß der Herr Professor zum Worte zugelassen werde. (Die Versammlung gestattet es.)

Herr Professor Ossinin aus Petersburg:

Meine Herren! Als Mitglied der orientalischen altkatholischen Kirche erlauben Sie mir, nur einige Worte zu sagen, um das, was Sie hier von Herrn Professor Michelis gehört haben, zu bestätigen.

Unsere Kirche betrachtet sich als stehend auf der Basis der alten ungetrennten katholischen Kirche, — und Alles, was bewiesen werden kann, als wesentlich der alten ungetrennten Kirche gehörend, wird auch bis jetzt immer als wesentlich der orientalischen Kirche angehörend angenommen. Deswegen erachte ich es auch für meine Pflicht, das, was Professor Michelis gesprochen hat von der Bedeutung der Unterschiede, meinerseits vollständig zu bestätigen.

Erstens was den Primat anlangt, so hat die orientalische Kirche in ihrem Alterthum und eben auch später immer gesagt, daß sie den Bischof von Rom als primus unter den christlichen Bischöfen annehmen könne und wolle. Das wird durch die allen ökumenischen Concilien bezeugt, und ward auch immer von unserer Kirche als Grundlage des allgemeinen dogmatischen Bewußtseins angenommen. Wir läugnen also nicht principiell den Primat des Bischofs von Rom; wir behaupten nur, daß der Bischof von Rom, nachdem er nicht allein den Primat, sondern eine ungesetzliche Suprematie angestrebt hat, sich dadurch von unserem Standpunkte aus von den gesetzlichen Primat selbst losgesagt habe. Sobald der Bischof von Rom zu der ökumenischen Einheit mit der allgemeinen Kirche auf den anderen ökumenischen Principien zurückkehrt, dann ist auch in unsern Augen vom Standpunkt der orientalischen Christen sein Recht wieder bestätigt.

Also als primus oder Papst wird die Suprematie des römischen Bischofs immer anerkannt, aber nicht eine Herrschaft, nicht ein Absolutismus, der die individuelle Freiheit und die allgemeine organische Entwickelung im Innern der Kirche hemmt. Das filioque (die Lehre vom Ausgange des hl. Geistes vom Sohne) hat Herr Professor Michelis als einen wesentlichen Unterschied der Kirchen erklärt. Ich muß das auch bestätigen. Nicht allein in den alten Zeiten, sondern noch in der neuesten ist es immer als wesentlicher Unterschied in unseren Augen erschienen.

Trotzdem meine ich aber auch, daß das nicht ein unüberwindbarer Unterschied ist. Ueberhaupt gibt es unserer Ansicht nach kein anderes Hauptshinderniß für die Annäherung und Verbindung der Kirchen, als nur den Absolutismus und die Unfehlbarkeit des römischen Bischofs. (Bravo.)

Sobald dieses Hinderniß beseitigt sein wird, dann gibt es nach unserer vollständigsten Ueberzeugung für den intelligenten Theil unserer orientalischen Kirche nichts mehr, was als unüberwindbar zu betrachten sei, so daß wir im Namen der christlichen Liebe, der christlichen Freiheit und mit einem ehrlichen Streben nach wirklicher Annäherung ohne Vorurtheil neben einander gehen können. (Bravo.)

Präsident:

Ich danke dem Herrn Professor für diese Mittheilungen, weil ich darin zugleich den lebendigen Anfang der von uns erhofften und ersehnten Vereinigung sehe.

Das Wort hat Herr Pfarrer Anton.

Herr Pfarrer Anton:

Ich gebe zu, daß ich nicht nur hieher gekommen bin, um die österreichischen Anschauungen bezüglich des Primats zu kennzeichnen, sondern ich habe schon in Heidelberg mich dahin erklärt und erkläre es wieder, daß wir Oesterreicher auch großes Gewicht auf die Reform legen. Ich würde mich, wenn ich nach Hause komme und nicht die Versicherung mitbringen könnte, daß wir Reformen im weitergehenden Sinne wollen, gar nicht getrauen, das zu erwähnen, was wir gethan. Ich glaube, man würde sagen: das hat für uns gar keine Bedeutung. Man erwartet von uns, daß die Gebrechen und Mißbräuche gehoben werden, zwar nicht dem Einzelnen nach — denn es ist ihrer eine große Anzahl — aber doch das, was ein zusammengehöriges Feld darstellt in der Disciplin, geistlichen Jurisdiction, im Episcopat u. s. w.

Das hätte ich im Namen der Oesterreicher gewünscht, um zu zeigen, nach welcher Richtung hin die Reform sich vorzüglich bewegt, daß sie eine allgemeine durchgreifende ist, was man bei uns in Oesterreich noch immer sehr bezweifelt.

Ich hätte gewünscht, daß man sich in dieser Hinsicht eingehender ausgesprochen hätte. Gebrechen, Mißbräuche, das ist allerdings wahr, die gibt es genug; aber, wie ich glaube, dürfte es so zu allgemein gehalten sein, so daß man nicht weiß, nach welcher Richtung hin. Und so möchte ich den Antrag stellen, ob es nicht gerathen wäre,

wenn man wenigstens die Richtung bezeichnen möchte, — ich möchte
sagen: die einzelnen Fächer, nach welchen hin diese Mißbräuche
einer Reform unterzogen werden sollen. Denn in Oesterreich, wie
es jetzt ist bei unserem Katholizismus, ist die Kirche so verhaßt, daß
man eigentlich über die ganze Sache hinweggegangen ist, so daß
ich mich selbst davor gestaunt habe. Ich könnte Ihnen Tausende
von Briefen zeigen, wo immer nur auf dieses Paalt Gewicht gelegt wird; darum hätte ich gewünscht, daß diese Gebrechen
und Mißbräuche zwar nicht im Einzelnen, aber wenigstens so bezeichnet würden, daß in Bezug auf den Gottesdienst, die Gottes-
verehrung, die Disciplin reformirt werden wolle. Dies wünschte
ich sehr um der Oesterreicher willen, die mit gutem Willen kommen,
denen aber die römische Kirche, wie sie jetzt besteht, ganz und gar,
möchte ich sagen, zum Gegenstande des Gelächters und der Verachtung geworden ist. Ich versichere Sie, meine Herrn, die Oesterreicher haben einen guten Kern — selbst in den Schichten, wo
man sagen darf, sie sind moralisch zu Grunde gegangen, z. B. die
Arbeiter. Sehen Sie, die kommen nach Hunderten und Tausenden;
sie haben mir erklärt, daß sie allerdings die katholische Kirche
wollen, aber nicht so, wie es jetzt ist in diesem verrotteten Kirchenthum. Da haben sie sich dann als confessionslos erklärt. Jetzt
sind sie nach Hunderten wiedergekommen und haben sich als katholische Christen erklärt. Ich bin verpflichtet, als Vertreter aller
dieser, das zu betonen und zu ersuchen, ob es nicht möglich wäre,
wenigstens im Allgemeinen die Richtungen zu bezeichnen, nach denen
man reformiren will.

Präsident:

Ich glaube, es kann nicht die Aufgabe der Versammlung sein,
die Anträge zu formuliren. Ich bitte daher den Herrn Redner,
seinen Antrag geschäftsordnungsmäßig formulirt einzubringen; ich
werde ihn dann geschäftsordnungsmäßig der Discussion unterstellen.

Herr Mittel:

Ich habe mir das Wort erbeten, vorerst um an das Comité
die Frage zu richten: Besteht die Absicht, da die Sache sich organisch
entwickeln soll, uns die Mittel nach Hause zu geben, nach welchen
wir in dem Sinne, der uns heute beseelt, fortarbeiten können?
Ich wollte deshalb zum ersten Absatz des Art. III, in dem es heißt:

„III. Wir erstreben unter Mitwirkung der theologischen
und canonistischen Wissenschaft eine Reform in der Kirche, welche
im Geiste der alten Kirche die heutigen Gebrechen und Mißbräuche heben und insbesondere die berechtigten Wünsche des
katholischen Volks auf Theilnahme an den kirchlichen Angelegenheiten erfüllen werde" —
diese Anfrage stellen.

Präsident:

Es geht also die Anfrage dahin, ob den Delegirten vom Congresse Mittel mitgegeben werden, die sich auf dieses Ziel beziehen?

Mittel:

Ich möchte mir erlauben, die Frage genauer zu präcisiren. Sollen wir uns bestreben, zu Hause angekommen, mit unseren Gesinnungsgenossen Vereine zu bilden?

Präsident:

Ich bemerke, daß das mit der Discussion des Programms nicht zusammenhängt, daß aber ausdrückliche desfallsige Anträge vorliegen, welche nach Annahme des Programms zur Discussion kommen werden.

Herr Oberlehrer Stumpf:

Ich erlaube mir zu einigen Punkten des Art. III eine Bemerkung zu machen. Mehreren Herren und auch mir ist es sehr aufgefallen, daß im Text des Art. III ein Druckfehler vorhanden zu sein scheint; es ist ein Wort ausgelassen, welches vielleicht das allerwesentlichste sein möchte. In alinea 4 steht:

„Wir erwarten unter Voraussetzung der angestrebten Reformen und auf dem Wege der Wissenschaft und der fortschreitenden christlichen Cultur allmälig eine Verständigung mit den übrigen christlichen Confessionen, insbesondere mit den protestantischen und den bischöflichen Kirchen Englands und Amerika's."

Meine Herren, das könnte vielleicht so aufgefaßt werden, als sollten hier unsere deutschen Brüder, namentlich die Deutschen protestantischer Confession, übergangen werden — und es ist so aufgefaßt worden. (Der Vorsitzende wirft ein: „lapsus calami"). Wir haben von vorneherein angenommen, daß ein Wort fehlt.

Präsident:

„Den protestantischen Kirchen und den bischöflichen Kirchen Englands und Amerika's", das war die Intention.

Herr Oberlehrer Stumpf:

Ich bitte aber doch, ausdrücklich das Wort „deutsch" mit aufzunehmen: denn unsere protestantischen deutschen Brüder stehen uns doch am allernächsten, und für das Wohl und Heil der katholischen Kirche Deutschlands und unseres Vaterlandes überhaupt müssen wir zu allererst eine Vereinigung mit diesen anstreben.

Ich habe sodann auch zu alinea 1 eine Bemerkung zu machen. Es steht da: „Wir erstreben unter Mitwirkung der theologischen und canonistischen Wissenschaft eine Reform in der Kirche, welche im Geiste der alten Kirche die heutigen Gebrechen und

Mißbräuche heben und insbesondere die berechtigten Wünsche des katholischen Volks auf Theilnahme an den kirchlichen Angelegenheiten erfüllen werde."

Der Gedanke, daß eine fruchtbare Reform nur dann erfolgen könne innerhalb der katholischen Kirche, wenn das Lebensblut, welches die Hierarchie jetzt so unterbunden hat, daß es in die übrigen Glieder des Leibes nicht mehr hineinströmen kann, wieder frei durch den ganzen Organismus strömt — diese Ueberzeugung ist in uns Allen lebendig. Wir für unsern Theil haben das Band zerbrochen, welches dieses Lebensblut nicht mehr in unsere Adern hineinströmen lassen wollte. Wir haben es zerbrochen, sonst wären wir nicht hier. Wir haben es zerbrochen mit Hilfe des Geistes, welcher die ganze Kirche belebt und weht, wo er will, nicht nach dem Willen und der Macht der Hierarchen. Wir haben unsere Rechte wieder geltend gemacht, indem wir auf Grund unsers christlichen Gewissens und Pflichtbewußtseins Protest eingelegt haben gegen die Vergewaltigung unseres Glaubens. So haben wir unsere Rechte geltend gemacht im innersten Heiligthume des christlichen Glaubens, so müssen wir sie aber auch bethätigen in dem Verfassungsleben der Kirche.

Da erscheint mir der Ausdruck, den uns das Redactions-Comité bietet, nicht stark genug. Eine „Theilnahme" an den kirchlichen Angelegenheiten wird man uns sehr gern gestatten. Wenn Sie nach Mainz gegangen wären zur dortigen katholischen Generalversammlung, Sie wären sehr freudig begrüßt worden. Ich versichere Sie, eine solche Theilnahme an den kirchlichen Angelegenheiten, wie sie in der katholischen Generalversammlung, nach dem Wink der Bischöfe und gewisser Parteiführer, die durch geheime Fäden geleitet werden, gestattet wurde, wird uns jederzeit zugestanden werden. Aber damit sind wir nicht zufrieden. Wir verlangen eine „verfassungsmäßig geregelte" Theilnahme an den kirchlichen Dingen, (Bravo) und ich beantrage deshalb, daß die Worte „verfassungsmäßig geregelte (oder festgestellte) Theilnahme an den kirchlichen Angelegenheiten" eingesetzt werden.

Ich wollte noch einen Schritt weiter gehen, aber ich thue es nicht, um Mißverständnisse zu vermeiden. Ich würde sagen: nicht „auf Theilnahme an den kirchlichen Angelegenheiten", sondern „auf Theilnahme an der Leitung der kirchlichen Angelegenheiten".

Ich thue es nicht, um nicht dadurch das Mißverständniß hervorzurufen, als wollten wir der Priesterschaft und den Bischöfen die Vollmacht, die ihnen vom heiligen Geist ertheilt ist, wie in der heiligen Schrift steht, die Kirche zu leiten, entziehen. Sie sollen die Leitung behalten, aber eine Leitung in beständiger Uebereinstimmung mit uns. Um nicht das Mißverständniß zu erregen, als wollten wir die Souverainetät der Gemeinde, beantrage ich blos: „verfassungsmäßig geregelte (oder festgestellte) Theilnahme" und enthalte mich der Zufügung der Worte: „Auf Theilnahme an der Leitung ꝛc."

Der Präsident:

Herr Professor Schwicker hat das Wort.

Professor Schwicker aus Ofen:

Hochgeehrte Versammlung! Ich habe nur einen Zusatzantrag zu motiviren, erlaube mir aber vorher eine Bemerkung auf das vom Herrn Vorredner Gesagte. Er sagt, er wolle das Wort „Leitung" nicht hineinsetzen, weil es leicht zu Mißverständnissen führen könnte. Ich glaube, dem können wir ausweichen, wenn wir sagen: „ꝛc. an der Leitung der äußeren kirchlichen Angelegenheiten ꝛc." Eben auf diesen Begriff: „äußerer kirchlicher Angelegenheit" beriefen sich in Ungarn Jene, welche für die Autonomie der Katholiken kämpfen; man hat diesen Ausdruck gebraucht und als gerechtfertigt und hinreichend erkannt zur Bestimmung des Wirkungskreises, innerhalb welches die Betheiligung des Laienstands in der Kirche möglich ist. Mein Antrag bezieht sich darauf, daß hier im Programm ein Punkt der Pfingsterklärung außer Acht gelassen wurde. Es heißt in dieser Erklärung:

„In solcher Rückschau und Vorschau zeigt sich uns ein Bild ächt kirchlicher Regeneration, ein Zustand, in welchem die Culturvölker katholischen Bekenntnisses, ohne Beeinträchtigung ihrer Gliedschaft an dem Leibe der allgemeinen Kirche, aber frei von dem Joch unberechtigter Herrschsucht, jedes sein Kirchenwesen, entsprechend seiner Eigenart und im Einklange mit seiner Culturmission und einträchtiger Arbeit von Clerus und Laien gestaltet und ausbildet."

Mein weiterer Antrag bezieht sich darauf, daß hier im Programm ein Punkt der Pfingsterklärung außer Acht gelassen wurde, welche Erklärung doch bekanntlich den Ausgangspunkt bildet für die heutige Versammlung.

Es heißt in der Pfingsterklärung:

daß „in einer solchen Rückschau und Vorschau sich uns ein Bild ächt kirchlicher Regeneration zeigt, ein Zustand, in welchem die Culturvölker katholischen Bekenntnisses, ohne Beeinträchtigung ihrer Gliedschaft an dem Leibe der allgemeinen Kirche, aber frei von dem Joche unberechtigter Herrschsucht, jedes sein Kirchenwesen, entsprechend seiner Eigenart und im Einklange mit seiner Culturmission und einträchtiger Arbeit von Clerus und Laien gestaltet und ausbildet."

Es ist hier gewiß nur das ins Auge gefaßt worden, daß die katholischen Völker, jedes nach seiner Eigenart, sich seine Einzelkirche national ausgestalte, unbeschadet der kirchlichen Einheit in der gemeinsamen katholischen Lehre, und eben dieses Moment, welches bei der heutigen nationalen Bewegung in der ganzen civilisirten Welt jedenfalls große Wichtigkeit hat, möchte ich im Programm berührt sehen.

Ich beantrage deshalb den Zusatz-Passus, daß im Programme, wo es heißt:

„Wir erstreben unter Mitwirkung der theologischen und canonistischen Wissenschaft eine Reform in der Kirche u. s. w." hinzugesetzt werden möge:

„wobei unbeschadet der kirchlichen Einheit in der Lehre die nationalen Anschauungen und Bedürfnisse der katholischen Völker Berücksichtigung finden können."

Dr. Reinkens (Referent):

Ich möchte zunächst daran erinnern, daß es uns nur darauf ankommt, Prinzipien auszusprechen. Ein Vorzug dabei ist die Kürze. Weitere Ausführungen haben wir nicht für zweckmäßig erachtet, um nicht in Definitionen uns einzulassen. Das war schon der Grund, warum wir uns über die Qualität des Primates gar nicht geäußert haben.

Weitere Entwicklungen, specielle Ausführungen, — das, meine Herrn, sind Arbeiten der Zukunft. Auch in Bezug auf Nr. III möchte ich das aufrecht erhalten.

Ich habe nichts dagegen zu erinnern, daß ein solcher Zusatz, wie Herr Dr. Schwicker ihn zum Absatz III beantragt hat, aufgenommen wird; denn er ist ja ganz in unserem Geiste. Ich selbst bin entschlossen, in einer der öffentlichen Versammlungen über Nationalität und Katholizität zu reden und zwar eben in diesem Geiste.

Aber für absolut nothwendig halte ich jenen Zusatz nicht, und zwar auch deshalb, weil er schon in unserer Pfingsterklärung steht und wir davon nichts zurücknehmen.

Wird er aber acceptirt, so habe ich dagegen gar nichts zu erinnern.

Was nun die Theilnahme des katholischen Volkes an den kirchlichen Angelegenheiten betrifft, so scheint es mir, daß übersehen worden ist, daß die Worte „im Geiste der alten Kirche" sich auch hierauf beziehen. Es kann nun keinem unterrichteten Manne in den Sinn kommen, zu glauben, daß die Thätigkeit der Generalversammlungen der sogenannten katholischen Vereine Deutschlands im Geiste der alten Kirche sei.

Der Deutlichkeit wegen scheint es mir aber zweckmäßig, die Worte anzunehmen: „verfassungsmäßig geregelte" oder „kirchenrechtlich festgestellte" Theilnahme.

Wir wissen, daß in der alten Kirche die Laien sehr wesentliche Rechte hatten, sogar das Recht der unerläßlichen Mitwirkung zur Wahl der Bischöfe. Wir haben an eine sehr lebendige Theilnahme gedacht bei jenen Worten.

Also, ich glaube nicht, daß das Redactionscomité etwas einzuwenden hat gegen die beantragten Zusätze. Sie sind in unserem Sinne; indessen es schien mir, daß ich erwähnen müßte, die Sache sei in den Worten schon enthalten, wie sie da stehen.

Im Geiste der alten Kirche kann es nur eine verfassungsmäßige Theilnahme an den kirchlichen Angelegenheiten sein, die wir gemeint haben. —

Was nun den 4. Absatz betrifft, — ich meine den Absatz in Betreff der griechischen Kirche — so ist es dem Redactionscomité wohl bewußt gewesen, daß ein dogmatischer Unterschied über den Ausgang des heiligen Geistes besteht.

Das Wort „wesentlich" solle nicht bezogen werden auf den idealen Inhalt der Dogmen, sondern auf die Wiedervereinigung oder Trennung.

Das Redactionscomité ist sich ebensosehr bewußt gewesen, daß die sämmtlichen Wiedervereinigungs-Versuche der beiden großen Kirchen nicht gescheitert sind an diesem dogmatischen Unterschiede, sondern an ganz anderen Dingen.

Ja, wir haben wohl erwogen, daß über diesen Punkt zeitweise eine Ausgleichung schon erreicht gewesen ist.

Wir können die Ausdrucksweise der Griechen an und für sich nicht als unberechtigt erklären; denn diese Ausdrucksweise, daß der heilige Geist aus dem Vater durch den Sohn ausgehe, läßt sich auch schriftmäßig rechtfertigen und findet sich in den hervorragendsten und anerkannten griechischen Vätern.

Es handelt sich wesentlich darum, ob unser Ausdruck ebenso berechtigt ist, und darüber hat man einen Ausgleich, namentlich zur Zeit der florentinischen Versammlung, schon gefunden, indem man sich darüber verständigte, daß der ideale Inhalt beider Ausdrucksweisen derselbe sei, wenigstens daß beide Ausdrucksweisen den gleichen idealen Inhalt gestatten.

Da aber das Mißverständniß möglich ist — denn es kann ja auch ein himmelweit verschiedener Inhalt gedacht werden in diesen Ausdrücken, — so stimme ich dem Antrage bei, und ich glaube im Sinne des Redactionscomités zu handeln.

Ich würde es aber für zweckmäßiger erachten, — und diesen Antrag erlaube ich mir zu stellen, — nicht „unüberwindbar", sondern „unausgleichbar" zu setzen, und zwar aus dem Grunde, weil das „unüberwindbar" auch einschließen könnte, daß man sich einigte, darüber hinwegzusetzen und eine subjective Auffassung ohne objective Regelung zu gestatten.

Ich glaube aber, daß wir innerlich uns ausgleichen, — daß wir Uebereinstimmung erzielen können in dieser Lehre von dem Trinitäts-Geheimnisse, und daß insofern der dogmatische Unterschied an sich nicht unüberwindbar ist. Daher scheint mir der Ausdruck „in keinen unausgleichbaren dogmatischen Unterschieden" zweckmäßiger zu sein. Ich erlaube mir speciell diese Fassung zu beantragen.

Präsident:
Ich frage den Herrn Antragsteller, ob er mit diesem Antrage einverstanden sei?

Dr. Michelis:
Ich bin vollkommen damit einverstanden.

Dr. Reiulens (Referent):
Was den letzten Antrag betrifft, so muß ich bemerken, daß wir ursprünglich das Wort „deutsch" hatten: „mit den deutschen protestantischen und den bischöflichen Kirchen Englands und Amerika's." Wir haben aber das Wort „deutsch" gestrichen, weil Mißverständnisse dadurch hätten erzeugt werden können, indem das Wort „deutsch" einen ganz speciellen politischen Begriff bildet. So hätte Einer z. B. glauben können, wir hätten die ungarischen Protestanten oder gar die schweizerischen oder französischen ausschließen wollen. Deshalb haben wir dafür eine andere Form gewählt und leider ist ein wesentliches Wort im Drucke übersehen worden. Wir haben geschrieben: „mit den protestantischen Kirchen und den bischöflichen Kirchen Englands und Amerika's." Damit wären sämmtliche protestantischen Confessionen einbegriffen, und mir scheint auch jetzt noch dieser Ausdruck zweckmäßig zu sein.

Weiter habe ich als Referent nichts mehr zu bemerken.

Präsident:
Ich erlaube mir, Herrn Professor Stumpf zu fragen, ob er mit dieser Modification sich einverstanden erkläre.

Oberlehrer Stumpf:
Ich erlaube mir, zu bemerken, daß ich nicht vollständig einverstanden bin. Daß alle Kirchen gemeint sind, steht schon vorher. Wenn nun eine besondere Aufzählung der einzelnen Kirchen erfolgt, so wird doch Jeder erwarten, daß die deutschen ausdrücklich genannt werden. Die schweizerischen, ungarischen, französischen Confessionen protestantischen Bekenntnisses sind eben bezeichnet mit dem Ausdruck „den übrigen christlichen Confessionen," nachdem vorher schon von der griechisch-orientalischen und russischen Kirche 2c. gesprochen worden ist.

Nun wollen wir aber etwas Besonderes thun, und das Besondere, das uns am nächsten liegt, ist eben Deutschland; und da meine ich, daß in der Aufzählung das Wort „deutsch" nicht fehlen dürfe.

Es müßte also heißen: „insbesondere mit den deutschen protestantischen Kirchen und den bischöflichen Kirchen Englands und Amerikas."

Das wäre das Einzige, was ich in dieser Beziehung zu bemerken habe.

Präsident:

Herr Professor Bauer hat das Wort.

Professor Bauer aus Mannheim:

Ich erlaube mir auf das, was mein geehrter Herr Vorredner gesagt hat, noch Einiges zu bemerken. Es heißt da „mit den übrigen christlichen Confessionen", und da will der Herr Vorredner haben, „insbesondere mit den protestantischen Kirchen und den bischöflichen Kirchen Englands und Amerikas". Ich finde den Ausdruck mit den protestantischen Kirchen und den bischöflichen Kirchen Englands und Amerikas nicht correct.

Oberlehrer Stumpf aus Coblenz:

Ich wollte sagen: Insbesondere mit den deutschen protestantischen und den protestantisch-bischöflichen Kirchen Englands und Amerikas.

Professor Bauer:

Die bischöflichen Kirchen betrachte ich vollständig als protestantische. Da ist kein Unterschied. Der Engländer kennt nur Katholiken und Nichtkatholiken; er sagt nur: I am catholic oder I am protestant. Ich möchte auch wissen, warum die bischöfliche Kirche besonders angeführt wird. Es ist genug, wenn man sagt: mit den übrigen christlichen Confessionen, mit dem Amendement, das der Herr Vorredner gewünscht hat. Ich weiß keinen Grund, warum man die bischöflichen Kirchen besonders anführen soll.

Präsident:

Herr Reichsrath v. Döllinger hat das Wort.

Dr. v. Döllinger:

Erlauben Sie mir bezüglich des Bedenkens, das hier erhoben wurde, eine kurze Aufklärung.

Ich kann nicht zugeben, daß die zwei bischöflichen Kirchen, die hier besonders genannt sind, die englische und die amerikanische, sich selbst als protestantische betrachten. Die jetzt überwiegend größere Fraction in der englischen Kirche weist das Prädicat „protestantisch" entschieden zurück. Darüber liegen zahlreiche Aeußerungen und eigne Schriften vor.

Bekanntlich hat die sogenannte ritualistische Fraction der bischöflichen Kirche von England den Ausdruck „anglo-katholisch" angenommen und er ist förmlich in der theologischen Literatur und selbst in populären Schriften gegenwärtig recipirt.

Von Seite der bischöflichen Kirche in Nordamerika sind mir

wiederholt von Geistlichen dieser Kirche und selbst von Bischöfen erst jüngst und mit Beziehung auf unsere jetzige Versammlung. Erklärungen zugekommen, daß man den Wunsch hege, mit uns, als den Vertretern der nicht-ultramontanen Anschauung in der katholischen Kirche, in nähere Beziehung, in Conferenzen über die Möglichkeit einer Annäherung zu treten.

Diese Männer haben bestimmt erklärt, daß zwischen der bischöflichen Kirche, zu welcher vorzüglich der gebildetere und wohlhabendere Theil der Bevölkerung angelsächsischer Abstammung gehört, und zwischen den übrigen protestantischen Genossenschaften, also namentlich Methodisten, Independenten, Baptisten u. s. w. und den andern zahlreichen „Denominationen" eine sehr weite Kluft und ein auf sehr gewichtige und wesentliche Punkte sich erstreckender Unterschied der Lehre besteht. Und wenn man ihnen die Frage vorlegte, worin diese Unterschiede beständen, so haben sie immer erklärt: Wir nehmen katholisch-kirchliche Principien an, während auf Seite der protestantischen Genossenschaften, der Independenten, Baptisten u. s. w., diese Principien, die wir annehmen und vermöge welcher wir uns als eine Zweigkirche branch-church ist die Bezeichnung, die sie wählen — von der großen katholischen Kirche betrachten, verworfen werden. Die Theorie, welche in der englischen und amerikanischen bischöflichen Kirche vielfach verbreitet ist und selbst auf den Lehrstühlen vorgetragen wird, ist diese, daß bei den jetzt noch vorhandenen Trennungen dennungeachtet eine große katholische Kirche bestehe, welche hauptsächlich aus drei Zweigkirchen zusammengesetzt sei, nämlich aus der abendländisch-katholischen, der morgenländisch-katholischen und der anglo-katholischen und amerikanisch-katholischen Kirche, welche sich zusammen als einen großen Zweig der von ihnen als katholisch anerkannten Kirchen ansehen. Also ist, wie die verehrten Herrn erkennen werden, ein nicht unwichtiger Grund vorhanden, gerade die beiden bischöflichen Kirchen von England und Amerika als uns näher stehend, als eine mögliche Vereinigung sehr erleichternd im Vergleich mit andern Genossenschaften besonders zu betonen. (Bravo.)

Präsident:

Das erste Amendement ist eingebracht von Herrn Professor Michelis zu Absatz 3, welcher lautet:

„Wir hoffen auf eine Wiedervereinigung mit der griechisch-orientalischen und russischen Kirche, deren Trennung ohne zwingende Ursache erfolgte und in keinen wesentlichen dogmatischen Unterschieden begründet ist."

Herr Professor Michelis will, daß anstatt der Worte: „keine wesentlichen dogmatischen Unterschiede" gesetzt werden solle: „keine unüberwindbaren dogmatischen Unterschiede".

Herr Referent Professor Reinkens hat nun den Antrag gestellt, zu setzen: „keine unausgleichbaren."

Ich darf im Namen der Majorität des Redactionscomité's erklären, daß es sich mit diesem Amendement, wie es Herr Prof. Reinkens stylisirt hat, und dem sich der Herr Antragsteller Prof. Michelis conformirt hat, einverstanden erklärt.

Wünscht über diesen Punkt noch Jemand besonders das Wort? Da sich Niemand gemeldet hat, bringe ich dieses Amendement zur Abstimmung und bitte Diejenigen, welche für die Annahme desselben sind, sich zu erheben.

(Die Versammlung erhebt sich.)

Das zweite Amendement, welches gestellt worden ist, geht aus von dem Herrn Pfarrer Anton. Er wünscht, daß in dem ersten Absatz, welcher lautet:

„Wir erstreben unter Mitwirkung der theologischen und canonistischen Wissenschaft eine Reform in der Kirche, welche im Geiste der alten Kirche die heutigen Gebrechen und Mißbräuche heben und insbesondere die berechtigten Wünsche des katholischen Volks auf Theilnahme an den kirchlichen Angelegenheiten erfüllen werde",

zugesetzt werde:

„Gebrechen und Mißbräuche in Liturgie, Disciplin, Hierarchie und den juridischen und jurisdictionellen Fällen."

Der Herr Referent hat sich damit nicht einverstanden erklärt, und ebensowenig bin ich in der Lage, im Namen des Redactions-Comité's irgendwie diesem Amendement beitreten zu können. Ich muß deshalb auf Grund unserer Geschäftsordnung zunächst die Frage stellen, da ein Amendement nur dann zur Discussion und Abstimmung kommen kann, wenn es mündlich und schriftlich nach Absatz 2 der Geschäftsordnung von 30 Delegirten unterstützt ist, ob dieses Amendement unterstützt wird.

Diejenigen Herrn, welche dafür sind, bitte ich, sich zu erheben.

Es haben sich keine dreißig erhoben.

Es fällt somit die Discussion und Abstimmung über dieses Amendement hinweg.

Der Herr Referent wünscht gleichwohl zur Beruhigung für diejenigen Herrn, die das Amendement stellten, noch einige Worte zu sagen.

Professor Dr. Reinkens:

Meine Herrn! Wir haben im Redactionscomité sogar eine ähnliche Fassung gehabt, wie die, welche von Herrn Pfarrer Anton aufgestellt worden ist. Wir haben es aber nicht für zweckmäßig erachtet, jetzt überhaupt ins Specielle überzugehen. Wer sich mit der katholischen Kirche ernstlich beschäftigt hat, der weiß, worin die Gebrechen und Mißbräuche bestehen; wir kennen sie alle sehr genau und wissen wohl, daß sie in der Verfassung, Liturgie und Dis ciplin vorhanden sind. Wir glaubten aber, wenn das Princip der Reformen angenommen sei, so sei viel gewonnen. Sind wir einmal so weit im Erfolge unserer Bestrebungen, daß man an die einzelnen Mißbräuche und Gebrechen herantreten darf, dann werden wir im Geiste der alten Kirche alles das prüfen, was jetzt in der Praxis vorhanden ist, und dann ermessen, ob es Gebrechen, ob es Mißbrauch ist, und darnach an die Heilung gehen. Ich glaube also, es war nicht nothwendig, diesen Zusatz zu machen. (Bravo.)

Präsident:

Das 3. Amendement, das gestellt worden ist, besteht aus zwei Theilen. Der Herr Professor Stumpf beantragt nämlich, daß im ersten Absatz hinzugefügt werde: „Die berechtigten Wünsche des katholischen Volkes auf verfassungsmäßig geregelte Theilnahme an den kirchlichen Angelegenheiten." Diese beiden Worte „verfassungsmäßig geregelte" werden vom Comité um so mehr angenommen, als sie schon im ursprünglichen Entwurf standen; es conformirt sich also und stellt dies selbst zum Antrag. Ich glaube deshalb die Unterstützungsfrage gar nicht stellen zu brauchen, weil dies geradezu als Antrag des Comités ausgeht. Wenn über diesen Zusatz noch Jemand zu sprechen wünscht, so bitte ich, sich zum Worte zu melden. Da dies nicht der Fall ist, bitte ich diejenigen Herrn, die dafür sind, hinzuzusetzen „auf verfassungsmäßig geregelte Theilnahme", sich zu erheben. (Die Versammlung erhebt sich.) Einstimmig angenommen.

Das zweite Amendement des Herrn Professor Stumpf bezieht sich auf den letzten Absatz. Herr Professor Stumpf beantragt, daß es heißen möge anstatt „wir erwarten unter der Voraussetzung der angestrebten Reformen und auf dem Wege der Wissenschaft und der fortschreitenden christlichen Cultur allmälig eine Verständigung mit den übrigen christlichen Confessionen, insbesondere mit den protestantischen Kirchen und den bischöflichen Kirchen Englands und Amerika's", daß es anstatt dieser letzten Worte heißen möge: „insbesondere mit den deutschen protestantischen Kirchen und den protestantischen Kirchen und den bischöflichen Kirchen Englands und Amerika's".

Ich bin nicht in der Lage, im Namen des Comités den Beitritt zu diesem Amendement erklären zu können.

Oberlehrer Stumpf aus Coblenz:

Ich war zuerst der Meinung, es sollten auch die protestantischen Kirchen Englands und Amerika's besonders hervorgehoben werden. Ich habe mich aber davon überzeugt, daß das nicht die Absicht des Redactions-Comités sein konnte. Ich möchte daher den Herrn Präsidenten bitten, mein Amendement dahin auszufassen, daß es heißen solle, nicht „insbesondere", sondern „vor Allem";

das „insbesondere" also zu streichen und statt dessen zu setzen: „vor Allem mit den protestantischen Kirchen Deutschlands und den bischöflichen Kirchen Englands und Amerika's".

Präsident:

Herr Professor Huber hat das Wort.

Professor Huber:

Ich möchte einige Worte zur Verständigung und Versöhnung zu Ihnen sprechen. Wir haben erklärt, und Professor Reinkens hat es gleichfalls ausgesprochen, daß in der ersten Fassung unseres Programmes ausdrücklich ein solcher Passus enthalten war, wie ihn die Abgeordneten aus Oesterreich aufgenommen wünschen. Ich gestehe — und ich habe mich auch, wie Sie bemerkt, für den Antrag der Abgeordneten aus Oesterreich erhoben — daß ich es für sehr wünschenswerth erachte, wenn wir vielleicht noch zum letzten Abschnitt des Art. III die Fassung uns aneignen würden: „Wir erwarten unter Voraussetzung der in Verfassung, Disciplin, Cultus und Liturgie anzustrebenden Reformen . . . . die Verständigung 2c."

Ich sehe nicht ein, warum wir, da wir in der Sache eins sind, über Worte streiten, um so weniger, wenn damit ein Mißverständniß gehoben wird. Dies möchte ich als Referent und als Freund der Eintracht Ihnen zur Erwägung unterstellen.

Präsident:

Ich muß zurückkommen auf das zweite Amendement des Herrn Professor Stumpf zum letzten Absatz und muß die Unterstützungsfrage stellen. Wer also den Antrag des Herrn Professor Stumpf, es möge gesagt werden: „Vor Allem mit den protestantischen Kirchen Deutschlands und den bischöflichen Kirchen Englands und Amerika's" unterstützen will, der wolle sich erheben.

(Eine genügende Anzahl erhebt sich.)

Der Antrag ist genügend unterstützt. Herr Nationalrath Keller hat das Wort.

Nationalrath Keller aus Aarau (Schweiz):

Hochverehrte Männer! Zuerst ein persönliches Wort. Sie haben mir die Ehre erwiesen und mich an Ihr Bureau gerufen. Wenn die Ehre mir gegolten hätte, so hätte ich sie entschieden abgelehnt und ablehnen müssen; weil ich aber weiß, daß die Ehre meiner Heimath gegolten hat und gilt, so spreche ich Ihnen im Namen meines Vaterlandes den herzlichsten Dank für diese Auszeichnung aus.

Meine Herrn! Ich ergreife das Wort, um die enge Beschränkung, welche das Amendement, wie es von Herrn Professor Stumpf gestellt worden ist, zu bekämpfen. Ich sehe nicht ein, warum blos gesagt werden solle: „die deutschen protestantischen

Kirchen." Warum wollen Sie unserer Verbindung, unserer katholischen Verbindung nicht eine Vermittlung derselben ermöglichen gegenüber Ihren protestantischen Mitbrüdern überall? Meine Herrn! Ich muß Ihnen erklären, daß wir Abgeordnete aus der Schweiz uns kaum eines guten Empfanges zu Hause getrösten dürften, wenn wir unsern protestantischen Mitbrüdern nur zu sagen hätten: Die Aufgabe des Vereins der freisinnigen Katholiken, an der Wiedervereinigung der getrennten Christenbrüder zu arbeiten, gilt nicht dem Verhältniß der Katholiken und Protestanten in der Schweiz. Die Resolution von München hat nur die deutschen Katholiken und Protestanten im Auge. Meine Herrn! Wir dürften das unsern protestantischen Brüdern nicht sagen. Ich sage Ihnen noch mehr: es würde dadurch uns freisinnigen Katholiken in der Schweiz die Wirksamkeit für die Resolutionen von München in ungeheurem Maße erschwert; denn ich kann Sie versichern, daß gerade in der Schweiz die Protestanten es sind, die das eifrigste Interesse nehmen an dem Erwachen eines freien und selbstständigen, mannhaften und nationalen Geistes in der katholischen Kirche, und daß sie es sind, welche die Katholiken, wenn diese Fragen öffentlich auf dem Gebiete des Staatsrechtes in unserem paritätischen Staate zur Sprache kommen und kommen werden, mit aller Entschiedenheit unterstützen gegen den Jesuitismus, gegen den Ultramontanismus, und gegen alles, was uns in diesen Fragen entgegensteht. Darum möchte ich Ihnen aufs dringendste die Redaction empfehlen, wie sie Ihnen vom Redactions-Comité vorgelegt ist. Glauben Sie nicht, daß Sie dadurch die deutschen Protestanten verletzen! Ach, der deutsche Protestantismus ist zu verständig, zu erleuchtet, zu kosmopolitisch gesinnt, als daß er nicht einsehen sollte, daß hier auch anderweitige Interessen mitberechtigt sind. Es sind die Protestanten von Ungarn, von Frankreich, und auch die Protestanten von Italien, die sich mehren und deren Gemeinden wachsen; es sind die Protestanten in den fernsten Ländern. Allzumal haben wir also hier eine große Weltfrage vor uns, wie heute vom Herrn Präsidenten gesagt worden ist. So wollen wir bei derselben auch wirklich die Welt im Auge behalten und nicht blos einen von Marksteinen abgegrenzten, wenn auch noch so theuren und geliebten Theil derselben. Ich unterstütze daher die Redaction des Comités.

Referent Professor Reinkens:

Es gibt vielleicht noch eine Vermittlung. Da wir in der Sache einig sind, kommt es nur auf die Form an.

Alle protestantischen Confessionen von irgend einer Bedeutung — denn die weniger bedeutenden sind schon eingeschlossen in den Ausdruck „mit den übrigen christlichen Confessionen" — stützen sich auf die deutschen und schweizerischen Bekenntnisse. Es könnte also genügen, zu sagen: „mit den protestantischen Kirchen deutscher und schweizerischen Bekenntnisses."

Präsident:

Es ist ein Amendement eingebracht worden von Sr. Exc. Herrn Grafen v. Moy, das wohl allen Anforderungen entspricht, dahin gehend: „es mögen die Worte England und Amerika gestrichen werden". Damit ist Alles gesagt.

Ich habe nach der Geschäftsordnung kein Recht, dieses Amendement vor den übrigen kommen zu lassen und frage nun die übrigen Herrn Antragsteller, ob sie sich nicht damit conformiren könnten.

Herr Oberlehrer Stumpf:

Mir fiel es am wenigsten ein, den kosmopolitischen Charakter der Religion in Frage zu stellen. Ich hatte im Gegentheil mehrfach Gelegenheit, gerade den kosmopolitischen Charakter der Religion gegen nationale Einseitigkeit in Schutz zu nehmen und ich hatte in den letzten Jahren schwere Kämpfe deshalb zu bestehen. Also alle Vorwürfe, die aus einer gewissen Einseitigkeit oder Gebundenheit ihren Ursprung nehmen, können mich nicht treffen.

Ich glaube, Sie werden meine Gesinnung richtig verstanden haben, wenn Sie das Gefühl berücksichtigen, welches entstehen muß, wenn man hier die Namen England und Amerika liest und nicht den Namen Deutschlands. Das ist doch auffallend für ein deutsches Gemüth und wird dadurch eine nicht angenehme Empfindung hervorgerufen. Nur um zu zeigen, daß uns unsere protestantischen Brüder zunächst am Herzen liegen, habe ich das beantragt; habe aber nie daran gedacht, unsere Sympathien gerade in die Grenzen des jetzigen Deutschen Reichs einzuschließen. Ich fühle mich verbunden mit den Deutschen der Schweiz, Oesterreichs, Hollands und der nördlichen Länder, selbst mit denen anglo-sächsischer Abstammung.

Darum kann keine Rede sein, daß hier eine staatliche Sonderung im Auge behalten würde. Da ich aber sehe, daß der von mir beantragte Zusatz Mißverständnisse hervorrufen könnte, so bin ich augenblicklich bereit, mich mit dem letzten Antrag zu conformiren, und ich bin zufrieden, wenn Sie einfach die Worte „Englands und Amerika's" fallen lassen.

Präsident:

Herr v. Liaño hat das Wort.

Herr v. Liaño aus München:

Ich erlaube mir nur die Bemerkung, daß gerade unter den Protestanten der französischen Zunge, sowohl in der Schweiz, wie in Frankreich, eine bisher beispiellose Annäherung an die katholische Kirche Seitens der hervorragendsten Personen stattfindet, ja vielfach eine weit größere als bei jenen Deutschlands. Deswegen und vom rein religiösen Standpunkt aus möchte ich glauben, daß die Bedenken des Herrn Professor Stumpf ungerechtfertigt erscheinen, zumal die Erwähnung Englands und Amerika's nur deshalb erfolgt ist, meines Erachtens aber auch erfolgen mußte, weil eben nur die genannten Gebiete und die damit erwähnten Nationalitäten diese bischöflichen Kirchen aufzuweisen haben.

Präsident: Herr Professor Maaßen hat das Wort.

Herr Professor Maaßen aus Wien:

Da ich gegen den Antrag des Herrn Professor Stumpf sprechen wollte, dieser aber zurückgenommen wurde, da ich ferner vollständig übereinstimme mit dem Antrag des Herrn Grafen v. Moy, so verzichte ich aufs Wort.

Professor Reinkens (Referent):

Ich möchte man nochmals darauf aufmerksam machen, daß das Redactions-Comité seine guten Gründe hatte, die Kirchen Englands und Amerika's besonders zu erwähnen und Sie haben selbst die Entwicklung dieser Gründe in der Versammlung vom Herrn Reichsrath von Döllinger gehört. Die bischöfliche Kirche Englands hat sich bereits durch verschiedene Mittelspersonen große Mühe gegeben, mit uns in Verbindung zu treten und eine ausdrückliche Erwähnung derselben würde die Annäherung gewiß nur fördern. Ich sehe nicht ein, warum wir blos diese beiden Kirchen nicht erwähnen sollten, und ich empfehle daher nochmals mein Amendement, daß Sie sagen:

„Mit den protestantischen Kirchen deutschen und schweizerischen Bekenntnisses und mit den bischöflichen Kirchen Englands und Amerika's."

Das wäre ganz unverfänglich.

Präsident:

Der Herr Vicepräsident Geh. Rath von Windscheid hat das Wort.

Geh. Rath von Windscheid aus Heidelberg:

Ich hätte auch auf das Wort verzichtet, wenn nicht von Seite des geehrten Herrn Referenten Bedenken gegen das zuletzt vorgeschlagene Amendement erhoben worden wären. Deswegen muß auch ich wieder den Vorschlag aufgreifen, den ich mir zu machen erlaubt hatte, nämlich zu sagen: „insbesondere mit den protestantischen, vor Allem den Kirchen Deutschlands, und mit den bischöflichen Kirchen Englands und Amerika's".

Dann wäre keine Kirche ausgeschlossen und mit dem Ausdruck „vor Allem den deutschen Kirchen" wäre auch dem Grunde des Herrn Professor Stumpf, daß Deutschland zuerst erwähnt werden solle, Genüge geschehen.

Präsident:

Nachdem diese Anträge wieder aufgenommen wurden, muß ich auch den anderen Herren, die vorher aufs Wort verzichteten, das Wort dazu wieder ertheilen.

Das Wort hat Herr Referent Professor Huber.

Professor Huber:

Wir könnten vielleicht einen Ausweg gewinnen, wenn wir sagen: „mit den protestantischen und den bischöflichen Kirchen" und dann „in England und Amerika" einschließen, so daß England und Amerika eine bloße Erläuterung ist.

Präsident:

Wünscht noch Jemand das Wort? Wenn nicht, so werde ich den Antrag des Herrn Grafen v. Moy, als den weitestgehenden, zuerst zur Abstimmung bringen.

Ist gegen diesen meinen Vorschlag etwas zu erinnern? Da dies nicht geschehen, werde ich zuerst den Antrag Moy's als den weitestgehenden der Abstimmung unterstellen. Es wird also beantragt: es möge der letzte Passus des dritten Abschnittes dahin geändert werden, daß anstatt der Worte des Programmtextes „insbesondere mit den protestantischen und bischöflichen Kirchen Englands und Amerika's" — blos gesagt werde „insbesondere mit den protestantischen und bischöflichen Kirchen".

Diejenigen Herren, welche für diese Fassung sind, bitte ich, sich zu erheben.

Die Gegenprobe halte ich zwar für vollkommen überflüssig, aber damit kein Zweifel entsteht, bitte ich diejenigen Herren, welche dieses Amendement verwerfen, sich zu erheben.

Das Amendement ist mit weit ausreichender Zahl angenommen.

Es kommt jetzt das letzte Amendement zum dritten Absatz zur Sprache von Herrn Professor Schwicker.

Dieses vierte Amendement geht dahin, daß zu Punkt III nach dem Passus: „Wir erstreben . . . ." also nach dem ersten Passus, am Schlusse folgender Zusatz gemacht werde: „wobei, unbeschadet der kirchlichen Einheit in der Lehre, die nationalen Anschauungen und Bedürfnisse der katholischen Völker Berücksichtigung finden können".

Vielleicht ist der Herr Antragsteller zu diesem Antrage veranlaßt worden durch einen ähnlichen Passus in unserem Inniprogramm.

Es ist die Unterstützungsfrage zu stellen.

Diejenigen Herren, welche wünschen, daß über dieses Amendement discutirt werde, wollen sich erheben. — Da muß ich nun die Gegenprobe bitten. — Der Antrag ist hinreichend unterstützt.

Herr Professor Schwicker aus Ofen:

Hochgeehrte Versammlung! Ich glaube mich ganz kurz fassen zu können mit Rückweisung auf das Pfingstprogramm, worin die nationale Gestaltung der Kirche besonders hervorgehoben wurde, und auf das, was auch heute gesagt wurde. Wir streben an eine Vereinigung der verschiedenen nationalen Kirchen. Denn da auch jede einzelne eine nationale Färbung in sich trägt, so würden wir mit uns selbst in Widerspruch gerathen, wenn wir nicht betonen wollten, daß es nicht unkatholisch sei, wenn jedes einzelne Volk nach speciellen nationalen Anschauungen, speciellen Culturbedürfnissen sich eine nationale Gestaltung der Kirche zu erringen und zu verschaffen sucht. Ich empfehle den Antrag nochmals zur geneigten Annahme.

Professor Michelis:

Ich möchte mich mit einem Worte darüber aussprechen, daß ich mich dem Antrage vollständig anschließe, weil wir doch nicht scheinbar einen Rückschritt machen dürfen gegenüber unserm Pfingstprogramme. Es versteht sich dies allerdings von selbst; aber es könnte so gedeutet werden, als ob wir einen von den wesentlichen Punkten, über die wir uns früher ausgesprochen hatten, fallen gelassen hätten, wenn wir ihn nicht besonders aufnehmen; und ich halte dies für um so nothwendiger, weil unsere ganze Bewegung zum größten Theile daran hängt, daß der Begriff der Nationalkirche richtig festgestellt werde. Wir wissen, daß unsere Gegner keinen Punkt so sehr urgiren, als daß sie uns fälschlich den Sinn unterschieben, als wollten wir eine Nationalkirche gründen im Gegensatze zur katholisch universalen Grundlage der Kirche. Daß wir das nicht wollen, ist allerdings hinlänglich im Programme ausgesprochen, aber ich glaube einem Gegner gegenüber, dem es nicht mehr darauf ankommt, den wahren Sinn des Gegners zu fassen, sondern zu entstellen, um dann die große Masse irre zu führen, können wir nie zu viel thun.

Professor Huber:

Ich würde nur an Sie appelliren, diesen Antrag zu unterstützen, denn er ist offenbar eine nähere Bestimmung oder wenigstens Hindeutung auf die Reformen, die wir anstreben. Er ist ein Weg zur Verständigung und Ausgleichung. Wir dürfen ja auch diesen nationalen Charakter betonen. Stimmen Sie also diesem Antrage bei.

Vorsitzender:

Ich bringe den Antrag, da sich Niemand zum Wort gemeldet, zur Abstimmung. Es würde jetzt der erste Absatz, wenn dieser Antrag angenommen wird, lauten:

„Wir erstreben unter Mitwirkung der theologischen und canonistischen Wissenschaft eine Reform in der Kirche, welche im Geiste der alten Kirche die heutigen Gebrechen und Mißbräuche heben und insbesondere die berechtigten Wünsche des katholischen Volks auf verfassungsmäßig geregelte Theilnahme an den kirchlichen Angelegenheiten erfüllen werde, — wobei, unbeschadet der kirchlichen Einheit in der Lehre, die nationalen Anschauungen und Bedürfnisse Berücksichtigung finden können."

Diejenigen Herrn, welche in dieser Form in Bezug auf den letzten Absatz für den Antrag stimmen wollen, bitte ich, sich zu erheben. (Die Versammlung erhebt sich.)

Er ist fast einstimmig angenommen. Damit ist die Discussion über den dritten Punkt geschlossen.

Das Wort hat der Herr Referent.

Professor Reinkens (Referent):

Wir haben im letzten Absatz den Schlußsatz in der Form: „insbesondere mit den protestantischen und bischöflichen Kirchen" angenommen.

Es ist nun doch eine Frage, ob wir das so acceptiren können, wenn wir erwägen, daß das Wort „protestantisch" eine sehr weite Bedeutung hat. Es wird wohl kaum eine Sekte vorkommen, welche wir nicht unter den Begriff der protestantischen zu fassen gewohnt wären im Gegensatze zur bischöflichen Kirche. Dann würde es heißen: „Wir erwarten unter Voraussetzung der angestrebten Reformen und auf dem Wege der Wissenschaft und der fortschreitenden christlichen Cultur allmälig eine Verständigung mit den übrigen christlichen Confessionen" — und nun würden wir die christlichen Confessionen noch einmal nennen, sodaß „insbesondere" keinen Sinn mehr hätte. Dem wäre aber abzuhelfen mit der interpretirenden Formel: „sowohl mit den protestantischen als mit den bischöflichen Kirchen."

Der Präsident:

Wie die Sache steht, glaube ich, kommen wir immer wieder in Discussion über diesen Punkt.

Schließlich sind es ja, möchte ich sagen, nicht einmal Mißverständnisse, die vorliegen. Wir haben angenommen den Passus: „insbesondere mit den protestantischen und bischöflichen Kirchen." Nun ist allerdings, wie der Herr Referent auseinandersetzt, hier ein gewisser Widerspruch vorhanden. Aber es ist das eine Redaktionssache. Wir haben die Alternative, entweder zu sagen: „Wir erwarten unter Voraussetzung der angestrebten Reformen und auf dem Wege der Wissenschaft und der fortschreitenden christlichen Cultur allmälig eine Verständigung mit den protestantischen und bischöflichen Kirchen", dann die andern christlichen Confessionen, vorausgesetzt die griechische und die Kirche von Utrecht folgen zu lassen.

Das wäre das Eine. Dann würde entfallen „mit den übrigen christlichen, insbesondere mit den protestantischen, bischöflichen, oder wenn man der allerweitesten Ausdruck wollte, mit den übrigen christlichen Confessionen." Dann würde der Gegenstand wieder von neuem zur Discussion kommen müssen, es müßte der letzte Satz entfallen: „insbesondere x." Das wäre gegen die in der Discussion zu Tage getretene Intention. Ich glaube daher, daß es im Interesse der Kürze liegt, wenn Sie mir gestatten, den Antrag zu bringen, ob die Versammlung einverstanden ist damit, daß die Worte: „mit den übrigen christlichen Confessionen, insbesondere" entfallen. Diejenigen Herren, welche damit einverstanden sind, bitte ich sich zu erheben.

(Die Versammlung erhebt sich.)

Der Antrag ist so ziemlich einstimmig angenommen.

Da zum dritten Punkt verschiedene Amendements eingebracht worden sind und wesentliche Modifikationen stattgefunden haben, so halte ich es für nöthig, den ganzen Absatz noch einmal zur Discussion zu bringen.

Es lautet also jetzt der Absatz III wie er angenommen ist in der Discussion und den Amendements folgendermaßen:

„Wir erstreben unter Mitwirkung der theologischen und canonistischen Wissenschaft eine Reform in der Kirche, welche im Geiste der alten Kirche die heutigen Gebrechen und Mißbräuche heben und insbesondere die berechtigten Wünsche des katholischen Volkes auf verfassungsmäßig geregelte Theilnahme an den kirchlichen Angelegenheiten erfüllen werde, wobei, unbeschadet der kirchlichen Einheit in der Lehre, die nationalen Anschauungen und Bedürfnisse der katholischen Völker Berücksichtigung finden können.

„Wir erklären, daß der Kirche von Utrecht der Vorwurf des Jansenismus grundlos gemacht wird, und folglich zwischen ihr und uns kein dogmatischer Gegensatz besteht.

„Wir hoffen auf eine Wiedervereinigung mit der griechisch-orientalischen und russischen Kirche, deren Trennung ohne zwingende Ursachen erfolgte und in keinen unausgleichbaren dogmatischen Unterschieden begründet ist.

„Wir erwarten unter Voraussetzung der angestrebten Reformen und auf dem Wege der Wissenschaft und der fortschreitenden christlichen Cultur allmälig eine Verständigung mit den protestantischen und bischöflichen Kirchen."

Wer für diesen Punkt III in der angeführten Form ist, wolle sich erheben.

(Die ganze Versammlung erhebt sich.)

Dieser Punkt ist einstimmig angenommen.

Ich gehe somit zu Punkt IV über.

Hiefür hat sich als Redner Herr Prof. Dr. Maaßen gemeldet. Ich bitte die Herrn, die sonst noch reden wollen, sich zu melden.

Professor Dr. Maaßen:

Ich erlaube mir den Antrag zu stellen, den ich später schriftlich übergeben werde, daß der 2. Absatz des IV. Punktes folgendermaßen abkürzend zusammengefaßt werde:

"Wir betrachten die künstliche Abschließung des Klerus von der geistigen Cultur des Jahrhunderts (in Knabenseminarien und einseitig von Bischöfen geleiteten höheren Lehranstalten) zur Erziehung und Heranbildung eines sittlich frommen, wissenschaftlich erleuchteten und patriotisch gesinnten Clerus nicht für angezeigt."

Mein Hauptmotiv für diesen Antrag ist das, daß der zweite Satz dieser Alinea:

"Wir wünschen die Mitwirkung der weltlichen Obrigkeiten zur Erziehung und Heranbildung eines sittlich-frommen, wissenschaftlich erleuchteten und patriotisch gesinnten Clerus,"

meiner Ansicht nach viel zu allgemein gehalten ist.

Die Art und das Maß dieser Mitwirkung müssen nach den verschiedenen Verhältnissen der Länder und Staaten offenbar höchst verschiedene sein.

Es liegt auf der Hand, daß die staatliche Mitwirkung bei der Erziehung des katholischen Clerus in den Ländern, welche z. B. protestantische weltliche Obrigkeiten haben, eine ganz verschiedene und andere sein muß, als da, wo eine katholische Regierung ist. Es liegt auf der Hand, daß die Mitwirkung, die wir von Seite des Staates wünschen dürfen, eine ganz andere sein wird, wo es sich handelt z. B. um die russische oder amerikanische Regierung u. s. w.

Ja es läßt sich sogar denken, daß Verhältnisse gegeben sind, unter denen wir schlechterdings gar keine Mitwirkung der weltlichen Obrigkeit wünschen dürfen.

Was wir beabsichtigen, scheint mir vollkommen ausgedrückt zu sein, wenn wir das negative Moment hervorheben, wenn wir sagen:

"wir betrachten die Abschließung des Klerus von der geistigen Cultur u. s. w. für ungeeignet, um einen sittlich frommen, wissenschaftlich erleuchteten und patriotisch gesinnten Clerus heranzubilden."

Ob die Umgestaltung dieses Verhältnisses unter Mitwirkung des Staates geschieht oder nicht, das ist ein Punkt, den wir hier gar nicht entscheiden; es kommt uns blos darauf an, daß ein sittlich frommer, wissenschaftlich erleuchteter und patriotisch gesinnter Clerus herangebildet wird. Die Frage, wie nun das näher sich zu gestalten hat, wie diese Erziehung näher zu Stande komme, diese Frage lassen wir hier ganz unentschieden. Wir heben nur dieses Moment hervor, daß jedenfalls es nicht geschehen kann, wenn der Clerus in der bisherigen künstlichen Abschließung erzogen würde.

Ich habe nur noch das zu motiviren, warum ich bei meinem Antrage die Worte ausgelassen habe: „bei dessen großer pädagogischer Bedeutung für das Volk als gefährlich."

Ich glaube, daß das nicht der entscheidende Gesichtspunkt ist, sondern der entscheidende Gesichtspunkt ist der, daß auf diese Weise durchschnittlich — einzelne Ausnahmen natürlich abgerechnet — überhaupt sein den berechtigten Anforderungen entsprechender Clerus herangebildet werden könne.

Der hervorgehobene Punkt ist blos ein secundärer. Die Hauptsache ist, daß es sich um die Diener der Kirche handelt. Ich glaube, wir sollten den Nebengesichtspunkt hier aus dem Auge lassen und nur die Hauptsache hervorheben.

Das ist es nun, was ich zur Motivirung meines Antrages zu bemerken habe.

Dr. Tangermann aus Bonn:

Ich möchte mir mit Rücksicht auf den geehrten Vorredner die Bemerkung erlauben, daß ich es von überaus großer Wichtigkeit halte, diesen Passus im Programm zu belassen, ihn aber etwas zu modificiren.

Der Staat, den man in der neueren Zeit allzusehr einseitig als Rechtssubjekt, als Rechtsstaat aufgefaßt, hat offenbar auch eine ethische Seite, und auf dieser Seite berühren sich Staat und Kirche in der mannigfachsten Weise. Daß der Staat direkt bei der Erziehung des Clerus betheiligt ist, kann wohl nicht bestritten werden. Er hat dabei ein sehr großes Interesse, und wir dürfen davon nicht Abstand nehmen und müssen gegenüber den ultramontanen Bestrebungen, deren Ziele ebenso inhuman als unchristlich sind, das ethische Princip des Staates zur Geltung bringen. Ich möchte mir nun erlauben, ein Amendement mit Beziehung auf den Schluß des Absatzes 2 des Artikels IV vorzuschlagen.

Ich würde sagen: „Wir wünschen die Mitwirkung des Staates", statt „der weltlichen Obrigkeiten". Wir haben doch nur zunächst die europäischen Culturländer im Auge, und diese Staaten sind von solcher intellectuellen und sittlichen Bildung, daß sie auch im Stande sind, an der Erziehung, resp. an der ethischen und pädagogischen Bildung des Clerus Antheil zu nehmen und diese Mitwirkung zur Heranbildung tüchtiger Geistlichen als ein Recht beanspruchen zu dürfen. Der Ausdruck „weltliche Obrigkeiten" klingt — ich möchte sagen — etwas mittelalterlich; er ist zu juristisch gefaßt. Wenn wir sagen „der Staat", so haben wir das ethische Princip mehr betont. „Weltliche Obrigkeit" ist ein engerer Begriff und hat eigentlich zu der sittlich pädagogischen und geistigen Heranbildung des Clerus keine direkte Beziehung; er umfaßt mehr das Rechtsgebiet und die polizeiliche Ueberwachung. „Staat" ist aber ein viel weiterer und doch concreterer Begriff.

Ich würde mir daher erlauben, das Amendement vorzuschlagen,

zu sagen: „Wir wünschen die Mitwirkung des Staates zur Erziehung und Heranbildung eines sittlich frommen, wissenschaftlich erleuchteten und patriotisch gesinnten Clerus."

Dr. Wollmann aus Braunsberg:

Meine Herren! Principiell bin ich mit den Ausführungen des Herrn Prof. Maaßen einverstanden. Ich glaube aber doch, daß es der Mitwirkung des Staates bei der Erziehung des Clerus bedarf, wenn man die thatsächlichen Verhältnisse ins Auge faßt. Es ist Thatsache, daß heutzutage gerade diejenigen Geistlichen, welche aus Universitäten hervorgegangen, und nicht diejenigen, welche aus bischöflichen Seminarien gekommen sind, die höhere Intelligenz vertreten. Wollte man die Bildung des Clerus ausschließlich den bischöflichen Seminarien überlassen, dann würde man diesen Gesichtspunkt der höheren Bildung des Clerus, welcher gerade die Berechtigung des Einflusses desselben auf das ganze Volk in sich schließt, vernachlässigen. Aus den Verhältnissen, in denen ich stehe in der Diöcese Ermeland, möchte ich noch zur Bestätigung des Gesagten hinzufügen, daß in der Nachbardiöcese Culm sich keine nennenswerthe Opposition gegen die vaticanischen Decrete kundgibt, und die Ursache hierfür ist jedenfalls darin zu suchen, daß der dortige Clerus aus dem Knabenseminar und Clerikalseminar hervorgegangen ist. Ich möchte also die Betheiligung des Staates bei der Erziehung des Clerus betont wissen, weil die Universitäten Staatsanstalten sind und diese die Ausbildung des Clerus ermöglichen.

Dr. Maaßen:

In meinem Antrage liegt, daß die Worte „in Knabenseminarien und einseitig von Bischöfen geleiteten höheren Lehranstalten" beibehalten werden. Den Gegensatz zu den von den Bischöfen geleiteten höheren Lehranstalten bilden offenbar die Universitäten, und damit wäre vollkommen enthalten, was der Herr Vorredner hervorzuheben als wünschenswerth bezeichnet hat. Ausgeschlossen ist auch in meinem Antrage nicht die Mitwirkung des Staates, nur glaube ich, daß in dieser allgemeinen Fassung den Wunsch oder die Forderung auszusprechen, daß eine Mitwirkung des Staates stattfinden soll, eigentlich nichts gesagt ist; und da wir nicht in das Detail nach dem Zweck unseres Programmes eingehen können, so bleibt uns nichts anderes übrig, als den ganzen Satz auszulassen.

Ich erlaube mir, noch auf etwas aufmerksam zu machen, das noch wichtiger ist, nämlich daß wir auf diese Weise die Frage von dem Verhältniß des Staates zur Kirche incidenter entscheiden. Ob eine gänzliche Trennung von Staat und Kirche stattfinden soll oder nicht, ist meiner Ansicht nach noch eine offene Frage, der wir aber auf diese Weise präjudiciren.

Ich glaube, das ginge nicht an ohne eine gründliche Erörterung des Principes selbst.

Da wir uns durchaus nicht präjudiciren, wenn wir nur nicht erwähnen, daß eine Mitwirkung der weltlichen Obrigkeit stattfinden soll, so glaube ich, daß der Ueberzeugung der Herrn, welche für eine Mitwirkung des Staates z. B. in Bayern, Preußen, Oesterreich sind, daß, meine ich, den Anschauungen dieser Herrn durchaus nicht entgegengetreten wird, wenn wir den Absatz in der von mir vorgeschlagenen Fassung annehmen.

Vorsitzender:

Ich muß, um ein mögliches Mißverständniß zu beseitigen, an Herrn Dr. Wollmann die Frage stellen, ob er noch fortzufahren wünscht.

Dr. Wollmann:

Ich verzichte.

Professor Michelis:

Ich wollte nur erwähnen, daß ich das Bedürfniß fühle, daß bei Gelegenheit dieses Paragraphen, wie er immer formulirt werden möge, irgend welche Notiz auf den bekannten Beschluß des Tridentiner Concils genommen werde.

Motivirt scheint mir das zunächst dadurch, daß wir überhaupt von Anfang an uns auf den Boden des Tridentiner Concils gestellt haben, im Wesentlichen als einer praktischen Grundlage. Es werden uns die Gegner bei diesem Punkte namentlich diesen Tridentiner Beschluß wieder vorwerfen und uns darauf hinweisen, daß wir ganz über die dortige Grundlage hinweg zu gehen scheinen, wenn wir nicht Beziehung darauf nehmen. Ich möchte also in dem Sinne diesen ganzen Paragraph formulirt haben, daß wir zunächst allgemein aussprechen, daß wir die wissenschaftliche Bildung des Clerus für unbedingt erforderlich halten und daß wir glauben, daß durch die jetzige Praxis in der Ausbildung des Clerus durch diese sich isolirende clericale Erziehung auf Grundlage der bischöflichen Anstalten der wahre Sinn dessen, was man in dem Tridentiner Concil beabsichtigt hat, nicht erfüllt und erreicht wird, sondern in dieser Beziehung dem Fortschritte der geistigen Entwicklung der Menschheit Rechnung getragen werden muß.

Herr Pfarrer Anton:

Ich bin mit der Stylisirung des Comités, was diesen Abschnitt betrifft, vollkommen einverstanden. Wir — ich komme wieder auf die Oesterreicher zu sprechen — wir in Oesterreich fühlen jeden Augenblick, was in den Clerikal- und Knaben-Seminarien für ein Krebsschaden genährt wird. Das sind die ultramontanen Köpfe des Clerus, der von Jugend auf hineingetrieben worden ist in ein gewisses System. Das ist keine Theologie. Sie erhalten weder Einblick in die Kirchengeschichte noch in die Patristik und Patrologie, es ist alles zu oberflächlich. Die Kirchengeschichte wird als katholischer Roman betrachtet. Ich weiß es aus eigener Erfahrung. Ich habe in einem bischöflichen Seminar, freilich schon vor 23 oder 24 Jahren studirt, aber man hat damals schon den Anfang gemacht. Wer macht am meisten Opposition gegen den geistigen Fortschritt, gegen unsere Gesetzgebung, gegen das Schulgesetz, welches eine Wohlthat wäre, wenn es ordentlich durchgeführt würde? Gerade jene Macht des Clerus.

Wir in Oesterreich fühlen bitter, daß man den Staat von der Bildung des Clerus vollkommen hinausgeworfen hat. Bei uns in den bischöflichen Seminarien ist ein Schleier von heiligem Dunkel, aber nicht von religiösem, sondern von Parteidunkel; da wird gearbeitet, und so lange der Staat nicht das Recht hat, Professoren auch in den einzelnen theologischen Schulen zu ernennen, so lang er nicht das Recht hat, irgend einen Schulplan zu entwerfen, kommen wir nicht hinaus. Wenn nicht gründlich nach und nach aufgeräumt wird, so werden wir sehen, daß wir in 20 Jahren dieselben Zustände haben wie jetzt. Wir fühlen es zu bitter, daß dem Staate vollkommen der Einfluß aus der Hand genommen ist über die Bildung des jungen Klerus, jener Männer, denen er den Unterricht, die Erziehung des Volkes von Geburt bis zum Sterbetag in die Hand geben soll.

Ich stimme daher vollständig für die Fassung des Comités.

Nationalrath Keller aus Aargau:

Meine Herrn! Ich werde Sie nicht lange anhalten. Ich unterstütze den Vorschlag des Comités mit der Redaktion, wie sie von Herrn Dr. Tangermann vorgeschlagen worden ist, daß gesagt wird: „Mitwirkung des Staates."

Ich weiß nicht, wie es in anderen Bisthümern steht mit der Bildung der Geistlichen und den Verirrungen derselben in neuerer Zeit; aber dieses Dilemma ist gerade für das Bisthum Basel in der Schweiz gemacht.

In unserm Priesterseminar in Solothurn wurde jahrelang die Moraltheologie von Gury practicirt. Man hat nur darüber so gesprochen, es würden da verkehrte Lehren im bischöflichen Seminar in Solothurn getrieben.

Man hat sich erkundigt. Aber wer? Haben sich die Geistlichen erkundigt? Haben sich die Väter oder Mütter der betreffenden Candidaten erkundigen dürfen? oder hat sich der Gemeinderath erkundigen dürfen? Nein, die Regierung hat sich erkundigt, die Regierungen haben Abgeordnete hingeschickt, und da haben sie zu ihrem Erstaunen vernommen, daß die Moraltheologie von Gury da gelehrt wird. Die Regierungen haben dieses Buch untersuchen lassen und haben Dinge gefunden, vor denen ihnen die Haare zu Berge gestanden sind, in moralischer wie in politischer Beziehung, namentlich in einer Republik. Es haben die Regierungen gesagt: Ja, Herr Bischof, wenn Sie nicht sofort dieses für die Volksbildung gefährliche Buch abschaffen, so entziehen wir dir dem Seminarium die Subsidien. Es hat nun freilich der Herr Bischof sehr gelärmt und gesagt, was das für ein vortreffliches Buch sei, von dem heiligen Vater und anderen Autoritäten anerkannt: er hat es jedoch abgeschafft. (Bravo!)

Aber, meine Herrn, sehen Sie, was der Bischof von Basel gethan hat. Er hat die Moraltheologie vom Erzbischof Kenrick eingeführt. Die Regierungen haben das vernommen, haben dieses Buch weiter untersuchen lassen und haben gefunden, daß es noch mehr Bedenken erregt; und kraft des Aufsichtsrechtes, welches man „Placet" nennt, haben die Diöcesanstände mit Ausnahme von einem erklärt: Wir sehen, daß der Bischof von Basel den guten Willen nicht hat, seine Cleriker in einem Sinne und Geiste, welcher mit unseren Institutionen und Fortschritten einer besseren Volksbildung im Einverständniß ist, praktisch heranbilden zu lassen, und daher erklären die Diöcesanstände die mit dem Bischofe von Basel in Bezug auf das Priesterseminar abgeschlossene Uebereinkunst als aufgehoben und entziehen demselben alle Subsidien.

Aber, meine Herrn, jetzt frage ich, wenn Sie da nichts von Staatsmitwirkung sagen, wer soll die Sachen machen? Die Geistlichen machen sie nicht, die werden sich hüten (Heiterkeit); die Bürger auch nicht, sie haben keine Competenz. Der Staat ist es vermöge seines höheren Oberaufsichtsrechtes über Alles, was in der Diöcese vorgeht, der auch da mitwirken muß. (Bravo.)

Darum möchte ich Ihnen den Antrag empfehlen mit der Abänderung des Herrn Tangermann. Man sagt, es handelt sich um Trennung der Kirche vom Staat.

Man glaubt, die Mitwirkung des Staates bei der Erziehung der Geistlichen sei unvereinbar mit dem Grundsatze der Trennung von Staat und Kirche. Allein ich frage: Wird der Staat, wie er auch sein Medizinalwesen ordne, die Gesundheit seiner Bürger nach Belieben schlechten Aerzten überlassen? Oder wird der Staat, wie er auch seine Rechtspflege organisire, zugeben können, daß seine Bürger mir nichts dir nichts den Blutsaugern, den schlechten Advokaten anheim fallen? Die Bildung aller wissenschaftlichen Berufsarten, welche die Wohlfahrt der Bürger, des Volkes und des Gemeinwesens berühren und gar bedingen, muß nothwendig unter der Aufsicht der bürgerlichen Autorität stehen. (Bravo.)

Ich empfehle Ihnen den Antrag, wie er vorliegt, mit der einzigen Abänderung, wie sie von Herrn Tangermann vorgeschlagen ist. (Bravo.)

Präsident:

Es sind noch mehrere Redner eingeschrieben. Es frägt sich, ob die Discussion jetzt noch fortgesetzt werden soll; es scheint, sie wird in einigen Minuten kaum beendigt sein und da es bereits 1 Uhr ist, glaube ich dieselbe für jetzt schließen zu sollen. Wer für die Schließung ist, den bitte ich, sich zu erheben. (Die Majorität erhebt sich).

Wir werden also um halb 4 Uhr die Versammlung fortsetzen.

(Schluß der Sitzung um 1 Uhr.)

Zweite Sitzung.

(Am 22. September. Anfang um 3½ Uhr Nachmittags.)

Präsident Professor v. Schulte:

Ich erlaube mir die Mittheilung, daß ein Begrüßungs-Telegramm angekommen ist von dem Volksbildungsreformverein in Pest-Ofen.

Ich eröffne nunmehr die Discussion über den Artikel, bei welchem wir stehen geblieben sind, nämlich über Art. IV, und ertheile das Wort dem Herrn Prof. Cornelius.

Professor Cornelius aus München:

Ich finde mich in der Lage, dem Herrn Prof. Maaßen für das Amendement, welches er zum vierten Paragraphen gestellt hat, meinen herzlichen Dank auszusprechen. Ich möchte die unmaßgebliche Bitte richten an das verehrliche Redactions-Comité, daß es demselben das möglichste Entgegenkommen schenke, und an die hochverehrte Versammlung, demselben ihren Beifall und ihre Zustimmung zu geben. Einmal wegen des Wegfalls der „pädagogischen Bedeutung". Denn allerdings muß ich Herrn Professor Maaßen darin Recht geben, daß der Clerus und die Erziehung desselben mehr als eine pädagogische Bedeutung für unser wie für alle anderen Völker der gebildeten Welt hat. Dann zweitens wegen des Wegfalls des Wunsches nach Mitwirkung der weltlichen Obrigkeit. Ich verkenne nicht die Wahrheit, die in dem liegt, was uns der Herr Regierungsrath Keller gesagt hat. Allein damit ist die Sache nicht abgethan. Es gibt da eine ganze Menge von Bedenken, die dem Betrachter entgegentreten.

Die Mitwirkung der weltlichen Obrigkeit wollen Sie? Wollen Sie denn die Mitwirkung aller weltlichen Obrigkeit?

Es mag sein, daß Einige unter Ihnen sind, die das wollen; es werden aber viele Andere sein, welche z. B. die Mitwirkung der russischen Regierung perhorresciren. Wollen Sie Alle diese ausschließen aus Ihrer Mitte? Gewiß nicht. Weiter! Es kann der Fall vorkommen, daß Ihnen eine weltliche Regierung ihre Mitwirkung versagt. Es ist z. B., wie Sie wissen, in den Vereinigten Staaten Amerika's Regel, daß die Regierung sich nicht um die Erziehung der Geistlichen, namentlich der katholischen Geistlichen, bekümmert. Was wollen Sie in diesem Fall beginnen? Ich für meinen Theil halte etwas auf self-government und brauche die Regierung nicht überall. Es gibt Leute genug, die den Satz aufstellen: Freie Kirche im freien Staate. Ich will hier nicht auf die Wahrheit oder Unwahrheit dieses Grundsatzes eingehen; es genügt, daß Viele mit vollem Herzen an diesem Satze hängen, und die schließen wir nicht aus unsrer Mitte aus.

Herr Nationalrath Keller hat gefragt: „Wenn der Staat nicht inspicirt und eingreift, wer soll es denn thun?"

Die Antwort brauche ich nicht in Worten zu geben, sie ist bereits durch die That gegeben. Es befinden sich in unserer Mitte, Gott sei Dank, drei Abgeordnete einer katholischen Kirche, welche in ihrer Mitte eine blühende Schule haben, an der sich unsere katholischen geistlichen Schulen, unsere Seminarien, alle miteinander spiegeln können, aus welcher Schule eine Menge von Geistlichen hervorgegangen sind und fortwährend hervorgehen, die sich auszeichnen durch ihre sittliche Haltung, durch ihre Bildung, durch ihre patriotische Gesinnung. Fragen Sie nun, ob dieses Resultat gewonnen ist durch die Mitwirkung der dortigen Regierung, so ist die Antwort darauf „Nein". Diese Regierung bekümmert sich darum nicht. Ich wünsche sehr, daß einer aus der Mitte dieser drei niederländischen Geistlichen uns über den Unterricht, die Bildung der jungen Geistlichkeit dort im Lande belehrt, und ich zweifle nicht: es wird von ihm die Wahrheit meiner Worte bezeugt werden, daß diese Dinge aus dem self-government dieser Kirche hervorgegangen sind.

Wenn das so ist, so frage ich weiter: was wollen wir? Einig sind wir alle in dem einen Punkte, daß wir die bisherige geistliche Erziehung in unserer Kirche, wie sie geleitet worden ist von der Hierarchie, meistentheils, an den meisten Orten, tadelnswerth finden.

Bleiben wir dabei, gehen wir nicht weiter! Wollen wir hier uns nicht einen Zankapfel herein werfen lassen und uns hier ohne oder mit Bewußtsein hineinführen lassen in die Frage von dem Verhältnisse zwischen Kirche und Staat, sei es auch nur in Bezug auf die Schule. Das geht uns hier in diesem Augenblicke nichts an. Wir wollen nicht Zwietracht, wir wollen einig sein; und darum danke ich nochmals dem Herrn Dr. Maaßen, daß er uns dieses Amendement gebracht hat, und bitte nochmals sehr, einstimmig demselben zuzustimmen.

Priester Thomas Braun aus Passau:

Meine Herrn! Wir haben oben genehmigt und beschlossen eine kirchliche Reform, welche im Geiste der alten Kirche angestrebt werden soll.

Nun, was die Frage der Knabenseminarien anbelangt, diese

sind keine altkirchlichen Anstalten, sondern die Väter von Trient haben sie empfohlen, so beiläufig, und haben sich etwas Gutes davon versprochen — deshalb, weil der heil. Ignatius mit seinen Knabenseminarien Glück gehabt zu haben scheint.

Gleichwohl aber vergingen zwei Jahrhunderte, bevor man mit den Knabenseminarien Ernst machte.

Also kann man nicht sagen: wenn man gegen die Knabenseminarien spricht, spricht man gegen ein kirchliches Institut. Es ist ja nur in neuerer Zeit häufig gepflegt und cultivirt worden.

Wenn wir zurückblicken auf die alte Kirchenordnung, worin bestand diese?

Der Seelsorger, der Priester gingen durch die Gnade des Subdiakon hindurch, die Stufen weiter hinauf und vom Subdiakon zum Diakon und Priester; und bis der Priester zur Priesterweihe kam, konnte er ziemlich alt werden. Man wurde geprüft, und wenn ein solcher Mann die priesterliche Weihe bekam, dann war er schon erprobt.

Auf diese Weise also hat man erzielt, was man heute nicht so leicht erzielen kann; denn die Leute aus den Seminarien heraus nehmen nicht alle den Geist an, und nicht so schnell, als man wünscht, und später kommen dann Fälle vor, die nicht schön sind. Also in diesem Falle würde ich beantragen „die alten Kirchenordnungen". Dann könnte die Frage von den Seminarien wegfallen; denn sie wäre schon enthalten in § III „im Geiste der alten Kirche".

Die andere Frage dann hat das Verhältniß zwischen Kirche und Staat wieder zum Vorschein gebracht.

Denn wir verlangen für den Clerus einen Schutz gegenüber der hierarchischen willkürlichen Stellung; wir verlangen vor allem die Aufhebung der Versetzbarkeit der Geistlichen.

Dieses Uebel stammt her von dem Bündniß zwischen Staat und Kirche. Denn ist der Staat nur Besolder des Priesters, und der Bischof setzt den Priester ab, so gibt der Staat natürlich für diesen Priester keine Besoldung mehr.

Der Staat frägt aber nicht, ob der Priester schuldig ist oder nicht; er mischt sich in diese Frage nicht ein. Wenn also der Bischof den Priester demüthigt durch Hunger, so hat er das einfachste Mittel in der Hand. Der Staat steht ja im Bündniß mit der Kirche. Es ist das ein System vollständiger Willkür. Das Bündniß zwischen Staat und Kirche ist die Ursache.

Der niedere Klerus ist immer der Spielball zwischen Staat und Bischof und wird dadurch dem Hungertode anheimgegeben; er wird demoralisirt, er ist nicht selbstständig. Hier wenn wir an die alte Kirchenordnung anknüpfen, wer besoldete den Priester?

Einfach, sagt die alte Regel, das Volk; „die Opfer der Gläubigen ernähren den Priester!"

Hieraus, aus der alten Kirchenordnung folgt, daß die Gläubigen, welche die Opfer geben, auch die Verwalter des Kirchengutes sind. Denn Kirchengut ist nichts anderes, als angehäuftes Opfer, das man verzinslich anlegt.

Wer Opfer gibt, soll auch die Verwaltung in der Hand haben. Haben die Laien die Verwaltung, dann ist es ihnen auch gegönnt, was oben in §. III verlangt wird, nämlich „dem katholischen Volke, den Laien, eine Theilnahme an den kirchlichen Angelegenheiten angedeihen zu lassen."

Denn bekanntlich wer den Geldbeutel in der Hand hat, ist auch der Herr.

Ich will das nicht weiter ausdehnen, aber einen guten Seelsorger könnte ihnen der Bischof gar nicht nehmen.

Präsident (den Redner unterbrechend):

Ich möchte mir erlauben, dem Herrn Redner zu bemerken, daß der Art. IV einen bestehenden Zustand, ein bestehendes Recht voraussetzt. Auf Grund des bestehenden Rechtes, zu welchem leider die Amovibilität gehört und auf Grund deren man factisch verfährt, sprechen wir aus, daß wir diesen factischen Zustand nicht billigen.

Ich gestehe, daß ich nicht einsehe, wie die Verwaltung des Vermögens und alle diese Punkte hier vorgebracht werden können.

Ich bitte, sich bei diesem Punkte nicht aufzuhalten. Damit haben wir es nicht zu thun. Es beschäftigt uns jetzt nicht, wer das Kirchengut hat, es handelt sich nur um die Stellung des Bischofs zum Clerus, von der wir alle Willkür ausgeschlossen haben wollen.

Thomas Braun aus Passau (fortfahrend):

Wenn der Staat der Besolder des Priesters ist, so ist ihm der Priester in die Hand gegeben. Ist aber die Gemeinde die Besolderin des Priesters, so ist das ein Hinderniß für den Staat, denn er kann dann nicht mit Willkür gegen den Priester vorgehen.

Also ich habe mich auf die alte Kirchenordnung berufen. Wenn es schwer sein sollte, eine harmonische Abstimmung über den Punkt IV zu erlangen, so ist derselbe schon in Nummer III enthalten.

Präsident:

Dann bitte ich, einen formulirten Antrag einzubringen, so daß ein Object für die weitere Discussion vorhanden ist.

Medizinalrath Kreuzer aus Durlach:

Ich muß entgegen dem vorletzten Redner der Ansicht des Herrn Nationalrathes Keller beistimmen. Wenn ich auch nicht die Advokaten als Blutsauger und die Aerzte für Schröpfköpfe ansehen kann, so bin ich doch der Ansicht, daß, wie er sonst sagt, der Staat die Sache in die Hand nehmen muß. Darin stimme ich vollkommen überein. Der Staat hat die Verpflichtung, so gut zu sorgen, daß wir tüchtige Geistliche haben, als er dafür zu sorgen hat, daß wir tüchtige Aerzte und Advokaten haben. Der Staat hat zu sorgen, daß die Bildung des Volkes auf die möglichste Höhe gebracht werde, sowohl in intellectueller als sittlicher Beziehung.

Es handelt sich nicht darum, daß man sagt: Trennen wir die Kirche vom Staate. In den Glauben soll sich der Staat nicht mischen. Zudem, wer ist der Staat? Die Zeit, wo ein großer Herr sagen konnte: der Staat bin Ich, ist vorbei; der Staat sind wir selbst, die Gesammtheit. Der Staat hat aber dafür zu sorgen, daß die Durchbildung des Geistes, die Bildung der religiösen Empfindung des Volkes auf eine möglichst hohe Stufe gebracht werde; damit wird auch der Wohlstand wachsen.

Wenn nun der Staat zu sorgen hat, daß wir tüchtige Aerzte und Juristen haben, so hat er ebenso zu sorgen, daß wir tüchtige Geistliche haben, die die Religion in die Gemüther der Unterthanen einzuprägen haben. Hier ist nun keine Gefahr. Zudem hat, wie wir aus dem Vortrage des letzten Redners entnommen haben, der Staat zu sorgen, daß der Geistliche in seiner Stellung geschützt, daß ihm seine Pfründe nicht willkürlich entzogen werden kann, — dafür also zu sorgen, daß der Geistliche sein Recht bekomme, daß er, wenn er im Sinne dessen, was der Staat erreichen will, wirkt, in seiner Stellung erhalten werde. Ich stimme daher vollkommen damit überein, daß die Mitwirkung des Staates in Bezug auf die Bildung der Geistlichen vollkommen in Anspruch genommen werde.

Oberlehrer Stumpf aus Coblenz:
Ich erlaube mir an ein Wort des Herrn Prof. Cornelius zu erinnern, daß es nicht gerathen ist, in diese Versammlung den Zankapfel zu werfen. Sie können, meine Herren, durch Ihre Abstimmung in Ihrer Majorität diejenigen überstimmen, welche in dem von Herrn Prof. Maaßen beanstandeten Worten eine große Gefahr finden. Aber, meine Herren, ich würde Ihnen nicht rathen, das zu thun. Wir sind hier versammelt, um dem einen Ausdruck zu geben, worin wir einmüthig sind, nicht aber um eine größere oder geringere Minderheit todt zu stimmen. Das würde der Aufgabe dieser Versammlung nicht entsprechen, und meine Herren, auch ich gehöre zu denjenigen, welche in diesem Artikel eine sehr große Gefahr erblicken. Zunächst und vor Allem werden Gegner gerade hieraus das allerbedeutendste Capital schlagen.

Sie haben damit begonnen, unsere Bewegung als eine sogenannte byzantinische zu verdächtigen. Wenn Sie so allgemein, wie es hier geschehen ist, die Hülfe des Staates gerade bei diesem zarten Punkte, nicht blos bei der Bildung, sondern sogar bei der Erziehung des Clerus, anrufen, so wird man sagen:

Auf diesem Wege will man die Kirche maßregeln mit Hülfe des Staates; und wenn man das sagt, so haben wir nicht genügende Gründe in der Hand, um das unzweideutig und bestimmt zu widerlegen. Wollen Sie nicht ohne allen Grund den Gegnern die allergefährlichste Waffe in die Hand geben, so verwerfen Sie diesen Passus. Wenn Sie dies thun, meine Herrn, so präjudiciren Sie sich nichts: Sie lassen uns nur die Freiheit, unsere eigenthümliche Ansicht geltend zu machen. In einem gewissen Sinne kann allerdings von einer Mitwirkung des Staates bei der Bildung des Clerus auch vom Standpunkte der freien Kirche im freien Staate die Rede sein. Ich gebe zu, daß der Staat z. B. gewisse Examina, die man von jedem Gebildeten fordert, der in die höheren leitenden Klassen der Gesellschaft eintritt, verlangen kann; aber dem Staate die Erziehung und Bildung gerade des Clerus speciell zu unterstellen, das ist für mein Gefühl eine unerträgliche Maßregelung der Kirche, und wenn vorhin gesagt worden ist: der Staat sind wir, so setze ich dem ein anderes Wort entgegen: der Staat sind wir nicht — wir sind hier als Katholiken; aber die Kirche sind wir, und wenn wir es noch nicht sind, so wollen wir es werden. Darum haben wir den Einfluß der Gemeinde betont; darum wollen wir nicht mehr, daß die Hierarchie allein regiere. Und wenn dereinst Geistliche gebildet werden, wollen wir ein Wort dareinsprechen, aber nicht als Staatsbürger, sondern als Glieder der freien reformirten Kirche. Meine Herrn! Das ist der Gedanke gewesen, von dem ich bei der Beurtheilung des streitigen Satzes ausging und hierin werden wir uns einigen; also: verwerfen Sie den Artikel mit Rücksicht darauf, daß wir nicht anfangen wollen, wieder eine fremde Macht in die Kirche einzuführen, was einst soviel Unheil gestiftet hat. Der Ultramontanismus, meine Herrn, ist nur das Ungelehrte vom Byzantinismus. Indeß die allgemeine Frage will ich nicht berühren. Ich will nicht, daß wir etwas präjudiciren sollen. Sie sollen nur uns nicht ecludiren, Sie sollen den Geist allgemeiner Anerkennung walten lassen, das Streitige weglassen und im Nothwendigen einig sein. (Bravo!)

Reichsrath v. Döllinger:

Ich wünschte sehr, daß ich schon gestern in der Berathung des Comités meine Bedenken ausgesprochen hätte. Im Wesentlichen sind es die gleichen oder ähnliche, wie die, welche jetzt die Herrn Maaßen, Cornelius und Stumpf vorgebracht haben; aber wegen der Kürze der Zeit mußte die gestrige Berathung sehr eilfertig vorgenommen werden. Um so dringender ergibt sich für mich die Nothwendigkeit jetzt gegen den Artikel in der Gestalt, in welcher er uns vorliegt, meine warnende Stimme zu erheben. Wir müssen uns doch ernstlich fragen, ob wir uns in einer derartigen Frage von den Ansichten der Katholiken anderer Nationen so bestimmt trennen wollen. In nächster Zeit soll das Schul- und Erziehungswesen in Irland durch die Englische Regierung vor das Parlament gebracht werden, auch die Erziehung des Clerus wird in den darüber zu fassenden Beschlüssen mit einbegriffen sein; dort sind aber die Parteien einig, daß eine directe Leitung oder Einmischung der Staatsgewalt in diesen Zweig des Bildungswesens nicht stattfinden solle.

Noch schärfer und entschiedener herrscht diese Zurückweisung jeder staatlichen Einmischung in die Bildung des Clerus in den Vereinigten Staaten vor, und zwar bei allen Parteien und Confessionen. Und wir selber — sind wir denn der Regierungen und ihrer Gesinnungen so völlig sicher? Wenn z. B. in einem fremden Staat die sogenannte clerical-feudale Partei zur Herrschaft gelangte, so könnte es geschehen, daß ein von unserer Ueberzeugung durchdrungener Bischof von seiner Regierung förmlich gezwungen würde, seine Geistlichen zu eifrigen Infallibilisten ausbilden zu lassen. Ihr Beschluß würde es dann sein, auf welchen man sich zur Rechtfertigung eines solchen gewaltthätigen Eingreifens berufen könnte.

Bedenken Sie es also wohl, ob Sie wirklich ein so zweischneidiges Schwert schmieden wollen, wie es dieser Artikel, von fremden, unberechenbaren Händen gehandhabt, werden würde.

Präsident:

Es hat zunächst weiter kein Redner zu diesem Artikel sich gemeldet, und ich erlaube mir ganz in Kürze hervorzuheben, was aus der Debatte von heute Vormittag und jetzt hervorgeht. Der wesentliche Standpunkt, von welchem das Amendement Maaßen's ausgeht, ist folgender. Es könne durch diesen Satz, wie er in Punkt IV steht, präjudicirt werden, daß man eine Handhabe biete für den Staat und für eine Regierung, die in unserer Intention nicht liegt. Gegen die wesentlichen Punkte des Art. IV hat sich Niemand ausgesprochen. Das Wesentliche besteht gerade darin, daß, wenn auch der eingeschaltete Satz, welchen Herr Professor Maaßen ausgelassen wissen will, fortfällt, ausgesprochen werde: „die bisherige Erziehung ist nicht diejenige, welche für das Volk als geeignet erscheint". Damit waren alle Redner einverstanden, ja die Mehrzahl hat eigentlich nur einen Commentar dazu gewollt. Im Gegensatz zum Amendement ist Dr. Tangermann dafür aufgetreten, daß geradezu der Staat als ethisches Element hineingebracht werde. Es ist das ein Standpunkt, der streng genommen nicht in Collission steht mit dem Amendement Maaßen's. Herrn Prof. Maaßen sind unbedingt beigetreten Herr Cornelius, Stumpf und Reichsrath v. Döllinger. Es ist von anderer Seite wieder gesagt worden, man müsse geradezu, um den Staaten positiv dieses Recht zu vindiciren, bei dem Artikel bleiben, wie er im Entwurf steht.

und dies noch mehr fixiren. Ich glaube, dieser Standpunkt setzt voraus, daß eigentlich im Artikel über das Recht des Staates auf die Schule eine Entscheidung habe gegeben werden wollen, was meines Erachtens nicht der Fall ist. Wir haben blos diese thatsächlichen Verhältnisse aufklären wollen. Uebrigens, wenn der Herr Referent es wünscht, so muß ich ihm hierüber nun das Schlußwort geben.

Prof. Reinkens:

Meine Herrn! Ich beginne damit, daß ich erkläre, die feste Ueberzeugung zu haben, daß wenn Herr Dr. Maaßen gestern in der Comitésitzung sein Amendement eingebracht und motivirt hätte, wir uns dafür entschieden haben würden.

Ich kann aber doch nicht umhin, darauf aufmerksam zu machen, daß der Staat allerdings sehr interessirt ist bei der Erziehung der Geistlichen. Denn der Einfluß derselben auf die Volksbildung und damit auch auf die gesammte Cultur ist unverkennbar. Eine andere Frage ist es aber, ob wir ihn dazu auffordern wollen, das, was er etwa als sein Recht erkennen könnte, auszuüben.

Das ganze Programm spricht nur Grundsätze und Urtheile aus. Wir rufen kein Mittel an, machen auf Mittel zwar aufmerksam, rufen aber keines an, um die Grundsätze sofort zu realisiren. Dieser Paragraph ist nun der einzige, welcher eine solche Beziehung enthält, und schon deshalb möchte ich diese Beziehung beseitigt wissen, damit die Consequenz und Gleichartigkeit gewahrt werde. Dann ist aber auch der eine Grund allein, wie mir scheint, durchschlagend, daß wir der Gestaltung des Verhältnisses zwischen Kirche und Staat nicht präjudiciren dürfen. Ich möchte indessen noch erinnern, daß die Staatsregierungen doch allmälig zur Einsicht gelangt sind und immermehr gelangen, daß diese religiösen Fragen, welche uns jetzt bewegen, recht eigentlich Culturfragen sind, und daß der Staat auf die Dauer nicht damit reussiren kann, wenn die Regierungen nur die einzelnen Fälle glimpflich erledigen, Compromisse schließen und hin und wieder Conflicte beseitigen. Es handelt sich hier um Principien, die den Staat ebenso nahe berühren wie die Kirche. Die Staatsregierungen sind bereits aufmerksam darauf, sage ich, und ich glaube, sie können unser Programm durchaus nicht ignoriren. Wenn wir hier unsere Anschauung aussprechen, so werden sie die Sache schon in Erwägung ziehen, auch ohne daß wir sagen, wie wünschen, daß sie das thun. Ich meine also, wir könnten ihnen getrost es überlassen, daß sie ihre Pflicht ebenfalls erkennen und thun, was in jedem Staate das Recht gestattet und was zweckmäßig und wirksam erscheint.

Ich kann dem zustimmen, daß die Aufforderung an die Staatsregierung wegfalle; aber ich kann mich nicht damit einverstanden

erklären, daß die große pädagogische Bedeutung des Clerus für
das Volk ganz außer Acht gelassen werde. Ich halte das nicht
für eine Nebensache.

Die pädagogische Bedeutung des Clerus für das Volk ist die
größte, die er hat; bei der Erziehung der Jugend werden die
Kenntnisse eingepflanzt und wird das religiöse Gemüth entwickelt;
der Einfluß der Geistlichen auf die Jugend ist viel größer, als der
auf Erwachsene. Indessen wenn der Ausdruck beanstandet wird,
so erlaube ich mir einen andern zu substituiren, der allgemeiner
ist, und beantrage also folgende Fassung:

„Wir betrachten die künstliche Abschließung des Clerus....
bei dessen großem Einfluß auf die Volkscultur als gefährlich
und als höchst ungeeignet zur Erziehung und Heranbildung
eines sittlich frommen, wissenschaftlich erleuchteten und patriotisch gesinnten Clerus."

Präsident:

Ich frage, ob Herr Professor Maaßen damit übereinstimmt?

Herr Professor Maaßen:

Ich halte das für einen nebensächlichen Grund. Es ist darin
wohl nichts gesagt, was meinen eigenen Ansichten widerspricht;
aber ich glaube, daß das der Wirkung des Satzes selbst Abbruch
thun wird.

Herr Professor Reinkens:

Der Clerus ist nicht Selbstzweck. Die Erziehung des Clerus
hat einen Zweck, und wenn wir von Volkscultur reden, so reden
wir von christlicher Cultur; und das ist sein Zweck, die christliche
Cultur zu fördern. Das ist also nicht nebensächlich.

Präsident:

Das weitestgehende Amendement ist das von Prof. Maaßen.
Ich weiß nicht, ob Herr Professor Maaßen wünscht, daß sein
Amendement zur Abstimmung komme, oder ob er sich mit dem des
Herrn Professor Reinkens conformirt.

Professor Maaßen:

Es wäre mir von meinem Standpunkt aus freilich wünschenswerth, wenn meine Fassung angenommen würde. Geschieht das
nicht, so werde ich für die Fassung des Herrn Professor Reinkens stimmen.

Präsident:

Unter diesen Umständen muß der weitestgehende Antrag des
Herrn Professor Maaßen zuerst zur Abstimmung gebracht werden.

Er lautet:

„Wir betrachten die künstliche Abschließung des Clerus von der geistigen Cultur des Jahrhunderts (in Knabenseminarien und einseitig von Bischöfen geleiteten höheren Lehranstalten) zur Erziehung und Heranbildung eines sittlich-frommen, wissenschaftlich erleuchteten und patriotisch gesinnten Clerus nicht für geeignet."

Wer dafür ist, wolle sich erheben.

(Das Amendement ist mit allen gegen 4 Stimmen abgelehnt.)

Nun kommt das Amendement des Herrn Professor Reinkens zur Abstimmung, lautend:

„Wir betrachten die künstliche Abschließung des Clerus .... bei dessen großem Einfluß auf die Volkscultur als gefährlich und als höchst ungeeignet zur Erziehung und Heranbildung eines sittlich-frommen, wissenschaftlich erleuchteten und patriotisch gesinnten Clerus."

Wer dafür ist, erhebe sich.

(Es ist fast einstimmig angenommen.)

Der folgende Satz ist nicht angegriffen, es hat sich auch kein Redner gemeldet, er lautet:

„Wir verlangen für den sog. niederen Clerus eine würdige und gegen jegliche hierarchische Willkür geschützte Stellung. Wir verwerfen die durch das französische Recht eingeführte und neuestens allgemeiner angestrebte willkürliche Versetzbarkeit (amovibilitas ad nutum) der Seelsorgsgeistlichen."

(Bei der Abstimmung einstimmig angenommen.)

Art. V. Als Redner hierzu hat sich Herr Professor Maaßen gemeldet.

Professor Maaßen:

Ich möchte mir nur einige Bemerkungen erlauben in Bezug auf diesen Punkt. Ich werde am Schluß einen Antrag stellen. Die Machtfülle des Papstes, wie sie definirt ist auf dem vaticanischen Concil, schließt jedes selbstständige Recht aus, das unterliegt keinem Zweifel. Durch eine solche Machtfülle, durch die Macht, anstatt Gottes oder so wie Gott selbst in Sachen des Glaubens und der Moral zu entscheiden, durch diese (ich sage: beansprüchte) Machtfülle ist das Recht des Staates nicht nur in Frage gestellt, sondern virtuell vernichtet. Das unterliegt meiner Ansicht nach keinem Zweifel. Ich glaube aber, daß der Grund, und zwar der einzige Grund, aus dem wir dieses Dogma verwerfen, der ist, weil es im Widerspruche steht mit der kirchlichen Tradition und mit dem Geist und Wesen des Christenthums. Wäre dieses Dogma wahr, so müßten wir auch die Consequenz annehmen, daß der Staat eine Dependenz der Kirche wäre, virtuell absorbirt durch die Kirche. Da nun aber gottlob dieses Dogma, diese Lehre nicht wahr ist, so verwerfen wir's eben, weil es im Widerspruche steht mit dem altkatholischen Glauben, und nicht deshalb, weil wir allerdings auch diese Consequenz und diese Gefahr für den Staat, die ich Eingangs zu erwähnen mir erlaubt habe, im vollsten Maße anerkannen. Ich fürchte nur, daß, wenn wir diesen Satz der Staatsgefährlichkeit besonders aussprechen in der Weise, daß wir dadurch das, was wir früher gesagt haben, und den eigentlichen Grund unserer ganzen Opposition vollkommen abschwächen und in den Hintergrund stellen. Deshalb muß ich sagen, es wäre die Wirkung dieses Programmes größer, wenn dieser Satz fortfiele, und ich erlaube mir den Antrag zu stellen, daß der Absatz V fortfällt.

Präsident:

Es ist von Herrn Professor Maaßen der Antrag gestellt, Absatz V einfach fallen zu lassen. Ich erlaube mir, bevor ich die Unterstützungsfrage stelle, Einiges zu bemerken. Es beruht jedenfalls auf einem Mißverständniß, daß wir durch diesen Artikel V das Frühere abschwächen; denn in diesem Artikel ist ausdrücklich gesagt: „Wir verwerfen darum auch aus staatsbürgerlichen Gründen ꝛc. ꝛc. ꝛc." Es ist also ausdrücklich hervorgehoben, daß wir uns benöthigt finden, auch aus politischen Gründen das Dogma zu verwerfen, wie aus denselben Gründen, die Herr Professor Maaßen angeführt hat vom religiösen Standpunkt aus. Ich glaube ohne Präjudicirung zu dieser Bemerkung berechtigt zu sein und bitte die Herrn, die das Amendement des Herrn Professor Maaßen unterstützen wollen, sich zu erheben.

(Nicht unterstützt.)

Es hat sich sonst zu Artikel V kein Redner gemeldet. Er lautet:

„Wir halten zu den die bürgerliche Freiheit und Humanität Aller verbürgenden Verfassungen unserer Länder, verwerfen darum auch aus staatsbürgerlichen und culturhistorischen Gründen das den Staat bedrohende Dogma von der päpstlichen Machtfülle und erklären, unseren Regierungen im Kampfe gegen den im Syllabus dogmatisirten Ultramontanismus treu und fest zur Seite zu stehen."

Präsident:

Diejenigen Herrn, welche diesen Satz annehmen wollen, bitte ich, sich zu erheben.

Ich sehe ganz Wenige sitzen, also fast einstimmig angenommen. Es liegen zu Artikel VI keine Anträge vor, noch hat sich zum Artikel VI ein Redner gemeldet. Ist Jemand da, der über Artikel VI zu sprechen wünscht, so bitte ich die Herrn sich zu melden.

Herr Pfarrer Anton:

Ich bin mit dem Artikel vollkommen einverstanden, nur in der letzten Zeile habe ich etwas zu bemerken. Da heißt es: „wenn der gemeinschädlichen Wirksamkeit dieses Ordens ein Ende gemacht wird".

Es fragt sich nun: wie soll ein Ende gemacht werden? Durch Ausgleich, Compromiß ist da mit diesen Leuten nichts auszurichten. Ich würde eine andere Form vorschlagen, in der einfach gesagt wird, daß die Gesellschaft Jesu aus den Staaten ausgewiesen werden soll. So ist eben die Fassung nicht deutlich genug. Mit Stumpf und Stiel muß ihnen ein Ende gemacht werden, sonst nützt es nichts. Ich würde also etwa sagen: daß vom Staat die Mittel ergriffen und Wege eingeschlagen werden sollen, wodurch der Orden aus den Staaten entfernt werde.

Der Präsident:

Es liegt ein Antrag von Pfarrer Anton formulirt vor: „wenn die entsprechenden Wege betreten sein werden, daß dieser Orden aus den Staaten vollständig entfernt wird". Ich erlaube mir, bevor ich die Unterstützungsfrage stelle, blos eines zu bemerken. Wie der Orden der Jesuiten aufhört, das wird uns principiell einerlei sein. Wenn z. B. ein zweiter Clemens XIV. durch ein Breve ihn aufhebt, so werden wir zufrieden sein; wenn ihn der Staat ausschließt, so werden wir auch zufrieden sein. Wir haben beschlossen, eine ausdrückliche Provocation des Staates principiell nicht zu verlangen, und es frägt sich demnach, ob die Versammlung dennoch eine solche in concreto will. Dann muß ich bemerken, daß in der ursprünglichen Formulirung dieses Antrags eine Provocation an den Staat vorhanden war, daß aber aus den eben angegebenen Gründen die Provocation ausdrücklich in der Berathung entfallen ist. Ich frage daher den Herrn Antragsteller, ob er den Antrag nicht zurückzieht.

Herr Pfarrer Anton:

Ich glaube, daß man mich mißverstanden, oder ich mich nicht deutlich genug ausgedrückt habe. Ich wollte keine Provocation an den Staat. Ich bin vollkommen überzeugt, daß dem Jesuitismus ein wirkliches Ende gemacht werden kann nur durch die Entfernung der Gesellschaft Jesu als solcher.

Präsident:

Ich stelle die Unterstützungsfrage.

Ist die Versammlung der Ansicht, daß die Discussion gestattet werden soll über den Zusatzantrag, welcher lautet:

„wenn die entsprechenden Wege betreten sein werden, daß dieser Orden aus den Staaten vollständig entfernt werde?"

Ich bitte diejenigen Herrn, sich zu erheben.

(30 Stimmen dafür.)

Wünscht Jemand zu dem Antrage das Wort, so bitte ich, sich zu melden.

Ich ertheile das Wort Herrn Dr. Zirngiebl.

Dr. Zirngiebl aus München:

Meine Herren! Ich habe mir das Wort erbeten, um mit aller Entschiedenheit gegen die neue Form zu sprechen und zwar aus dem einfachen Grunde, weil ich glaube, daß wir durch die neue Form viel weniger sagen, als durch die alte. Schon einmal 1773 ist der Orden in allen Staaten aufgelöst worden, aber die Wirksamkeit dieses Ordens hatte trotz alledem nirgends aufgehört. Meine Herren! Dieser Orden wirkt nicht blos als Orden, sondern er wirkt auch außerordentlich durch Persönlichkeiten, welche nichts weniger denn Jesuiten sind. Er wirkt im Geheimen, geräuschlos; wir wissen es wahrscheinlich nicht, wie sehr er bereits in Teutschland wirkt und uns Alle umspannt hat. Wir wissen nur nicht, wie gerade er es unmöglich gemacht hat, daß das Dogma von der Infallibilität in ganz Deutschland besavouirt worden ist. Meine Herren! Wenn wir sagen: Wir streben dahin, daß die Wirksamkeit dieses Ordens unmöglich gemacht wird, — so involvirt das die Auflösung des Ordens von vorneherein. Erst dann, wenn ihm die Wirksamkeit genommen sein wird, erst dann ist der Orden aufgelöst.

Professor Reinkens:

Ich muß nochmal erklären, daß wir nur Grundsätze und Urtheile aufgenommen haben in unser Programm, und daß ich glaube, die Staatsregierung werde sich diesen Paragraphen auch ansehen, selbst wenn sie nicht direct von uns dazu aufgefordert wird. Der Paragraph thut ganz dieselbe Wirkung. Ich möchte aber in Bezug auf ein Wort hinsichtlich der Redaction mir noch eine Bemerkung gestatten.

Herr Reichsrath v. Döllinger hat darauf aufmerksam gemacht, daß das Wort „übt" — „da er eine falsche, corrumpirende Moral lehrt und übt", — ein persönlicher Angriff sei auf die Mitglieder der Gesellschaft Jesu, und daß es daher passend erscheine: „geltend macht" zu sagen. Denn geltend macht die Gesellschaft sie allerdings im Beichtstuhl und anderswo, überall, wohin seine Wirksamkeit sich verbreitet. Aber das Wort: „geltend macht" ist nicht direct ein Angriff auf die Person. Daher empfehle ich diesen Ausdruck für die Redaction.

Präsident:

Ich glaube, es wird der Herr Amendementsteller Nichts dagegen haben, wenn ich zunächst in der That diesen blos redactionellen Punkt bereinige und die Versammlung einfach ohne alle Discussion frage, ob sie damit einverstanden ist, anstatt des Wortes „übt" zu setzen: „geltend macht".

(Die Versammlung erklärt sich hiemit einverstanden.)

Es würde also der Artikel, wenn der Zusatz des Herrn Pfarrer Anton angenommen würde, am Ende lauten:

„.... Ende gemacht sein wird, wenn die entsprechenden Wege betreten sein werden, daß dieser Orden aus den Staaten vollständig entfernt werde".

Ich glaube, wie die Sache liegt, ist dies ein Zusatz zum Programm selbst und es geht offenbar das Programm deßhalb weiter, weil dieser Zusatz eine Explication enthält; und ich glaube daher berechtigt zu sein, zunächst die Form, in welcher das Programm vorliegt, zur Abstimmung zu bringen.

Ist der Herr Antragsteller hiemit einverstanden?

Herr Anton:

Ich habe die Ueberzeugung, daß der Tendenz nach die geehrte Versammlung eigentlich dasselbe meint, was ich gemeint habe, und so will ich um der Einigkeit willen meinen Antrag ganz zurückziehen, weil die Sache dieselbe ist. (Bravo.)

Präsident:

Ziffer VI lautet:

„VI. Da offenkundig durch die sog. „Gesellschaft Jesu" die gegenwärtige unheilvolle Zerrüttung in der katholischen Kirche verschuldet worden ist; da dieser Orden seine Machtstellung dazu mißbraucht, um in Hierarchie, Clerus und Volk culturfeindliche, staatsgefährliche und antinationale Tendenzen zu verbreiten und zu nähren; da er eine falsche und corrumpirende Moral lehrt und geltend macht: so sprechen wir die Ueberzeugung aus, daß Friede und Gedeihen, Eintracht in der Kirche und richtiges Verhältniß zwischen ihr und der bürgerlichen Gesellschaft erst dann möglich ist, wenn der gemeinschädlichen Wirksamkeit dieses Ordens ein Ende gemacht sein wird."

Diejenigen Herrn, die dafür sind, bitte ich, sich zu erheben.

(Die Versammlung erhebt sich.)

Ist einstimmig genommen.

Zu Ziffer VII ist weder ein Amendement eingebracht worden, noch auch hat sich ein Redner gemeldet. Ich glaube daher, den Punkt einfach der Abstimmung unterstellen zu können. Er lautet:

„VII. Als Glieder der katholischen noch nicht durch die vaticanischen Decrete alterirten Kirche, welcher die Staaten politische Anerkennung und öffentlichen Schutz garantirt haben, halten wir auch) unsere Ansprüche auf alle realen Güter und Besitztitel der Kirche aufrecht."

Wer dafür ist, wolle sich erheben.

(Die Versammlung erhebt sich.)

Er ist angenommen.

Da wir nun das Programm mit der Gotteshilfe ganz berathen haben, kommt der formelle Antrag des Herrn Michelis zur Abstimmung, über den meines Erachtens, da er Nichts enthält strenggenommen als was dem Bureau zusteht, eine Discussion kaum nöthig ist. Herr Michelis beantragt, das Programm möge sofort nach Annahme der Redaction der Presse übergeben werden.

Ich glaube, es versteht sich das von selbst, und ich frage Sie, ob Sie damit einverstanden sind.

(Allseitiger Beifall.)

Der erste, unstreitig wichtigste Punkt unserer Tagesordnung, dasjenige Programm, in welchem wir, wenn ich mich so ausdrücken darf, unser Glaubensbekenntniß gegenüber der vaticanischen Decrete formulirt haben, ist absolvirt.

Ich gehe nun in der Tagesordnung weiter. Es sind eingebracht worden eine Anzahl concreter Anträge. Der erste dieser Anträge bezieht sich auf die Gemeindebildung.

Gestatten Sie mir aber, hochverehrte Versammlung, die Bitte, sich auf das Allernothwendigste in der Discussion zu beschränken.

Wir haben noch so organisch wichtige Punkte und Anträge vorliegen, und wir müssen doch morgen mit diesen Versammlungen fertig werden, da es kaum möglich ist, daß wir neben der öffentlichen Versammlung 1 oder 2 geschlossene Versammlungen halten. Ich bitte Sie daher, Sich auf das Minimum zu beschränken. Der erste Antrag, der eingebracht ist vom Comité in Cöln, lautet:

„Es soll über die Mittel berathen werden, welche als die geeignetsten erscheinen, um zur möglichst raschen Bildung von kirchlichen Gemeinden resp. Diöcesen zu gelangen, um dadurch die kirchliche Reorganisation einzuleiten."

Ueber diesen Punkt wird Herr von Liaño als Referent fungiren.

Herr von Liaño:

Meine Herrn! In Abwesenheit des leider erkrankten und daher nicht hier erschienenen Herrn Referenten ist mir der Auftrag geworden, über den Cölner Antrag, betreffend die sogenannte Gemeindebildung, Ihnen zu referiren. Ich werde dabei mich der größten Kürze befleißigen. Der Antrag ist von solch hoher Wichtigkeit, ja, er ist so sehr eine Lebensfrage, daß ich jedoch bitten muß, mir einige Augenblicke Gehör zu schenken.

Die Theologen sagen uns, daß es noch keine formelle Häresie ist, die uns verderbendrohend gegenübersteht. Das mag in dem theologischen und canonistischen Sinne des griechischen Wortes „Häresie" gewiß der Fall sein.

Aber in unserer ehrlichen Muttersprache, da weiß ich soviel, daß es eine Irrlehre ist, so gefährlich wie nur irgend eine, ja, vielleicht noch gefährlicher als die meisten Irrlehren, weil sie an der Quelle der Wahrheit sich vergreift und diese Quelle vergiftet, weil sie nicht allein Entstellung des Christenthums, sondern Antichristenthum ist, das Gegentheil des Christenthums, weil sie, wie Herr Dr. Reinkens in so überzeugender Weise in einer seiner Schriften nachgewiesen hat, das Prophetenthum mit dem Priesterthum in einer Person untrennbar verknüpfen und also ein heidnisches Orakelwesen aufstellen will. Während aber, meine Herrn, das heidnische Orakel an gewisse äußerlich wahrnehmbare Bedingungen geknüpft war, soll dieses Orakel in der absurdesten Weise an eine ganz unfaßbare Bedingung geknüpft sein, so daß es vollends ein Spott der Buben werden muß. Es handelt sich also um etwas, was das ganze Wesen des Christenthums aufhebt und die christlich katholische Kirche vernichtet.

Und dennoch sehen wir, daß es in kürzester Zeit den Anschein gewonnen hat, als sei diese Irrlehre die Lehre der Bevölkerungen geworden, welche bis jetzt zur katholischen Kirche sich bekannt haben.

Wie ist das möglich gewesen? Das ist dadurch möglich gewesen, daß die Veräußerlichung des Kirchenregiments und zuletzt sogar des Kirchenbegriffs uns der Mittel beraubt hat, um dem mit durchschlagendem, rettendem Erfolg entgegenzutreten. Der ächte Begriff der Spaltung, des Schisma's, ist in Folge dieser Veräußerlichung der Kirche uns so gänzlich abhanden gekommen, daß man, wie heute Herr Prof. Dr. Huber erwähnte, bei dem Begriff Kirche nur an die Zeitgenossen denkt und nicht an die ganze Kirche, wie sie von dem ersten Pfingsttage an besteht.

Das ist aber die wirkliche Spaltung, das wirkliche Schisma, wenn man, wie dieses betreffs unserer Gegner gilt, die alle kirchliche Autorität in ihren ungetreuen Händen haben, wenn man, sage ich, von den beinahe zwei bisherigen Jahrtausenden der katholischen Kirche auf das greßste getrennt ist.

Unsere Lage ist nun die folgende: Ich werde ein Gleichniß gebrauchen, und dies wird uns die Sache sehr erleichtern.

Ich denke mir ein Haus, dessen Herr Nutznießer hineingesetzt hat. Außerdem hat er aber Leute bestellt, die ganz besonders für dieses Haus Sorge tragen müssen.

Diese mit der Sorge beauftragten Männer, statt das Haus zu verwalten, fangen nun an, die Thüren und Fenster auszuheben, das Dach über dem Haupte abzubrechen, kurz und gut, das Haus zu demoliren, und wir befinden uns in diesem Hause und wissen uns gar nicht mehr gegen die Unbilden der Witterung zu schützen!

Da werden wir keineswegs ein neues Haus errichten, sondern wir wollen nur in diesem Hause ein Nothdach schaffen, weil wir sonst nicht dauern können. — Das ist unsere Lage.

Aus vollster Ueberzeugung vertrete ich daher den Antrag unserer Cölner Glaubens- und Gesinnungsgenossen.

Nicht ebenso kann ich jedoch den der Sache gegebenen Namen billigen. Gemeindebildung, Constituirung sind Ausdrücke, die unrichtige Vorstellungen zu erwecken geeignet sind. Am allerwenigsten kann ich natürlich den Ausdruck, der wohl früher hin und wieder gehört wurde, „Secession (oder Trennung)", auch nur dulden. Alle diese Ausdrücke sind unrichtig oder doch ungenau, und ich möchte mich hierbei auf das beziehen, was der französische Geschichtsschreiber Duclos so präcis in den Worten ausgedrückt hat: les hommes sont nominaux.

Während nämlich die Menschen die Worte gemäß den richtigen Begriffen gebrauchen sollten, geschieht oft insofern das Gegentheil, als ein unglücklich gewählter Ausdruck auch die beste Sache in Mißcredit bringt.

Ein Wort also, welches nicht glücklich gewählt ist, veranlaßt falsche Begriffe, und wir müssen das unbedingt vermeiden.

Jeder von uns wird sich erinnern, ist Zeuge davon gewesen, daß unsere Bevölkerung, namentlich der etwas ältere Theil der Bevölkerung, welcher noch einen gesünderen Religionsunterricht bekommen hat, in allen, und zwar auch in den unteren Schichten des Volkes, mit Staunen, ja theilweise mit Abscheu das Beginnen der vaticanischen Versammlung betrachtet hat, sowie dasselbe ihm nur im geringsten Maaße deutlich geworden. Erlauben Sie mir nur die Aeußerung einer einzigen Bauersfrau Ihnen hier mitzutheilen. Als sie vernahm, wovon die Rede sei, sagte die einfache und fromme Frau:

„Das ist doch sonderbar; da haben wir im Religionsunterricht gehört, daß die Sünde den Geist des Menschen verfinstert in Beziehung auf göttliche Dinge. Wie kann nun der Papst, da er doch der Sünde nicht unzugänglich ist, unfehlbar sein?"

Natürlich hat diese Bauersfrau die Worte nicht so gestellt, wie ich sie hier wiedergegeben; aber ich habe Ihnen getreu den Sinn ihrer durchaus gediegenen Aeußerung mitgetheilt. Und diese reine Anschauung war in unserem Volke weit verbreitet.

Dennoch müssen wir zu unserem höchsten Erstaunen sehen, daß in Zeit von wenigen Monaten dieses ganze Volk unterworfen zu sein scheint.

Woher kommt das?

Das kommt allerdings zunächst daher, weil das christliche Volk in allen seinen Schichten keineswegs mehr diejenige Lebenskraft hat, welche es im christlichen Alterthum hatte. Damals war es freilich auch unmöglich, daß die Priesterschaft ganzer weiter Gebiete fast ohne Ausnahme gegen ihre eigene Ueberzeugung handelte.

Aber ebenso unmöglich war es, daß damals ganze Bevölkerungen sich solches gefallen ließen. Die in ihre Kirchsprengel zurückgekehrten ungetreuen Bischöfe wurden von ihren Kirchen desavouirt, Lügen gestraft und ohne Bedenken wurde sogar während der ersten 6 Jahrhunderte — und noch darüber hinaus — in solchem Falle ein getreuerer Bischof an die Stelle des ungetreu erfundenen erwählt. Jetzt dagegen fürchten wir auch in den dringendsten Fällen wohl allzusehr den Schein des Schisma's; erkennen aber nicht klar und fürchten nicht genug das wirkliche Schisma. Denn solche Lebenskraft ist unter uns zur Zeit nicht mehr vorhanden.

Nun vernimmt diese Bevölkerung, auch der bessere Theil derselben vernimmt, daß der Priester jetzt auf einmal sagt: „Ja, ihr müßt das glauben, es ist von allen angenommen."

Und wo der Priester bedeutender Widerstandskraft noch begegnet, da hat er die Unverschämtheit und sagt: „es ist dasselbe, was man immer geglaubt hat; es sind nur andere Ausdrücke dafür gebraucht."

Das ist es, was sie überall sehen, überall erfahren; etwas anderes kommt ihnen gar nicht in einer Weise zu Ohren, die ihnen religiös angemessen und kirchlich glaubwürdig erscheinen kann. Und verlassen Sie sich ja nicht darauf, daß die Presse, daß das öffentliche Wort, das in öffentlichen Versammlungen gleich dem unsrigen vernommen wird, auf das christliche Volk in dessen mittleren und unteren Schichten, namentlich auf die so tüchtige Landbevölkerung einen namhaften Einfluß gewinnen.

Das ist gar nicht möglich in Sachen der Religion. Da ist keine andere Macht vorhanden, die auf das christliche Volk wirken kann, als die apostolische Wirksamkeit. Alles andere ist für die gebildete Bevölkerung von großem Nutzen, wenn auch selbst für diese in religiösen Dingen bei weitem nicht ausreichend. Und vollends in den mittleren und unteren Volksschichten können dadurch nur höchst selten richtige Ansichten in diesen wichtigsten Materien verbreitet werden. Der ganze Mensch wird aber nur „gepackt", so daß er gemäß seiner religiösen Ueberzeugung und auf Grund derselben handelt, unter der tiefeingreifenden Einwirkung der apostolischen Wirksamkeit; und das ist es, meine Herrn, was der Antrag der Cölner im Wesentlichen will. Er will haben, daß die apostolische Wirksamkeit wieder auflebe, die unter uns fast vollständig eingestellt worden ist, indem die jetzt mit dem apostolischen Charakter bekleideten, in dessen zwei Ordnungen „Bischöfe und Priester", fast alle durch die Bank, weil das Regiment der Kirche ein Kasernenregiment geworden ist, auf Commando das Gegentheil von dem verkünden, was sie bisher verkündet haben. Welch' eine Schande für uns katholische Christen, daß alles dasjenige, was zum Wesen des Christenthums gehört, was dessen wiedergebärende Kraft, dessen Macht und Herrlichkeit ausmacht, daß das, sage ich, schon seit geraumer Zeit ganz bei Seite geschoben worden, um eine entnervende und unsittliche Jesuiterei und einen entwürdigenden Papstcultus zu hegen und zu pflegen, und jetzt nun gar einen gotteslästerlichen Unsinn zu verkünden, welchen das christliche Gemüth mit Abscheu von sich stößt, wenn es nicht gänzlich verirrt ist, während derselbe für jede erleuchtete Intelligenz und jedes gerade und aufrichtige Gewissen unannehmbar ist!

Und ist denn die christliche Religion etwa blos für diejenigen vorhanden, welche in dem Drange und der Noth dieses zeitlichen Lebens eine höhere wissenschaftliche Bildung zu erlangen vermochten? Ist nur für diese Christus der Herr geboren worden, gestorben und auferstanden? Im Gegentheil: an die Armen, d. h. an die unteren Volksschichten wendet das Wort sich mit besonderer Vorliebe.

So ist es denn unbedingt nothwendig, daß bei uns in dieser Richtung endlich vorgegangen werde.

Wie es in Oesterreich aussieht, ob es dort so zugeht wie diesseits in unserem deutschen Reiche, weiß ich nicht. Das aber weiß ich, diesseits geht es so zu, daß die Katechismen auf das Schamloseste umgeändert werden.

Das, was die erwachsenen Gläubigen zu erfahren haben, ist nicht maßgebend bei dem Antrage der Cölner. Daß die erwachsenen Gläubigen alle ordentlichen Chikanen zu ertragen haben, wenn sie z. B. heirathen wollen, oder wenn gar ihre letzte Stunde naht, daß sie, mit einem Wort, im kirchlichen wie in dem damit so eng verflochtenen bürgerlichen Leben mit allen möglichen Quälereien zu thun haben, das ist, wie gesagt, meines Erachtens nicht maßgebend.

Aber das, meine Herrn, ist maßgebend, daß es Vater und Mutter nicht mehr möglich ist, ihre Kinder in der katholischen Kirchengemeinschaft zu erhalten, weil die Katechismen umgeändert werden.

Wenn der Priester wirklich so klug ist, und läßt die erwachsenen Gläubigen ruhig gewähren, so entwürdigt er dafür aber die heilige Kindheit, indem er sie den neuen Katechismus zu lernen anhält, in welchem ausdrücklich gesagt ist, der Papst sei der einzige und unfehlbare Träger aller Jesum Christum stellvertretenden Autorität auf Erden.

So ist es denn möglich geworden, daß, während z. B., im Münsterer Katechismus auf eine desfalls gestellte Frage mit „Nein" geantwortet wurde, die Kinder jetzt auf eben diese Frage mit „Ja" antworten müssen. Dasselbe geschieht in um so auffallenderer Weise in Irland, wo bisher auf eine ebensolche Frage nicht allein mit „Nein" geantwortet, sondern zugleich bemerkt wurde, die gegentheilige Unterstellung, als erachte die katholische Kirche den Papst für unfehlbar, sei lediglich eine Verläumdung der Gegner der katholischen Kirche.

Und diese neuen Katechismen müssen die Kinder lernen und wenn sie dieselben nicht lernen und nicht so antworten, wie es darin steht, so können sie eben nicht zu ihrer ersten heiligen Communion gelangen.

Das ist nun der Grund, warum unbedingt die apostolische Wirksamkeit bei uns, und überall wo eine ähnliche Vergewaltigung in Betreff der aufwachsenden Generation stattfindet, wiederhergestellt werden muß.

Es frägt sich nun, wie das zu thun ist.

Das kann nur dadurch geschehen, daß die treu gebliebenen Priester der Gemeinde in apostolischer Weise im Missionszustande sich annehmen. Es genügt nicht unsere bisherige Thätigkeit, es muß die Thätigkeit der Seelsorge in einer durch den geschilderten äußersten Nothstand bedingten Weise wieder ins Leben und in die Erscheinung treten.

Sie tritt ein, wie ich im dem Gleichniß gesagt habe, als ein Nothbach, nicht als ein neues Gebäude; wir trennen uns nicht von der bestehenden Kirche. Wir sagen keineswegs, daß wir der katholischen Kirche nicht mehr angehören; wir sagen nicht, daß der Papst und die Bischöfe aufgehört haben, Papst und Bischöfe zu sein. Dazu haben wir durchaus keine Befugniß. Wir sagen nur, der Papst und die Bischöfe sind nicht allein blos mehr weil entfernt, ihre Pflicht zu thun, sondern sie mißbrauchen jetzt ihre Autorität sogar, um den katholischen christlichen Glauben jedenfalls in der aufwachsenden Generation zu vernichten; und darum bedürfen wir überall, wo das wirklich geschieht, des Ins-Leben-Tretens einer geregelten, um der Erhaltung des katholischen Glaubens willen unbedingt nothwendig gewordenen seelsorglichen Thätigkeit, ohne weitere Rücksichtnahme auf die für normale Verhältnisse getroffenen Einrichtungen. Es ist ein Zustand der Nothwehr, wo es sich um Leben oder Tod handelt.

Nun muß freilich dieses nothgebrungene Missionswesen organisirt werden, überall wo das beifällige Bedürfniß nachgewiesen werden kann.

Wie später, bei etwa längerer Dauer dieses Nothstandes, dieses Missionswesen sich gestalten wird, ob wir nicht ziemlich bald eigener Episcopi regionarii bedürfen werden, in dem Sinne und der Uebung und gemäß der Bezeichnungsweise der früheren christlichen Jahrhunderte, das, meine Herren, können wir jetzt unmöglich übersehen.

Unsere Aufgabe ist es jedoch, durch Bezeichnung des einzuschlagenden Verfahrens, seiner Berechtigung und seiner unumgänglichen Nothwendigkeit unsererseits für die Erhaltung des katholischen Glaubens unter uns zu wirken, auf daß derselbe nicht unter uns erstickt sei, worin bessere Tage für die katholische Kirche anbrechen werden.

Für eben diese besseren Tage werden wir dadurch zugleich nach Kräften gewirkt haben, denn die zahlreichen Reformpunkte werden eben dadurch sich auf das Deutlichste herausstellen und wird zugleich die große Krankheit der Kirche ihrer thatsächlichen Heilung entgegengeführt werden.

Der Discussion glaube ich die Ausgestaltung des Cölner Antrags überlassen zu dürfen.

Herr Pfarrer Kaminsti aus Kattowitz:

Ich werde mir nur einige kurze Bemerkungen erlauben. Nachdem ich seit gestern Abend bis zu dieser Stunde allen Debatten gefolgt bin, muß ich als ein Volksmann und Arbeiter im Weinberge Gottes für das Volk sagen, daß mir alle diese Debatten sehr schön gefallen; nur stelle ich mir die Frage, wo bleibt das Volk?

Es kommt mir vor, als wenn wir nicht auf dem festen Boden der Erde uns befänden.

Wir müssen die Sache nicht nur an der Theorie in die Hand nehmen, wir müssen das Volk berücksichtigen, von welchem Volke der Heiland den Jüngern, welche Johannes der Täufer zu ihm schickte und ihn fragen ließ, ob er der Messias wäre, die Worte sagte: "Den Armen wird das Evangelium gepredigt."

Sie müssen also die Armen nicht außer Acht lassen. Die Professoren und Gelehrten haben zwar gearbeitet und ein sehr schönes reichhaltiges Programm entworfen, aber es ist nichts gesagt, wie man das Volk belehren soll. Das Volk ist in Sclaverei förmlich gebunden — durch Bruderschaften und Vereine, die gar nicht zur Kirche gehören. Es wird genährt durch antichristliche Principien.

Ich würde also für meine Gemeinde wenigstens darum bitten, daß die Mittel und Wege angezeigt würden, durch welche man das Volk aus der Sclaverei des hierarchischen Pfaffenthums herausreißen könne.

Der geehrte Herr Vorredner hat gesagt, wir müssen die Ausdrücke "Gemeindebildung", "Diöcesanbildung" gar nicht gebrauchen. Aber es handelt sich nicht um das Wort, sondern um die That, und in der That müssen wir Gemeinden bilden und zwar durch Aufklärung, Belehrung, verschiedene Vorträge und altkatholische Functionen. Ich wäre der Ansicht, daß soviel als möglich jeder altkatholische Geistliche, möge er sein, wo er will und in irgend einer Stellung, alle seine Kräfte daran hin wenden solle, um solche Gemeinden zu gewinnen. Auch die Gelehrten sollen arbeiten, nicht nur durch den bisher gezeigten aufopfernden Willen, sondern auch durch Mittel, um den Geist zu bilden.

Es wurde heute vom Utrechter Erzbischofe gesprochen. Wir müssen gediegene Leute, die Beruf fühlen, dorthin schicken, nachdem sie in der Wissenschaft schon vorgerückt sind, damit sie vom Utrechter Erzbischof die Erlaubniß erhalten und zugleich die Gnade, zu Geistlichen gebildet zu werden. Ich bin nicht blos für die Gemeindebildung, sondern für die Diözesanbildung.

Wir sagen, wir treten gegen das vaticanische Concil auf, weil das katholische Volk auf demselben nicht vertreten war, nicht nur durch den Mangel an Einstimmigkeit der Bischöfe, sondern den Mangel an apostolischen Bischöfen.

Wir haben heute keine apostolischen Bischöfe mehr und zwar nicht, weil die Bischöfe charakterlos sind, sondern weil sie nicht vom Volke geschickt sind. Wenn wir an den alten katholischen Principien halten wollen, müssen wir Gemeinden bilden und diese können erst Bischöfe bilden. Dann erst werden die altkatholischen Bischöfe wahre Repräsentanten des Volkes sein, und diese werden das Recht haben, als wahre altkatholische Bischöfe auf allgemeinen Synoden Reformen zu beantragen und auch zu bewerkstelligen.

Das Volk, bei dem ich eben arbeite, besteht aus Land- und Arbeitervolk und es sind über 3000 Menschen, die zur altkatholischen Kirche gehören und nur fragen, wo haben wir unsere Kirchen, unsere Sacramente, unsere Kirchendiener.

Daher wäre nothwendig, daß wir darauf hinarbeiteten, solche Diener herumzuschicken, nicht nur um zu predigen, sondern um an Ort und Stelle eine Gemeinde, wenn auch nur von 2 oder 3 Hunderten zu bilden. Das Volk ist gutmüthig, so daß es jeden Augenblick bereit ist, nicht nur einen, sondern zehn Geistliche in einer Gemeinde zu ernähren, aber es will Aufopferung von den Arbeitern im Weinberge des Herrn.

Ich meinerseits als geborner Schlesier und Mitarbeiter zwischen dem schlesischen Volke bin bereit, in 6 bis 7 Monaten, wenn ich nur 3 bis 4 Geistliche habe, ganz Schlesien den Jesuiten zu entreißen.

Das Wort hat bei dem Volke wenig Anklang, nur die That, und nur durch die That können wir das Volk der Jesuitenherrschaft entreißen. Ich würde also das geehrte Comité ersuchen, über die Mittel zu berathen und die Wege anzuzeigen, auf denen man eine solche Gemeindebildung erlangen könne.

Pfarrer Anton:

Ich bin eine ganz unbedeutende Person, ich bin nicht Doctor und habe keine Würde, als die einzige, welche der Staub des katholischen Priesters jedem gibt, der es als Ehrenmann ist. Aber ich erinnere mich immer und habe mich immer erinnert an das, was der hl. Paulus sagt, daß er das erwählet habe, was nichts ist und nicht das, was etwas scheint, — und daher mein Wirken in Oesterreich. Ich habe es ganz einfach. Ich habe Volksschriften hinausgegeben; sie sind bis in die mittleren Schichten, ja bis in die Bauernstube hineingedrungen und ich kann versichern, meine Herren, daß ich in Wien allein von allen Ständen 20,000 Köpfe für mich zähle und daß von verschiedenen Seiten Zuschriften an mich gekommen sind.

Und aus allen diesen Zuschriften, die aus Wien kommen wie aus den verschiedenen Bezirken, geht mir hervor, daß man sich einigen will, daß man Gemeinden will. Ich habe sogar die Aufforderung aus Gemeinden von Oesterreichisch-Schlesien, Mähren, Böhmen, Steiermark, Kärnthen erhalten, in welcher man bittet, ich möge Priester schicken. Ich ein einzelner Man bin das nicht im Stande, aber man sieht, daß das Volk den besten Willen hat, daß man ihm das Brod brechen möge, das Brod des Geistes, das der Herr in die priesterliche Hand gelegt hat. Ich kann mir nichts anders denken, als: die practische Durchführung ist nur die Gemeindebildung, — die Gemeindeerhaltung, wenn man will; aber nur practisch ist anzufangen. Denn das Volk ist in Oesterreich über die Frage der Unfehlbarkeit lange hinaus. Die Leute haffen die Sache, es ist Widersetzlichkeit vorhanden, wenn von der Unfehlbarkeit die Rede ist. Sie wollen katholisch bleiben, sie wollen ein Priesterthum haben, sie wollen aus priesterlich katholischen Händen die Sacramente empfangen, sie wollen ihre Ehen von unsern alt-katholischen, orthodoxen, allein katholischen Priestern einsegnen lassen. Sie haben mich aufgefordert, ihre Kinder zu unterrichten und die Mittel ihnen an die Hand zu geben, wohin sie selbe schicken sollen, um Religionsunterricht zu erhalten; sie haben mich aufgefordert, ihre Kranken und Sterbenden zu besuchen. Ich bin nicht im Stande, den Anforderungen allein gerecht zu werden, aber ich arbeite ununterbrochen, daß in Wien eine Centralgemeinde entstehe; und das wird mir mit Gottes Gnade gelingen bis October. Dann bin ich gesonnen, in alle Ortschaften und Gemeinden zu gehen, welche sich an mich gewendet haben. Daher möchte ich, wie der Herr Vorredner, das Comité ersuchen, die Sache möglichst in practische Erörterung zu ziehen, wie ich es anzustellen habe, daß man hier den Wunsch des Volkes erfüllt. Ich bin nur ein Mann des Volkes, wenn ich für Gemeinden, ich möchte sagen, für die Reconstruirung, Erneuerung der echt katholischen Gemeinden einstehe. Ich muß dabei natürlich auch die Frage vom Episcopat aufwerfen. Ich bin der einzige Geistliche in Oesterreich jetzt, der activ aufgetreten ist; geschrieben haben mehrere, gethan hat außer mir noch Keiner etwas. Daher bitte ich, mir die Mittel und Wege an die Hand zu geben, wie man noch Priester gewinnen könnte. Meine Landsleute sind bereit, die Geistlichen zu erhalten, zu unterstützen auf alle Weise, soweit sie können. Die Wiener haben einen guten Sinn und haben ein gutes Gemüth, und sie haben mir selbst eingeräumt, daß sie für Gemeinden sind, man möge ihnen nur Priester geben. Ich werde in 8 bis 4 Wochen den ersten Gottesdienst halten, ich werde die übrigen Functionen verrichten, ich fürchte und scheue Niemand; aber ich allein unter 20,000 in der großen Residenz! Und so ist es auf dem Lande. Wir müssen aber auch für die Gemeinden einen Centralpunkt haben. Der Centralpunkt ist der Episcopat. Das apostolische Lehramt müssen wir uns erhalten, und darum ist es mir zu thun, daß mir vom löblichen Comité die Mittel und Wege an die Hand gegeben werden, um auf diesem practischen Wege vorzuschreiten, um einen Bischof, ein Priesterthum herzustellen, das das Volk will. Man will, ich wiederhole es, katholisch bleiben, man will katholischen Gottesdienst, katholische Sacramente, aber nur von solchen Priestern, welche das Unfehlbarkeitsdogma nicht anerkennen und welche für Reformen sind. Nun aber bin ich allein; ich würde alles daransetzen, wenn mir die Mittel und Wege angegeben würden, einen Bischof zu erhalten und einige Priester, die dann dem Volke als Wanderprediger geschickt und Gottesdienst halten würden, wenn nicht alle Sonntage, so doch alle 14 Tage bis 3 Wochen. Darum möchte ich nochmals das Comité bitten, dies möglichst in Berathung zu ziehen.

Staatsanwalt Streng aus München:

Ich glaube, die Reden, die wir seither gehört haben, die sich jetzt auf den zweiten Theil beziehen, wie er behandelt werden soll, scheinen den Beweis geliefert zu haben, daß dieser zweite Theil größere Schwierigkeiten bietet, man kann sagen, daß eigentlich die practischen Schwierigkeiten jetzt erst recht aus dem Boden wachsen. Was mir nun diese Schwierigkeiten wesentlich zu erhöhen und zu vermehren scheint, ist, daß, wie ich glaube, die Berathung des Antrags über die Gründung von alt-katholischen Gemeinden jetzt noch nicht am Platze ist. Sie werden hören, daß ein weiterer Antrag eingebracht wurde; und es wurde auch bezüglich dieses Antrags ein Referent aufgestellt, der sich zunächst mit der Frage befassen sollte, in welcher Weise überhaupt im Allgemeinen gehandelt werden soll. Ohne Zweifel wird, wenn wir daran gehen, uns schlüssig zu machen, wie gehandelt werden soll, die Frage der Bildung von altkatholischen Gemeinden in den Vordergrund gedrängt werden. Man kann schon jetzt sagen, daß sich Niemand der Ansicht wird verschließen können, daß dies der wichtigste Punkt ist. Aber immerhin glaube ich, daß wir die Organisation im Allgemeinen zuerst behandeln müssen, die allgemeine muß der speziellen vorausgehen und deßhalb beschränke ich mich vorläufig auf den Antrag, es möge die Berathung über die altkatholischen Gemeinden vertagt werden und zunächst der Antrag über Organisation der altkatholischen Bewegung der Debatte überantwortet werden.

Präsident:

Es ist zu dem Antrag, der eben debattirt wird, bereits früher vom Crefelder Comité ein Subantrag eingebracht worden, lautend:

„Wir erklären, daß wir uns in Folge der seit dem vaticanischen Concil eingetretenen Vergewaltigung im Nothzustand befinden, wir halten uns daher zur Selbsthilfe in Spendung und Erlangung der kirchlichen Gnadenmittel, Sacramente und zur Ausübung des katholischen Cultus berechtigt."

Es ist das eine Erklärung, welche bereits, wenn auch nicht mit diesen Worten, doch sachlich so in der Münchener Erklärung von Pfingsten niedergelegt ist, so daß es kaum nothwendig sein wird, über diese Frage principiell irgend eine Discussion stattfinden zu lassen; denn ich glaube, es gibt Niemand, der daran zweifelt, daß die Priester, welche mit Unrecht censurirt sind, im Nothfall vollständig, ja überhaupt berechtigt sind, ihre Functionen auszuüben. Die Frage: „Wann?" ist rein individuell, die hier nicht erledigt werden kann.

Es ist nun der Antrag gestellt, diese Frage zu verlagen und in Verbindung mit der zweiten über die Organisation der katholischen Bewegung zu verhandeln.

Wir stehen hier jedenfalls an einem ganz eigenthümlichen Punkte. Ich glaube, materiell ist die Frage durch das erledigt, was schon im Juni in unserem Programm gesagt wurde und in den eben angeführten Antrag wieder aufgenommen worden ist. Es kann keinem Zweifel unterliegen, daß mit Rücksicht auf die Verhältnisse für jeden, auch für den censurirten Priester die Berechtigung vorliegt, derartige Functionen vorzunehmen. Ein Anderes ist nun die Frage, ob wir in der Lage sind, als Congreß die Mittel anzugeben, wie dies im einzelnen Fall ermöglicht werde; ein Anderes auch die Frage, ob wir beschließen können, es solle ein Comité zu dem Ende constituirt werden, welches dieses Mittel anwendet. Mir scheint, wir sind unmöglich in der Lage, zu sagen: A, B, C soll Pfarrer werden. Ich erwähne nur Eines: es gibt gewiß viele Priester, die in der Lage sind, protestiren zu müssen, die auch censurirt sind, die aber keine Lust haben, darum ohne Weiteres öffentlich alle und jede Function auszuüben. Das ist subjectiv und individuell, worüber Beschluß zu fassen uns unmöglich ist. Noch weniger sind wir in der Lage, zu sagen: Wir constituiren die Pfarreien so oder die Vicariate oder die Diöcesen. Und gewiß gar nicht sind wir in der Lage zu sagen: Wir bestimmen den zum Bischof. Mir scheint, dadurch würden wir uns fast lächerlich machen. Es kann gewiß die Absicht nur dahin gegangen sein, ein Princip aufzustellen, das, wenn ich mich so ausdrücken darf, das Recht in Anspruch nimmt, daß wir wegen der anormalen Zustände, wegen des Nothzustandes, in dem wir uns befinden, uns für befugt erachten müssen, uns quasi auf den Missionszustand zu stellen, d. h. daß wir über die normale Organisation der Kirchensprengel, die sich dort historisch-rechtlich herausgebildet hat, hinwegsehen, daß wir z. B. das Princip aufstellen und darüber eine Berathung pflegen, daß es dem Einzelnen freistehen müsse, zu dem Bischof hinzugehen, bei dem er überzeugt ist, die nothwendigen Functionen zu finden, also z. B. eventuell das Sacrament der Firmung von einem andern Bischof sich spenden zu lassen oder wenn er nicht bei seinem Pfarrer beichten und communiciren kann, zu einem andern zu gehen.

Ich erlaube mir auch weiter zu bemerken, es ist für diese Frage jedenfalls practisch, noch ein Moment in Betracht zu ziehen. Nicht in allen Diöcesen wird practisch das Dogma durchzuführen versucht. In der Erzdiöcese Prag z. B. (und das ist fast in allen österreichischen Diöcesen der Fall) fällt es kaum einem Priester ein, Jemand zu fragen, ob er an die Infallibilität glaube. Es wird also Niemand zurückgewiesen von den Sacramenten. Das ist die Regel, Ausnahmen gehören nicht zur Regel und sind nicht immer bekannt. Es kann also der Einzelne unbedingt zu den Sacramenten gehen.

Im Ganzen und Großen ist also eigentlich ein practischer Nachtheil nicht vorhanden; nur müßte ich fragen: Sind wir in der Lage, unbedingt dafür Grundsätze aufstellen zu können?

Ich hielt es für meine Pflicht, diese Gesichtspunkte hier hervorzuheben. Ich bringe nun zunächst, weil das rein geschäftsordnungsmäßig ist, den Antrag des Herrn Staatsanwalt Streng zur Abstimmung, der dahin geht, es möge der Antrag von der Bildung alt-katholischer Gemeinden vertagt werden bis nach Erledigung des Antrags über die Organisation der katholischen Bewegung. Ich erwähne nur noch, daß ein weiterer Antrag von Cöln gestellt worden ist, also lautend:

„Der Congreß wolle eine aus 7 Mitgliedern bestehende Commission ernennen, welche unter Berücksichtigung der verschiedenen Vereinsgesetze einen Plan für die Organisation der altkatholischen Reformbewegung ausarbeitet und solchen noch der bisherigen Versammlung zur Beschlußfassung vorlegt."

Es ist gar keine Frage, daß die beiden Punkte im Zusammenhang stehen und es der Versammlung freisteht, dieser Commission auch den Auftrag zu ertheilen, zu berathen, wie die Mittel zur Bildung von Vereinen beschafft werden sollen, und wann der richtige Zeitpunkt eingetreten sei, um das practisch ins Leben treten zu lassen. Ich stelle also zunächst die formelle Frage. Wird der Vertagungsantrag der ersten Frage bis zur Behandlung der zweiten angenommen?

(Bei der Abstimmung wird dieser Antrag mit großer Majorität angenommen.)

Ueber den zweiten Antrag hat Herr Staatsanwalt Streng das Wort.

Staatsanwalt Streng:

Meine sehr verehrten Herren! Das Referat, welches zu erstatten ich die Ehre habe, bezieht sich auf den Antrag, welcher dahin lautet, Beschluß zu fassen über eine allgemeine Organisation der altkatholischen Bewegung. Es bedarf wohl keiner weitern Auseinandersetzung, daß die Aufgabe, in dieser Beziehung allgemeine und wirklich practische Gesichtspunkte aufzustellen, seine ganz bedeutenden Schwierigkeiten bietet. Die Bewegung, welche die katholische Kirche durchzieht, beschränkt sich nicht auf einzelne Provinzen, auf einzelne Länder, in denen ein Zusammengreifen leichter ermöglicht wäre, sie überzieht Deutschland, Oesterreich und die

Schweiz, jene Länder, welche, seitdem die Bewegung in die Oeffentlichkeit gedrungen ist, zunächst immer als jene bezeichnet werden, die voraus ins Auge zu fassen sind, wie der hochverehrte Herr Präsident hervorgehoben hat. Eine weitere Schwierigkeit ist, daß die thatsächlichen Verhältnisse nicht an allen Orten dieselben sind. Der Widerstand macht sich am stärksten und am gewaltigsten geltend da, wo man eben am gewaltigsten vorgeht, um diese Lehre, gegen welche schon die religiöse Ueberzeugung eines großen Theiles des Volkes sich erhoben hat, mit Gewalt durchzusetzen. Andere Diöcesen sind in einer glücklicheren Lage; dort ist der Streit bis auf den heutigen Tag noch auf die Theorie beschränkt, während practische Folgen derselben fast in keiner Weise in die Augen fallen. Es wurde dieses Referat mir übertragen und dem Herrn Assessor Reusch aus Wiesbaden, und wir gingen von der Ansicht aus, daß vor Allem auszuscheiden sei bei der Behandlung der Organisation: die Bewegung in Bayern und die Bewegung außerhalb Bayerns. Es hat mein Herr Collega Reusch darauf hingewiesen, daß dem Bedürfnisse der practischen Organisation in Preußen, überhaupt in Deutschland außerhalb Bayern, vollständig genügt werden könne und werde, wenn zunächst Vereine sich bilden würden, die vollständig den Charakter kirchlicher Vereine beibehielten, die vom kirchlichen Gebiet hinweg nicht in das politische übergingen. Anders liegt die Sache bei uns in Bayern, wo die Bewegung gerade in der letzten Zeit durch Kundgebungen, zu welchen sich officiell die bayerische Staatsregierung herbeigelassen hat, einen ganz eminent politischen Charakter angenommen hat, und wo eine Trennung in diesen beiden Richtungen geradezu unmöglich wäre. Was die Behandlung der Frage weiter erschwert, ist, daß, wenn in dieser Weise ausgeschieden werden muß, dieses in einer Versammlung zur Sprache gebracht werden soll, welche zahlreiche Mitglieder zählt, die nicht dem bayerischen Staat angehören, während doch wieder sehr hervorragende und bedeutende Momente im Allgemeinen zur Sprache gebracht werden müssen, wenn wir uns zur Aufgabe machen, in Bayern die Kräfte zusammenzufassen.

Gestatten Sie nun, meine Herrn, Ihnen vorzulegen das Resultat unserer Besprechungen, soweit es sich darum handelt, die Bewegung zu organisiren in den deutsch-österreichischen Ländern, in der Schweiz und zunächst im Königreich Bayern. Es sind das selbstverständlich ganz allgemeine Gesichtspunkte und ich glaube, schon jetzt darauf hinweisen zu können, daß die Natur des Gegenstandes, den wir behandeln, wohl schwerlich zulassen wird, definitive Beschlüsse zu fassen, daß vielmehr der Gegenstand in der Weise seine Erledigung finden wird, daß wir die Gesichtspunkte, zu denen wir gekommen sind, zur Annahme empfehlen.

Wir kamen zur Ansicht, es seien zunächst, um die Bewegung zu organisiren, bestimmte Centralpunkte zu bilden und seien diese in sämmtlichen Ländern, welche in Frage kommen, gewissermaßen abzutheilen.

Es wurde nun festgestellt: Es organisirt sich die Bewegung in Bayern für sich nach Maßgabe der Vereinsgesetze, sodann werden die übrigen Länder zum Zweck der Organisation der Bewegung auf kirchlichem Gebiet in folgende Provinzen abgetheilt:

§ 1.

1) Würtemberg, Baden, Hohenzollern, Großherzogthum Hessen und Provinz Hessen-Nassau mit dem Centralort Heidelberg.
2) Rheinprovinz, Westphalen, Hannover, Braunschweig, Provinz Sachsen und Thüringen mit dem Centralort Cöln.
3) Die preußischen Provinzen Schlesien, Brandenburg, Pommern und das Königreich Sachsen mit dem Centralort Breslau.
4) Die Provinzen Preußen und Posen mit einem angemessenen Centralort.
5) Die im Reichsrath vertretenen Länder Oesterreichs mit dem Centralort Wien.
6) Ungarn und seine Nebenländer mit dem Centralort Pesth.
7) Die Schweiz mit dem Centralort Solothurn.

§ 2.

Jede dieser Provinzen zerfällt nach Maßgabe der kirchlichen und politischen Eintheilungen in Kreise, jeder Kreis in Bezirke mit bestimmten Centralorten.

§ 3.

Jede Provinz erhält einen Centralausschuß oder ein Centralcomité mit dem Sitze im Centralort; ebenso ist in jedem Kreis ein Comité oder Ausschuß für den Kreis und in jedem Bezirk ein solches für den Bezirk zu bilden.

§ 4.

In jeder Gemeinde ist ein Localcomité zu gründen oder ein einzelner Commissär zu ernennen, dessen Aufgabe ist, Localvereine zu bilden.

§ 5.

Eine Hauptaufgabe der Centralausschüsse oder Centralcomités ist das Wirken durch die Presse, und ist daher in jedem Centralort einer jeden Provinz ein Preßbureau zu errichten; welches die Zeitungen mit Nachrichten und Artikeln zu versehen und für die Verbreitung der erschienenen Parteischriften zu sorgen hat.

§ 6.

Die Durchführung dieser Organisation nach Maßgabe der Gesetzgebung der einzelnen Länder übernehmen in der ersten Provinz das Localcomité Heidelberg, für die zweite Provinz das Centralcomité in Cöln, für die dritte Provinz Herr Professor Dr. Reinkens aus Breslau, für die vierte Provinz Herr Professor Dr. Michelis, für die fünfte Provinz Herr Professor von Schulte, Maaßen und Herr von Florencourt, für die sechste Provinz Herr Professor Schwicker in Pesth, für die siebente Provinz das Centralcomité in Solothurn.

Wie ich bereits bemerkt habe, sind das Vorschläge, die sich wohl nicht zur Beschlußfassung eignen können, die vielmehr nur bezwecken, durch jene Herren, welche hier anwesend sind und nach Beendigung des Congresses wieder in ihre Heimath zurückkehren, die Organisation ins Leben zu rufen und für die Förderung der Bewegung in dieser Weise Sorge zu tragen. Bestimmtere Maßregeln für die Organisation der Bewegung im Allgemeinen konnten nicht festgestellt werden. In etwas bestimmterer Weise, meine Herrn, könnte man an die Aufgabe schreiten, wenn es sich darum handelt, die Bewegung innerhalb Bayern zu organisiren. Ich habe vorhin schon erwähnt, es habe sich gerade in Bayern die Bewegung zu einem bedeutenden Höhepunkt herangebildet und wenn ich vorhin einzelne Länder nannte, welche die katholische Bewegung überzieht, so kann man sagen: der Schwerpunkt der ganzen Bewegung ruht zur Zeit in Bayern. Wir kennen, meine Herrn, die Lage, welche diese Bewegung bereits geschaffen hat. Sie äußert sich in politischer Beziehung bei uns dadurch, daß nicht das Volk allein eine wohlbegründete Besürchtung erfüllt über die staatsgefährlichen Folgen, welche die neue Glaubenslehre von der päpstlichen Unfehlbarkeit mit sich führt und mit sich führen wird, sondern daß diese Bewegung bei uns auch getheilt wird und zwar offen getheilt wird von der k. Staatsregierung. Es ist in dieser Beziehung bereits ein Conflict ausgebrochen zwischen der Regierung und dem Episcopate.

In Folge der Bewegung unter den Katholiken Bayerns und zunächst unter den Katholiken der Erzdiöcese München-Freising sehen wir Zustände, welche man geradezu als Nothstände bezeichnen kann. Es ist bei der gegenwärtigen Entwicklung unseres öffentlichen Lebens in Bayern Kirche und Staat eng verbunden, und es ist der Einfluß, den die Kirche auf das Leben des Einzelnen übt und hat, ein derartiger, daß er uns auf Schritt und Tritt fast begleitet. Diese Bewegung, welche die Opposition hervorgerufen hat, hat die empfindlichsten Nachtheile bereits für uns zur Folge. Nach diesen beiden Richtungen, nach der politischen und kirchlichen, ist der Widerstand, das Handeln, absolut geboten, es muß gehandelt werden und muß mit Entschiedenheit gehandelt werden. Es wurde durch das Programm, welches festgestellt wurde, ausgesprochen, daß alle Katholiken, die gegen die Concilsbeschlüsse Widerstand leisten, festhalten an der alten Lehre der Kirche und der Kirchenverfassung.

Es wurde in dieser Beziehung der Standpunkt präcisirt; er läßt an Präcision und Klarheit nichts zu wünschen übrig. Allein dieser Standpunkt bleibt für uns gegenwärtig nur Theorie. Denn trotz des ausgesprochenen Willens, trotzdem, daß wir erklärten, allein festzuhalten an der alten Kirchenverfassung, die nicht alterirt ist durch die vaticanischen Beschlüsse, trotzdem finden wir uns in der Lage, daß alle Thüren uns verschlossen sind.

Die Ausübung des Gottesdienstes, des Cultus ist uns versagt durch die einstimmige Opposition des Clerus; und so haben wir in den wenigen Monaten, in welchen die Bewegung Bayern durchzieht, auf allen Gebieten des Lebens traurige und empfindliche Erfahrungen machen müssen.

Ich erinnere an die einzelnen Vorfälle, an Streitigkeiten, welche von Seite der Geistlichkeit schon früher hervorgerufen wurden, wenn ein Unterzeichner der Museums-Adresse die kirchlichen Functionen für sich in Anspruch nehmen wollte. Ich erinnere an jenen Fall, der seiner Zeit soviel Aufsehen gemacht hat, an das Begräbniß eines Mannes, der nach einem langen wirkungs- und segensreichen Leben schließlich noch drangsalirt wurde, daß er sich erst unterwerfen solle der neuen Lehre, bevor ihm die Tröstungen der Religion verabreicht worden. Ich erinnere an die Conflicte, die von Tag zu Tag sich mehren; ich erinnere an die Schwierigkeiten, die man in den Weg legt jenen Katholiken, die keinen andern Weg haben ihre Ehe zu schließen, als durch ihre Erklärung vor dem zuständigen katholischen Pfarrer.

Ich erinnere an die Conflicte, die bereits in der Schule zwischen Staat und Kirche ausgebrochen sind und die zu ganz eigenthümlichen Vorfällen geführt haben in der Schule zu Mering, wobei von Seite der Regierung das Princip aufgestellt wurde, das gewiß allgemein mit Freuden begrüßt wird, daß Eltern, welche mit der Richtung der dortigen Pfarrgeistlichen nicht einverstanden sind, berechtigt seien, ihre Kinder aus der Schule zurückzuziehen, trotzdem der Religionsunterricht zu den obligaten Unterrichtsgegenständen zählt.

Sie sehen aus diesen wenigen Fällen den Conflict seine empfindlichen nachtheiligen Folgen äußern auf kirchlichem und politischem Gebiete.

Wenn man handeln will, wenn man entschlossen ist, vorzugehen, läßt sich das Eine vom Andern schwer trennen. Jene, welche die Ansicht der Regierung theilen, welche überzeugt sind, es seien diese Conciliabeschlüsse, insbesondere das Dogma von der persönlichen Unfehlbarkeit des Papstes ein practischer Versuch, die Kirchengewalt über die Staatsgewalt zu erheben, müssen mit Freuden eine Bewegung begrüßen, die innerhalb der katholischen Kirche selbst sich geltend macht; sie müssen freudig den Fortgang, die Entwicklung, die Stärkung dieser Bewegung begrüßen, die ja zunächst darauf gerichtet ist, den schlimmen Geist, der in neuerer Zeit sich in der Kirche geltend gemacht, wieder zurückzubringen. Und auf der andern Seite, wenn in der Kirche selbst sich Opposition erhebt gegen die auch den Staat gefährdende Concentrirung aller Kirchengewalt in der Hand des Papstes, so findet diese Opposition ihre natürlichen Verbündeten in Jenen, welche aus politischen Motiven den gleichen Feind bekämpfen.

Sie sehen, diese beiden Gebiete, das kirchliche und das politische, sind so eng verknüpft, daß keines getrennt für sich behandelt werden kann.

Von dieser Ansicht ausgehend, glaube ich nun, zur Unterstützung der katholischen Bewegung in Bayern den Vorschlag machen zu sollen, einen Verein ins Leben zu rufen, der Alle umfaßt, die in dieser Bewegung, sei es aus kirchlichen oder politischen Gründen, entschlossen sind zum Widerstande gegen diese neue Lehre. Dieser Verein würde zunächst als politischer Verein bezeichnet werden müssen, und der Zweck desselben ist angegeben und festgesetzt darin, daß er den Widerstand gegen die staatsgefährlichen Folgen der neuen Glaubenslehre von der Unfehlbarkeit des Papstes organisiren soll.

Dieser Verein soll die Grundlage bilden. Er wird eine Vereinigung aller derjenigen sein, welche auf dem rein politischen Gebiete fest entschlossen sind, nicht allein gegen die gefürchteten Gefahren zusammenzutreten, sondern auch jene Conflicte im freiheitlichen Sinne lösen zu helfen, die als Folgen des Vorgehens des Clerus bei uns eingetreten sind. Ich habe schon erwähnt, in welcher Weise sich diese Conflicte äußern. Sie liegen klar zu Tage und jeder Tag liefert uns neue practische Beispiele. Es sind zunächst die Conflicte in der Schule, es sind die Conflicte, welche sich äußern dadurch, daß Angehörigen der Richtung der katholischen Kirche, welche wir vertreten, ein wichtiges politisches Recht, das Recht der Verehelichung in einer nicht gerechtfertigten Weise erschwert wird.

Es wird zunächst Aufgabe des Vereines sein, auf Mittel zu sinnen, wie diesen politischen Mißständen abgeholfen werden kann; und hier wird der Verein sich darauf beschränken können, Abhilfe von unseren Gesetzgebungsfactoren zu verlangen.

Aber der Verein, meine Herren, soll auch den anderen Zweck verfolgen, nämlich die Bewegung auf dem rein kirchlichen Gebiete zu fördern; und hier kommen wir auf die Frage, die bei der ersten Behandlung durch die Redner, welche vor mir aufgetreten sind, sofort die großen Schwierigkeiten bei der Behandlung hat zu Tage treten lassen.

Wenn wir uns fragen, meine Herren, in welcher Weise muß gehandelt werden, nachdem wir den Standpunkt festgestellt haben, den wir in der Kirche als Katholiken einnehmen, so glaube ich, an einen Ausspruch erinnern zu sollen, der heute Morgens von einem geehrten Herrn Vorredner gefallen ist. „Es ist lang genug und viel genug gesprochen worden, und es ist eine Nothwendigkeit zu handeln." Eine Nothwendigkeit zunächst in Bayern, in der Erzdiözöse München, wo wir uns in der That im Nothstande befinden.

Meine Herren, es ist für jene, welche unserer Bewegung angehören, ein unerträglicher Zustand, wenn bei den wichtigsten Acten des Lebens, bei der Taufe, bei der Beerdigung, bei diesen theils erfreulichen, theils erschütternden Vorgängen immer und ewig das theologische Gezänke sich erneuert. Diesem Zustande muß abgeholfen werden, und ich kenne in der That kein anderes Mittel, als dasjenige, welches genannt wurde und welches, wie es zum ersten Male genannt wurde, sofort Bedenken hervorgerufen hat, wie man das Kind beim rechten Namen nennen soll, die Gründung altkatholischer Gemeinden.

Meine Herrn, gegenüber den zwingenden Thatsachen müssen die Wortgefechte zurücktreten, wir müssen uns auf dem kirchlichen Gebiete zusammenschaaren. So lange wir dies nicht thun, müssen wir verzichten, die Bewegung auf dem kirchlichen Gebiete auch nur um eine Linie weiter zu bringen. Das, was den Clerus, der gegen uns steht, und der rücksichtslos seine Gewalt gegen uns entfaltet, unnachsichtlich und rücksichtslos macht, ist, wenn er Tag für Tag, Woche für Woche die Kirchen, in welchen er zu herrschen gewohnt ist, mit Gläubigen angefüllt sieht; welche dem Geiste der neuen Richtung folgen. So lange die Gegner der Infallibilität außerhalb der Kirche stehen, wird man nicht mit Furcht, sondern mit einer gewissen Beimischung von Verachtung auf die Leute blicken, die in der Kirche eine Reform anstreben wollen, und die man mit einem Federstrich oder einem Gewaltacte plötzlich aus der Kirche hinausgedrängt hat. Diese Kirchenthüren, die man uns verspert hat, wieder zu öffnen, uns den Zutritt dazu wieder zu verschaffen, das ist der erste und der nothwendigste Schritt. Allerdings ist das ein Schritt, der große Vorsicht erfordert und bei welchem viele Rücksichten zu nehmen sind.

Und nun glaube ich, Ihnen ans Herz legen zu müssen, in dem Augenblicke, wo wir uns entschließen, auf dem kirchlichen Gebiete zu handeln, lassen wir das erste Gebot der Vorsicht nicht außer Auge. Sehen wir uns um, in wie weit Mittel zu Gebote stehen, um handeln zu können; denn viel besser ist es, sprechen und nicht handeln, als Versuche zu machen, zu handeln und im Versuche zu scheitern.

Wenn ich sage, meine Herrn, wir müssen jetzt auf kirchlichem Gebiete einen Schritt vorwärts thun, so beschränke ich mich zunächst bei Andeutung der Durchführung auf jene Orte, an welchen ein derartiger Versuch, wie die Sachen gegenwärtig stehen, möglich ist. Wollen wir derartige Gemeinden, derartige Genossenschaften bilden, so können wir den Versuch nur wagen an jenen Orten, an welchen uns Geistliche zur Seite stehen und an welchen von vornherein die Gewißheit besteht, daß auch unter den Laien eine genügende Anzahl vorhanden ist, die mit uns das Feld des Versuches betritt.

Ich sagte, meine Herrn, in Bayern liegt der Schwerpunkt der kirchlichen Bewegung Deutschlands, — und in Bayern liegt der Schwerpunkt der kirchlichen Bewegung in München. Hier haben wir die Voraussetzungen; hier haben wir Geistliche, die sich der allgemeinen und unbegrenzten Hochachtung erfreuen; hier haben wir eine große Zahl von Männern, von Katholiken, die bereits öffentlich erklärten, daß sie in der kirchlichen Bewegung der Richtung folgen, die von uns hier vertreten wird.

Der nächste Schritt ist, eine Kirche zu öffnen, regelmäßigen Gottesdienst einzurichten und damit allen Angehörigen der altkatholischen Richtung die ungehinderte freie Gewährleistung ihrer kirchlichen Bedürfnisse zu sichern.

Haben wir hier diesen Versuch gemacht, wo er allein möglich ist, dann ist schon vieles, dann ist Großes erreicht; denn wir sind dann in der That aus dem Gebiet der Debatten, aus dem Gebiete der Theorie hinüber getreten auf die practische Durchführung. Wir fangen an, zu handeln und, meine Herrn, ich bin fest überzeugt, daß die Idee, die wir vertreten, von der persönlichen Ueberzeugung und von der Macht der Wahrheit getragen wird, daß diese Idee, sage ich, sobald wir einmal eine Gasse eröffnet haben, schon selbst Stärke genug hat, und Dimensionen annehmen wird, über die unsere Gegner erstaunt sein werden. (Bravo!!)

Ich möchte aber, meine Herrn, auch noch aus einem andern Gesichtspunkte die Wichtigkeit dieses Schrittes betonen. Es ist heute Morgens, während das Programm der kirchlichen Bewegung festgestellt wurde, manches Wort darüber gefallen, daß zwar in diesem Programm die Nothwendigkeit der kirchlichen Reform betont worden sei, daß aber trotzdem die einzelnen Reformvorschläge, die nothwendig sind, übergangen worden seien.

Ich glaube, meine Herrn, in dem Augenblick, in welchem in München ein altkatholisches Gotteshaus seine Pforten allen jenen öffnet, die ihr religiöses Bedürfniß hineinführt, in diesem Falle haben wir auch schon das Gebiet practischer kirchlicher Reform betreten; wir haben es in einschneidender Weise betreten, selbst wenn wir alle gottesdienstlichen Gebräuche, in welchen der katholische Gottesdienst seither uns zur Erscheinung trat, bis ins kleinste Detail mithinübernehmen. Der wichtige Schritt der kirchlichen Reform liegt in diesem Falle in dem Geiste, der dieses altkatholische Gotteshaus überziehen wird. Das wird ein anderer Geist sein als der, welchen Syllabus und Encyklika hervorgerufen haben, und als jener, der mit dem Dogma der Unfehlbarkeit das geschichtliche Zeugniß und die Wahrheit mißhandelt hat. Das ist das größte und wichtigste Resultat, das ich nur von diesem Schritte verspreche; aber er ist unbedingt nothwendig, wollen wir nicht stets die Rolle derer einnehmen, die fortwährend disputiren, die auch darüber sich klar sind, welchen Standpunkt sie einnehmen, die sich aber nicht entschließen können, einen Schritt vorwärts zu thun.

Bleiben wir auf diesem Standpunkte. Sprechen wir nicht aus, in welcher Weise altkatholische Gemeinden gegründet werden sollen; streben wir vielmehr dahin, daß in München eine Kirche den altkatholischen Geistlichen — vielmehr den Geistlichen, die auf unserer Seite stehen, zur Ausübung des Gottesdienstes geöffnet werde. Sprechen wir nicht darüber, in welcher Weise wir dem Mangel an Bischöfen abhelfen wollen, wie sich das Verhältniß der Gemeinden zu den Priestern gestalten soll — zu einer Zeit, wo wir nur eine Gemeinde practisch ins Leben rufen können, sondern thun wir mit Entschlossenheit den Schritt, der möglich ist und der allein schon große und wichtige Vortheile nach sich ziehen wird.

Das sind, meine Herrn, die Gesichtspunkte, welche bei Entwurf der Statuten dieses Vereins maßgebend waren. Es soll dieser Verein nicht allein auf dem politischen Gebiet wirksam sein, er soll auch wirken auf dem rein kirchlichen Gebiet. Er soll dadurch wirken, daß die Vereinsmitglieder nach Kräften die Bildung derartiger Genossenschaften von Katholiken, die unserem heutigen Programm beistimmen, fördern, und soll noch weiter den Zweck haben, daß wir auch jenen Geistlichen, welche in Folge ihres Widerstandes noch gemaßregelt werden sollten und die allenfalls durch diese Maßregelung in ihren financiellen Verhältnissen leiden sollten, auch diesen unter die Arme greifen können. Es soll dieser Verein die ganze Bewegung, wie sie bisher Bayern durchzieht, zusammenfassen; er soll insbesondere auch das schaffen, was zu jeder Bewegung und auch zu unserer unbedingt nothwendig ist, um eine nachhaltige Bewegung schaffen zu können.

Das sind die Grundzüge, die bei Entwurf dieser Statuten maßgebend waren. Die Statuten selbst einzeln und näher bekannt zu geben, erachte ich nicht für nothwendig. Ich betone wiederholt ihren provisorischen Charakter. Wir legen großen Werth darauf, daß dieser Verein, der sich auf Bayern beschränken soll, gerade während dieser Tage, in denen die Bewegung wieder neues Leben und neue Stärke bekommt, sich organisiren und ins Leben treten soll. Sie finden deshalb die Bestimmungen, welche die Organisation des Vereins feststellen, immer nur als provisorische entworfen. Man hat den Vereine ein Haupt dadurch zu geben versucht, daß man die Bestimmung aufnahm: als provisorischen Ausschuß, als Leiter des Vereins solle sich das Comité der katholischen Bewegung constituiren, welches seither hier die Bewegung geleitet oder wenigstens mitgeleitet hat. Ich glaube, meine Herrn, Sie können diesen Männern diese Mission schon provisorisch in die Hand legen. Ich betone wiederholt: es handelt sich weniger darum, in welcher einzelnen Form, mit welchen einzelnen Organen, mit welchem Wahlmodus der Verein begründet werden soll, als vielmehr darum, daß er sofort ins Leben treten soll. Es wurde auch festgestellt in diesen Statuten, daß sämmtliche Herrn Delegirte aus Bayern, welche der Verhandlung anwohnen, einen weiteren Ausschuß bilden sollen, dessen Aufgabe es dann ist, draußen in unserem Sinne zu wirken und thätig zu sein. Es ist auch aus diesem Grunde nothwendig, daß wir rasch zum Ziele kommen. Die Statuten dieser Versammlung zur Beschlußfassung zu unterbreiten, wird wohl for-

6

melle Schwierigkeiten haben um beswillen, weil der Verein sich ja nur auf Bayern erstrecken soll und deshalb bei der Organisation des Vereins wohl nur diejenigen Herrn legitimirt sind, welche innerhalb Bayern ihren Wohnsitz haben und dem Vereine beizutreten gewillt sind. Es dürfte daher der Antrag gerechtfertigt erscheinen, daß diese Statuten, deren Entwurf sich ohnedies schon in den Händen der Mehrheit der anwesenden Herrn befindet, einer Commission aus den bayerischen Delegirten überwiesen werde, die sich in kürzester Frist darüber zu einigen hat, und daß dann in einer Versammlung, die wieder nur aus bayerischen Delegirten bestehen soll, die Beschlußfassung über die Gründung dieses Vereines zu erfolgen habe.

Das sind, meine Herrn, die wesentlichen Gesichtspunkte, welche ich bei der Organisation der Bewegung ins Auge fassen zu müssen glaubte.

Fragen wir uns nun: was bringen wir als practisches Resultat von diesem Congreß mit nach Hause? (eine Frage, die mit Recht von einem Anwesenden heute Morgen schon angeregt wurde) so sage ich, nicht allein den Entschluß zum Handeln, sondern auch die ersten Anfänge des Handelns. Wir werden auf kirchlichem Gebiet hier in München in der angedeuteten Weise vorzugehen versuchen; wir werden aber auch durch alle jene Herrn, welche als Delegirte erschienen sind, welche der Verhandlung beigewohnt haben und von hier in ihre Heimath zurückkehren, als eben so viele Apostel unserer Sache, draußen verkündigen lassen, daß es nicht darum sich handelt, was unsere Gegner uns vorwerfen: die Religion zu ruiniren oder, wie ein in letzterer Zeit mehrfach genannter Herr sich geäußert hat, den Altar und dann den Thron umzustürzen.

Diese Herrn werden schon die richtigen Dolmetscher unseres Vorhabens sein; sie werden draußen mit Recht verkündigen können, daß unser Streben, unser Bemühen ist, die Religion zu festigen in den einzelnen Gemüthern, und daß wir von Herzen dahin arbeiten möchten, daß, wie wir uns die Sicherheit und den Frieden nach Außen erkämpft haben, so auch den Frieden im Innern auf religiösem Gebiet erkämpfen möchten. (Bravo.)

Präsident:

Es haben sich noch verschiedene Herrn zum Worte gemeldet, zuerst Herr Rechtsconsulent Schiffer.

Herr Rechtsconsulent Schiffer aus Crefeld:

Ich habe mich zu dem Cölner Antrag auf Bildung von Gemeinden zum Worte gemeldet. Die Behandlung dieses Antrags ist ausgesetzt worden, bis der zweite Antrag vorgebracht war. Ich möchte mir aber auch jetzt schon das Wort zu nehmen erlauben, wenn ich unterstellen dürfte, daß durch die Annahme dessen, was eben vorgeschlagen wurde, nämlich, daß hier speciell für München ein Verein gebildet werden solle, gewissermaßen die Bildung von Gemeinden an anderen Orten ausgeschlossen sein sollte. Dagegen möchte ich mich verwahren.

Präsident:

Ich glaube, das beruht auf einem Mißverständnisse. Es wurde nur gesagt, daß wir nur zunächst hier in der Lage seien, positive Anträge zu stellen und eine Organisation in Aussicht zu nehmen, ohne daß damit eine solche an anderen Orten dadurch ausgeschlossen sein sollte.

Assessor Reusch aus Wiesbaden:

Ich wollte nur über den ersten Theil der Anträge sprechen. Es ist eine langweilige Sache, worüber wir sprechen wollen. Allein das hilft nichts. Die Langweiligkeit spricht eher für die Wichtigkeit als dagegen; denn wenn die Sache nicht wichtig wäre, wäre das ein Grund gewesen, die Versammlung damit zu verschonen. Ich will mich kurz fassen. Ich wollte über den ersten Theil sprechen, die allgemeine Organisation, und nicht über die specielle Organisation, wie sie für Bayern vorgeschlagen ist.

Ich habe den Antrag gestellt, es sollte organisirt werden und zu diesem Zwecke soll meiner Ansicht gemäß ein Ausschuß erwählt werden von 7 Mitgliedern. Als ich nach München kam, wurde ich aufmerksam gemacht, daß hiedurch die ganze Sache verzögert würde; ich möchte mit Herrn Staatsanwalt Streng mich vereinigen und einen vollständigen Plan für die Organisation ausarbeiten. Wir haben gemeinschaftlich gearbeitet, und ich kam zu der Ueberzeugung, daß eine Ausscheidung ins Detail nicht möglich sei, daß eine solche Ausarbeitung vielmehr den Männern der verschiedenen Gegenden anheim gegeben werden müsse, weil Jeder nach seinem Hause und seinem Befinden sich einrichten müsse. Wir haben deshalb nur bestimmte Gesichtspunkte aufgestellt und namentlich haben wir die Kreise angegeben, in denen eine unabhängige Organisation stattfinden müsse. Zunächst haben wir, weil Bayern eine an und für sich eigenthümliche Gesetzgebung hat und wir befürchten müßten, mit dieser Gesetzgebung selbst in Collision zu kommen, der Versammlung vorgeschlagen, daß Bayern sich für sich organisiren und für sich eine Provinz, einen allgemeinen Bezirk bilden solle.

Sodann schien es zweckmäßig, daß wir einen zweiten Centralpunkt für die Bewegung schaffen sollten in Heidelberg. Heidelberg war schon früher auserwählt zur Vorberathung für die Münchener Versammlung und hat sich als zweckmäßiger Ort bewährt. Heidelberg ist ein Mittelpunkt für den Verkehr, und in Heidelberg sind große Kräfte für unsere Sache vorhanden. Es ist der Mittelpunkt eines ganz abgeschlossenen Bezirkes, der kirchlich und national viele stammverwandte Elemente in sich vereint; ich nehme dazu Württemberg, Baden, vorzüglich die schwäbischen Gegenden, die fränkischen Gegenden, das Großherzogthum Hessen und die Provinz Hessen-Nassau. Es würde durch die Vereinigung dieser Landschaften ein abgerundetes Terrain sich ergeben, wovon Heidelberg so ziemlich der geometrische Mittelpunkt sein würde.

Sodann haben wir der Versammlung vorschlagen zu sollen geglaubt, einen weiteren Mittelpunkt in Cöln zu schaffen. Cöln ist eine große Stadt, welche große Bedeutung auch durch ihre intellectuellen Kräfte hat und namentlich durch die Nähe der Universität Bonn, die per Bahn kaum ein halbes Stündchen von Cöln entfernt ist. Die Universität zu Bonn könnte in Cöln mitconcentrirt werden, wie dies auch schon bisher der Fall war. Dem Cölner Centralpunkt würden wir folgende Länder überweisen: die preußische Rheinprovinz, welche jetzt schon ihren Centralpunkt in Cöln hat, Westphalen, welches mit der Rheinprovinz immer verbunden gewesen ist und Cöln auch als seine Hauptstadt betrachtet; sodann auch noch die Länder Hannover und Braunschweig und die Provinz Sachsen, in denen nur sehr wenige Katholiken sind, worin sich also die katholische Bewegung gar nicht concentriren und ausbilden kann.

Ferner wollten wir einen Mittelpunkt schaffen in Breslau, und diesem wollten wir dann die Provinz Schlesien zuweisen. Schlesien hat eine große Anzahl Katholiken und würde also das Hauptland dieser Provinz sein. Die Provinz Brandenburg, Pommern, das Königreich Sachsen würden wir ebenfalls diesem Mittelpunkt zuweisen, weil dort so wenige Katholiken sind, daß eine Organisation unmöglich ist. Dann wollten wir einen ferneren Kreis bilden mit den Provinzen Preußen und Posen. In Preußen hat sich, wenn auch gerade keine lebhafte Bewegung, so doch ziemliche Bewegung geltend gemacht. Die Gymnasiallehrer dort sind durchweg der altkatholischen Sache beigetreten. Gerade die Provinz Preußen hat uns die größten Martyrer für unsere Sache erzeugt, und deshalb ist diese Provinz besonders zu berücksichtigen, obwohl wegen der geringen Zahl von Katholiken, welche dort die Angelegenheit in der Hand haben, nicht sehr viele Erwartungen zu machen sind.

Nun blieb uns noch übrig Oesterreich. Das zerfällt in zwei Theile, und wir glaubten, diese Theilung berücksichtigen zu müssen — mit Wien und Pesth als Mittelpunkt. Die Schweiz grenzt sich von selbst ab, und so wollten wir die Schweiz als siebente Provinz mit dem Centralort Solothurn schaffen. Das war unsere Idee.

Unsere weitere Idee war: jede dieser Provinzen, abgesehen von Bayern, sollte sich wieder gliedern, Kreise, Bezirke bilden, und solle in den einzelnen Gemeinden eine Bewegung wieder für sich organisirt werden. Jede Gemeinde für sich bildet einen Verein. In vielen wird das nicht möglich sein, allein in den meisten, wo nur ein thätiger Mann ist, kann etwas Treffliches geschaffen werden. Diese Vereine sollten sich dann unterordnen den Bezirkscomités, diese den Kreiscomités u. s. w. Eine weitere Eintheilung ins Detail konnten wir natürlich nicht angeben, das wollten wir den Centralcomités überlassen.

Das war also unser Organisationsplan. Nun heißt es: wer soll diese Organisation durchführen? Für Heidelberg ergab sich der natürliche Mittelpunkt im Localcomité, dessen Präsidenten wir hier haben. Wir schlugen deshalb vor, den Präsidenten, resp. das ganze Comité in Heidelberg damit zu beauftragen, die Organisation in dem Bezirk, dessen Mittelpunkt Heidelberg bildet, vorzunehmen. Dann bot sich Cöln dar, wo bereits ein sehr thätiges Centralcomité besteht. Nun kommen aber Schwierigkeiten. In Breslau, das wiederum der Mittelpunkt einer Provinz ist, war kein Centralcomité, überhaupt nichts von einer Organisation, und deshalb schlugen wir vor, die Versammlung wolle Herrn Prof. Reinkens ersuchen, sich der Organisation dort zu unterziehen. Ebenso wollten wir für die Provinz Preußen und Posen den Herrn Prof. Michelis ersuchen, sich dieser Last zu unterziehen.

Für Ungarn haben wir nur einen einzigen Vertreter, Herrn Prof. Schwider, und wir wollten ihn bitten, sich dort die Sache anzusehen. Oesterreich diesseits der Leitha ist vertreten durch Herrn Prof. Schulte, Maaßen und Herrn v. Florencourt, die dort die Organisation durchzuführen gebeten würden. Natürlich muß jedes Comité mehrere Mitglieder haben, damit eine Abstimmung stattfinden kann und nicht Stimmengleichheit stets ist.

Bezüglich der Schweiz hat sich bereits eine Organisation gebildet, und das Centralcomité in Solothurn wird noch Möglichkeit in unserem Sinne weiter organisiren.

Die Versammlung würde demnach zu beschließen haben, ob sie mit diesen Plänen und Anträgen einverstanden ist.

Herr v. Liaño:

Ich möchte nur den Herrn Referenten fragen, welchen Charakter die Vereine zu tragen hätten, den rein kirchlichen oder etwa auch einen politischen?

Professor Reinkens:

In Bayern würden sie ohne Zweifel auch politischen Charakter tragen.

Herr v. Liaño:

(Nachdem Herr Staatsanwalt Streng den Verein qu. als kirchlich-politischen bezeichnet hatte.)

Das scheint mir sehr bedenklich und im Widerspruch zu stehen mit dem Cölner Antrag. Dieser geht von dem tiefen Gefühle aus, daß die Versammlung einen hohen, rein kirchlichen Standpunkt einzunehmen berufen ist und ihre Kraft nur in der Religion hat.

Religiöse und staatsbürgerliche Angelegenheiten sind etwas Verschiedenes. Wer das Letztere zumeist im Auge hat, schließt sich uns wohl nur an, weil er den Einfluß der vaticanischen Decrete auf die bürgerliche Gesellschaft, und zwar mit Recht, fürchtet. Dessen Mitwirkung wird uns, wenn sie parallel mit unserm Streben geht, durchaus angenehm sein; ein Solcher wird zu ein und demselben Zwecke mitwirken, aber einen Verein mit gemischtem, religiösem und politischem Charakter zugleich, zu constituiren, das scheint mir sehr bedenklich und in directem Widerspruch mit dem Cölner Antrag. Der Cölner Antrag will eine sorgfältige Pflege der religiösen Elemente, um die Mitglieder der katholischen Kirche zu erhalten und um möglich zu machen, daß eine Generation aufwächst, die ebenfalls katholisch ist, nicht vaticanisch. Ich bitte zu bedenken, daß eine religiöse Bewegung ihre Kraft nur aus der Tiefe der religiösen Ueberzeugung schöpft, und daß es unmöglich auch nur zweckmäßig sei, einen Verein gründen zu wollen, von dem ausdrücklich gesagt ist, er sei kirchlich-politisch.

Herr Prof. Maaßen hat mit vollem Recht hervorgehoben, wie bedenklich es sei, dem Wahne auch nur Raum zu geben, als ob die politische Seite die maßgebende sei. Wenn ich auch diesen Punkt in dem Programm an einer Stelle, wo ich nicht für ihn stimmte, aus Zweckmäßigkeitsgründen nicht weiter urgiren wollte, so kann ich doch jetzt durchaus nicht dafür stimmen, daß die Vereine kirchlich-politische seien. Sie müssen rein religiös sein, und die Herren, die nur aus politischen Gründen mitwirken, die **mögen** sich für sich verbinden, und können dann parallel mit uns **wirken**.

Freiherr von Stauffenberg:

Ich erlaube mir ein paar Bemerkungen dem letzten Herrn Vorredner gegenüber: Wenn wir einen Verein gründen und zwar zunächst in Bayern, wie Herr Streng proponirt hat, so ist es gleichgiltig, ob wir sagen, der Verein soll ein politischer oder ein halb politischer oder kein politischer Verein sein; er wird eben nach der bestehenden Vereinsgesetzgebung dann für einen politischen erklärt, wenn er sich mit öffentlichen Angelegenheiten befaßt. Wenn wir auch hundertmal sagen: wir betrachten den Verein nur als religiösen, so wird die Regierung uns gegenüber ihn doch als politischen auffassen und unter die politische Vereinsgesetzgebung stellen. Das ist also eine Folge nicht unserer Bestimmung, sondern der bestehenden Vereinsgesetzgebung, der wir uns nicht entziehen können. Daß wir aber eine derartige Vereinsconstituirung vornehmen müssen, zunächst um die materiellen Mittel zu beschaffen, ist außer aller Frage. Die Actionscomités, wie sie ins Leben getreten sind in München, in Cöln, sind eigentlich der bestehenden Vereinsgesetzgebung gegenüber schon gewissermaßen politische Vereine und sie haben nach unserer Vereinsgesetzgebung und nach der Idee derselben schon eine politische Wirkung entfaltet. Die Bedenken dieses Herrn Vorredners sind also gewiß unbegründet. Etwas anders scheint mir die Frage zu liegen, ob wir die organisatorischen Beschlüsse fassen wollen, die uns Herr Reusch vorschlug, und das scheint mir nicht unbedenklich zu sein. Es wird uns da zugemuthet, Provinzen zu bezeichnen, in denen die Agitation eingeführt werden soll; es werden bestimmte Namen von uns an die Spitze gestellt, die die ganze Sache leiten sollen. Dieses Vorgehen führt uns nicht zum Ziele. Diese Dinge lassen sich auf dem Papier außerordentlich schön an; wie es in der Wirklichkeit aber damit geht, darüber erlauben Sie Jemandem, der in diesen Dingen auch eine kleine Erfahrung hat, sehr bedeutende Zweifel auszusprechen. Diese Organisation muß, und das ist meine feste Ueberzeugung, von unten auf entstehen und nicht von oben gemacht werden. Nur wenn sie von unten auf entsteht, hat sie Lebenskraft. Diese Dinge zu beschließen, ist die Versammlung gewiß nicht competent. Mein Vorschlag wäre, von dieser weiteren Organisation, von diesen allgemeinen Umrissen für heute abzusehen und dem Vorschlage — ich weiß nicht, ob er als eigener Antrag eingebracht ist — beizutreten, ein Comité zu ernennen und dieses Comité weitere Vorschläge ausarbeiten zu lassen. Mir scheint die Sache noch nicht so reif zu sein, um von der heutigen Versammlung endgiltige Beschlüsse zu erwarten. (Bravo!!)

Ich werde den Antrag sogleich übergeben.

Herr Erlenwein aus der Pfalz:

Meine Herrn! Ich muß auf einen alten bewährten Satz aufmerksam machen, der lautet: „Geld regiert die Welt". Und ich denke, wenn wir nur Sorge tragen, werde es leicht sein, große Summen Geldes zu bekommen; dann bestimmen wir dafür Priester, die als wandernde Apostel das Abendmahl spenden. Dadurch wird das religiöse Bedürfniß befriedigt werden, und das ist die Hauptsache; denn hieran ist die Theilnahme an unserer Bewegung bisher gescheitert. Ich werde also beantragen: wir sollten, wenn wir nach Hause kommen, ein Jeder in seiner Heimat, Listen circuliren lassen zu monatlichen Beiträgen. Gewiß werden sich großartige Summen herausstellen, die uns zur Verfügung stehen, um den Priestern ihre Existenz zu sichern. Ist diese Möglichkeit geboten, dann werden wir bestimmt Priester von Herz und Seele finden, die den Beruf fühlen, in die Welt zu gehen und das Abendmahl zu spenden. Dem Bedürfniß wird dann abgeholfen werden, welches, wie gesagt, das Haupthinderniß war, warum der Zuwachs zu unseren Gesinnungen bisher nicht stärker gewesen ist.

Herr Medicinalrath Kreuzer aus Durlach:

Vom Grund aus wollen wir bauen, hat einer der Herrn gesagt, dieser Grund ist aber das Volk.

Es müssen Thatsachen beweisen, daß es mit unserer Unternehmung Ernst ist. Wenn man Krieg führen will, muß man Geld haben, Geld und wieder Geld, und wenn man ein Joch abschütteln will, braucht man ebenfalls Geld und wieder Geld, bis die geistlichen Herrn, die zunächst berufen sind, unter dem Volke zu wirken, sich endlich ihrer Pflicht erinnernd uns wieder sind, was sie uns sein sollten.

Es ist vorhin auseinandergesetzt worden, auf welche Weise man das Volk belehren muß. Die Herrn, welche dieser Aufgabe sich unterziehen wollen, muß man stützen, stützen mit unseren Mitteln. Ich stimme dem Antrage des Herrn Vorredners vollkommen bei, daß organisirt und Geld gesammelt werde.

Präsident:

Die Herrn, welche sich noch zum Wort gemeldet haben, haben ihre Meldung wieder zurückgezogen.

Ich gebe eine Pause, um die Anträge zu formuliren.

Ich theile mit, daß morgen eine Liste wird aufgelegt werden, vorne beim Eingange in das Zimmer, in welche diejenigen Herrn, welche zur Deckung der Congreßkosten einen Beitrag freiwillig leisten wollen, diesen Beitrag einschreiben und einem committirten Herrn einhändigen können.

Die öffentliche Versammlung findet morgen **Nachmittag 3 Uhr** im Glaspalaste statt.

Ich ersuche diejenigen Herrn, welche heute Morgen gesprochen haben, wenn sie Zeit haben, sich in das Berathungszimmer zu begeben, um die Vorträge einer Correctur unterziehen zu können. Zur Correctur aus dem Hause können die stenographischen Aufzeichnungen wohl nicht gut gegeben werden, weil die Erfahrung gelehrt hat, daß dann die Reden nicht wieder zusammen kommen.

Freiherr v. Stauffenberg:

Meine Herrn! Ich habe mich gerade durch Rücksprache mit dem Referenten überzeugt, daß ich in factischem Irrthume befangen war. Man ist, wie ich gehört habe, nicht davon ausgegangen, eine allgemeine Organisation der Versammlung zur Beschlußfassung vorzulegen. Man hat nur ad referendum geben wollen, und nur gegen einen derartigen Beschluß wollte ich mich verwahren; nachdem aber bezüglich der Organisation eine Beschlußfassung nicht erzielt werden wollte, so sehe ich mich nicht veranlaßt, einen Antrag zu stellen.

Präsident:

Ich sehe, daß die Sachen eigenthümlich liegen. Es ist über die Nothwendigkeit der Organisation so gesprochen worden, daß Niemand dieselbe bezweifeln wird. Es sind uns Projekte mitgetheilt worden, die nach den jetzt gegebenen Aufklärungen nicht

einmal der Beschlußfassung unterzogen werden können. Es läßt
sich nicht in Abrede stellen, daß wir kaum in der Lage sind, Beschluß darüber zu fassen, ob Statuten über einen Verein in München, welche vorgelegt wurden, unsere Billigung finden oder nicht.
Ich habe auch den Antrag des Herrn Referenten nicht dahin aufgefaßt. Sollte dieser Antrag, wie er uns vorliegt, discutirt werden
im Detail, so würden wir vielleicht mehrere Tage damit zubringen.
Es läßt sich auch nicht läugnen, daß die meisten Gesichtspunkte
ziemlich individueller Natur waren. Unsere Aufgabe kann es gewiß nur sein, bestimmte Grundsätze auszusprechen und ich glaube
deshalb, wenn überhaupt nur die Absicht bestanden haben sollte,
einen Antrag hier zur Abstimmung zu bringen, daß die Meinung
der Antragsteller aus Cöln und der Referenten nur die sein kann,
von der Versammlung die Billigung des Projectes überhaupt zu
erhalten; daß aber die Ausführung den einzelnen Orten überlassen
werden muß, daß man also nicht sagen kann: „Wir billigen
die Statuten für München", sondern daß wir nur sagen können:
„Es ist uns recht, wenn sich in München ein derartiger Verein
organisirt". Es ist einerseits der Gesichtspunkt hervorgehoben
worden, daß es unzweckmäßig, ja sogar bedenklich sei, einen politischen Verein für unsere Bestrebungen zu bilden. Dem ist andererseits entgegengesetzt worden: es ergebe sich für Bayern in specie
ganz von selbst, daß der Verein ein politischer sei, weil er es
nach dem Gesetze doch sein würde, möchten wir welchen Standpunkt immer haben.

Es läßt sich ferner wohl nicht in Abrede stellen, daß der
von dritter Seite betonte Gesichtspunkt auch seine Berechtigung hat,
man möge sich nämlich halten an die Mittel, die überhaupt gegeben
seien. Nun läßt sich kaum leugnen, daß das Dogma vom 18. Juli
1870 nicht gar so unschuldiger Natur ist, und daß man es nur
beabsichtigt hat, damit ja keiner dem Teufel in die Arme falle, sondern daß man vielleicht auch bei diesem Dogma politische Zwecke verfolgt, ja daß man vielleicht den Zweck gehabt hat, den Kirchenstaat
zu halten. Wenn aber das nicht unmöglich ist, kann man auch nicht
bestreiten, daß wir von dem Gesichtspunkte aus auch nicht delicater zu sein brauchen, als man von Seite unserer Gegner ist.
Man macht dort aus Allem politisches Capital. Es kommt mir
nicht zu, hier Sie zu bitten, etwa politische Vereine zu creiren;
ich habe mir nur herausgenommen, dies auseinanderzusetzen durch
einige Worte, weil die Angelegenheit so complicirt vorliegt, daß
ich offen gestehe: ich weiß nicht, wie ich sie auffassen soll. Ich
glaube aber: ich verlasse auch die Objectivität nicht, wenn ich
diese meine Anschauung von den Zwecken der vaticanischen Decrete
ausspreche.

Es ist dann offenbar ganz richtig weiter gesagt worden: es
sei bedenklich, eine specielle Organisation zu empfehlen. Aber es
liegen auch nur Organisations-Entwürfe da, die gewiß für uns

Alle nur den Zweck haben, daß die Versammlung darüber sich aussprechen soll, ob sie der Ansicht ist, daß in dieser Art organisirt werden könne.

Da sich Niemand zum Worte gemeldet, so muß ich entweder den Antrag zur Abstimmung bringen, welcher ursprünglich eingelaufen ist von Cöln, den ich Ihnen zuerst vorgelesen habe, oder ich muß den Antrag zur Abstimmung bringen in der Form, wie er vom Herrn Staatsanwalt Streng gestellt worden ist. Ich gestehe, wie ich eben schon gezeigt habe: das Eine wie das Andre halte ich für eine sehr schwierige Sache. In concreto ist nur ein Antrag gestellt worden und zwar dahin gehend: es möge in jeder Gemeinde eine öffentliche Subscription angelegt werden, durch welche die Mittel beschafft würden für die Aussendung von Priestern. Das ist der einzige concrete Antrag, der vorliegt. Mir scheint nun, es würde sich am Besten aus allen diesen Schwierigkeiten herauskommen lassen, wenn ich diesen Antrag, wie er nicht ganz formell gestellt, wie er aber mehrmals hervorgehoben wurde, der Versammlung proponirte, nämlich dahingehend, daß die Versammlung ein Comité bestellte oder die Versammlung dem Münchner-Comité überließe, diejenigen Mittel und Wege zu ergreifen, um den übrigen Comités in den verschiedenen Gegenden diejenigen Mittel und Wege anzugeben, welche ersteres — das Münchener Comité — mit Rücksicht auf etwa eingetretene Verhältnisse und Zustände als angemessen erachtet.

Zur Begründung dessen füge ich nur ein Wort bei. Es ist ja möglich, daß in kürzester Zeit irgend ein Ereigniß eintritt, welches unsere Situation zu einer total anderen macht, daß möglicherweise eine Stellung der Staaten oder eines einzelnen Staates zu unsrer Bewegung eintritt, welche es gestattet, in einem einzelnen Lande sofort in entschiedener Weise mit der sogen. Gemeindebildung vorzugehen. Es ist nicht unmöglich, daß z. B. der eine oder andere Bischof noch zur Einsicht kommt, und daß dann die Möglichkeit gegeben wird, sich ihm sofort anzuschließen. Es ist z. B. nicht unmöglich, daß Todesfälle einen sehr großen Einfluß haben können auf die ganze Situation der Kirche. Das alles sind Dinge, die eintreten können. Das Münchener Comité hat bisher das Vertrauen gewiß von Allen genossen; wenn nun diesem die Sache überlassen würde, glaube ich, wäre sie in eine sichere Hand gelegt.

Ich habe nun kein Recht, irgendwie weiter zu proponiren, aber wenn ich die Zustimmung der Versammlung sehe, würde ich diesen meinen Antrag hier proponiren. (Allgemeiner Beifall.)

Der Antrag lautet:

„Die Versammlung erklärt: sie billige die gestellten Anträge auf eine geordnete Leitung der kirchlichen Bewegung; sie halte für nothwendig die Errichtung von Vereinen zur Durchführung dieser Bewegung; sie beauftrage das Münchener Comité, im Hinblicke auf die allgemeinen Zustände den örtlichen Comités bei der Ordnung der Bewegung zur Seite zu stehen; sie müsse aber mit Rücksicht auf die verschiedenen Staatsgesetze und örtlichen Verhältnisse die nähere Durchführung den örtlichen Comités selbst überlassen in der Erwartung, es werde das Programm des Katholiken-Congresses als Basis der Bestrebungen allenthalben festgehalten werden."

Professor Dr. Michelis:

Ich habe mir am Schluß der Debatte das Wort erlaubt, weil ich das lebhafte Gefühl in mir trage, daß ich, nachdem wir die jetzige Debatte geschlossen haben, noch ein Wort der Ermuthigung spreche.

Ich glaube: keiner von uns wird sich eines niederschlagenden Gefühles erwehren können, welches sich jedesmal bei der Debatte, wie wir die Sache practisch anfangen sollen, niederschlagend für uns herausstellt. Namentlich kommen wir immer wieder auf einen gewissen Gegensatz zwischen allgemeiner Regelung, zwischen allgemeiner Organisation und der einzelnen practischen Weise, sie ins Leben zu rufen.

Ich bin durchaus nicht in der Lage, nun hier mit einem Worte der Allmacht dazwischen zu treten und die Situation zu ändern, die eben in der Sache selbst gelegen ist. Ich möchte nur das Einzige hervorheben, daß wir uns nicht dadurch entmuthigen lassen sollen, daß die Sache so liegt. Es ist ein nothwendiges Ergebniß unserer ganzen Lage; es ist eines von den schweren Leiden, von den schweren Drangsalen, die wir in diesem sittlichen Kampfe, den wir kämpfen, der nach meiner Ansicht so tief und unnerlich begründet, wie je einer in der Menschheit es war, ertragen müssen. Wahrhaftig, nie ist ein tiefer Grund gelegt worden ohne jene Geduld, zu der uns unser Erlöser mit dem schönen Worte ermahnt hat „gründet euer Heil in Geduld".

Ich möchte also meine Worte zusammenfassen an die ganze Versammlung: ich lasse mich nicht entmuthigen durch die scheinbare Resultatlosigkeit, womit wir vielleicht auch diesmal schließen werden; wir sind dessungeachtet weiter gekommen.

Ist gesagt worden, daß der allgemeine Reformationsplan zurückzuweisen sei, so glaube ich, er wird doch nicht zurückgedrängt werden.

Wir sind doch weiter gekommen, und ebenso die Wirksamkeit des Einzelnen.

Ich höre beständig das Wort „practische Wirksamkeit", „Thaten."

Ich muß mich in gewissem Sinne insoweit dagegen erklären, daß ich eben die That sehen und nicht die That hören will. Aber da habe ich allerdings etwas hinzuzusetzen, daß wir eben die richtige Correction von Seite der allgemeinen Debatte mit aufnehmen. Ich glaube, daß jeder Einzelne, der den Muth hat voranzugehen, auch leicht in Gefahr ist, zu weit zu greifen, vielleicht Specialitäten aufzugreifen, die ihm einen Augenblick sehr wesentlich scheinen, die aber in der That für das Ganze doch nicht gut sind.

Ich will einen Punkt gerade nennen; es ist nämlich sehr viel von der Aufhebung des Cölibates gesprochen worden, und ich weiß, daß bei der katholischen Bewegung in gewissen Gegenden derselbe eine große Rolle spielte. Ich bin weit entfernt zu verkennen, wie dies Verlangen in gewissen Gegenden motivirt ist, in den Verhältnissen, wo in der That durch das Cölibat ein trauriger Zustand der Geistlichkeit herbeigeführt ist.

Es ist wohl begreiflich, — ohne daß man dem Manne, der gerade diesen Punkt ins Auge faßt, daraus einen Vorwurf machen könnte — daß er seine Aufmerksamkeit besonders hierauf richtete; aber es ist ebenso bewiesen, daß, wenn wir einen solchen Punkt speciell aufnehmen wollten, dadurch die Bewegung in einem andern großen Theil des Volkes vollständig unmöglich gemacht würde.

Also diese Correction ist nicht etwas ungünstiges, unpractisches, sondern etwas sehr bedeutendes. Und so verzeihen Sie, wenn ich das Bedürfniß in mir fühlte, den Gedanken hervorzuheben, daß wir durch den scheinbar unpractischen Charakter der Verhandlungen nach dieser oder jener Seite hin uns nicht irre machen lassen sollen.

Notar Damm aus Pforzheim:

Meine Herrn! Ich habe als Delegirter der Stadt Pforzheim den Auftrag erhalten, dem hochverehrlichen Comité in München zu dessen Bestrebungen die wärmsten Sympathien unseres Vereines auszudrücken. Unser schon über 2 Jahre bestehender Verein hat sogleich die practische Seite herausgefunden.

Wie Sie von einigen Herrn Vorrednern gehört haben, so ist es. Ohne Geld ist in der Welt nichts auszuführen, und ich habe daher den Auftrag erhalten, dem Comité hier sofort einen Beitrag von hundert Gulden zu übergeben, damit sogleich auf diesem materiellen Gebiete die Münchener Bestrebungen von Seite des Pforzheimer Vereines unterstützt werden.

Es ist vielleicht zweckmäßig, mitzutheilen, wie der Pforzheimer Verein entstanden ist. Er besteht bereits über 2 Jahre. Gleich beim ersten Aufruf, den die badische Landeszeitung gebracht hat, haben sich gleichgesinnte Männer zusammengefunden, um sofort die Frage zu besprechen, um dem in der katholischen Kirche hereinbrechenden Gewitter entgegenzutreten. Der Vorschlag, einen Verein zu bilden, fand Beifall und einzelne gleichgesinnte Männer thaten sich zusammen, um sich in einem bestimmten Locale einzufinden mit der Aufgabe, daß jeder Einzelne andere Gleichgesinnte in das Vereinslocal mitbringen solle. Schon bei der ersten Versammlung zeigte es sich, daß eine ziemlich große Anzahl dem Vereine beigetreten sei. In kurzer Zeit wurde den Statuten des Vereines entsprochen, die die Anforderung an die Mitglieder stellten, daß Jeder 2 weitere Mitglieder mitzubringen habe. Dadurch wird jeder Einzelne angespornt, Gesinnungsgenossen aufzusuchen, bis der letzte Mann in der Stadt gefunden ist. Dadurch sind wir in kurzer Zeit zu einem Verein gekommen, welcher zahlreiche Mitglieder zählt und über namhafte Geldmittel verfügt.

Nachdem wir nun in der Lage sind, das Programm, welches heute beschlossen wurde, mit nach Hause bringen zu können, so können wir auch dem Comité in München die Versicherung ertheilen, daß noch größere und namhaftere Beiträge von Seite Pforzheims dem Comité zur Disposition gestellt werden; denn es ist unsere Absicht, wenn wir nach Hause kommen, eine Collecte von Haus zu Haus zu veranstalten und zwar nicht blos bei Katholiken, sondern auch bei Protestanten.

Es ist uns die Versicherung gegeben worden, daß wir von Seite der Protestanten mit Geldmitteln unterstützt werden; auch ist kein Zweifel, daß die Protestanten bei diesem Kampfe ebenso betheiligt sind, wie die Katholiken, denn es sind bei diesem Kampfe die höchsten Culturgüter, die die Menschheit errungen hat, in Frage gestellt.

Ich glaube, daß das Beispiel Pforzheims, wenn es durch die Presse bekannt gegeben wird, Nachahmung finden werde.

Staatsanwalt Streng aus München:

Meine Herrn! Es wurde erwähnt, daß die Statuten, welche einen bayerischen Verein ins Leben rufen sollen, nur von den bayerischen Delegirten berathen und beschlossen werden sollen. Es soll eine Commission gebildet werden, und ich erlaube mir folgende Herrn als Commissionsmitglieder bekannt zu geben:

Rechtsanwalt Gerhard aus Würzburg;
Assessor Henggi aus Kempten;
Privatier Buhl aus Deidesheim.

Diese Herrn ersuche ich, die Statuten bis morgen zu prüfen. Morgen nach dem Schlusse der allgemeinen Versammlung wollen wir uns dann selbst über die Gründung des Vereins und Annahme der Statuten in möglichster Kürze schlüssig machen.

Präsident:

Es wird also morgen Früh 9 Uhr die Verhandlung über den heutigen Gegenstand fortgesetzt werden. Ich ersuche pünktlich zu erscheinen.

(Schluß der Sitzung: 6½ Uhr Abends.)

Dritte Sitzung.

(Am 23. September. Anfang 9¼ Uhr Vormittags.)

Präsident Professor von Schulte:

Meine Herrn! Ich eröffne die Sitzung. Zunächst erlaube ich mir mitzutheilen, daß von dem Deutschen Vereine in Graz ein Gruß dem Katholikencongreß telegraphisch zuging, ebenso von Königsberg vom Comité der Altkatholiken, und von Bombay. Außerdem liegt eine Anzahl von Briefen von Privatpersonen und Vereinen vor, deren Vorlesung zu lange dauern würde. Ich kann nur sagen: Aus allen Gauen des deutschen Vaterlandes und darüber hinaus. Ferner kann ich mittheilen, daß der hiesige Magistrat ersucht worden ist, die Kirche am Gastrigberge zu einer h. Messe, welche Herr Prof. Michelis lesen wird, abzulassen. (Bravo!)

Meine Herrn! Wir haben noch zwei hochwichtige Punkte vor uns. Der erste betrifft denjenigen Gegenstand, in welchem gestern die Debatte abgebrochen worden ist und eine Beschlußfassung noch nicht stattgefunden hat, nämlich die Bildung der kirchlichen Vereine. Es ist, wie ich aus mündlicher Besprechung gehört habe, die irrige Meinung entstanden, als habe gestern eine eigentliche Beschlußfassung stattgefunden, weil sich in gewisser Beziehung gezeigt hat, daß die Versammlung meinem bloßen Vorschlag zugestimmt habe. Dem ist nicht so. Es ist nicht formell abgestimmt worden; es sind auch noch Redner vorgemerkt. Der andere Gegenstand wegen der Gemeindebildung ist gestern ausdrücklich verlagt worden; er ist verlagt worden bis nach der Beschlußfassung über die Vereine. Das Motiv bestand darin, daß man erst die Mittel haben müsse, um die Bildung der Gemeinden vorzunehmen. Als diese Mittel stellen sich zunächst heraus die Vereine, und wenn diese gegründet sind, dann können diese zur Gründung von Gemeinden schreiten. Daher wurde zuerst die Debatte eröffnet über den Gegenstand der Vereinsbildung. Wird dieser Gegenstand erledigt sein, dann kommt die Frage über die Bildung der kirchlichen altkatholischen Gemeinden ex professo.

Es ist von Herrn Staatsanwalt Streng ein ausführlicher Plan vorgelegt und mitgetheilt worden zur Organisation überhaupt; dieser Plan ist auch vom zweiten Referenten, Herrn Assessor

Reusch, noch näher besprochen worden; es sind gedruckte Statuten für das Münchener Comité mitgetheilt worden. Ich glaube nun, daß ich zunächst, ohne der Debatte und dem Urtheil vorzugreifen, hervorheben darf, daß sich wohl als allgemeine Ueberzeugung herausgestellt hat: Wir können hier als internationaler Congreß, oder wenigstens als ein aus den verschiedensten Ländern zusammengesetzter, keine eigentlichen Beschlüsse fassen über die praktische statutarische Organisation eines Vereins in einem einzelnen Orte und einzelnen Lande. Wir können also gewiß jedenfalls nur Wünsche aufstellen, aber praktische Wünsche, praktische Grundsätze zur Durchführung.

Nun liegt mir neuestens ein Antrag vor, der vielleicht der allerconcreteste ist, in der Weise, wie wir einen Beschluß fassen können, eingebracht von den Herrn **Stumpf** und **Cornelius**. Er lautet:

„1) Der Congreß erklärt es für nothwendig, daß allerorts, wo sich die Möglichkeit dazu bildet, nach dem Vorbilde des eben constituirten (soll heißen: so eben sich constituirenden) bayerischen katholischen Landesvereines Vereine gegründet werden, die es sich zur Aufgabe machen, durch regelmäßige Geldsammlungen und in jeder anderen möglichen Weise die gegenwärtige katholische Bewegung zu unterstützen und zu fördern; insbesondere aber für die provisorische Befriedigung der religiösen Bedürfnisse der glaubenstreuen Katholiken während des gegenwärtigen Nothstandes zu sorgen, Kirchen oder Betsäle bereit zu stellen und den Unterhalt der ständig oder vorübergehend dort fungirenden Geistlichen zu sichern.

Der Congreß macht darauf aufmerksam, daß als Mittelpunkte dieser Vereinsbildung die Orte Cöln, Heidelberg, Breslau, Braunsberg, Solothurn, Wien, Pesth, wo zum Theil schon Actionscomités bestehen, sich vorzugsweise empfehlen.

2) Der Congreß überträgt einer aus sieben Mitgliedern zu bildenden Commission die Sorge, Einleitung zu treffen, daß für die Ausbildung und Weihe von rechtgläubigen Geistlichen, sowie zur eventuellen Ermöglichung bischöflicher Wirksamkeit die geeigneten Mittel rechtzeitig ergriffen werden."

Der letztere Antrag und auch zum Theil der erstere betrifft übrigens auch den zweiten Punkt über die Gemeindebildung selbst; und es würde insofern leicht in der Discussion eine Vermischung beider eintreten können. Der Sinn des Antrags ist ganz evident: es soll die Nothwendigkeit der Bildung dieser Vereine ausgesprochen werden und die Bildung einer Commission von sieben Mitgliedern.

Es liegt dann ein anderer Antrag vor von Herrn Dr. Zirngiebl, der also lautet:

„Es möge von der gegenwärtigen Versammlung für die Durchführung einer organisirten katholischen Bewegung aus ihrer Mitte eine ständige Commission mit dem Rechte unbeschränkter Cooptation niedergesetzt werden. Die Versammlung soll zugleich dieser Comnission ihr unbedingtes Vertrauen aussprechen, dieselbe auf dem Gebiete der Organisation mit der ihr selbst zustehenden Autorität betrauen und ihr jegliche benöthigte materielle wie geistige Unterstützung zusagen.

Als Commission schlage ich die Vorstandschaft des Katholikencongresses (mit Einschluß der beiden Vorstände des Münchener Comités) vor."

Ich muß mir zunächst, da diese Anträge und namentlich der Antrag der Herrn Professoren Cornelius und Stumpf die beiden Punkte in der That in eine nach dem Antrag kaum zu trennende Verbindung bringen, mit die Anfrage an die Versammlung gestatten, ob diese beiden Punkte vermischt werden sollen, oder ob sie nicht dafür hält, die Vereinsbildung wie bisher allein zur Entscheidung zu bringen und dann erst die Frage wegen der Gemeindebildung vorzunehmen. Mir scheint das Letztere richtiger zu sein; ich glaube, ohne daß diese Frage positiv erörtert ist, wird es gar nicht möglich sein, eine geordnete Discussion herbeizuführen, und ich stelle also den Antrag an die Versammlung, es möge bei unserem bisherigen Beschlusse verbleiben: erst die Vereinsbildung, dann die Frage der Gemeindebildung. Wer damit einverstanden ist, den bitte ich, sich zu erheben.

(Die Versammlung erhebt sich.)
Meinem Antrage ist zugestimmt.

Appellationsgerichtsrath v. Enhuber aus München:

Ich wollte mir das Wort erbitten, um in Beziehung der Bildung von Vereinen und Gemeinden die Grundsätze im Allgemeinen zu entwickeln.

Das Thema wird nach der Tagesordnung zur Besprechung kommen, und ich weiß nicht, ob es gestattet ist, jetzt schon in allgemeinen Zügen meine Ansicht darüber aussprechen zu dürfen.

(Niemand erhebt dagegen Widerspruch.)

Meine Herrn, viel Schönes, viel Wahres und viel Edles haben wir gestern gehört; Sie werden aber nach geschlossener Debatte den Saal wohl nicht verlassen haben, ohne so recht tief gefühlt zu haben, daß der eigentliche Schwerpunkt von all' dem Schönen, was wir hörten, in der practischen Anwendung, in der thatsächlichen Verwerthung liegt: und ich muß Sie, meine Herrn, vor allem bringendst darum bitten: gehen Sie ab von allem Nebensächlichen und halten Sie sich an die Cardinalfragen, packen Sie die Sache da, wo sie practisch eben anzugreifen ist. In dieser Beziehung habe ich schon bei den einleitenden Worten unsres verehrten Herrn Präsidenten gehört, daß die Bildung von Vereinen eine unabweisbare Nothwendigkeit ist; ich stimme bei und sage: aus diesen Vereinen heraus werden sich naturgemäß die kirchlichen Gemeinden in unserem Sinne bilden.

Wir wollen keine Sectirer sein, wir wollen Wiederherstellung der alten katholischen Seelsorge.

Was den ersten Punkt, die Vereine, anbelangt, so habe ich schon gestern am Schlusse der Debatte eine Bemerkung gehört, die meinen Gefühlen widerstrebt. Es wurde die Einwendung erhoben: „ja wie sollen diese Vereine beschaffen, sollen sie rein kirchlicher oder auch politischer Natur sein. Und es wurde insbesonders betont, daß die politische Seite ganz unberührt gelassen werden sollte.

Meine Herrn, nach meinem Dafürhalten ist das eine pure Unmöglichkeit. Es ist beides vereint und es kann das eine ohne das andere gar nie mit Erfolg behandelt werden. (Bravo!)

Sie werden sich alle überzeugen, meine Herrn! Der Charakter unserer Agitation ist nicht allein ein kirchlicher, er ist auch staatsbürgerlicher Natur; und gerade dieser letzte Punkt ist es, welcher nach meinem Dafürhalten außerordentlich viel dazu beitragen wird, den gesunden Sinn des Volkes, welcher vielleicht jetzt noch etwas bange zurückhält, wachzurufen und aufzuklären, mit wem wir eigentlich zu kämpfen haben.

Ich bin der vollsten Ueberzeugung, daß, wenn wir eben auf dem politischen Gebiete in unserem Vereine Thätigkeit entwickeln, wir gerade dann nicht allein von Bayerns, sondern von allen Staatsregierungen Unterstützung finden müssen.

Was wollen wir denn? Ich frage einfach: was ist denn der Kampf, der jetzt durchgekämpft werden muß? Fassen Sie alle Erfahrungen zusammen: „es ist nichts anderes als ein Kampf der Kirche gegen den Staat". Und wenn wir von diesem Gesichtspunkte aus die Sache betrachten, so möchte ich doch glauben, daß gerade der Staat das tiefste Interesse hat, eben in dem politischen Theile unserer Thätigkeit so recht kräftig uns zu unterstützen.

Es wird aber auch nach meinem Dafürhalten in unserer Aufgabe liegen, was die kirchliche Seite anbelangt — und darauf lege ich einen großen Werth — daß wir dafür Sorge tragen, daß die Priester, die bisher zu uns gehalten haben, nicht unterschätzt werden. Man soll von dem Gesichtspunkte ausgehen, daß das die Leute sind, die es verstehen, nicht allein für ihre Kirche zu sorgen, sondern auch darauf ihr Augenmerk richten, daß die staatliche Ordnung aufrecht bleibt und das ist nach meinem Dafürhalten eine Richtung, die von diesen Herren nicht genug anerkannt und gewürdigt werden kann.

Darum, glaube ich, soll unser Bestreben dahin gehen, auf die Staatsregierungen einzuwirken, daß diese edlen Priester, ich wiederhole es, diese edlen Priester erhalten, unterstützt, ja daß sie gehoben werden. (Bravo!)

Meine Herrn! Ich kann nicht in Abrede stellen, daß von vielen Seiten mit einigem Grund gesagt worden ist: „ja, es ist wohl schön, wenn man diese edle Bewegung unterstützt, es sollen sich Vereine bilden, es soll angekämpft werden gegen diese Ausschreitungen von Seite des Clerus; allein es fehlt uns an den

Mitteln. Weder civilrechtliche noch Bestimmungen des Strafgesetzes stehen uns zur Seite."

Ich will mich zur Zeit über diese Frage nicht weiter auslassen, wir haben davon schon unendlich viel gelesen; ich halte dafür, daß eine richtige Handhabung des einer jeden Regierung zustehenden Schutzrechtes allein schon mehr nützt, als die Anwendung von civilrechtlichen und strafgesetzlichen Bestimmungen.

Bedenken Sie nur, meine Herrn, von welch großer Bedeutung es ist, wenn man, wie speciell in Bayern, einräumen muß, die nun befinirte Machtstellung des Papstes, sie ist staatsgefährlich. Die ganze bisherige Stellung zwischen Staat und Kirche stellt sie in Frage.

Ja, meine Herrn, steht dieses fest, dann glaube ich auch, ist es unabweisbare Nothwendigkeit, gerade für diejenigen Priester zu sorgen, gerade diese in ihrem Amte zu schützen, gerade diesen keine empfindliche Schädigung zukommen zu lassen, die ja ganz dasselbe sagen, was die Regierung sagt. Auch sie sagen, dieses Dogma ist staatsgefährlicher Natur.

Warum denn dieser ungeheuere kirchliche Kampf? Ich habe die Ueberzeugung, wenn es sich um das Dogma der unbefleckten Empfängniß handeln, und wir da Einwendungen erheben würden, der Episcopat wegen solchen Unglaubens die Störung des staatlichen Friedens unterließe; warum aber jetzt dieser große Sturm? Weil alle diejenigen, welche unsere Gegner sind, wissen, daß gerade dieses Dogma der Unfehlbarkeit und Alleingewalt, wenn es zur Geltung kommt, der richtige Weg ist, um Eingang zu finden in das staatliche innere Leben, um gleichsam im Staate selbst das Scepter in die Hand zu bekommen.

Diese Ansicht, glaube ich, wird von Vielen getheilt werden, und gerade dieses ist auch der Grund, warum nach meinem Dafürhalten die Staatsregierungen Anlaß haben — und sie werden es auch thun — unsere Vereine, mögen sie politische oder kirchliche genannt werden, auf Grund desjenigen Programms, welches jetzt beschlossen worden ist, nach allen Kräften zu unterstützen.

Meine Herrn, seien Sie überzeugt, daß das Comité in München bestrebt sein wird, sowohl im Ganzen wie in seinen einzelnen Mitgliedern, wozu auch ich mich zähle, für die Verwirklichung alles dessen, was jetzt beschlossen worden ist, nach Kräften das Möglichste beizutragen.

Von Seite unseres Herrn Präsidenten wurde wenigstens, wie ich gestern Abends vernommen und annehmen zu müssen geglaubt habe, ein ungeheueres Vertrauen in unsere Thätigkeit in München gesetzt. Ja, meine Herrn, wir haben das Bewußtsein, unsere Pflicht gethan zu haben. Aber ich möchte doch bitten, dieses Vertrauen nicht gar zu hoch zu stellen und dafür zu sorgen, daß die Vereine so, wie sie jetzt in Vorschlag gebracht worden sind, nach allen Orten hin eine gleichmäßige Thätigkeit entwickeln, wie wir sie bisher zu entwickeln bestrebt waren.

Und thun Sie das, meine Herrn! Arbeiten wir nach allen Richtungen mit vereinten Kräften, so bin ich fest überzeugt, — und es ist keine andere Möglichkeit als diese — daß wir die Sieger im Kampfe werden und auch die Sieger bleiben; denn wir kämpfen für die Wahrheit, für das Gute, wir kämpfen für die katholische Religion im ächten Sinne. (Bravo.)

Präsident:

Meine Herrn! Es melden sich immer mehr Redner, es kommen immer Anträge ein. Ich gestehe Ihnen, wir kommen zu keinem Resultate, wenn wir nicht auf einen ganz bestimmten Antrag uns beschränken. Wir haben die Gemeindebildung noch; das ist ein Gegenstand, der deshalb wichtiger ist, weil es sich um Principien handelt. Wir sind ja alle einverstanden darin, daß Vereine gebildet werden sollen; es ist das bereits ausgesprochen und dringend ans Herz gelegt worden.

Die Einzeichnung von Beiträgen schreitet rüstig voran. Das Comité in Heidelberg hat bereits 300 fl. eingeschickt, das von Pforzheim, wie uns gestern referirt wurde, 100 fl. Der Antrag, überall Listen aufzulegen zur Einzeichnung, der höchst practisch ist, von Herrn Erlenwein, verträgt sich ganz gut mit den Anträgen der Herrn Cornelius und Stumpf. Um alle Weitläufigkeiten abzuschneiden, stelle ich den Antrag: man möge sich beschränken auf den präjudiciellen Antrag von Herrn Dr. Jirugiebl und den Antrag von den Herrn Cornelius und Stumpf.

Der präjudicielle Antrag des Herrn Dr. Jirugiebl lautet: „Es möge von der gegenwärtigen Versammlung für die Durchführung einer organisirten katholischen Bewegung aus ihrer Mitte eine ständige Commission mit dem Recht der unbeschränkten Cooptation niedergesetzt werden. Die Versammlung solle zugleich dieser Commission ihr unbedingtes Vertrauen aussprechen und dieselbe auf dem Gebiet der Organisation mit der ihr selbst zustehenden Autorität betrauen und ihr jede benöthigte materielle wie geistige Unterstützung zusagen.

Als Commission schlage ich die Vorstandschaft des Katholikencongresses (mit Einschluß der beiden Vorstände des Münchener Comités) vor."

Wird dieser Antrag angenommen, so ist es in die Hand dieser Commission gelegt, die Anträge z. B. der Herrn Cornelius und Stumpf und von Herrn Erlenwein anzunehmen und überallhin zu empfehlen.

Dieser Antrag ist präjudiciell. Ich glaube, es kann darüber ohne Discussion abgestimmt werden; es hat sich Jeder meines Ermessens schon seine Ansicht gebildet. Falls die Versammlung diesem Antrage, wie ich ihn soeben vorgelesen habe, zustimmt, so bitte ich Sie, sich zu erheben.

Es hat die weitaus größte Majorität sich erhoben. Dadurch ist die Sache erledigt, und ich darf mir nunmehr erlauben, auf den Vorschlag, den ich gestern gemacht habe, zurückzukommen:

„Die Versammlung erklärt, sie billige die gestellten Anträge auf eine geordnete Leitung der Bewegung, sie hält für nothwendig die Errichtung von Vereinen zur Durchführung dieser Bewegung; aber diese Durchführung soll mit Rücksicht auf die verschiedenen Staatsgesetze und örtlichen Verhältnisse den örtlichen Comités selbst überlassen werden, in der Erwartung, es werde das Programm des Katholikencongresses als Basis der Bestrebungen allenthalben festgehalten werden."

Ist die geehrte Versammlung damit einverstanden, so bitte ich, sich zu erheben.

(Die Versammlung erhebt sich.)

Wir kommen nun zu dem Punkt, betreffend die Gemeindebildung. Ich ersuche Herrn Geheimrath Dr. von Windscheid, den Vorsitz zu übernehmen.

(Herr Geheimrath Dr. v. Windscheid übernimmt den Vorsitz.)

Professor Dr. von Schulte:

Geehrte Versammlung! Erlauben Sie mir, über die Gemeindebildung einen detaillirten und motivirten Antrag zu stellen, welcher sowohl die einzelnen Punkte berührt, wie auch die Motive enthält, von denen wir ausgehen können. Es ist nicht einmal, sondern oft während der Debatte ausgesprochen worden: es werde sich unsere Versammlung wieder damit begnügen, daß wir blos reden, blos beschließen, daß aber nichts gehandelt werde. Es läßt sich nicht bestreiten, daß über das Handeln auf dieser Versammlung die Ansichten auseinander gehen. Wir haben von verschiedenen Personen gehört, daß sie als Handeln auf diesem Congreß ansehen, daß wir etwa einen Bischof wählten, etwa decretirten: es sind z. B. dorthin 4 Priester zu senden, dorthin 2 Priester, daß wir etwa sagen sollten, daß so und so viele Missionäre, — denn das ist die Aufgabe, nicht Reiseprediger, — angeordnet werden.

Meine Herren! In meinen Augen ist das auch nur Reden und Beschließen, kein Handeln. Handeln könnten wir dann, wenn wir sagen könnten: es wird A. zum Priester geweiht und B zum Bischof und wenn diese Weihe vollzogen würde. Sie werden zugeben: ein solches Handeln ist einfach nicht möglich. Uns bleibt also offenbar gar nichts übrig, als die Grundsätze aufzustellen, nach welchen vorgegangen werden soll, diejenigen Gedanken und Motive hervorzuheben, die betont werden müssen. Wenn das geschieht, so haben die örtlichen Comités eine vollkommene Directive, nach welcher sie sich richten können.

Welches können nun einfach die Mittel und Grundsätze sein?

Die Lage, in welcher wir uns befinden, ist einfach dieselbe, in welcher sich die Christenheit zur Zeit der Apostel befand.

Wir halten fest an unserm alten Glauben. Nicht wir haben den Glauben verläugnet, nicht wir sind vom Glauben abgefallen; nein, man verlangt von uns, daß wir Menschensatzung und bloßes Priesterwort ansehen sollen als Gottes Offenbarung. Dagegen wenden wir uns. Wir brauchen von Niemand eine Mission. Unsere glaubensstrenen Priester haben ihre Mission in denselben Worten, in welchen der Papst und die Bischöfe sie haben, in den Worten: „Gehet hin in alle Welt und lehret alle Völker". Das ist unsere Mission. Stehen wir auf diesem Standpunkt, so haben wir zugleich das Object und die Grenzen unserer Berechtigung. Wir sind berechtigt, alle kirchlichen und religiösen Functionen vorzunehmen, wo immer die Möglichkeit sich dazu bietet. Wir läugnen nicht, daß für normale Verhältnisse die Circumscription von Diöcesen nothwendig ist, wir läugnen nicht für normale Verhältnisse die Nothwendigkeit von Erzdiöcesen. Wir sind der Ansicht, daß die Pfarreintheilung u. s. w. nothwendig ist, aber alles bei normalen Verhältnissen. Es hat kein einziger Apostel einen Bisthumssprengel gehabt; sie sind hingegangen, wo sie es eben für gut fanden, sie haben überall lehren können. Bei unseren Verhältnissen existiren folglich diese Institutionen nicht. Eine andere Frage ist nun: wie können wir fertig werden? Wenn Sie 2000 Priester haben, meine Herrn, welche bereit sind, die Functionen zu übernehmen, dann haben Sie ja 2000 Pfarreien. Wir können aber nicht decretiren, es sollen 2000 Pfarreien da sein.

Das also, daß sich factisch und practisch Gemeinden bilden, hängt einfach davon ab, ob Personen da sind. Wir wollen nichts thun, als den Grundsatz aussprechen, daß wir der Ansicht sind, es muß geschehen, was zu geschehen hat. Ob das nun der Fall ist, können wir hier nicht beurtheilen. Ich gestehe meine absolute Unfähigkeit und Ignoranz ein, über Orte irgend ein Urtheil abzugeben, die ich nicht genau kenne. Ich gestehe ebenso ein, daß an dem einen und andern Orte gar kein Bedürfniß dazu vorliegt.

Ich habe schon gestern hervorgehoben: ich bin in meiner Diöcese in der Lage, jedweden kirchlichen Act ohne Anfechtung vorzunehmen; ich bin noch nicht gefragt worden im Beichtstuhl, ob ich an die Infallibilität glaube, mir ist die Absolution nicht verweigert worden. Ich gehe zur Communion, Niemand incommodirt mich; ich sehe nicht ein, warum augenblicklich in Prag mit der Bildung einer Gemeinde vorgegangen werden soll. Diese Frage kann nur am Orte des Bedürfnisses beurtheilt werden; und Sie werden mir zugeben: es ist die Frage eine individuelle. Man sagt: woher bekommen wir Priester? Es sind ja eine Menge Priester da. Und ich bin überzeugt, im Moment, wo wirklich diesem Bedürfniß Rechnung getragen werden muß, werden sich andere finden. Aber eine Frage ist allerdings sehr practisch; wir hängen noch jetzt auf allen Gebieten innig zusammen mit der staatlichen Gesetzgebung. Das Wort: „Freie Kirche im freien Staate, Trennung von Kirche und Staat" ist sehr schön, lautet sehr hübsch, sogar schwungvoll, man kann Capital damit machen; es ist aber nicht überall practisch. Ich bin auch dafür, daß es nicht anders werden wird, als wenn endlich diese Dinge sich ändern, wenn rein religiöse Acte nicht mehr gemacht werden zu juristischen Bedingungen von civilrechtlichen und sonstigen staatlichen Acten. Aber bis dahin kann noch viel Wasser in der Isar fließen, und mittlerweile können wir nicht vergehen oder religiös verhungern. Was macht der katholische Vater, wenn ihm erklärt wird: Wenn du den Königswinter'schen Protest nicht widerrufst oder die Unterschrift nicht von der Coblenzer Adresse zurückziehst, wird dein Kind nicht getauft. Da gibt es nur zwei Antworten. Erstens: Gut, so taufe ich's selbst — oder: Ich gehe zu einem Seelsorger einer fremden Confession. Beides ist aber unpractisch für den, der ein Geburtszeugniß haben will. In allen Ländern, in welchen nicht Civilregister sind, muß die Geburt eingetragen werden in das kirchliche Taufregister, sonst kriegt er kein Geburtszeugniß. Das ist eine practische Frage. Wenn Jemand heirathen will, muß er nothwendigerweise die äußeren Bedingungen erfüllen. Es hilft ihm ja nichts, wenn auch jeder glaubenstreue Priester ihn copuliren will; nur das beim Pfarrer oder einem von ihm Delegirten vorgenommene Eheversprechen ist juristisch anerkannt. Die Erklärung vor dem überrumpelten Pfarrer und zwei Zeugen ist wohl auch ein Mittel, das aber nicht unbedingt anempfohlen werden kann, denn es ist nicht practisch. Wenn der Pfarrer das merkt, hütet er sich. Gleiche Schwierigkeit haben Sie bei Begräbnissen. Nun bleibt der Weg der Beschwerde. Wohin dieser Weg führt, das ist in von den Zeitungen besprochenen Fällen practisch geworden. Das heißt nun nicht den Staat hineinmischen, es heißt auch nicht dem Staat das Recht einräumen, wenn man sagt: Solange kirchliche Acte Vorbedingungen staatsrechtlicher Acte sind, verlangen wir vom Staate, daß er unsere Priester als berechtigt anerkennt, diese Acte mit civiler Wirkung vorzunehmen. Ich räume damit dem Staate nichts ein; ich sage nur: ich mache es nicht wie der Vogel Strauß, daß ich den Kopf in den Sand stecke, sondern ich sage: ich lebe in der Welt, daher will ich die wirklichen Verhältnisse gebrauchen. Das, meine Herrn, ist die Gemeindebildung, die allein practisch ist. Sie sehen, das ist wirklich practisch; und wir müssen erklären, das sei unsere Aufgabe. Ich gehe weiter zu: es kann eine Zeit kommen, wo es damit allein nicht geht, nämlich wenn nicht Priester genug mehr da sind, wenn die jetzigen wegsterben. Nun, meine Herrn, da erlaube ich mir offen etwas auszusprechen. Ich bin von der Wahrheit unserer Bewegung und von der Wahrheit dessen, dem ich mich angeschlossen habe, so überzeugt, daß ich Ihnen ganz offen sage: daß, wenn ich der einzige Sterbliche wäre, der auf diesem

Standpunkte bliebe, nie und nimmermehr ich mich zu einem andern bekennen würde. Und dieses setze ich von Jedem voraus, weil ich kein Recht habe, und es mir nicht einfällt, dieselbe Glaubenstreue, die ich habe, mit der ich leben und sterben werde, irgend einem zu versagen.

Meine Herrn! Wenn man diese Ueberzeugung hat, dann ist man aber auch überzeugt, daß die Wahrheit siegen wird. Wir haben den Glauben dazu; und wenn wir den Glauben haben, wird es gut gehen. Wenn wir diesen Standpunkt festhalten, dann sind wir nicht in der Lage, irgend etwas überstürzen zu müssen; wir haben noch Priester genug — und gut! ist ein junger Mann da, der den Beruf zum geistlichen Stand hat, und ein katholischer Priester werden will, der nicht dem 18. Juli huldigt, dann gehe er hinaus und lasse sich ordiniren bei einem fremden Bischofe. Das muß ihm zustehen; er ist ganz gewiß dazu berechtigt. Er kann hingehen zum Bischof von Utrecht, zu einem griechischen Bischofe; und ich bin überzeugt: Niemand kann ihm das verargen.

Da haben Sie ja die Mittel. Nun aber gebe ich zu: auf die Länge der Zeit kann das ja nicht ausreichen. Es ist möglich, daß wir sammt und sonders nicht das Resultat dessen, wofür wir kämpfen, erleben; aber, meine Herrn, wir machen überhaupt außerordentliche Dinge nur für unsere Zeit und den Verhältnissen entsprechend, nicht für die Zeit nach unserem Tode. Wenn einmal die Sache so lange dauert, wenn das Unrecht so eingeschlichen ist, und wenn die Lüge, ein Fall, für den der heilige Vincenz von Lirin bereits die Anleitung gegeben hat, die ganze Kirche und den ganzen Episcopat angreift, wenn die Bischöfe practisch dabei beharren: dann könnte es möglich sein, daß im einzelnen Lande der Glaube abhanden komme. Meine Herrn! Im Orient und in Afrika ist's auch so gewesen; das befürchte ich für Europa und insbesondere für Deutschland nicht. Geht aber die Lüge voran, so sind die Mittel da, so organisire man Diöcesen, lasse Bischöfe weihen u. s. w. Es ist ja möglich, daß noch der eine oder der andere Bischof zur Besinnung kommt. Lassen Sie die zwei Augen jener Person sich schließen, von der unser ganzes Unheil ausgeht, dann ist es ja möglich, daß die Bischöfe sich ihrer Verpflichtung für entledigt halten. Aber können wir denn jetzt einen Bischof bestimmen, können wir jetzt sagen: es soll das und das eine Diöcese sein. Das ist nicht nothwendig, wir haben weitere Mittel.

Ich gebe zu: es will das Volk das Sacrament der Firmung haben, es will auch andere bischöfliche Actionen vorgenommen haben. Meine Herrn, wir sind ja keine Revolutionäre. Wir verwerfen das nicht, was auf normal legaler Weise geworden ist; wir wünschen eine Reform, aber wir dürfen nicht als normal erklären: „Eine Kirche kann auch gebraucht werden, ohne daß sie auf rituelle Weise geheiligt ist." Aber als Ausnahme darf man sagen: eventuell celebriren wir in einem Betsaale. Manche Form muß geändert werden, aber wir wünschen, daß sie auf normale Weise geändert werde; und das wird der Fall sein, wenn der Episcopat wieder gläubig wird, dann werden auch diese Aenderungen und Reformen kommen. Ist also ein bischöflicher Act nothwendig — was steht entgegen, daß man zu einem fremden Bischof geht oder daß man ihn kommen läßt? Ich bin fest überzeugt, daß gewiß ein holländischer Bischof in solchen Fällen bereit wäre, hinzugehen nach einem Ort in Deutschland und die Firmung zu spenden; oder man kann die Kinder dorthin bringen. Und dann, meine Herren, muß man zuletzt eines im Auge haben: nicht Alles, was man nicht in der Lage ist, es zu können, ist auch nothwendig. Wenn ich nicht in der Lage bin, beichten zu können, brauche ich nicht zu beichten; und wenn ich in der Lage bin, daß man mir das Sacrament des Altars nicht spendet, nun so kann und muß und darf ich mich mit dem Verlangen begnügen. Das sind die Gesichtspunkte, von denen ausgehend ich folgenden Antrag stelle:

„In Erwägung, daß bereits im Münchener Pfingstprogramm unser Recht gewahrt ist, in Anbetracht der Verhältnisse, auch im Widerspruche mit den für normale Zustände geltenden Regeln und Institutionen, die Vornahme kirchlicher Acte aller Art durch wegen ihrer Glaubenstreue censurirte Priester uns spenden zu lassen; und in der Erwägung, daß in demselben Programm bereits solche Priester ihre Bereitwilligkeit zu diesen Functionen erklärt haben; und endlich in der Erkenntniß,

daß das Absehen von den normalen Sprengeln u. s. w. und das Zurückgreifen auf den apostolischen Missionszustand innerlich gerechtfertigt ist;

daß die Nothwendigkeit des Eintritts dieser priesterlichen Thätigkeit practisch abhängt theils von den örtlichen Verhältnissen, theils von den individuellen Bedürfnissen;

daß bis zu einer Aenderung der Gesetzgebungen noch eine lange Zeit verfließen kann, binnen welcher die glaubenstreuen Katholiken die rechtlichen Wirkungen kirchlicher Acte nicht entbehren können,

beschließt der Katholikencongreß:
1. An allen Orten, wo sich das Bedürfniß einstellt und die Personen vorhanden sind, ist eine regelmäßige Seelsorge herzustellen. Ob der Fall vorliege, können nur die Localcomités beurtheilen.
2. Wir haben ein Recht darauf, unsere Priester vom Staate, wo und so lange kirchliche Acte Voraussetzungen bürgerlicher Rechte sind, als zur Vornahme solcher berechtigt anerkannt zu sehen.
3. Wo dies möglich ist, soll um diese Anerkennung eingeschritten werden.
4. Der Einzelne ist bei unserm Nothstande im Gewissen berechtigt, zur Vornahme bischöflicher Functionen fremde

Bischöfe anzugehen; wir sind berechtigt, sobald der richtige Moment gekommen ist, zu sorgen, daß eine regelmäßige bischöfliche Jurisdiction hergestellt werde."

Vicepräsident von Windscheid:

Ich habe vorher die Unterstützungsfrage zu stellen und ersuche die Herrn, die den Antrag des Herrn Professor Schulte unterstützen wollen, sich zu erheben.

(Ist genügend unterstützt.)

Ich stelle diesen Antrag nun zur Discussion und bitte die Herrn, welche das Wort nehmen wollen, sich beim Secretariat zu melden.

Professor Michelis:

Ich habe mir das Wort erbeten, nicht um irgend ein Wort über diesen Antrag zu sprechen; ich glaube, daß er so für sich selbst spricht und daß er so vollständig all unsern Wünschen und innerem Verlangen entspricht, daß er ohne jegliche weitere Discussion angenommen werden soll. Ich fühle mich aber gedrungen zu einer kleinen factischen Mittheilung, die für Sie Alle von Interesse sein wird.

Es ist soeben ausgesprochen worden, daß wir die Hoffnung auf den Episcopat noch nicht ganz aufgeben dürfen. Ich habe auch noch Hoffnungen für die Zukunft, mit denen will ich Sie aber nicht unterhalten; doch scheint mir hier der Ort zu sein, offen auszusprechen, daß auch in der Gegenwart der Episcopat noch nicht ganz gefallen ist. Ich war vor Kurzem bei einem Bischofe zum Besuche; er hat mich offen als seinen Bruder empfangen; ich war 8 Tage bei ihm, und er hat durchaus kein Hehl aus seiner Freundschaft zu mir gemacht und nicht das mindeste Stillschweigen mir hierüber auferlegt. Ich glaube, ich thue meinem Herzen genug, wenn ich seine ganze Stellung in einem Worte mittheile, das er mir beim Abschied gesagt hat: „Sagen Sie Döllinger, daß ich ihn verehre wie meinen Vater." (Bravo!)

Es hat dieser Bischof seine Stellung in der Sache ganz entschieden genommen und offen ausgesprochen, daß er nie und nimmer dieses sogenannte Dogma, welches, wie er sagt, die Kirche mit einem Fluche belade, anerkennen werde. Er hat seine bestimmte Stellung genommen. Wir können ihm nicht zumuthen, weiter einzugreifen; aber er ist ein Bischof, der intact als katholischer Bischof dasteht; und das gilt nicht allein von diesem einen Bischof. Es sind noch mehrere unter den ungarischen Bischöfen, die nicht allein äußerlich nicht compromittirt sind, was nach dem gesetzlichen Zustande dort nicht geschieht, sondern die auch innerlich ihre Zustimmung noch nicht gegeben haben, und so Gott will, auch nicht geben werden. Gerade in der ungarisch-katholischen Kirche bereitet sich in diesem Augenblicke eine Entzündung der Bewegung vor, die

vielleicht im letzten Augenblicke noch eine Wendung in die ganze
Sache bringen kann. Es ist das keine Schmeichelei gegen Ungarn;
ich betrachte aber die Ungarn als eine thatkräftige Nation, die mit
Energie und Selbstbewußtsein vorgeht, und wie sie in politischer
Beziehung vorgegangen ist, so hoffe ich, daß sie auch in religiöser
Beziehung thun werde. (Bravo!)

Herr Erlenwein:

Ich habe gestern gesagt: wir brauchen vor Allem Geld und
nochmal Geld, um zu dem Ziel zu gelangen, daß wir uns gesteckt
haben und zwar deshalb, damit wir Priester besolden können, die
als Jünger des Herrn in die Welt gehen und das Evangelium
verkünden. Ich habe in dieser Versammlung gehört, daß man
zurückgeht mit der Bezeichnung der katholischen Kirche bis zu
diesem oder jenem Concil. Ich meine: Niemand wird behaupten
wollen katholischer zu sein als Christus selbst und seine Apostel.
Wenn wir also weiter zurückgehen und sagen, wir nehmen
an, daß Christus seine Jünger in die Welt sendete, um seine
Lehre zu verkünden, so haben wir eben jetzt wieder die Jünger
und Apostel hier; und ich bin überzeugt, wenn Christus der Herr
in den Saal treten würde, er würde sagen: Ihr Priester, die ihr
hier seid und meine Rechte und Wahrheiten, die ich gelehrt habe,
vertretet, ihr seid meine Apostel, geht hinaus und lehrt die
Völker. Und ich behaupte, daß diese Leute, die hier das wahre
Christenthum vertreten, berechtigt sind, auch wieder andere Geistliche zu belehren und sie in die Welt zu senden, um das Christenthum zu verkünden. Ich sehe also nicht ein, ich bin eben nicht
Theologe, ob es nicht möglich wäre, daß man zu jenem Punkt
des Christenthums zurückgeht, von dem Christus ausgegangen ist,
und seine Jünger in die Welt geschickt hat, um seine Lehre zu
verkünden. Wenn man im practischen Leben sich überzeugt, daß
man auf einem Irrwege ist, so wird man am sichersten gehen,
wenn man zum Ausgangspunkte zurückkehrt und von da wieder
anfängt und vorwärts schreitet.

Thun wir diesen Schritt, zum Urchristenthum zurückzukehren.
Es werden dann alle Christgläubigen sagen: Mit euch können wir
etwas anfangen, denn wir sind auch hie und da zweifelhaft, ob
wir auf dem rechten Wege sind. Kehren wir also zurück, die wir
an Christi Lehre glauben, so werden wir sicher sein, wenn wir
einträchtig sind, daß wir den rechten Weg auch finden werden.
Also würde ich die Versammlung darum bitten, diese Resolution
anzunehmen, daß wir nicht allein auf die Concile zurückgehen,
sondern auf die Zeit Christi und der Apostel. Ob das jetzt so
möglich ist, weiß ich nicht. Ich bin, wie ich sage, nicht Theologe;
aber ich glaube, daß es der einzige sichere Weg ist. Wir werden
dann nicht in Disput kommen mit den griechischen und englischen
Katholiken, das ist Sache der Theologen.

Herr Kaminski:

Ich erlaube mir nur einige Worte als Bemerkung zum Vortrage des Herrn Prof. v. Schulte zu machen.

Erstens glaube ich, was die Einleitung betrifft, der Herr Professor habe wenig Gelegenheit gehabt, mit dem Volke in Berührung zu kommen. Das Volk ist es aber, das als Instrument der fanatisirten Pfaffen dient, das weiß ich aus Erfahrung und zwar nicht blos aus Schlesien. Als Beweis, wie die Leute fanatisirt werden, kam mir neulich ein Gespräch zweier Frauen vor, die über die Unfehlbarkeit sprachen.

Wir wollen in die Messe gehen, sagte die eine. Zum Heiland, sagte die andere. Ich will zur Mutter Gottes gehen, sagte die erstere, denn der Mann ist doch immer für den Mann und die Frau für die Frau. — Das Volk ist überall als Instrument betrachtet und namentlich die Frauen. Auf diese wirken die Geistlichen, und bringen die Unruhe sogar in die Familien. Ich würde der Meinung sein, daß soviel als möglich in jeder Gemeinde, in Dörfern und größern Städten, — namentlich in den Städten sind die gebildeten Leute sehr indifferent, sie sind weder Alt- noch Rentkatholiken, sondern Heiden, — das Volk im Auge behalten werde. Wir sind Missionäre und müssen deshalb auch als Missionäre handeln und im Vorbeigehen auch unter freiem Himmel unsere Andacht verrichten. Ich muß gestehen, es hat mich gewundert, daß dies noch nicht in München vorgekommen ist.

Was brauchen wir eine Kirche? die ganze Welt ist unsere Kirche. Es hätte wohl vorkommen können, daß auch unter freiem Himmel eine Andacht hätte verrichtet werden können. Das ist das Erste.

Zweitens wollte ich auch pro domo mea sprechen. Es wurde soviel für und gegen den Staat gesprochen. Ich bin — abgesehen davon, was die politische Richtung betrifft — ebenfalls dafür, daß ich den Staat außer der Kirche wissen möchte. Wir können aber ohne den Staat nicht einen Schritt machen. Den Herrn, welche am grünen Tische sitzen, scheint das unbegreiflich. Mir ist das practisch begreiflich. Ich werde nach Hause kommen und vielleicht in das Gefängniß gehen müssen; denn ich befinde mich in Untersuchung. Die Rentkatholiken haben mich verklagt, weil ich eine Trauung vorgenommen habe. Wenn wir also den Staat nicht brauchen, oder nicht in Anspruch nehmen können oder wollen: woher kommt es denn, daß man gegen uns so verfährt, als wenn wir außerhalb der katholischen Kirche wären. Ich würde also beantragen, daß Vereine gebildet werden oder die Bildung von Comité's, mit der ich gänzlich übereinstimme, und daß sie in Activität treten und zwar möglichst bald, damit wir von der Regierung die Erlaubniß und Rechte erhalten. Es heißt nach preußischem Landrechte, daß, wer unbefugt die Rechte eines Pfarrers ausübt: mit 1 Jahr Gefängniß bestraft wird. Nun frägt es sich: sind wir auf dem rechten Wege oder nicht? Wir sind alle der Ueberzeugung, daß wir daran seien, und aus diesem Grunde ist die Mitwirkung der Staatsregierung nicht nur nützlich, sondern nothwendig.

Vicepräsident von Windscheid (als Präsident):
Darf ich mir die Bemerkung erlauben, daß es sich gegenwärtig nur um die Frage der Gemeindebildung handelt. Man darf nichts Fremdes in die Discussion hereinziehen.

Herr Kaminski:
Aber ich will eine practische Bemerkung machen. Ich spreche nicht von den Mitteln, die ergriffen werden sollen ... (Unterbrechung durch den Vorsitzenden.)

Vicepräsident von Windscheid (als Präsident):
Das ist nicht mehr die Frage der Gemeindebildung, das ist die Frage über die Organisation. Wenn immer wieder neue Fragen hereingeworfen werden, kommen wir zu keinem Resultat, und wir müssen doch zu einem solchen kommen. Das Wort hat Herr Reichsrath v. Döllinger.

Herr Reichsrath v. Döllinger:
Meine Herren! Einerseits drängt und bringt uns der Mangel an Zeit, und andererseits will man uns dazu drängen, eine neue verhängnißvolle Bahn zu betreten, auf welcher — fast darf ich sagen — bei jedem Schritte Fußangeln liegen. Vor Allem bitte ich Sie daher, eine so weitausgreifende Frage nicht im Zustande einer erregten Stimmung zu entscheiden, sondern mit größer Ruhe erst alle dabei nothwendig in Betracht kommenden Gesichtspunkte erwägen zu wollen. Vor Allem mache ich darauf aufmerksam, daß es unmöglich in der Absicht dieser verehrten Versammlung liegen kann, in einer öffentlichen Erklärung sofort mit handgreiflichen Widersprüchen hervorzutreten. Sollte nicht, wenn hier ein voreiliger Beschluß gefaßt wird, der Eindruck bei dem außenstehenden Publikum erzeugt werden, daß auf der einen Seite Dinge festgehalten werden sollen, die man im Nachsatze sozusagen und auf der andern Seite preiszugeben, fast wegzuwerfen gesonnen ist? Sie haben ein Programm gestern angenommen, das mit der Erklärung anfängt und mit der Erklärung schließt, daß wir Alle fortwährend Glieder der katholischen Kirche sein und bleiben wollen. Sie nehmen, wie es im letzten Artikel des Programms heißt, alle Rechte, welche den Mitgliedern der katholischen Kirche zustehen, in Anspruch. Aber im ersten Artikel ist auch vorgesehen und ausdrücklich betont, daß, wie überall, wie im Staate, so auch in der Kirche den Rechten Pflichten entsprechen, und daß man Rechte nicht ansprechen könne, wenn man nicht auch bereit ist, Pflichten zu erfüllen. Sollte

nun sich herausstellen, daß Sie Beschlüsse fassen und eine Bahn betreten wollen, auf welcher die Versicherung, daß Sie noch Mitglieder der katholischen Kirche seien, doch am Ende als illusorisch sich erweisen würde und die That dem Wort widerspräche: in welchem Lichte würde dann unsere ganze Bewegung und die Stellung, die wir einnehmen und behaupten wollen, der Welt erscheinen? Wir appelliren ja an die erleuchtete öffentliche Meinung; wir erkennen die öffentliche Meinung auch als Richterin über uns; wir werden strenge von ihr gerichtet werden. Wenn wir Glieder der katholischen Kirche sind und bleiben wollen, versteht es sich doch wohl von selbst, daß wir diese Kirche in ihrem gegenwärtigen Bestande anerkennen, also auch die gegenwärtige Verfassung der Kirche, also auch selbst bis zu einem gewissen leicht zu bestimmenden Punkte hin die Träger der kirchlichen Gewalt. Denn wenn wir das nicht mehr wollen, wenn wir sagen wollen: die Verkünder und Bekenner der vaticanischen Decrete haben dadurch allein schon aufgehört, die rechtmäßigen Träger der kirchlichen Autorität zu sein, dann können wir doch unmöglich noch behaupten, daß wir auch noch Mitglieder dieser selben Kirche seien. Wir stehen ja der großen Masse der Mitglieder dieser Kirche dann geradezu feindlich gegenüber. Was haben wir denn dann mit dieser noch gemein, so daß wir noch immer unsere Gliedschaft an dieser Kirche behaupten und betonen dürften? Daraus geht doch deutlich hervor, daß der einzig rechtmäßige Boden, auf welchen wir uns stellen können, der allerdings vom Herrn Antragsteller, aber, wie mir scheint, doch nicht nachdrücklich genug betonte Boden der Selbsthilfe, des Nothstandes und der Nothwehr ist. Wir befinden uns in einem Nothstande, und wir wollen und dürfen soweit gehen, als der Nothstand es gestattet und erheischt, aber auch nicht einen Schritt weiter. Der Nothstand, in dem wir uns befinden, liegt darin, daß uns als Bedingung gewisser kirchlicher Leistungen geradezu Sünde zugemuthet wird. Wir sollen falsches Zeugniß geben; wir sollen es von uns als irrig anerkannte, eine mit der ganzen katholischen Ueberlieferung in offenbarem Widerspruche befindliche Lehre anerkennen. Wir können dies nicht, wir wollen es nicht. Wir betrachten die Zumuthung geradezu als eine Zumuthung, schwere Sünde zu begehen, die wir zurückweisen und die uns zugleich das Recht gewährt und die Pflicht auferlegt, die uns widerrechtlich versagten religiösen Güter und Leistungen uns von andrer Seite, aber stets den kirchlichen Grundsätzen gemäß, zu verschaffen.

Wie die Kirche selbst, so müssen auch die gegenwärtigen Träger der kirchlichen Gewalt im Allgemeinen das Recht der Nothwehr und der Nothhilfe anerkennen. Die kirchliche Praxis thut es. Um Sie auf ein Beispiel hinzuweisen, so ist bekanntlich jeder Priester befugt, einem in Todesgefahr oder in schwerer Krankheit Befindlichen in Ermanglung des eigenen Pfarrers alle seelsorglichen Functionen zu gewähren, jedes Sacrament, jede Lossprechung, selbst solche Absolutionen, welche sonst dem Papst allein vorbehalten wären, zu ertheilen. Da haben Sie ein Beispiel, daß die kirchliche Gesetzgebung durchaus das Recht der Nothhilfe anerkennt. Wo ein solcher Nothstand eintritt, da ist jeder Priester berechtigt, ja selbst verpflichtet, aus christlicher Nächstenliebe die erforderlichen Functionen zu leisten.

Aber das ist ja doch etwas ganz Anderes, als wenn geradezu der Versuch der Einrichtung einer regelmäßigen, selbstständigen Seelsorge, oder, wie hier geschehen, eine geordnete bischöfliche Jurisdiction sogar in Aussicht gestellt wird. Da tritt ja nicht mehr der Nothstand ein, sondern da sollen auch jene religiösen Functionen, an welchen theilzunehmen unsere Glaubensgenossen nicht gehindert werden, von eigens aufzustellenden und also dem geordneten bischöflichen und pfarrlichen Amte ganz gleichstehenden Priestern und Bischöfen ausgeübt werden. Hier scheint mir doch, meine Herren, die Grenzlinie des Nothstandes offenbar überschritten. Wir wollen ja, das haben wir jetzt feierlich erklärt, im Schooße der katholischen Kirche bleiben. Wir wollen uns alle unsere Rechte vorbehalten, also auch das Recht, an dem öffentlichen Gottesdienste, an dem öffentlichen Lehramte theilzunehmen. Wir können aber doch unmöglich zwei contradictorische Rechte in Anspruch nehmen, einerseits das Recht, überall an dem in der großen katholischen Kirche stattfindenden Gottesdienste theilzunehmen, und andererseits dann wieder das Recht, neben diesem Gottesdienst einen andern, und zwar nicht als bloße Aushilfe in der Noth, sondern einen regelmäßigen, also geordneten, täglich oder wöchentlich stattfindenden zu setzen.

Blicken wir, Präcedenzfälle suchend, rückwärts in der Geschichte der Kirche, so finden wir als eine der unsrigen analoge Lage jene, welche im 4. Jahrhundert zur Zeit der großen Arianischen Kämpfe stattfand. Da berichten uns die Kirchengeschichtschreiber von Bischöfen, die selbst verkleidet herumreisten, welche in Asien von einer Diöcöse zur andern wandernd, alles das leisteten, was den Gläubigen von ihren arianisch gesinnten Bischöfen verweigert wurde, überall aber nur als Spender und Helfer in der Noth auftraten. So verfuhr z. B. der heilige Eusebius von Samosata. Da war nicht die Rede davon, ein geordnetes Kirchenwesen neben das bestehende zu setzen, nicht die Rede davon, die Sitze jener Bischöfe z. B., in deren Diöcesen diese Wirksamkeit eines Missionsbischofes ausgeübt wurde, ohne weiters als erledigt zu betrachten, so daß man diesen Bischöfen sofort andere an die Seite gestellt hätte. Man that eben nur gerade so viel, als der vorübergehende Nothstand erheischte.

Ob nun der Nothstand, in dem wir uns befinden, ein vorübergehender sei, oder sich in unbestimmte Länge hinausziehen werde, das sind Dinge, die wir alle nicht wissen. Gottes Rathschlüsse über die Kirche vermögen wir nicht zu erforschen — höchstens Einiges davon zu ahnen.

Aber alles, glaube ich, liegt daran, daß wir durchaus keinen Fingerbreit von unserer Stellung und unseren Rechten innerhalb der bestehenden katholischen Kirche aufgeben. Sobald einem von Ihnen eine Zumuthung gemacht oder eine Bedingung für Gewährung einer kirchlichen Leistung gestellt wird, welche nach Ihrem christlichen Bewußtsein eine Sünde für Sie wäre, eine Verläugnung der Wahrheit, sobald befindet sich jeder von uns im Nothstande, in welchem die Hilfe erlaubt ist und von jedem gleichgesinnten Priester oder Bischof geleistet werden darf und soll. Sowie wir aber über diese Grenze hinausgehen, dann, meine Herrn, wird die öffentliche Meinung in ganz Europa nicht zweifelhaft darüber sein, daß unsere Behauptung der fortwährenden Zugehörigkeit zur katholischen Kirche, und unsere Thaten, durch welche wir thatsächlich eine andere Kirche oder, wie die Welt sagen wird, eine Secte neben die katholische Kirche setzen, mit einander in unausgleichbarem Widerspruche stehen.

Darum bitte ich so dringend, die verehrte Versammlung möchte doch nicht über eine so hochwichtige Frage in einem Zustande der Erregtheit, wie ich ihn vorhin deutlich wahrgenommen habe, einen Beschluß fassen. Was jetzt beschlossen wird, das kann unsäglich viel Unheil stiften, kann Veranlassung zu bitterer Reue geben, wenn nachher die verderblichen Folgen sich zeigen sollen.

Ich glaube, meine Herrn, die Sache ist überhaupt noch nicht spruchreif. Ich begreife es sehr wohl, daß bei der Kürze der Zeit und nachdem eine Versammlung wie die gegenwärtige wohl so bald nicht wieder zusammentreten dürfte, daß, sage ich, es Ihnen höchst wünschenswerth erscheint, daß jetzt schon über diese wichtige Frage eine Entscheidung gefällt und ein modus vivendi, wenn ich so sagen soll, festgestellt werde. Aber ich glaube wirklich, wir sind noch nicht in der Lage, darüber sofort einen bindenden Beschluß zu fassen, und ich bitte, vor allem doch recht ins Auge fassen zu wollen, daß es für uns vor allem nothwendig ist, nicht vor den Augen der Welt als Männer zu erscheinen, welche ganz widersprechende Dinge in Anspruch nehmen, welche zugleich Katholiken sein und zugleich einer getrennten, sich blos katholisch noch nennenden Secte, wie die Welt sagen wird, angehören wollen.

Wenn ich also einen Vorschlag zu machen hätte, so wäre es nur der, die Prüfung dieses vom Herrn Antragsteller gestellten Antrages noch einer ferneren Berathung von Männern, die dazu eigens erwählt werden müßten, zu unterstellen.

Vicepräsident Professor Dr. von Windscheid:

Meine Herrn, es hat sich Jemand zur Geschäftsordnung zum Wort gemeldet. In der Geschäftsordnung ist darüber nichts

Näheres bestimmt; aber so viel ich weiß, ist parlamentarischer Usus, daß einem solchen Redner auch außer der Ordnung das Wort ertheilt wird. Wenn nichts dagegen erinnert wird, gebe ich das Wort Herrn Zohlen.

Fabrikant Zohlen aus Crefeld:

Meine Herrn, ich bemerke, daß ich vor der Rede des Herrn Reichsraths v. Döllinger unter dem Einfluß eines Gefühles stand, das mich veranlaßte, das Wort zur Geschäftsordnung zu erbitten.

Professor Michelis hat den Antrag gestellt, die Versammlung möge den Antrag des Herrn Professor Dr. v. Schulte ohne Discussion zur Abstimmung bringen. Die Unterstützungsfrage hat ein genügendes Resultat ergeben. Ob nach der Rede des Herrn Reichsraths diesem Antrage noch Folge gegeben werden soll, überlasse ich der Versammlung selbst.

Vicepräsident Professor Dr. v. Windscheid:

Es liegt kein Antrag vor.

Zum Wort hat sich gemeldet Herr Rittel:

Religionslehrer Rittel:

Meine Herrn, ich gehe von der Ansicht aus, daß jene Bischöfe und Geistlichen, welche beharrlich an der Irrlehre festhalten, aus der katholischen Kirche ausgeschlossen sind, und daß jene Laien und Priester, welche jener Irrlehre gegenüberstehen, noch auf dem Boden der katholischen Kirche stehen. Mit der anderen Partei stehen wir im Kampfe und es ist unsere Pflicht, uns in diesem Kampfe zu schaaren und soviel möglich Kampfgenossen zu gewinnen.

Ich erlaube mir daher, den Antrag zu stellen, der verehrliche Katholikencongreß wolle durch das löbliche, erst vor Kurzem ernannte Comité einen Aufruf ergehen lassen an den katholischen niederen Clerus, sich unserer Bewegung anzuschließen. Ich kann Sie versichern, daß unter den Reihen dieses Clerus sehr viele sind, welche gar hart unter dem Hungerdogma leiden und die längst schon in unsere Reihen eingetreten sein würden, wenn sie nicht durch diesen Schritt ihre Existenz gefährden würden, wenn sie nicht durch Familienverhältnisse, durch die Anhänglichkeit an die alte Frau, welche ihren Sohn zu verlieren glaubt, abgehalten würden, diesen Schritt zu thun. Wenn wir ihnen aber eine Zukunft bieten können, wenn sie durch Bildung von altkatholischen Gemeinden zugleich eine Anstellung finden können, dann wird auch das Bedenken wegfallen, das sie bisher noch hatten.

Ich beantrage ferner: es möge, damit wir einen Nachwuchs für die altkatholische Geistlichkeit haben, der versammelte Congreß auch einen Aufruf ergehen lassen an die studirende Jugend Teutschlands, an die Theologie-Studirenden. Wenn ihre Mittel nicht hinreichen, sollen solche Studirende auf Kosten der Vereinskasse ihr Studium fortsetzen und sich von einem Bischof, der sich dazu herbeiläßt, ordiniren lassen.

Dr. Birngiebl:

Ich glaube, wenn wir so fortfahren, kommen wir nicht zu Ende. Herr Pfarrer Kaminski ist bereits über den Gegenstand hinausgegangen, den wir uns vorgesetzt haben; auch Herr Rittel ging wieder über denselben hinweg. Ich behaupte das auf Grund meines präjudiciellen, fast einstimmig angenommenen Antrages. Alle diese Dinge gehen uns nichts mehr an, sondern diejenige Commission, von der wir erklärt haben, daß wir ihr das vollste Vertrauen, daß wir ihr unsere eigene Autorität und unsere materiellen und geistigen Mittel zur Verfügung stellen; und ich bitte das geehrte Präsidium, durch den Ordnungsruf jede weitere Discussion in dieser Beziehung abzuschneiden, wenn wir zu Ende kommen sollen.

Präsident Dr. v. Windscheid:

Ich glaube, daß die Frage, ob der Ordnungsruf erlassen werden soll oder nicht, nur in das Ermessen des Präsidiums gestellt werden kann, und daß kein Mitglied der Versammlung berechtigt ist, in dieser Beziehung eine Einwirkung auf das Präsidium auszuüben.

Professor Dr. Reinkens:

Meine Herrn! Es wird mir sehr schwer, einzugestehen, daß ich dem Herrn Reichsrath v. Döllinger, mit dem ich mich bisher in vollstem Einklang gewußt, in der vorhin vernommenen Rede nicht folgen kann. Der Nothstand, in dem wir heute uns befinden, scheint mir nicht derselbe, wie der des 4. Jahrhunderts. Es ist wahr, diejenigen, welche den Beruf übernommen haben, uns zur Heiligkeit zu führen, fordern uns zur Sünde auf. Das ist ein Verbrechen. Indem wir ihnen nicht folgen, die Sünde nicht begehen, verschließen sie uns das Heiligthum, wehren es uns, zu den Gnadenmitteln unsers Herrn zu treten.

Das ist eine Besiegelung des Verbrechens und eine Häufung, aber das ist nicht alles. Es ist nicht ein einzelner Fall. Wir befinden uns in einem Netz, aus dem wir nicht heraus können. Gibt es einen gesetzlichen Weg, uns wieder in den Besitz des uns mit Unrecht verweigerten Gottesdienstes zu setzen, so werde ich gewiß der Erste sein, der diesen Weg mit Freude betritt. Wir haben es aber nicht mit einem einzelnen Falle zu thun, in welchem die römische Curie mit den ihr willfahrenden Bischöfen uns zur Sünde auffordert, sondern es ist ein ganzes System der Corruption, womit sie uns umstrickt hat.

Wo haben wir denn den gesetzlichen Weg? Die Päpste in

der alten Kirche erklärten und leisteten den Eidschwur, daß sie sich gebunden erachteten durch die canonischen Gesetze. Das heutige corrumpirte System hat aber das ganze canonische Recht über Bord geworfen.

Was der Papst sagt, ist Recht; und alles bisherige canonische Recht ist vernichtet durch seinen Ausspruch. Unsere Staatsregierungen sind seit Decennien betrogen worden mit der zur Phrase gewordenen Berufung auf das canonische Recht. Hat doch die römische Curie bei der Wahl des Erzbischofs von Cöln schließlich es der preußischen Staatsregierung als canonisches Recht vorgehalten, daß aus Zweien keine Wahl stattfinden könne, das sei eine bloße Alternative, während das Capitel vorher in Majorität die Einzelnen gewählt hatte aus der Gesammtheit, und diese dem Papste genehme Majoritätswahl zur Aufstellung einer Liste gerade das canonische Wahlrecht der Minorität für die definitive Wahl vernichtete. Wo weiß das canonische Recht etwas von dergleichen Dingen? Das canonische Recht existirt überhaupt nicht mehr. Auf welchem gesetzlichen Wege sollen wir denn wieder in den Besitz unseres Gottesdienstes kommen?

Wo ist die ordentliche Jurisdiction, nachdem die Bischöfe selbst anerkannt haben, daß sie nur eine belegirte Jurisdiction besitzen, während der von Christus eingesetzte Episcopat kraft seiner ordentlichen und unmittelbaren Jurisdiction sein Amt verwaltete. In einem solchen Nothstande, wo wir in einem Netze uns befinden, aus dem ich keinen Ausweg sehe, wenn wir es nicht zerreißen, glaube ich, daß das Recht, was ich mir vorbehalten habe, auf die Ausübung der geistlichen Functionen ein Recht ist, das ich nicht blos im Sterbefalle ausüben kann, wenn ich zu einem solchen gerufen werde, sondern das ich jeden Tag auszuüben berechtigt bin.

Diejenigen Bischöfe, welche selbst ihre ordentliche Jurisdiction aufgegeben haben, werden mich nie mehr auf gesetzlichem Wege zu den Functionen zulassen. Also ich muß gestehen: ich weiß keinen Ausweg. Ich wiederhole, es ist ein System der Corruption und Sünde und nicht ein einzelner Fall und darin liegt die Abnormität unseres Nothstandes.

Im Uebrigen bin ich ganz damit einverstanden, daß die Resolution, welche Herr Prof. v. Schulte eingebracht hat, noch einmal von einer Commission erwogen werde. (Bravo.)

Oberlehrer Stumpf:

Ich befinde mich, so auffallend es auch scheinen mag, gegenwärtig keineswegs in einer bedrückten Stellung. Es scheint ein Widerspruch vorhanden zu sein. Meiner Ansicht nach ist aber dieser Widerspruch in der That nicht vorhanden. Ich fasse die Sache nämlich so auf: „Wenn wir heute schon annehmen müßten, daß wirklich die Träger der Hierarchie und des Clerus, der bis jetzt unter der Zuchtruthe, unter dem Joche der Oberen für das Dogma sich erklärt hat, sämmtlich mit innerer Ueberzeugung dieses Dogma annähmen, und von diesem Standpunkt aus uns für Ketzer erklärten, dann würde ich Prof. Reinkens vollkommen Recht geben.

Dann wären nur wir noch die Kirche, nicht aber die anderen.

Ich gehe sogar noch einen Schritt weiter; ich gebe selbst zu, daß, wenn auch nur Willensschwäche vorliegt — bei vielen Trägern des Episcopats und sehr vielen Mitgliedern auch leider unseres deutschen Clerus, die sich heute mehr als je dieser elenden Schwäche hätten schämen sollen, also obgleich nur Willensschwäche vorliegt, nicht innere Glaubensüberzeugung, daß man doch, wenn man es streng nimmt, sagen könnte, es sei das Verbrechen der Häresie vollzogen. Aber wir brauchen das nicht zu sagen, und im Interesse der Einigkeit und des sichern Fortschritts unserer Bewegung fordere ich Sie auf, wohl zu überlegen, was heute opportun ist. Die Frage der Opportunität ist in einem Augenblicke aufgeworfen worden, wo sie nicht an der Stelle war, wo es sich darum handelte, zu entscheiden, was wahr und unwahr sei. Darüber sind wir jetzt nicht im Zweifel, darüber wird kein Urtheil mehr gefällt, es ist gefällt; aber es handelt sich hier um die Frage nach den Personen, ob wir die lebendigen Träger der Hierarchie, ob wir den Clerus, der zu ihr steht, — nothgedrungen, wie wir wissen: er würde sich freuen, wenn wir das Joch von seinen Schultern nähmen — ob wir diese für Ketzer erklären wollen. Das ist nicht eine Frage nach Wahrheit oder Unwahrheit; das ist eine practische Frage, eine Frage der Opportunität. Und die christliche Liebe und das Bestreben, auch auf unsere Gegner Einfluß zu üben, ihnen die Rückkehr möglich zu machen. Dies fordert, daß wir dabei in der vorsichtigsten Weise vorgehen.

Ich bin daher allerdings der Ansicht, daß wir principaliter unser volles Recht wahren können, daß wir auch den Augenblick ins Auge fassen können, und zwar heute schon, wo wir sagen müßten, der Zustand der Ketzerei sei fest geworden, es lasse sich nicht mehr verkennen, daß die bestehende Hierarchie nicht gerettet werden könne. Aber heute ist der Zustand noch nicht so, daß wir das sagen müssen; daher lassen Sie die Bewegung doch von unten anwachsen. Was hilft es, wenn wir decretiren: wir bilden Gemeinden mit regelmäßigen Seelsorgern?

Meine Herrn! Wenn Sie meinen, daß ich nach Coblenz zurückgekehrt für die Bildung einer Gemeinde auftreten soll, so erkläre ich mich dazu vollständig außer Stande.

Die Mitglieder des Coblenzer Comité's sind mit mir vollkommen einig darin, daß die Zustände für regelmäßige Gemeindebildung bei uns durchaus noch nicht vorhanden sind.

Eine ganz andere Frage aber ist es, für die Befriedigung des religiösen Bedürfnisses im Nothstand zu sorgen; und darauf ging der Antrag, den ich mit Herrn Prof. Cornelius Ihnen vorzuschlagen die Ehre hatte. Ich glaube, wenn Sie diesen Antrag, der nur durch den präjudiciellen des Herrn Dr. Zirngiebl beseitigt worden ist, angenommen hätten, so hätten Sie der Entwicklung den weitesten Weg geöffnet; Sie hätten der Zukunft nichts vergeben und hätten in der Gegenwart nichts gethan, was verhängnißvolle, höchst bedenkliche Folgen haben kann.

Daher möchte ich wegen der formellen Geschäftsbehandlung darum ersuchen, das Comité, welches Sie mit Ihrem Vertrauen beehrt haben, — es könnte zwar unbescheiden klingen, weil ich selbst der Antragsteller bin; aber ich habe die Ueberzeugung, daß kein practischerer Antrag vorliegt, — daher möchte ich also das von Ihnen soeben aufgestellte Comité auffordern, diesem unserm Antrag, dem Herr Reichsrath von Döllinger, wie ich mich überzeugt habe, nicht entgegen treten wird, seine Zustimmung zu geben.

Dr. v. Florencourt aus Paderborn:

Ich will nur ein paar Worte sprechen, denn qui tacet consentit. Herr von Döllinger hat eine Ansicht ausgesprochen, die ich für meine Person für vollständig falsch halte.

Auch ich bin Katholik und will es bleiben bis zum letzten Augenblick.

Eben deshalb, weil ich Katholik bleiben will, will ich nicht Mitglied einer häretischen Gesellschaft sein.

Nun, meine Herrn, ist klar, woran erkennt man die Katholicität?

Am Glaubensbekenntniß.

Ist das nun noch die katholische Kirche, die eine so furchtbare Ketzerei definirt hat, die der Papst und die Bischöfe angenommen haben. Das ist nicht mehr die katholische Kirche. Herr v. Döllinger sagt also: Wir müssen, um Katholiken zu bleiben, in der häretischen Kirche bleiben. Wenn wir nicht in dieser häretischen Kirche bleiben, so würden wir Secten werden, und wir können doch unmöglich zweierlei sein, Mitglieder einer Secte und Mitglieder der katholischen Kirche".

Ganz gewiß. Wir können nicht zugleich Mitglieder einer häretischen Secte und Mitglieder der katholischen Kirche sein. Aber eben deshalb können wir nicht in der Gesellschaft bleiben, die sich unzweifelhaft zur Häresie bekennt.

Wer in dieser kirchlichen Gemeinschaft bleibt, ist kein Katholik.

Herr v. Liaßo:

Ich bin weit entfernt, ein Redner zu sein, aber mich drängt das Gewissen in diesem für uns Alle entscheidenden Augenblick, das mir soeben gewährte Wort zu ergreifen. — Meine Herrn! Als die vortrefflichen von Herrn Professor Dr. v. Schulte Ihnen vorgeschlagenen Resolutionen uns heute Morgen vorgetragen wurden, da habe ich die Hoffnung des Herrn Professor Dr. Michelis getheilt, die Hoffnung, daß diese Resolutionen ohne Discussion würden angenommen werden. Denn, in der That, sie sprechen für sich selbst. Es ist anders gekommen, und ich sehe mich daher verpflichtet, mitten aus der Praxis des täglichen Lebens einige Worte Ihnen zuzurufen, um gleichsam so zu ergänzen, was von den Männern Ihnen gesagt worden ist, deren Leben der Pflege der Wissenschaft von Amtswegen gewidmet ist. Lassen Sie mich vorerst mit dem Bericht einer auf feindlicher Seite gefallenen Aeußerung beginnen; denn wenn wir die Gedanken des Feindes kennen, so sind dieselben insofern geeignet, uns Anleitung für unser Thun und Lassen zu gewähren, als wir sicherlich dasjenige erstreben müssen, was er uns mißgönnt, und thun müssen, was er auf das sehnlichste wünscht, daß wir es unterlassen möchten. Wohl uns, wenn unser Handeln ihm dann unerwartet kommt! — Einer der zahlreichen Emissäre des römischen Hofes — ich bin jedoch verpflichtet zu bemerken, daß es keiner der römischen Sendlinge ist, die sich hier in München befinden — bemerkte vor Kurzem zu einer mir bekannten Person: „Sie werden absonderliche Dinge in München erleben; diese Leute können aber nichts machen, denn sie haben keinen Bischof!" In diesen Worten liegt nicht allein, daß wir keinen Bischof hätten, der für uns eintritt, sondern es liegt auch zugleich darin ausgesprochen, daß uns überhaupt eine den Katholicismus erhaltende apostolische Wirksamkeit gänzlich abgeht. Denn, meine Herren, darum, ja darum handelt es sich. Sie erinnern sich vielleicht noch von gestern Nachmittag her, daß, als ich die Ehre hatte, den Cölner Antrag referirend vor Ihnen zu vertreten, ich nicht umhin gekonnt, bei dessen Fassung gebrauchten Ausdruck: Gemeindebildung zu tadeln und zu desavouiren. Es handelt sich vielmehr um die Conservirung, um die Erhaltung der Katholiken, welche man auf den Aussterbe-Etat zu setzen gewillt ist. Es handelt sich darum, das finstere Werk der Hölle zu verhindern, welches sich in den wenigen Worten erschöpfend bezeichnen läßt: Erstickung des Gewissens, Verfinsterung der Intelligenz, Verderben und Ausartung des Gemüthes. Wahrlich ein maßlos böses Werk, an welchem blinde Fanatiker in geringerer Zahl wohl als feige, charakter- und überzeugungslose Menschen arbeiten, für die das Heiligste und Nothwendigste, was es gibt, für die die Religion lediglich eine Sache der Convention, ein Mittel zu fremdartigen Zwecken ist.

Und unbegreiflich ist es mir, wie man uns so eben den Gedanken unterschieben konnte, Papst und Bischöfe und die ihren Befehlen blinde Folge leistenden Priester für Ketzer zu erklären und als solchen gleichsam ihnen gegenüber uns zu verhalten. Die von Herrn Professor v. Schulte Ihnen vorgeschlagenen Resolutionen bieten zu solchem Vorwurf und Einwurf, meines Erachtens, nicht den mindesten Vorwand. Ja es fällt mir nicht einmal ein, zu glauben, daß dies die Meinung selbst derjenigen Herrn Redner gewesen, welche in der Hitze und in der nicht sorgfältig genug abgewogenen mündlichen Aeußerung der Debatte am weitesten gegangen sind, wie namentlich der Herrn Pfarrer Kaminski von Kattowitz und Anton von Wien und des eben vernommenen, so hochachtbaren Herrn v. Florencourt. Ich halte mich, wie gesagt, überzeugt, daß es auch Ihnen entfernt nicht eingefallen ist, behaupten zu wollen: der Papst, die übrigen Bischöfe und die ihnen blind gehorchenden Pfarrer sind von Stunde an kein Papst, keine Bischöfe, keine Pfarrer mehr, von welchen der Katholik die durch das priesterliche Amt zu vermittelnden göttlichen Gnadengaben annehmen könnte, sofern sie bereit sind, pflichtmäßig dieselben zu spenden.

(Ruf aus der Versammlung: Doch, das ist meine Meinung!)

Es ist mir sehr schmerzlich, dieses zu vernehmen, und muß ich erklären, daß ich mit dieser Anschauung nicht übereinstimmen kann. Nein, meine Herrn, wir sind nicht im Geringsten befugt zu einem solchen Urtheilsspruch. Allerdings sind dieser Papst, diese Bischöfe und diese Pfarrer mit der größtmöglichen Schuld belastet. Das ebenso unverhüllt und laut zu bekennen, da ihre Unthaten in ihrer Schamlosigkeit welt- und offenkundig sind, ist nachgerade für uns eine Pflichterfüllung, der wir nicht mehr wähnen dürfen ausweichen zu können. Aber der deßfallige richterliche Ausspruch kommt nur Gott dem Herrn und in dieser Welt Seiner Kirche zu. Diese Kirche wird einst, an dem Tage, wo sie frei und ungefesselt ihre Stimme wird vernehmen lassen können, seien Sie dessen versichert, sie wird alsdann ihren vernichtenden Urtheilsspruch fällen über dieses Werk der Finsterniß und über dessen theils verblendete, theils entnervte Werkmeister und Handlanger.

Wir, meine Herrn, repräsentiren keine Autorität. Wir sind oder haben nur eine ethische, eine sittliche Macht. Wir sind jetzt die Stimme des öffentlichen Gewissens, wir erheben oder formuliren nur die unabweisbaren Forderungen der Sittlichkeit. Ja, noch mehr. Es ist umsoweniger auch nur im Entferntesten daran zu denken, daß von uns, wie wir hier und anderwärts in solcher Weise versammelt und am Werke sind, auch nur ähnliche, richterlichen Urtheilssprüchen gleichsehende Erklärungen ausgehen könnten, als ein mehr oder minder großer Theil unserer Kampfgenossen es keinen Hehl hat, daß sie nur um der politischen, sowie staats- und volkswirthschaftlichen Folgen willen an unserem Kampfe sich betheiligen, daß das religiöse Interesse, wo es sich um Häresie oder Nicht-Häresie, um religiöse Wahrheit oder Irrlehre handelt, mehr oder minder ihnen fremd und gleichgültig ist. Es ist dieses ein in meinen Augen und meiner innigsten Ueberzeugung gemäß beklagenswerther Standpunkt, und halte ich mich überzeugt, daß diese Herrn ihn nicht einnehmen würden, daß an ihren Herzen die Kraft und Macht des Evangeliums sich schon bewährt haben würde, wenn ihnen die Kirche nicht in so corrupter, durchaus verderbter Gestalt entgegengetreten wäre.

Also nur der äußerste Nothstand ist es, der uns zu einem entsprechenden Nothwerke auffordert, der ein solches behufs der sonst ganz unmöglich gewordenen Erhaltung des Katholicismus und somit des Christenthums erheischt. Und, meine Herren, um Gottes willen, welch' einen ärgeren Nothstand sollen wir denn noch erwarten? Nicht oft genug kann ich es wiederholen, zumal die abmahnenden Stimmen auf diesen Umstand niemals eingehen, sondern dabei immer nur von demjenigen die Rede ist, was der Erwachsene um der katholischen Wahrheit und um der wirklichen Einheit der (alle Zeiten nämlich umfassenden) Kirche willen zu leiden hat. Dieses, so groß und so schmerzlich für das christliche Gemüth, und so belästigend und sogar schädigend für das bürgerliche Leben es ist und sein mag, dieses constituirt dennoch keineswegs den in Rede stehenden äußersten Nothstand. Das Alles haben Tausende und aber Tausende unserer glorreichen Vorgänger im geistigen Martyrthum in Frankreich und in den Niederlanden vor uns mit Muth und Hingebung getragen; und nach unsträflichem, ja heldenmäßig durchgeführtem Lebenswandel sind sie gestorben auf einem von Quälern und Folterknechten in geistlichem Gewande zeitweilig heimgesuchten Lager, beraubt der heiligen Sacramente, und sind womöglich zuletzt auch noch ihre Ueberbleibsel in ungeweihter Erde begraben worden. Das Alles zu ertragen ist Pflicht, denn das Martyrthum, d. h. die Zeugenschaft in ihrem ganzen Umfange ist eine Pflicht. Dafür ist freilich nur gelegenheitliche Abhülfe gestattet. Aber das ist der äußerste, der furchtbare, der namen- und beispiellose Nothstand, wie ihn noch kein Jahrhundert der Kirchengeschichte gekannt, daß — bei uns wenigstens — eine neue Generation Katholiken nicht aufwachsen kann, daß der Katechismus vor unseren leibhaftigen Augen verändert wird, daß das unschuldige Kind auf eine Frage, auf welche, wenn sie ja aufgeworfen würde, unsere Eltern und Voreltern mit Nein geantwortet, fortan ein Ja antworten soll. Uns Erwachsene sind die gewissenlosen Priester jetzt meistentheils genug gern in Ruhe zu lassen, wenn wir ihnen nicht allzulästig geworden; aber die Kinder wollen sie der katholischen Kirche mittelst der ihnen von eben dieser Kirche anvertrauten Autorität entreißen. Das ist der äußerste, der furchtbare Nothstand. Diesem zu begegnen ist das Vorgehen nöthig, zu welchem die ihnen vorgeschlagenen Resolutionen nur die Anleitung zu geben bestimmt sind.

Nun gut denn. So mögen endlich die heutigen Nachfolger des hl. Eusebius von Samosata unter uns ihre Wirksamkeit beginnen, auf daß auch noch in zehn Jahren katholische Christen in unserem christlichen Erdtheil vorhanden seien. Von etwas Anderem ist ja durchaus keine Rede; wir vergeben uns damit keineswegs unsere ausdrücklich uns vorbehaltenen Rechte als Glieder der katholischen Kirche, sondern wir sorgen dadurch nur, daß dieselbe auch in unseren Gauen noch vorhanden sei, wenn die Stunde ihrer Befreiung geschlagen haben wird, deren Kenntniß Gott sich vorbehalten hat.

Ich bitte Sie daher, die Ihnen vorgeschlagenen Resolutionen anzunehmen.

(Während des Vortrags dieser wenigen Worte gab die Versammlung durch wiederholte und laute Zurufe ihre volle Zustimmung zu deren Inhalt zu erkennen.)

Professor Huber:

Ich darf sagen, daß ich mich niemals, wo es zu sprechen galt, unter dem Druck einer größeren Befangenheit befunden habe, wie in diesem Augenblick. Ich bin genöthigt, meinem hochverehrten Lehrer gegenüber zu treten und zwar nicht blos weil meine eigenen Ansichten in dieser Frage von den seinigen abweichend sind, sondern insbesondere auch darum, weil so viele Abgeordnete, die aus allen Theilen Deutschlands gekommen sind, sich an mich gewendet haben, um in ihrem Namen den Wünschen Ausdruck zu geben, welche durch den Antrag des Herrn Professor v. Schulte formulirt sind.

Ich begreife sehr wohl die Bedenken, welche den Herrn Stiftspropst leiten; wir achten und ehren sie Alle insgesammt. Aber wenn er die Gefahr einer Sectenbildung vor sich sieht, so erlaube ich mir zu behaupten, daß dieselbe ganz gewiß eintritt, wenn wir im gegenwärtigen Moment versäumen, uns zu organisiren? (Bravo.)

Man hat auf die öffentliche Stimmung recurrirt. Ja soweit ich die öffentliche Stimmung in Deutschland kenne, soweit sie mir namentlich auch durch Briefe von fremden Ländern kund gegeben wurde, soweit ich die Stimmung in diesem Saale kenne — sie fordert eine That! (Bravo.)

Wir sind verloren vor dem Tribunal der öffentlichen Meinung, wenn wir uns hier blos dazu versammelt haben, um ein Programm festzusetzen, und um uns über dasselbe gegenseitig nur reden zu hören.

Man spricht davon, daß eine große Erregtheit in der Versammlung herrsche. Diese Erregtheit war nicht gestern Morgens da, sie bildete sich erst Nachmittags, als die Wünsche so vieler Deputirten auf Gemeindebildung vereitelt zu werden drohten. Daher kommt die Erregtheit, — die Herrn, die diesen Wunsch mitgebracht, haben ihn wohl bei sich überlegt, — in ernsten, stillen Stunden, sie haben Rath genommen bei denen, von welchen sie abgesendet worden sind. Sie sind Zeugen für das Bedürfniß, das an den verschiedenen Orten herrscht, von denen sie herkommen.

Meine Herrn! Sollen wir dahin gelangen, daß durch die Organisation der römischen Kirche unsere Bewegung erdrückt werde?

Unsere Gegner arbeiten mit dieser bewunderungswürdigen Organisation, bei ihnen hilft kein Wort der Wissenschaft, wir können auf ihre Bekehrung nicht mehr hoffen. Sie sind schamlos geworden. (Bravo.)

Das war, als ich mit in den Kampf eintrat, eine meiner ersten Befürchtungen, daß unsere Gegner schamlos werden könnten; denn dann war nicht mehr darauf zu rechnen, daß wir durch Belehrung auf sie wirken könnten.

Mit der Organisation will man uns erdrücken, und wie weit durch dieses Mittel der Sieg der Curie namentlich unter dem Clerus schon fortgeschritten ist, das wissen wir Alle. Da kann man nicht mehr über die Opportunität unseres Vorhabens streiten.

Opportun ist jetzt nur, daß auch wir uns organisiren! Macht gegen Macht, da das Wort der Wissenschaft bei den Herren, welche zum großen Theil gegen ihr eigenes besseres Bewußtsein Zeugniß geben, nichts mehr auszurichten im Stande ist.

Meine Herrn, warum sollten wir, die wir gestern ein ächt katholisches Glaubensbekenntniß formulirten, die wir alle Formen der kirchlichen Organisation und Verfassung zu beobachten entschlossen sind, dadurch, daß wir uns in Gemeinden zusammenfassen, auf einmal eine Secte sein!

Ich glaube nicht, daß in diesem Saal Jemand die Kirche von Utrecht mit dem Namen einer Secte bezeichnen wird. Wenn aber die Männer von Holland sich nicht in einer kirchlichen Organisation zusammengethan hätten, so wären sie mit ihren Bestrebungen längst untergegangen. Die Appellanten von Frankreich im 17. Jahrhundert sind eben untergegangen, weil sie diese kirchliche Organisation nicht gewinnen konnten.

Ueberhaupt wollen wir nicht blos eine Existenz der Nothlage fristen, sondern wir wollen mehr, wir wollen eine Reform der katholischen Kirche. Darum, ich bitte Sie, nehmen Sie sich kein Vorbild an der Concilsminorität, die fort und fort papierne Proteste formulirte und als der Moment der That gekommen war, sich nicht getraute zu handeln.

Meine Herrn! Jetzt haben wir Reden genug gewechselt, Schriften genug geschrieben, jetzt ist an uns, ob wir handeln wollen oder nicht. Wollen wir nicht handeln, so wird uns das Urtheil treffen, welches die Concilsminorität getroffen hat von Seite der öffentlichen Meinung. Wir können dann mit unserer Bewegung allerdings einstmals in der Kirchengeschichte als eine interessante Reminiscenz erhalten bleiben; denn wenn wir uns heute nicht zur That ermannen, dann ist der Anfang des Endes unserer Bewegung gekommen. (Bravo.)

Vicepräsident v. Windscheid:

Es wird mir soeben auf diesem Zettel ein Antrag (des Herrn

Major a. D. Friedr. Hohenegg, Gemeinderath in Linz) auf Schluß der Debatte eingebracht.

(Stimmen: Friedrich soll sprechen.)

Es ist in dem Antrage der Schluß der Debatte beantragt, nicht nach Erschöpfung der Rednerliste; das will also heißen: sofortiger Schluß. Ich will also die Versammlung fragen, ob sie den Schluß der Debatte beschließen will oder nicht. Diejenigen Herrn, welche für den Schluß sind, bitte ich, sich zu erheben.

Der Antrag ist verworfen. Ich ertheile Herrn Prof. Dr. Friedrich das Wort.

Professor Dr. Friedrich aus München:

Meine hochverehrten Herrn! Nachdem wir gerade die Rede der Herrn Professor Dr. Huber und Liaño gehört haben, ist es mir schwer, noch das Wort zu ergreifen. Sie haben dasjenige, was ich auf dem Herzen halte, bereits gesagt. Es ist mir übrigens noch schwerer, einige Worte gegen den hochverehrten Herrn Stiftspropst v. Döllinger sprechen zu müssen. Ich sehe nicht ein, wie wir in Widerspruch mit unserm gestern beschlossenen Programm gerathen könnten, wenn wir heute wirklich an eine Gemeindebildung denken. Wir haben ausgesprochen, daß wir an dem altkatholischen Glauben festhalten. Wir wollen nichts, als blos die heiligen Sacramente spenden, also dasjenige thun, was wir als Katholiken sonst gethan haben. Man sagt allerdings, es sei nicht nothwendig, daß wir eine Organisation haben; wir könnten im Nothstand uns helfen.

Meine Herrn! Da muß ich auch etwas sagen. Ich habe, seitdem unsere Bewegung im Gange ist, Gelegenheit gehabt, practisch thätig zu sein. Es ist nicht so leicht, einfach mit dem Nothstande durchzukommen. Ohne daß wir z. B. mit einem Bischof in Verbindung stehen, ist es gar nicht möglich, einem Sterbenden die letzte Oelung zu geben. Es ist allerdings wahr, wie Herr Liaño gesagt hat, daß man darauf verzichten kann. Ja es kann solche Männer geben. Ich erinnere mich an jenen edlen Mann, der zum ersten Mal in Bezug auf unsere Bewegung von Glaubensmuth und Treue vor der ganzen Welt Zeugniß abgelegt hat, an unseren jüngst verschiedenen Collegen Dr. Renger. Er wäre im Stande gewesen, allerdings auch auf die letzten Sacramente zu verzichten. Er hätte die hl. Communion und Oelung allerdings, wenn es nicht möglich gewesen wäre, nicht empfangen. Allein er hat uns gebeten, mich und meinen Herrn Collegen Mehner, ihn in den Stand zu setzen, daß er auch die Sacramente empfange. Es ist richtig, meine Herrn, wir können verzichten, so lange wir nicht in der Lage sind zu verzichten. Aber wenn wir im Angesichte des Todes einmal sind, so werden wir anders sprechen, als heute, wo wir noch glauben, so und soviele Jahre vor uns zu haben.

Ebenso ist es z. B. mit der Ehe.

Es ist wahr, wir können allerdings noch immer damit uns helfen, daß wir auf die Trauung verzichten und den Consens vor dem infallibilistischen Pfarrer erklären. Allein abgesehen von dem Peniblen, welches darin liegt, könnte auch der Fall eintreten, und ich weiß nicht, warum er nicht schon eingetreten ist, daß es von Seiten der infallibilistischen Pfarrgeistlichkeit oder der Bischöfe erklärt würde, daß überhaupt Seitens unserer Anhänger nicht kirchliche Ehen von ihnen geschlossen werden können. Ich glaube, daß dies noch nicht geschehen ist, hat nur den Grund, daß die Pfarrer noch die Civilstands Register zu führen haben, nach einem Ausdruck, den ich über diesen Gegenstand unlängst in den Acten, welche das bischöfliche Ordinariat herausgegeben hat, gelesen habe.

Ich glaube nicht, daß wir auf separatorische Gedanken gerathen, wenn wir die Bildung von Gemeinden in Aussicht nehmen. Es handelt sich nicht darum, daß wir sagen: Hier oder dort muß eine Pfarrei oder kirchliche Organisation gegründet werden; nicht: dieser oder jener ist Pfarrer dort. Es handelt sich darum, daß wir einmal sagen: Wir wollen da, wo es nöthig erscheint, eine kirchliche Organisation gründen. Wo es geschehen muß, wer Pfarrer sein soll, das wird sich geben. Allein wir müssen sagen, daß wir in dieser Nothlage auch in dieser Weise uns helfen können und wollen.

Herr Abgeordneter Baron v. Stauffenberg:

Meine Herrn! Ich erlaube mir, einfach vom religiösen Standpunkte aus die Frage, die angeregt worden ist, nur mit ein paar Worten zu beleuchten.

Durch die beredten Worte des Herrn Prof. Huber ist mir allerdings der größte Theil meiner Aufgabe weggenommen worden. Er hat mit vollem Rechte darauf hingewiesen, daß die Gefahr der Sectenbildung erst dann entsteht, wenn wir nichts thun, und nicht dann, wenn wir unsere Rechte, die wir nur in einer Gemeinde ausüben können, wirklich ausüben.

Meine Herrn! Unsere Aufgabe, ich spreche es offen aus, ist auch eine Aufgabe der Mission. Wir haben einen großen Theil der Katholiken, denen es bei der jetzigen Gestaltung der Kirche nicht wohl war und nicht wohl sein konnte, wieder in die Kirche zurückzuführen und können das nur dann thun, wenn wir an die Bildung von Gemeinden gehen. Schreiten wir hiezu nicht, so liegt die Gefahr nahe, daß ein großer Theil derjenigen, die an der Bewegung jetzt Theil nehmen, nicht nach Rechts fallen, sondern in bodenlosen Unglauben, wenn wir ihnen nicht die Gemeinde geben, die Gemeinde, in der sie ihre religiösen Bedürfnisse befriedigen können.

Ein Hauptpunkt aber ist der — und ich appellire an alle Familienväter der Versammlung — wie soll es mit dem religiösen Unterricht unserer Kinder gehalten werden? Ich danke es Herrn

Liano auf das höchste, daß er diesen Punkt hervorgehoben hat. Wir haben blos zwei Alternativen: entweder müssen wir nach den jetzt bestehenden Verhältnissen dulden, daß unsere Kinder in einer Lehre erzogen werden, welche wir ganz unzweifelhaft als eine ganz verwerfliche betrachten; wir müssen dulden, daß unsere Kinder nicht blos diese Lehre einfach gelehrt erhalten, sondern daß sie ihnen gewissermaßen als Grunddogma des katholischen Glaubens gelehrt werde. Entweder müssen wir das dulden, oder wir müssen in die Seele unsrer Kinder den unheilvollen Zwiespalt hineintragen, wir müssen ihnen sagen: glaubt in eurem Religionsunterrichte Alles, nur nicht das Dogma der Unfehlbarkeit. Wie wirkt das im Gemüthe der Kinder? Ist es nicht schon manchem von uns geschehen, daß sein Kind, aus dem Religionsunterrichte heimgekehrt, ihn nach dem jetzigen Zwiespalt im Glauben oder nach dem Döllinger frägt, den man ihm als den schändlichsten Feind der Kirche schildert?

Jeder von uns wird derartige Fälle aus eigener Praxis wissen. Was soll man dem Kinde antworten? (Beifall.)

Geben Sie uns Gelegenheit, einen ordentlichen Religions-Unterricht für unsre Kinder zu bekommen und retten Sie dadurch eine Menge Seelen, die, jetzt in diesem Religions-Zwiespalt erzogen, sicher zum großen Theil später im Leben an allen religiösen Gefühlen Schiffbruch leiden werden. Wir wollen keine Secte bilden, sondern in der alten katholischen Gemeinde fortleben, das scheint der Sinn des Antrages von Herrn v. Schulte zu sein, den ich mit großer Freude begrüßt habe. Und ich glaube: Wenige von uns werden sein, die nicht mit dem bitteren Gefühle der Enttäuschung fortgingen, wenn wir nicht wenigstens etwas Derartiges nach Hause bringen. (Anhaltendes Bravo.)

Abgeordneter Dr. Völk aus Augsburg:

Ich hätte darauf verzichtet, auch nur wenige Worte an Sie zu sprechen, namentlich, nachdem ich den einladenden Ruf nach Schluß von dorther vernehme.

Allein die Sache ist doch zu wichtig und ich glaube, es ist der Moment, in dem wir uns jetzt befinden, der wichtigste des ganzen Katholiken-Congresses, weshalb es wohl gestattet sein wird, noch ein paar Augenblicke diesem Gegenstande zu widmen. Es hat wohl peinlich berührt und es wird auch ferner noch peinlich berühren, wenn man sagt: wir seien in dieser Frage mit dem verehrten Herrn Reichsrath und Stiftspropst v. Döllinger zerfallen. Erlauben Sie mir, meine Auffassung dahin auszusprechen, daß dies nur scheinbar, aber in der That und Wirklichkeit nicht der Fall ist.

Die Hauptsache, welche hier zu beschließen war in Bezug auf den Glauben und die Lehre, ist das Programm, und in diesem Programm sind wir vollständig einig gewesen und auch mit Herrn

v. Döllinger einig. Es handelt sich nun im gegenwärtigen Augenblicke nur um den Vollzug dieses Programms, um die Uebersetzung desselben ins wirkliche Leben; und man kann hier verschiedener Anschauung über die Zweckmäßigkeit der Art und Weise sein, wie es am Besten ins Leben zu setzen sei, ohne daß man deshalb in innerem Glaubenszwiespalt zu sein braucht.

Ich habe nun zu finden geglaubt, daß auch Herr von Döllinger, nach dem, was er gesprochen hat, nicht soweit von den Anträgen des Herrn v. Schulte wegsteht, als es in der That den Anschein hat. Was wird denn dort verlangt? Wenn ich recht gehört habe, es wird die Bildung von Kirchengemeinden be verlangt, wo ein Bedürfniß dafür gegeben ist. Es wird nunmehr in verschiedener Weise das Bedürfniß und der Nothstand betont. Ich sage nun: es kann gar nicht allgemein und gemeinhin durch einen Satz entschieden werden, wo Nothstand und Bedürfniß sei. Es ist immer und überall im einzelnen Falle zu entscheiden, ob ein Bedürfniß gegeben sei.

Ist aber dies Bedürfniß irgendwo erkannt worden, so verlangt man vom Katholiken-Congreß, daß auch dann die Wege angegeben werden, auf welchen diesem Bedürfniß in der That abzuhelfen sei.

Dies ist gewiß ein gerechtes Verlangen und wir werden auch hierin mit Herrn v. Döllinger nicht in Uneinigkeit sein. Ich sage nun allerdings: dies Bedürfniß ist in viel höherem Grade gegeben, als es von dem geehrten Herrn anerkannt worden ist.

Ich habe dem, was bereits vorher vom Herrn Vorredner bemerkt worden ist, nur einige kurze Punkte hinzuzufügen.

Ich wiederhole und mache besonders geltend, was vom Herrn Antragsteller schon bemerkt worden ist: das Bedürfniß der Gemeindebildung ist deshalb ein viel weiteres als hier anerkannt worden ist, weil unser Programm gar nicht in Wirklichkeit gesetzt werden kann in seinen Hauptpunkten, wenn Sie nicht Organe haben, welche die kirchliche Gemeinde sein müssen (Bravo).

Wir haben gehört und wir wissen, daß vielfach die Spendung des Sacraments der Taufe verweigert wird. Man kann selbst taufen, ja, das ist richtig, es geht das auch, aber man wird nicht überall wollen. Aber es ist bereits bemerkt worden und ich betone das: es gehört eine Gemeinde dazu und eine Gemeinde, deren Vorsteher die staatliche Befugniß dazu hat, um einen Taufschein, der zwar nicht die Existenz des Lebens beweist, aber doch fürs zukünftige Leben gewiß von Nothwendigkeit ist, zu erhalten.

Noch mehr, meine Herrn, ist dies in Beziehung auf die Ehe der Fall. Man sagt uns, man kann jetzt auch vor einem infalliblen Pfarrer die Ehe rechtsgiltig abschließen.

Das ist ein Nothbehelf, der gar nicht lange vorhalten wird. Und was werden Sie dann thun, wenn morgen der infallible

Papst erklärt: es kann vor dem parochus proprius auch keine
gültige Ehe mehr abgeschlossen werden?
Aber die Sache hat noch ganz andere Anstände.
Es ist jetzt noch über die Art und Weise, wie und unter
welchen Umständen diese Ehe ihre Rechtsgiltigkeit hat, noch kein
Proceß entstanden. Aber hüten wir uns, die Sache nicht zu oft
in machen; wir werden dahin kommen, daß darüber verschiedene
Streitigkeiten entstehen.
Erlauben Sie mir nur eine Sache zu erwähnen: Kann eine
Ehe für giltig erklärt und abgeschlossen werden für das civilrecht-
liche Band, wenn der nach dem canonischen Rechte erforderliche
Dispens nicht vorher von der geistlichen Obrigkeit erholt oder wenn
er verweigert worden ist.
Wer kann das in Vornherein sagen?
Ich spreche hier von einem Falle, der jüngst vorgekommen
ist. Ein Mann, der die Abreise von Herrn Dr. von Dölfin-
ger unterschrieben hatte, wollte zur Ehe schreiten.
Einen Tag vor der Feststellung hatte man erfahren oder
brachte man heraus, daß er die Adresse unterschrieben hatte, und
es wurde ihm bemerkt, wenn er die Unterschrift nicht zurücknehme,
dann werde er einfach nicht getraut. Er soll auf das Auskunfts-
mittel gekommen sein, das Eheversprechen vor dem competenten
Pfarrer und zwei Zeugen abzugeben.
Aber, wurde bemerkt, er sei mit der Braut in einem Grade
blutsverwandt, daß nur der Dispens der Ehebehörde ihn davon
lösen könne.
Hätte nun der Mann, wenn er das Eheversprechen lediglich
vor dem Pfarrer und den beiden Zeugen abgegeben hätte, die Beruhigung haben können, daß nicht seiner Zeit seine Ehe wegen
mangelnder Dispens als nichtig erklärt werde?
Ich erwähne das nur, meine Herrn, um Ihnen deutlich zu
zeigen, daß wenn man einmal aus dem Verbande der Kirche
heraus ist, — und diejenigen, welche eine außerordentliche Manifestation gemacht haben, sind heraußen, — daß dann das erste
Bedürfniß schon für die civilrechtlichen Verhältnisse es ist, daß
eine neue Gemeinde an die Stelle der alten gesetzt werde.
Wir können, meine Herrn, nicht forthausen, wenn wir nicht
das Erste thun, was nothwendig ist, wenn wir nicht das Organ
schaffen, durch das wir leben können.
Wir sagen im letzten Absatze:
„Wir nehmen die Rechte der Katholiken auch in Bezug auf
die Vermögensrechte in Anspruch."
Dies verlangt, meine Herrn, eine Action der Regierung
gegenüber. Der Einzelne, der im Nothstande befindlich ist, wird nie
dazu kommen können, an die Regierung das Ansuchen zu stellen,
daß ihm jener Theil des kirchlichen Vermögens ausgeantwortet
werde, welcher seiner Kirche angehört.

Es kann recht wohl sein und es wird das Gegenstand besonderer Erörterung und Gegenstand namentlich der Vereine sein müssen die Mittel und Wege zu finden, wonach Gemeinden, welche der alten katholischen Kirche treu bleiben, in den Besitz ihres Kirchenvermögens kommen oder in demselben bleiben. So lange eine solche Gemeinde atomisirt ist, und so lange man nur glaubt und annimmt, daß jeder Einzelne aus der Kirche heraußen ist, und diese Einzelnen nicht in einen kirchlichen Organismus eintreten: wird die Regierung nie die Einzelnen für legitimirt erachten, um ihnen einen Theil des Kirchenvermögens zuzusprechen.

Das werden nur organisirte Gemeinden thun können; und wenn beispielsweise in Mering nur lauter einzelne Altkatholiken gewesen wären, so würde die Regierung dieselben im Besitze ihres Kirchenvermögens und ihrer Kirche nicht haben schützen können.

War seiner Zeit in Mering auch kein Nothstand? ist vielleicht dort noch kein Nothstand?

Man könnte wohl construiren, „ja die Meringer können nach München reisen und dort die Sacramente empfangen, man hat durchaus nicht nothwendig, daß Pfarrer Renftle dort die Sacramente spende", so könnte man die Sache auch auslegen."

Ich glaube aber, daß wir uns auf diesen Punct gar nicht zurückdrängen zu lassen haben.

Stehen wir nach meiner Anschauung und Ueberzeugung richtiger- und wahrhaftigerweise auf dem Boden der katholischen Kirche, sind unsere Gegner das nicht — und ich sage mit Herrn von Floreneourt, sie sind es nicht, denn es können nicht diejenigen, welche an den unfehlbaren Papst glauben, und die, welche nicht an ihn glauben, in derselben Kirche gleichzeitig mit derselben Berechtigung darin sein — so bleibt nichts anderes übrig, als daß wir uns organisiren und daß wir eine Gemeinde schaffen und mit der Gemeinde jene Hierarchie, welche auch äußerlich die katholische Kirche wieder reparirt.

Wir können in dieser Organisation dann erwarten, ob dasjenige kommt, was von einiger Seite noch erwartet wird.

Wir haben in unserem Programme einen „römischen Primat" hineingestellt, in der Hoffnung, daß es einmal einen römischen Bischof geben werde, welcher sich nicht zum unfehlbaren Herrn der Welt erklärt, sondern sich begnügen wird, „primus inter pares" zu sein.

Ich kann mich nur dem anschließen, was von Seite des Herrn Dr. Huber bemerkt worden ist. Wenn wir heute den Beschluß versäumen, in eine Kirchengemeinde zusammenzutreten und eine lebendige Kirche darzustellen, wenn wir heute, sage ich, diesen Beschluß versäumen, so wird das eintreffen, was von unseren Gegnern gesagt wird: „Worte haben Sie gesprochen, zu Thaten haben sie sich nicht zu ermannen vermocht."

Und wenn in Folge dieses Congresses nicht practisch an der

schiedenen Orten Gemeinden ins Leben treten, dann wird die Bewegung tobt sein in einem Jahre. (Anhaltendes Bravo.)

Meine Herrn! Es wird nicht allein diese Bewegung tobt sein, sondern es werden auch die Folgen eintreten, welche aus der Unterdrückung der gesunden Bewegung hervorgehen; es werden die traurigen Folgen eintreten für die Kirche in ihrer Stagnation, daß man glauben muß, was von oben herab absolut commandirt wird.

Man spricht von Freiheit, meine Herrn, bei unsern Gegnern! Wer den größten Terrorismus und den größten Despotismus ausgethan hat, der hat kein Recht, jemals mehr von Freiheit zu sprechen. (Bravo.)

Ich sage aber auch — und ich hoffe nicht damit mißverstanden zu werden, ich will nicht politische Angelegenheiten hereinmischen, obwohl es bereits bemerkt worden ist — wenn man von oben herab eine kirchliche Frage zu einer so eminent politischen macht, wenn man von oben herab den Staat als despotisch hinstellen will, wenn man von oben herab die Religion mißbraucht, alles gesunde Leben in den Völkern, namentlich in den germanischen Völkern zu ersticken und zu ertödten, dann können auch wir die Berechtigung in Anspruch nehmen, daß wir uns das Dogma einmal nach den politischen Wirkungen ansehen.

Ich sage, wenn wir resultatlos auseinandergehen, so werden die traurigen Wirkungen für den deutschen Staat und das deutsche Reich nicht ausbleiben.

Ich bin von Herzen erfreut gewesen, als ich seinerzeit beim Reichstage in Berlin las, wie Herr Reichsrath Dr. von Döllinger die ganz richtige Bemerkung in seiner Erklärung niedergelegt hat:

„Der Keim der Zerrüttung werde in das deutsche Reich gelegt, wenn diese Lehre weitere Verbreitung finden sollte."

Schützen Sie, meine Herrn, das deutsche Reich vor den Keimen der Zerrüttung! Das können Sie aber nur dadurch, daß Sie sich fest aneinander schließen, die einzelnen Kräfte vereinigen; nur dann werden Sie den germanischen Gedanken in dieser Beziehung retten, dann ist die Zukunft des Germanismus gegeben, den der Romanismus hier vernichten, zerdrücken will. (Rauschender Beifall.)

Vicepräsident von Windscheid:

Weitere Redner haben sich über diesen Punkt nicht gemeldet. Jedoch wünscht Herr Dr. von Döllinger noch einmal das Wort zu ergreifen.

Nach der Geschäftsordnung darf das Präsidium einem Redner über einen Punkt nur einmal das Wort ertheilen.

Ich glaube aber, daß ich im Sinne der Versammlung handeln werde, wenn ich Sie bitte, das Präsidium für diesen Fall von der Beobachtung dieses Paragraphen zu dispensiren.

Ich gebe also das Wort dem Herrn Dr. von Döllinger.

Dr. von Döllinger:

Ich danke Ihnen, meine Herrn, daß Sie mir noch einmal das Wort gönnen wollen. Ich verkenne nicht, daß ich unter Eindrücken, die für mich sehr ungünstig sind, noch einmal das Wort an Sie zu richten mir erlauben muß.

Doch glaube ich wenigstens einzelne Mißverständnisse beseitigen zu können, die sich, wie mir scheint, in meinen Ausführungen, vielleicht auch durch meine eigene Schuld ergeben haben.

Ich habe allerdings es sehr betonen zu sollen geglaubt, daß wir ja eben im Begriffe stehen, vor der ganzen Welt feierlich das Bekenntniß unsrer Zugehörigkeit zur katholischen Kirche abzulegen, und daß wir nicht gleichzeitig Schritte thun dürften, die mit diesem Bekenntniß im Widerspruch stünden.

Ich habe daher den Begriff des Nothstandes allein geltend machen zu sollen geglaubt. Insoferne, glaube ich, wird es möglich sein, manche Differenz, die jetzt noch in Bezug auf unsere wichtige Frage eingetreten zu sein scheint, zu lösen, als ja, wie mein geehrter Herr Vorredner bemerkt hat, der Begriff des Nothstandes ein sehr elastischer und dehnbarer ist, aber doch immer festgehalten werden muß, wenn wir nicht eben nach meiner Ueberzeugung in den Abweg einer neuen Kirchenbildung gerathen sollen.

Wir müssen uns dieses Verhältniß, glaube ich, doch immer klar vor Augen halten, und zugleich unsere Stellung den Staatsgewalten in Deutschland gegenüber dabei ins Auge fassen. Legen wir uns die Frage vor — und wir können sie im Voraus beantworten —: wie wird denn die Staatsgewalt diese Kirchenbildung auffassen? oder wie wird sie es beurtheilen, wenn wir zugleich Mitglieder der katholischen Kirche zu sein behaupten, und wenn wir „Gemeinde gegen Gemeinde, Altar gegen Altar stellen", wie das in der alten Kirche ausgedrückt wurde? wenn wir ein geordnetes Pfarrsystem einem andern schon bestimmten, vom Staate fortwährend als rechtmäßig anerkannten an die Seite stellen?

Mir ist von einem unserer Staatsmänner, einem Manne, der seiner Gesinnung nach völlig uns angehört, aber ein hohes Staatsamt bekleidet und seine Stellung wahren muß, geradezu gesagt worden: „alle Männer Ihrer Gesinnung, alle Gegner der vaticanischen Decrete können in ihrem eigenen wohlverstandenen Interesse gar nichts besseres thun, als daß sie fortwährend öffentlich an dem allgemeinen katholischen Gottesdienste sich betheiligen und auf diese Weise vor der Welt zeigen, daß ihre Zugehörigkeit zur katholischen Kirche nicht blos nominell, sondern reell ist."

Gewiß wird die Staatsgewalt niemals zwei katholische Kirchen nebeneinander anerkennen; ganz gewiß wird aber auch die Staatsgewalt diejenige Kirche, welche doch vor den Augen der ganzen Welt die regelmäßige Succession, den Besitz der ungeheueren Mehrheil der Mitglieder und Gemeinden hat, die Kirche, mit welcher der Staat längst schon in enge Verbindung getreten ist, nicht ihres Rechtes und Titels uns zu Gefallen entkleiden wollen.

Fragen wir uns ferner: Wollen wir denn auf Alles verzichten, was wir jetzt noch besitzen oder in Anspruch nehmen können und dürfen? Unsere Erklärung, daß wir noch zur katholischen Kirche gehören, bezieht sich doch wohl nicht auf eine imaginäre oder blos theoretische, sondern auf die wirklich bestehende, die große Masse der deutschen Katholiken in sich begreifende Kirche. Zudem haben wir noch durchaus unsichere, schwankende und unfertige Zustände vor uns. Es ist ja noch kein bestimmter Entwicklungspunkt in diesem großen kirchlichen Proceß, in dessen Mitte wir uns befinden, eingetreten.

Es ist — und zwar sehr richtig — bereits erinnert worden, daß die Frage der Schule und des Religionsunterrichts in den Schulen hier auch in Betracht kommt. Aber, meine Herren, (zunächst spreche ich als bayerischer Staatsbürger) wir wissen ja noch gar nicht, wie die Staatsregierung dieses große Problem zu lösen gedenkt. Nehmen wir, abgesehen von der Volksschule, die Mittelschulen oder Gymnasien, welche reine Staatsschulen sind, so ist es wohl kaum zu begreifen, wie die Staatsgewalt, wie sie es nun gethan hat, einerseits erklären kann, daß die neuen Glaubensartikel des 18. Juli staatsgefährlich seien, unverträglich mit der staatlichen Ordnung, und daß sie zu gleicher Zeit durch die von ihr aufgestellten und besoldeten Lehrer an den bayerischen Gymnasien diese Lehren vortragen lasse und die Söhne der Staatsbürger förmlich zwinge, diesem Religionsunterrichte beizuwohnen. Ich sage: das wird ein Problem sein, das doch erst noch gelöst werden muß.

Wenn nun aber wir sofort in eine Bahn eintreten, welche eine absolute Trennung zuletzt zu ihrem Ziele haben muß, ein Nebeneinanderstellen von Gemeinden gegen Gemeinden, von Pfarrer gegen Pfarrer, denn ist die Staatsgewalt absolut in die Nothwendigkeit versetzt, uns als eine Secte zu behandeln. Ich möchte die Herren unter uns, welche selbst Staatsmänner, Juristen, Mitglieder der Kammer sind, bitten, sie möchten doch sich selbst darüber aussprechen, was denn nur die Staatsregierung thun soll gegenüber einer so getrennt sich hinstellenden Genossenschaft mit ihren eigenen Pfarrern und Gemeinden, die sich von der großen katholischen Kirche ganz absondert und mit ihr nichts mehr gemein haben will. Sie kann, wie mir scheint, unmöglich etwas anderes thun, als am Ende sagen: soviel Sympathie wir vielleicht auch für Euch haben, Ihr seid eben doch nur eine Secte und steht auf gleicher Linie mit einer jeden andern religiösen Verbindung, die sich gebildet hat oder bilden wird. Bleibt dann eine andere Alternative übrig? Entweder die Staatsregierung erkennt die von Ihnen zu schaffende Kirche als einzige rechtmäßige katholische

Kirche an und kündet also der großen, massenhaften Kirche ohne Weiteres sozusagen den Contract auf, löst das Verhältniß zu ihr und geht dagegen ein engeres Verhältniß mit der neugebildeten kleinen ein; oder die Staatsgewalt erkennt zwei katholische Kirchen nebeneinander an, beide als Staatskirchen und mit gleichen Ansprüchen auf alle aus der Verbindung mit dem Staate hervorgehenden Rechte und Vortheile.

Halten Sie diese letztere Alternative wirklich für möglich? Mir scheint sie ganz hoffnungslos zu sein. Und, meine Herrn, warum wollen wir uns denn so sehr beeilen, jenen Wirkungskreis, der uns jetzt durch unsere Zugehörigkeit zu der Kirche geboten ist, geradezu aufzugeben. Jetzt sind wir innerhalb der Kirche der gute Samen, das Salz, welches vor Fäulniß bewahrt, und auf welchem die Hoffnungen der Zukunft, wie sie mein Herr Vorredner so gut geschildert hat, ruhen. Von jeher hat der Grundsatz gegolten: wenn es sich um eine Reformation in der Kirche handle, so müsse diese innerhalb der Kirche geschehen.

Reformatio fiat inter ecclesiam war immer der Grundsatz aller erleuchteten Männer der Kirche, aus der richtigen Einsicht, daß, sowie man aus der Kirche hinaustritt und nun sich extra ecclesiam befindet, man keine Einwirkung, keine Action mehr auf die verlassene Kirche üben kann. Wir haben es ja im Gange der Weltgeschichte erlebt. Sie kennen ja Alle die große Reformationsbewegung des 16. Jahrhunderts; sie hat aus Gründen, die hier natürlich nicht besprochen werden können, zur vollständigen Trennung geführt. Protestanten und Katholiken haben sich gänzlich auseinandergesetzt und keine religiösen Beziehungen mehr untereinander gepflogen. Die Folge davon ist gewesen, daß zwischen jenem Theil der katholischen Kirche, welcher der alte geblieben ist, und dem neuen protestantischen, daß zwischen diesen beiden Kirchen ein feindliches Verhältniß sich gebildet hat, welches keiner von ihnen gestattete, an den Gütern und Errungenschaften der anderen offen Theil zu nehmen, und wirksame Anregungen von ihr zu empfangen. Die katholische Kirche ist ihre eigenen Wege gegangen, nicht immer gerade gute Wege: denn die anfänglich so nöthige Sehnsucht und Hoffnung einer Reformation ist nur zum kleineren Theile befriedigt worden. Die protestantische Kirche ist ebenfalls ihre eigenen Wege gegangen; und wohin diese geführt haben, wie stark man auch dort die nachtheiligen Folgen der gänzlichen Trennung empfindet, ist bekannt. Jetzt stehen wir vor einer ähnlichen Lage. Je mehr wir an dem vollständigen Austritte aus der alten Kirche arbeiten, und unser Zelt fern von dem großen, alten Gebäude aufschlagen, desto weniger bleibt uns künftig irgend eine Einwirkung auf die große Kirche, die immer die große bleiben wird, auch wenn wir uns von ihr getrennt haben werden.

Also beurtheilen Sie das, meine Herrn, was ich über die Festhaltung des bloßen Nothstandes gesagt habe, auch aus diesem

9*

Gesichtspunkte. Meiner Ansicht nach handelt es sich für jetzt nur um ein Provisorium. Ist ja doch auch ein sehr beträchtlicher Theil des deutschen Clerus — ich hoffe, der größere Theil — nur widerwillig unter das Joch dieser neuen Lehre gezwungen worden; Unzählige im deutschen katholischen Clerus wären jetzt — das weiß ich gewiß — herzlich froh, würden Gott danken, wenn ihnen ein Weg gezeigt, eine Aussicht eröffnet würde, daß sie, ohne brodlos zu werden, die Wahrheit bekennen und ihre Ueberzeugung aussprechen könnten. Warum wollen wir denn uns in eine Lage versetzen, durch welche die völlige Trennung von allen diesen Männern vollzogen und die Unmöglichkeit gesetzt wäre, ihnen ferner die Hand zu reichen und auf bessere Zustände innerhalb der Kirche hinzuwirken. Das sind die Gründe, meine Herrn, welche, wie mir scheint, uns sehr anempfehlen, doch nicht gleich zu definitiven Einrichtungen und einem ganz gesonderten Kirchensystem schreiten zu wollen. Mir ist noch kein einziger Fall bekannt geworden, wo ich hätte sagen müssen: Hier bleibt nur der völlige Bruch mit dem bisherigen Pfarrverbande und die Errichtung einer eigenen Pfarrei übrig. Und dann — da wo großartige Krisen und Verwickelungen in Kirche oder Staat eintreten, da müssen auch vorübergehende Uebelstände geduldig ertragen werden, damit das Heilmittel nicht schlimmer sich erweise als das **zu heilende** Leiden.

Ich habe, meine Herrn, mein ganzes Leben mit dem Studium der Religionsgeschichte und Kirchengeschichte zugebracht, denn ich habe auch die Kirchen anderer Länder und die religiösen Zustände anderer Länder in meinem Leben sehr genau studirt, ich kenne, wie wohl wenige Deutsche, die religiösen Zustände in dem oft von mir besuchten England, ich glaube auch die amerikanischen Zustände zu kennen; aber als meine Wahrnehmungen legen mir den Warnungsruf nahe: vermeiden wir jeden Schritt, von welchem die Gegner mit Fug sagen könnten, daß er nothwendig zum Schisma führe.

Vicepräsident v. Windscheid:

Es hat Professor Michelis zum zweiten Male um's Wort gebeten. Geschäftsordnungsmäßig muß ich die Versammlung fragen, ob sie ihm die Dispensation ertheilen will.

(Die Versammlung gestattet Herrn Professor Michelis **das Wort**.)

Professor Michelis:

Sie werden begreifen, daß nur die allerzwingendste Nothwendigkeit und das innerste Interesse für die heilige Sache und für den heiligen Kampf mich bewegen kann, nachdem der Herr Stiftspropst v. Döllinger sein letztes Wort gesprochen hat, noch einmal für mich ausnahmsweise um's Wort zu bitten.

Ich habe die Ausführung des Herrn v. Döllinger **genau**

verjagt. Ich muß offen gestehen, es ist ihm bei mir nicht gelungen, mich in meiner Ueberzeugung in dieser Sache wankend zu machen. Ich glaube die Sache in meiner Entwicklung zugleich so zu geben, daß das innere verschmelzende Element, was in dieser zweifachen Meinung hervorzutreten scheint, zugleicherweise hervortritt. Ich erwähne also zunächst, daß ich mit allen allgemeinen Grundsätzen, die Herr Professor v. Döllinger eben über das Wesen der Kirche ausgesprochen hat, aufs vollständigste übereinstimme, daß ich jenen Abscheu gegen Alles, was nur einen Schein von einem etwaigen Vorwurfe des Schisma auf uns werfen könnte, so sehr theile, wie es irgendwie möglich ist. Die Differenz liegt nach meiner Ansicht lediglich in einer thatsächlich auseinandergehenden Auffassung; es handelt sich nämlich um den Begriff des Nothstandes. Wir sind ja einig in dem Punkte. Herr Professor v. Döllinger gibt also uns das Recht des Nothstandes zu; wir behaupten, nicht über den Nothstand hinauszugehen. Es muß also irgendwie in dem Begriffe des Nothstandes eine Unklarheit liegen, welche diese scheinbare Differenz herbeiführt. Ich glaube diese Unklarheit dahin auffassen zu können, daß ich unterscheide zwischen einem persönlichen Nothstande und, wenn ich mich so ausdrücken soll mit einem neuen Worte, gewissermaßen Gemeindenothstand. Fürs Recht des persönlichen Nothstandes sind wir ja völlig ganz und gar einig; hier aber liegt der neue Fall vor, der in der Sache meines Wissens bisher in der Kirche noch nicht gewesen ist, daß eben ein Nothstand um die Gemeindebildung vorhanden ist. Es würde dieser Fall sich vollständig innerlich erläutern, wenn ich die analoge Lage zur Zeit des Jansenismus mit der jetzigen genau vergleichen wollte, was ich aber ohne eine tief eingehende Ausführung nicht könnte; ich glaube mich dessen ungeachtet über den jetzigen Nothstand hinlänglich klar aussprechen zu können. Es handelt sich um einen Nothstand für uns, der nicht bloß die einzelnen Personen als solche betrifft, sondern eben das katholische Bewußtsein als eine Gemeinde betrifft. Durch diese neue falsche Lehre würde, wenn sie wirklich realisirt werden könnte in der Kirche, eben das ganze Wesen der Kirche, wie Jesus Christus sie gegründet hat, aufgehoben. Es handelt sich also um die Existenz der Kirche. Ich bitte, meine Herrn, wohl ins Auge zu fassen, was ich nun sage. Ich sage noch nicht, daß wir jetzt die Kirche vertreten; ich sage aber: wir vertreten die richtige Idee der Kirche. Die andern aber haben die richtige Idee der Kirche aufgegeben; sie haben etwas Anderes, sie haben Menschenwerk gesetzt an Stelle dessen, was unser Herr und Heiland als Kirche auf Erden gegründet hat. Ich sage deshalb noch nicht, daß Sie die ganze Kirche vertreten; es fehlt hier ein Gegensatz zwischen Ideellem und Praktischem. Ideell haben wir allein die wahre Kirche, praktisch sind die Andern auch noch im Besitze der Kirche. Auf dieser unbestimmten Grenzscheide stehen wir jetzt und aus dieser geht eben der Begriff und das Bedürfniß jenes Nothstandes hervor, den ich gewissermaßen als den Gemeindenothstand, das Schreien nach der Bildung einer Gemeinde wenigstens bezeichne. Wenn das richtig ist, so ist nach meiner Auffassung die Versicherung gegeben: wir wollen nicht über den Begriff des Nothstandes hinausgehen. Und wir thun dies nicht, wenn wir dort, wo bei einer größern Anzahl von Katholiken das Bedürfniß sich gezeigt hat, ihren religiösen Bedürfnissen Befriedigung verschaffen zu können, die Mittel, welche nöthig sind, ergreifen dürfen — also etwa einen eigenen persönlichen Gottesdienst und was dazu gehört. Es ist die Frage, ob wir denn die Grenzen in dem bloßen Gemeindenothstands - Begriff bestimmt ziehen können. Ich behaupte, wir können diese Grenzen bestimmt ziehen in diesem Augenblicke, und eben deshalb entscheide ich mich mit voller Klarheit für die Entscheidung, die ich vertheidigt habe. Würden wir in diesem Augenblicke über das, was in der That der höchste Nothstand ist, hinausgehen, dann würden wir gezeigt haben, daß es uns mit dem Begriffe des Nothstandes nicht wahrer Ernst ist, daß wir in dieser Bewegung einen Vorwand suchen, um ein Schisma zu machen; das können wir aber nicht, solange wir von dem innern Bewußtsein getragen sind, nicht ein Schisma zu machen, sondern eben die Idee in ihrer wahren Bedeutung auch practisch und ideell auf Erden zur Geltung zu bringen. Diese Grenze liegt aber nach meiner Ueberzeugung fest und bestimmt bezeichnet. Wenn wir blos die Forderung stellen, daß an den Orten, wo eine hinlänglich große Anzahl, von ihrem Glauben treu bleibenden, Katholiken sich gesammelt hat, das entschiedene Bedürfniß nach einem solchen Gemeindenothstand sich herausstellt; wenn wir blos dafür sorgen, daß auch ein beständiger Gottesdienst und was sonst zur Befriedigung des religiösen Bedürfnisses gehört, da sei: dann haben wir vor keinem gläubig denkenden Menschen die Grenzen des Nothstandes überschritten. Wollten wir aber jetzt schon dazu übergehen, in dieser Gemeinde etwa eine höhere hierarchische Organisation herzustellen, jetzt schon Bischöfe zu machen, dann würden wir etwas thun, was für den Augenblick noch nicht durch die äußerste Noth geboten ist. Ich sage auch nicht, daß dieser Augenblick nicht eintreten könne, aber für jetzt, sage ich, ist er noch nicht da. Jetzt sind wir zu nichts Weiterem gezwungen, als daß wir eben den katholischen Gemeinden die nothwendige priesterliche Hülfe verschaffen. Daß aber ein Nothstand nicht vorhanden sei, dagegen muß ich mich mit aller Kraft meiner Erfahrung wehren. Ja, er ist vorhanden: Ich führe nur das Beispiel der Gemeinde von Crefeld an. In dieser Gemeinde sind jetzt viele katholische Familien, welche mit voller Ueberzeugung sich der Opposition gegen dieses ludhafte an uns gestellte Ansinnen angeschlossen haben. Alle diese Familienväter mit ihren Familiengliedern bekommen jetzt keine Sacramente gespendet, ihre Kinder werden nicht zum religiösen Unterricht zugelassen, alle und jede

Befriedigung des religiösen Bedürfnisses ist ihnen versagt. Ist das nicht ein Nothstand? oder wie lange soll man noch warten, bis er eintritt? Ich glaube, die Erfahrung der Männer, die das durchgemacht haben, ist durchschlagend.

Also wirklicher Nothstand ist vorhanden, und diesem geben wir nach, gegen diesen suchen wir Abhülfe. Wir treten nicht in irgendwelchen innern Widerspruch mit dem katholischen Programme, welches wir aufgestellt haben.

Ich könnte Ihnen noch viele andere Rücksichten anführen, aber einen Punkt muß ich noch hervorheben, nämlich unsere Beziehung zum Staate, zu den Staatsbehörden. Wenn ein Staatsmann gesagt hat: Ja, geht doch soviel als möglich in katholische Kirchen hinein und zeigt dadurch, daß ihr katholisch bleiben wollt, so muß ich sagen: das scheint mir vom theoretischen Standpunkte eines Staatsmannes, der in der That die wirkliche religiöse Praxis noch nicht sehr tief erfaßt hat, gesprochen zu sein. Was sollen denn jene Familienväter thun, denen jede religiöse Erziehung ihrer Kinder verweigert wird? Ist es genug, in die Messe zu gehen, oder in eine Predigt, wo, wie es in Crefeld geschehen ist und wie es fast in allen infallibilistischen Kirchen heutzutage geschieht, nicht mehr das Evangelium Gottes gepredigt wird, sondern niedrige Politik, gemeine Verläumdung gepredigt wird als Gottes Evangelium und die Kirche geschändet wird, wie es so häufig geschieht.

(Lebhaftes Bravo!)

Soll das eine Befriedigung des Nothstandes sein, wenn Familienväter dahin gehen müssen, um gemeine Schimpfwörter über ihre heiligsten Interessen zu hören und über ihre Personen. Es ist ein Nothstand vorhanden. Dem vorhandenen Nothstande wollen wir Rechnung tragen.

Ich weiß nicht, ob ich allen Gründen des Herrn Stiftspropstes v. Döllinger begegnet bin; ich meine die Sache erschöpfend behandelt zu haben und will blos schließen mit der Anführung des einen Bildes, worin Herr Stiftspropst v. Döllinger die ganze Sache zusammengefaßt hat. Wir möchten uns nicht ein Zelt außerhalb des Gebäudes erbauen. Ich setze dem entgegen das Bild, welches gestern schon Herr Liano sehr treffend und schön ausgeführt hat. Das Gebäude wird zerstört von denen, die es bauen sollten; die wir in dem Gebäude sind, suchen uns eine Schutzstätte, wo wir solange übernachten, bis wir mit der Gnade Gottes selbst im Stande sind, von Grund aus das ganze Gebäude in der alten Herrlichkeit wiederherzustellen. Meine Ansicht über den ganzen jetzigen Kampf geht dahin. Was das Concil in Rom durch den Geist Gottes hätte leisten sollen, aber nicht geleistet hat, das wird nach dem Rathschlusse des Geistes Gottes jetzt erreicht werden auf einem andern Wege. Gott ist in seinen Werkzeugen nicht gebunden, und immer ist es die Ueberzeugung der Kirche gewesen, daß die Unfehlbarkeit der Kirche nicht darin besteht, daß in dem ordentlichen Lehramte keine Mißbräuche einreißen könnten, sondern darin, daß, wenn das Aergerniß und die Verwirrung in der Kirche auch noch so groß ist, in rechter Zeit immer die rechten Gedanken, die rechten Männer erweckt werden, daß der wahre Gedanke der Kirche nicht untergehen kann, sondern dieselbe sich immer wieder in der Weise, wie sie von Gott gegründet ist, wieder aufbaut. Dann noch eine Bemerkung:

Was das Gedeihen der zu gründenden Organisation anlangt, so erlaube ich mir zu bemerken, daß ich mir den Proceß auch ganz anders denken kann, als er eben dargestellt wurde. Ich will nur ein Beispiel nehmen: Gesetzt, es gelänge den Familienvätern in Crefeld, einen tüchtigen Geistlichen zu gewinnen; sie haben zum Gottesdienste nur einen verlassenen Saal — das müssen wir uns schon gefallen lassen. Ich bin selbst in der Lage gewesen, daß ich in einer Gemeinde in einem Winkel eines verlassenen Schulhauses den ersten Gottesdienst hielt. Wenn es darauf ankommt, wird man mit allem fertig. Ich sage: gesetzt es gelänge den Familienvätern in Crefeld, einen tüchtigen Geistlichen zu gewinnen, dann wird der Gottesdienst sich ganz anders gestalten als bisher. Dann wird nicht geschimpft in der Predigt, sondern dann wird die rechte evangelische Predigt gehalten, die Predigt der Liebe, wie es sein soll. Dann wird Ernst gemacht mit Reformationen; dann erfolgt die Aufhebung vieler Mißstände, Aufhebung der Meßstipendien, der Stolgebühren. Ich glaube: es wird kein Jahr vergehen, so werden die Dinge in Crefeld sich umgekehrt haben und die Staatsregierung wird dann nicht mehr in so großem Zweifel sein, wen sie als die wahre katholische Kirche ansehen müsse. Sie kann das schon jetzt nicht. Denn diese Frage ist nicht eine Frage der Theologie, sondern des Rechts; und jede Staatsregierung, welche auf dem Boden des Rechtes sich hält, wird keinen Zweifel haben, daß eben wir, die wir dem alten Glauben treu geblieben sind, jene repräsentiren, mit der der Staat seinen Bund eingegangen hat. Und so wird die weitere Entwicklung überall sein. Ich glaube nicht, daß die Lage so hoffnungslos ist, wie sie eben dargestellt wurde.

Professor von Schulte:

Ich rede als Antragsteller, das gibt mir das Recht auf formelle Kürze. Es ist aufgefordert worden, genau zu prüfen, und nicht das Gefühl, sondern den Verstand walten zu lassen.

Diese Aufforderung ist erfolgt einerseits von Herrn Stumpf, dessen Rede darauf hinauslief, daß wenn sein (Stumpf's) Antrag angenommen worden wäre, diese ganze Debatte nicht gekommen sein würde.

Die zweite Aufforderung zur Besonnenheit ging aus von Herrn Reichsrath v. Döllinger. Ich nehme nun an, daß diese

Aufforderung nicht an meine Adresse gerichtet war, weil ich nicht glaube, so gesprochen zu haben, als hätte ich das Gefühl aufregen wollen. Bisher hat man mir in der Regel den Vorwurf gemacht, ich schreibe und spreche furchtbar trocken juristisch, sogar so trocken, daß ich oft gar keine Phrasen gebrauche, daß durch Trockenheit mein Stil steif werde. Ich glaube also mit vollem Rechte annehmen zu können, man wird mir glauben, wenn ich die Versicherung gebe: ich will jetzt in größter Ruhe und mit größter nacktester Verstandeskälte gerade nach diesen beredten und, wie man sagt, aus des Herzens tiefster Tiefe kommenden Worten des Herrn Michelis, der in der That so eben den Eindruck auf mich machte, als hätte ich ein Stück Athanasius vor mir — an Sie mich wenden.

Sie gestatten mir nun, blos mit ganz kurzen verstandesmäßigen Sätzen auf all das zu erwidern, was bisher vorgebracht worden ist. Damit Sie sich selbst nicht aufregen, bitte ich die Antwort, wenn ich eine Frage stelle, auch gar nicht zu geben.

Es ist zuletzt gesagt worden: wenn wir so verführen, wie es möglicherweise sein könnte, wenn mein Antrag angenommen würde, so würden wir eine Secte bilden können, wir würden zum Schisma kommen, die andere Kirche würde immer die große Kirche bleiben. So ipsissima verba.

Nun frage ich: Christus hat gesagt: ich werde bei Euch bleiben bis ans Ende der Welt. Entweder war am 18. Juli 1870 Christus in der Versammlung und stand ihr bei: dann hat sie die Wahrheit gesagt. Oder er war nicht mit der Versammlung. Wir nehmen letzteres an. Würden wir dies nicht annehmen, dann wären wir hier unberechtigte Ketzer. Das ist das Fundament unserer Bewegung. Wir sind in der Lage, unsere Religion ausüben zu wollen. Ich weiß nicht, daß der Herr jemals gesagt hat: ich hätte nur die Pflicht und das Recht, meine Religion dann auszuüben, wenn ich sie üben müßte. Ich habe das Recht meine Religion immer auszuüben, und je mehr ich Religion habe, desto mehr habe ich das Bedürfniß und die Pflicht meine Religion auszuüben. Ich denke: weder eine moralische, noch eine theologische, noch eine juristische Verpflichtung in der Religion zwingt mich, auf den Nothstand mich zu beschränken. Die Kirche kennt allerdings den Nothstand, sie gestattet in articulo mortis jedem Priester, das Sacrament der Buße zu spenden. Aber wenn ich blos diesen Standpunkt in der gegenwärtigen Kirche einnehmen will, muß ich mich auch auf die Gesetze der Kirche stellen. Nach dem geltenden canonischen Rechte, darf ein Priester wohl in articulo mortis absolviren, wenn bei dem Beichtkinde die Disposition vorliegt. Nun sagen aber gerade die infallibilistischen Theologen — und wenn Sie wollen, können Sie eine in den letzten 3 Monaten durch ungefähr 12 Nummern der „Sion" gehende Exposition hierüber lesen — daß einem, der die Döllingeradresse unterschrieben hat, der ein Protest-Katholik ist, der das Concil nicht anerkennt, das Sacrament nicht gespendet wird, wenn er nicht vorher widerruft. Nehmen wir man juristisch das Eine an, dürfen wir auch juristisch das Andere nicht verwerfen.

Ich gehe weiter. Mir ist die Kirche nicht blos eine Kirche als Canonist, sie ist mir auch eine Kirche für mein Herz. Ich stehe nicht blos mit dem Verstande in der Kirche, ich stehe auch mit dem Herzen darin. Wir sollen nun immer blos den Standpunkt einhalten, daß wir mit unsern Kenntnissen, soviel wir können, mit unsern kirchenhistorischen, dogmatischen, canonistischen Kenntnissen unsre Gegner bekämpfen; da thun wir genug. Wir machen ja keinen Schritt weiter, denn das könnte zu etwas Anderm führen als wir wollen.

Dann, meine Herrn, tritt das ein, was Seitens der Curie gesagt wird: „O die Gelehrten, die gehen uns gar nichts an!" Dann hat der „Katholik" Recht, wenn er sagt: „Sind eben mißvergnügte Professoren!" Dann haben die Herrn auf der sogenannten katholischen Generalversammlung Recht, welche sagen: „Wer ist denn da? Es sind ein paar Dutzend Professoren, die sich verletzt fühlen, Gott weiß aus welchen Gründen. Das ist nur Opposition. Das Volk, die 14 Millionen, die stehen hinter uns."

Sie sehen, meine Herrn, das geht nicht. Ich habe gar keinen Antrag gestellt, sofort Bisthümer zu errichten u. s. w. Und wenn es so scheinen könnte, als habe ich in einigen Reden das Gegentheil gesagt sein wollen, so beruht das auf einem Mißverständnisse. Ich habe nicht den Antrag gestellt: es ist jetzt an allen Orten eine regelmäßige Seelsorge herzustellen; sondern ich habe gesagt: „an allen Orten, wo das Bedürfniß sich einstellt und die Personen vorhanden sind". Ob der Fall vorliege, können nur die Local-Comités beurtheilen.

Nun, meine Herrn, ich glaube, auch der Gelehrteste und Würdigste unter uns kann das nicht beurtheilen. Erlauben Sie mir einen practischen Fall:

In der vorigen Woche ist einer mir nahestehenden Dame, die stündlich ihre Niederkunft erwartet, die Absolution verweigert worden, weil sie, gefragt, ob sie für die Infallibilität sei, sagt: Nein. Nun, soll sie etwa in die Stadt des Infallibilisterheros X. reisen, um dort unbekannt sich die Absolution schlau zu verschaffen? Das geht nicht. Sie hätte schon auf der Treppe niederkommen können. Ich gebe zu: es kann ein Kind geboren werden, ohne daß die Mutter vorher beichtet, und ich bin fest überzeugt, daß, wenn die Mutter ohne Absolution in solchem Falle stirbt, sie in den Himmel kommt trotz Papst und Bischof.

Meine Herrn! Ist dadurch die Sache beseitigt? Haben wir nicht ein Recht, den Nothstand anzuhören zu machen? sind wir denn verpflichtet, uns im Nothstande zu erhalten?

Ich sehe jeden Tag einen Wegelagerer, der in mein Haus kommt. Der Kerl sagt: „Wenn du mir nicht soviel gibst, schieß' ich dich todt." Ich sage zu ihm: „Freundchen, das thue ja nicht, da hast du, was du verlangst." Am andern Tag kommt er wieder mit derselben Forderung, und so kann ich ihn vielleicht noch 10 Jahre lang erhalten. Aber sind wir denn dazu verpflichtet?

Es ist darauf hingewiesen worden, welche Folgen eintreten könnten, und es ist insbesondere die Reformation hervorgehoben worden.

Nun, meine Herrn, da sage ich offen: Einer der allergelehrtesten Männer hat wiederholt und auch in der letzten Zeit gesagt, die Reformation wäre nicht gekommen, wenn Rom zur rechten Zeit gethan hätte, was es thun sollte, wenn es, ehe die Bewegung Luthers anfing, ein allgemeines Concil berufen hätte und wenn das Concil von Trient nicht erst so viele Jahre hernach zu Stande gekommen wäre.

Sie sehen: es ist das ein Beleg für das, was wir wollen. Wir sagen mit Recht: es tritt Sectirerei ein, wenn wir nicht das Minimum thun, was wir jetzt thun müssen.

Man hat gefragt, ob denn ein Staatsmann das anerkennen könne. Meine Herrn! Ich bin kein Staatsmann, aber Jurist bin ich. Ich weiß sehr wohl, daß man z. B. um Pfingsten in München einverstanden war, die Staatsreglerung anzugehen, die altkatholischen Priester als berechtigt anzuerkennen, alle Functionen vorzunehmen. Das war um Pfingsten vollständig vereinbart worden.

Ja, ich habe die wesentlichen Sätze aus meiner Denkschrift vorgelesen. Man war auch ganz mit den Sätzen einverstanden.

Die Sache ist sehr einfach. Wenn das bayerische Cultus-Ministerium sagt: Das Dogma ist neu, es ist ein Abfall von der Kirche, dann ist juristisch die Sache sehr einfach.

Ich sage damit nicht: Herr v. Scherr in München ist nicht Bischof von München. Da müßte ich etwas sagen, was gegen die Wirklichkeit ist. Aber der Staat sagt ganz einfach: wenn die Kirche, die ich kenne, sich in ihrem Fundament alterirt, so ist sie nicht mehr dieselbe. Wenn also die Kirche eine neue Basis hat, (bisher war die Basis Jesus Christus, jetzt ist es der Papst) dann ist es ganz einfach, dann sagt der Staat: Ich kenne nur die Kirche, welche von mir anerkannt ist. Das ist der juristische Standpunkt.

Wir haben gar nicht zu fragen, was die Bischöfe, welche factisch solche sind, sagen; das geht uns gar nichts an. Wir haben auch nicht hier das zu vereinbaren, die Maßregeln festzusetzen, den Standpunkt zu fixiren, welchen der Staat einnehmen wird. Nein, meine Herrn, wir haben uns klar zu machen, welchen Standpunkt wir einnehmen wollen. Ich nehme einfach an, es würde ein österreichischer Minister, ein bayerischer Staatsrath oder ein württembergischer oder wer immer würde sagen: „Das dürft ihr nicht thun, denn wenn ihr jetzt eine Seelsorge einführt, dann sind an dem Orte X zwei. Der eine hat noch den Staatsgesetzen förmlich die Temporalien überwiesen, der arme Teufel hat gar keine Temporalien. Ihr müßt das so machen, Ihr müßt ganz ruhig bleiben, wie ihr seid. Und wenn euch euer Seelsorger nicht zum Empfang der Sacramente zulassen will, dann geht ihr schnell zu einem andern."

Meine Herrn! Das ist sehr bequem für den Staat, aber das geht uns nicht an. Wir müssen darüber einig sein. Wenn wir die Ueberzeugung haben, wir kämpfen für Christi Lehre, wir kämpfen für Christi Wort, für Wahrheit, dann haben wir auch das Recht, alle diejenigen Mittel in Bewegung zu setzen, die uns gegeben sind von Christus, um eben unsere Mission practisch auszuführen. Nun hat der Herr z. B. gesagt: „So oft Ihr das thut, thut es zu meinem Andenken". Und ich bin immer gelehrt worden, das religiöse Bewußtsein und Gefühl fordere, daß man möglichst viel mit Gott sich verbinde, in die Kirche gehe, die Sacramente empfange u. s. w.

Ob das Bedürfniß vorliege, das läßt sich nur im concreten Falle beurtheilen.

Wenn man den Herrn Dr. Wollmann in Braunsberg insultirt in der Kirche, und wenn er aus der Kirche herausgeht und ausweichen will, liegt das Bedürfniß vor.

Am Rhein hat man den Leuten die Trauung verweigert, bis sie revocirten. Man hat die Leute schon eingescharrt, wenn sie nicht revocirten, ohne pfarrliche Begleitung.

Wir haben hier in München alle die Gelegenheit, in die hl. Messe zu gehen. Wir brauchen nicht in die Kirche am Gasteig zu gehen. Wenn wir also morgen Früh 8 Uhr in die Kirche gehen, um die Messe, welche Herr Michelis lesen wird, zu hören, ist das etwa Unrecht? Es liegt ja kein Nothstand vor! wir haben in München Dutzende von Kirchen.

Allein, meine Herrn, wir widersprechen uns nicht; der Widerspruch liegt auf der Gegenseite. Unser Programm steht nicht im Widerspruch mit sich selbst, denn unser Programm sagt am Schlusse geradezu: „Wir wahren uns alle Rechte, die aus der Kirchenverbindung uns zustehen" und am Anfange: „Wir stehen auf unsern Pflichten."

Nun, meine Herrn, zu meinen kirchlichen Pflichten gehört, daß, wenn ich kann, ich den formellen Kirchengeboten, welche nicht dieser Papst gemacht hat, folge und jeden Sonntag und Feiertag die heilige Messe besuche. Soll ich nun verpflichtet sein, wenn ich an einem Orte lebe, wo ich Insulten ausgesetzt bin, aus der Kirche zu bleiben? oder habe ich nicht das Recht, zu bewirken, der hl. Messe beizuwohnen bei einem Manne, der, wenn er am Altar steht, auf mich den Einfluß macht eines Glaubenstreuen? dem Meßopfer beizuwohnen bei einem Manne, der mir z. B. selbst gesagt hat: „ich würde Sie verachten, wenn Sie das Dogma annähmen, weil Sie es nicht annehmen können"? Muß da nicht der Wunsch entstehen, daß man wirklich den Gottesdienst nur höre bei einem glaubenstreuen Priester?

Aber, meine Herrn, mit dem Gottesdienst allein ist es ja nicht genug, es verhält sich gerade so mit den Sacramenten, mit den andern Sachen.

Und nun, meine Herrn, ich bin in der Lage Kinder zu haben. Wenn ich mich entscheiden muß: kann ich sie in der katholischen Kirche wirklich zu den Sacramenten gehen lassen oder nicht?

Nichts liegt mir mehr am Herzen, als meine Kinder. Ich bin vielleicht nicht in der Lage, wenn Ostern kommt, die Zeit, wo mein ältestes Mädchen mit 14 Jahren zum ersten Male zum hl. Abendmahl gehen soll, dies durchzuführen, ohne daß sie das infallibilistische Dogma anerkennt.

Nun, meine Herrn, wie steht es weiter! Im April dieses Jahres kam mein zehnjähriges Töchterchen aus der Kirche und sagte: „Papa, heute bist du mal wieder auf der Kanzel gewesen!" Nun? „Der Pater (Jesuit X.) hat heute über Broschürenschreiber über die Macht der Päpste gesprochen und losgezogen."

Das Kind von zehn Jahren setzte hinzu: „Papa, laß mich nicht mehr in die Kirche gehen. Von Christus, von Gott ist nicht die Rede, nur Kirchenstaat und wieder Kirchenstaat, nur Politik und Schimpfen." (Bravo.)

Meine Herrn! Ich sage das nicht, um hier Anekdoten zu erzählen. Das war nie im Leben meine Sache, sondern ich sage das nur, um die Frage zu erörtern, ob das Bedürfniß vorhanden ist. Wie weit der Fanatismus geht, sehen Sie daraus. Man verbietet Gouvernanten den Eintritt bei Personen, die dem Julidogma nicht huldigen; aber bei Juden dürfen sie eintreten, nicht minder bei Protestanten. Wo soll denn in manchen Gegenden ein Kind wahren Religionsunterricht erhalten?

Ich wünschte hier, daß man mir Auskunft gibt, wie einem solchen Nothstande abgeholfen werden kann.

Sie wissen selbst sehr gut: die Bildungsanstalten sind bisher durchweg in den Händen der Nonnen, und das sind die allgemeinen Werkzeuge für die Unfehlbarkeit. Ich habe das nur betonen wollen, um zu zeigen, ob ein Bedürfniß vorhanden ist oder nicht.

Meine Herrn! Ich habe nichts von Ihnen beantragt, was überstürzend ist. Ich habe in diesem Punkte, das wissen die Herrn hier in München, das wissen die Herrn in Bonn, und das wissen alle und das weiß insbesondere Herr Reichsrath v. Döllinger, immer zurückgehalten.

Ich habe immer gesagt: nur um Gotteswillen keine Ueberstürzung. Aber, meine Herrn, wir können in unserer Zeit der

Eisenbahnen, des Dampfes, der heutigen Bewegung, der heutigen Mittel nicht uns helfen mit demjenigen, was im 4. und 5. Jahrhundert möglich war; wir müssen dasjenige thun, was die Zeit fordert. Ich habe nicht gesagt, es solle beschlossen werden, daß sofort allerorten Gemeinden gegründet werden. Gott bewahre, blos für eine regelmäßige Seelsorge, wenn der Nothfall vorliegt, habe ich gesprochen. Ich habe nicht gesagt und nicht beantragt, daß man sagen sollte: Wir verlangen das und Jenes, sondern nur, wir haben ein Recht darauf, daß die Functionen unserer Priester anerkannt werden. Und wo wir sehen, daß es vernünftig ist, das Verlangen zu stellen, sollen wir es stellen.

Ja freilich, meine Herrn, das können die Familienväter, die Abgeordneten thun; aber wozu sind wir hieher zusammengekommen? und warum nennen wir uns Delegirten-Congreß?

Um uns etwa zu geriren, als sollen so und soviel hundert Personen ihre interessanten individuellen Meinungen äußern? Mir scheint nicht. Gerade wir sollen handeln. Und ich habe darum wiederholt gesagt, nicht daß wir practische einzelne Facta setzen können, sondern daß wir die Directiven geben müssen, nach welchen, wenn ein Bedürfniß vorliegt, das Factum an dem einzelnen Orte gesetzt wird. Ich habe nicht gesagt: wir wollen jetzt Bischöfe einführen; im Gegentheil: man solle sich an einen fremden Bischof wenden, um die Functionen vornehmen zu lassen. Aber ich habe gesagt: „Wir sind berechtigt, sobald der richtige Moment gekommen ist, zu sorgen, daß eine regelmäßige bischöfliche Jurisdiktion hergestellt werde."

Das, meine Herrn, sind die Gründe, welche ich mir anzuführen erlauben mußte. Es ist mir nichts leider, als daß ich gerade in dieser Frage in einem äußern scheinbaren Widerspruch mich befinde mit dem Manne, den ich gewiß so verehre, wie Niemand aus Ihnen ihn mehr verehrt, und mit dem ich bisher immer in dem intimsten Einverständniß mich befunden habe. Aber, meine Herrn, ich halte das blos für eine scheinbare Nichtübereinstimmung. In Wirklichkeit differiren wir ja gar nicht; und wenn ich mir nicht gerade hätte Mühe geben wollen, diese wirkliche Nichtdifferenz darzulegen, so würde ich kein Wort gesprochen haben. Ich bin fest überzeugt, und ich ehre und achte es unendlich, daß es bei dem Herrn Reichsrath die Angst ist, es könnte etwas Unrichtiges in diese Bewegung sich einschleichen. Ich gebe auch offen zu, daß dies möglich wäre; aber ich glaube, wir sollen nicht das Gute versäumen, weil ein Besseres möglich ist.

Mögliche Auswüchse und Verirrungen, meine Herrn, vermeiden Sie nie, denn sonst müßten Sie einfach den Satz annehmen, es soll die Kirche nur sein die Gemeinde der Heiligen.

Wir können Auswüchse nicht verhindern; der Herr sucht nicht zu jeder Zeit das Unkraut aus dem Weizen.

Ich kann Ihnen darnach nur empfehlen, meinen Antrag anzunehmen. Ich bin überzeugt, meine Herren, wir müssen etwas thun. Ich liebe nicht die Phrase, ich habe sehr selten in meinem Leben, auch wo ich öffentlich sprach, an das Gefühl appellirt, wenn nicht vielleicht der Inhalt eine ähnliche Appellation enthielt; aber ich glaube, wir dürfen nicht hinweggehen, ohne daß wir heute aussprechen: Wir haben den Muth dasjenige, was wir als Programm theoretisch bekannt haben, practisch im Leben durchzuführen.

Man macht immer den Vorwurf, es gebe keine Charaktere in der Welt. Nun meine Herren, zeigen wir uns als Charaktere, zeigen wir uns — ich möchte sagen, selbst gegen unseren Willen — als solche.

Es thut mir leid, daß ich gegenüber dem hochverehrten Manne bei meinem Antrage beharren muß und nicht einmal dem Antrage zustimmen kann, ein Comité zu ernennen; denn entweder geht dieses weiter oder es thut gar nichts. Es thut mir dies sehr leid, aber ich gestehe: gerade deshalb glaube ich es auch proponiren zu können. Wir müssen den Muth haben, unserer Ueberzeugung zu folgen, selbst wenn es uns leid thut.

Wenn der Herr sagt: „Wer Vater oder Mutter mehr liebt als mich, ist meiner nicht werth", dann darf es auch nur auf die Sache ankommen. (Bravo.)

II. Präsident Professor von Windscheid:

Die Discussion ist geschlossen, und ich will den Antrag des Herrn Professor von Schulte zur Abstimmung bringen.

Die Versammlung wolle folgende Resolution fassen:

„In Erwägung, daß bereits im Münchner Pfingstprogramm unser Recht gewahrt ist, in Anbetracht der Verhältnisse, auch im Widerspruche mit den für normale Zustände geltenden Regeln und Institutionen, die Vornahme kirchlicher Acte aller Art durch wegen ihrer Glaubenstreue censurirte Priester uns spenden zu lassen; und in der Erwägung, daß in demselben Programm bereits solche Priester ihre Bereitwilligkeit zu solchen Functionen erklärt haben; und endlich in der Erkenntniß, daß das Absehen von den normalen Sprengeln u. s. w. und das Zurückgreifen auf den apostolischen Missionszustand, innerlich gerechtfertigt ist; daß die Nothwendigkeit des Eintritts dieser priesterlichen Thätigkeit practisch abhängt theils von den örtlichen Verhältnissen, theils von den individuellen Bedürfnissen; daß bis zu einer Aenderung der Gesetzgebungen noch eine lange Zeit verfließen kann, binnen welcher die glaubenstreuen Katholiken die rechtlichen Wirkungen kirchlicher Acte nicht entbehren können; beschließt der Katholiken-Congreß: 1) An allen Orten, wo sich das Bedürfniß einstellt und die Personen vorhanden sind, ist eine regelmäßige Seelsorge herzustellen. Ob der Fall vorliege, können nur die Local-Comités beurtheilen. 2) Wir haben ein Recht darauf, unsere

Priester vom Staate, wo und solange kirchliche Acte Voraussetzungen bürgerlicher Rechte sind, als zur Vornahme solcher berechtigt anerkannt zu sehen. 3) Wo dies unmöglich ist, soll um diese Anerkennung eingeschritten werden. 4) Der Einzelne ist bei unserem Nothstande im Gewissen berechtigt, zur Vornahme bischöflicher Functionen fremde Bischöfe anzugehen; wir sind berechtigt, sobald der richtige Moment gekommen ist, zu sorgen, daß eine regelmäßige bischöfliche Jurisdiction hergestellt werde."

Diejenigen Herrn, welche geneigt sind, diesem Antrag ihre Zustimmung zu ertheilen, ersuche ich, sich von ihren Sitzen zu erheben.

(Die große Majorität erhebt sich.)

Es ist weitaus die überwiegende Majorität, fast Einstimmigkeit. Ich bitte Herrn Professor v. Schulte, nunmehr den Vorsitz wieder zu übernehmen.

Präsident Professor von Schulte:

Meine Herrn! Es liegen noch einige wenige Anträge vor, die sich zum Theil erledigen; dann eine kurze Mittheilung. Es liegt ein Antrag von Cöln vor: „man möge geeignete Männer auswählen, die durch mündliche Vorträge an verschiedenen Orten für die Verbreitung unserer Sache zu wirken hätten." Ich darf annehmen, daß dieser Antrag erledigt ist durch das Vorgekommene.

Es liegt ein weiterer Antrag vor: „durch die Versammlung möge die Ausweisung der Jesuiten aus Deutschland, Oesterreich und der Schweiz bei den betreffenden Regierungen beantragt werden." Ich darf annehmen, nach dem, was geschehen ist, ist die Sache erledigt.

Endlich liegt ein Antrag vor: „Die Versammlung ist auf den „„Rheinischen Merkur"" als Vereinsblatt aufmerksam zu machen und dessen Verbreitung ihr ans Herz zu legen." Der „Rheinische Merkur" ist bekanntlich dasjenige Blatt, welches für unsere Ideen eintritt, in welchem thatsächliche und politische Mittheilungen gemacht werden. Nun weiß ich zwar, daß der eine dies, der andere jenes daran auszusetzen hat, aber vollkommen ist eben nur Gott und kein Blatt, und wenn man nicht ein bestimmtes Blatt hat, so ist es einfach gar nicht möglich, daß wir intensiv für uns wirken können. Es ist uns die ultramontane Presse in einer Weise verschlossen, daß z. B. der Druck des „Rheinischen Merkur" und anderer Blätter von einzelnen Buchdruckern verweigert worden ist, weil sie sonst in ihrem Geschäfte leiden würden. Die jetzige Bewegung hat ja von vorneherein keinen bloßen kirchlichen Charakter, sondern auch einen socialen, politischen. Nun wir sind immer die harmlosen Leute, wir haben kein anderes Mittel; ich empfehle deshalb von ganzem Herzen den „Rheinischen Merkur" und lege es ans Herz eines jeden Einzelnen von Ihnen, sich es zum Princip zu machen, einmal ihn selbst zu abonniren und mindest für ein zweites und drittes und viertes Exemplar zu sorgen; dann kann man sie vertheilen, die überflüssigen Exemplare auslegen auf Eisenbahnhöfen u. s. w. Das sind die Mittel, mit denen wir wirken müssen. Denn wir leben in der heutigen Zeit.

Sonstige Anträge liegen nicht vor.

Ich habe noch die Mittheilung zu machen, daß der Magistrat bewilligt hat, daß die Kirche am Gasteig gebraucht werden darf: jedoch mit Rücksicht auf die Verhältnisse darf der Gottesdienst nicht über 10 Uhr ausgedehnt werden, da zu dieser Zeit der gewöhnliche Sonntags Gottesdienst stattfinden soll.

Es wäre demnach die Tagesordnung erschöpft, und indem ich glaube, daß wir diese berathenden Versammlungen schließen können, übergebe ich das Präsidium zurück in die Hand des Herrn Präsidenten des Local-Comités, und bringe ich der hochgeehrten Versammlung meinen innigsten Dank für die Liebenswürdigkeit und Güte dar, mit welcher Sie mich unterstützt hat.

Oberstaatsanwalt v. Wolf, Vorsitzender des Münchener Localcomités:

Ich erlaube mir die Bitte an die bayerischen Delegirten zu richten, noch einige Minuten hier bleiben zu wollen.

Freiherr von Stauffenberg:

Meine Herrn! Ich glaube wir dürfen nicht auseinandergehen, ohne daß wir unserem hochverehrten Herrn Präsidenten v. Schulte unseren herzlichsten Dank für die mühevolle Leitung der Versammlung ausdrücken. Ich bitte die Herrn deshalb, sich von ihren Sitzen zu erheben und dadurch ihren Dank auszusprechen.

(Die Versammlung gibt der Aufforderung unter einem dreimaligen stürmischen Hoch Folge.)

(Ende um 1 Uhr Mittags.)

Nach Schluß der Sitzung blieben die bayerischen Delegirten, der Aufforderung des Herrn Oberstaatsanwalt v. Wolf Folge gebend, im Saale zurück. Durch diese engere Versammlung wurde nunmehr mit Einhelligkeit auf Grund der vom Münchener Actions-Comité vorgelegten und von Herrn Staatsanwalt Streng erläuterten provisorischen Statuten der „Bayerische Landesverein zur Unterstützung der katholischen Reformbewegung" gegründet.

Erste öffentliche Sitzung im Glaspalaste.
(Samstag den 23. September, Nachmittags 3 Uhr.)

Vorsitzender des Münchener Actions-Comités Herr Ober-Staatsanwalt v. Wolf:

Hochgeehrteste Versammlung! Die den Charakter eines welthistorischen Ereignisses an sich tragende Verkündung der dogmatischen Definition des 18. Juli vorigen Jahres, deren Consequenzen jede sittliche Freiheit zu zerstören geeignet sind, veranlaßt zu einem mächtigen Kampfe, welcher gerichtet ist auf den Schutz unserer erhabenen Menschenwürde, auf die Vertheidigung unserer geistigen, religiösen und staatsbürgerlichen Rechte.

Wenn wir uns, meine Herrn, der Ueberzeugung hingeben, daß Tausende von edlen Männern in diesem gerechten Kampfe uns zur Seite stehen werden, so haben wir uns hierin nicht getäuscht. Ihre zahlreiche Betheiligung an der heutigen Versammlung, meine Herrn, gibt uns die ebenso sichere als erfreuliche Ueberzeugung, daß Sie als unsere Gesinnungsgenossen entschlossen sind, mit den Waffen echter Intelligenz, unbeirrt durch die unchristlichen mittelalterlichen Verfolgungen von Seite des Episcopates, mit männlichem Muthe, welchem die echte wahre Religiösität die wahre Weihe gibt, in diesem Kampfe uns zur Seite zu stehen.

Meine Herrn, dafür, daß jenes unheilvolle Dogma den Principien des Stifters unserer heiligen Religion, den wahren Lehren der Geschichte der Kirche widerspricht, daß dasselbe die Loyalität, den Patriotismus, das ganze Culturleben des Staatsbürgers zu beeinträchtigen im Stande ist, daß dasselbe insbesondere auch offenen Ungehorsam gegen die Gesetze des Staates zur Folge hat, — dafür, meine Herrn, werden im Laufe der heutigen Versammlung hervorragende Männer der Wissenschaft Ihnen die evidentesten Beweise liefern.

Meine Herrn, mögen Sie auf dem Grunde der Ihnen gebotenen Vorträge die Ueberzeugung gewinnen, welche zur Realisirung unseres gemeinsamen hochwichtigen Werkes absolut nothwendig ist. Mögen Sie insbesondere in Erwägung ziehen, daß selbst die tiefestgehende Gründlichkeit jener Beweisführung, ohne den Muth, darnach zu handeln, nicht zum Ziele führen kann. — Hiebei erlaube ich mir Ihnen mitzutheilen, daß wir, bewogen durch die Rücksicht auf unsere sehr verehrten auswärtigen Freunde und Gesinnungsgenossen, uns veranlaßt gesehen haben, das Ehrenpräsidium dem Herrn Professor Dr. v. Schulte aus Prag, das Ehrenvicepräsidium dem Herrn geheimen Rathe Professor Dr. v. Windscheid aus Heidelberg und dem Herrn Nationalrathe Keller aus Aarau, endlich das Schriftführeramt den Herrn: Professor Schwider aus Osen, Professor Stumpf aus Coblenz, und Oberappellationsgerichts-Rath Baron Wulffen ans Passau anzutragen.

Diese sehr verehrten Herrn, welche die ihnen zugedachten Functionen schon im Laufe der vorbereitenden Sitzungen zu übernehmen die Güte hatten, werden eingeladen, ihre Sitze einzunehmen und ich erkläre hiemit die Sitzung für eröffnet.

Professor Dr. v. Schulte, das Präsidium übernehmend:

Es ist ein eigenthümliches Gefühl, in diesem Locale, welches ursprünglich den modernsten Zwecken, den Zwecken der Industrie bestimmt war, uns eintreten zu sehen für das höchste Gut, welches der Mann, der Christ hat, für das Gut, den Glauben rein zu bewahren, den er als Gottes Offenbarung erkannt hat, den er von frühester Jugend an als solchen bekannt und den er jetzt in sein Gegentheil verwandeln soll.

Diesen Glauben treu zu bewahren, nicht von ihm abzuweichen, ihn durchzusetzen im Leben, die Mittel und Wege zu gewinnen, welche zu dieser Durchsetzung im Leben nothwendig und nützlich sind, dazu sind eine Anzahl von Männern belegirt worden aus allen Gauen des deutschen Vaterlandes und darüber hinaus; sind Männer erschienen aus Oesterreich und Ungarn, der Schweiz, aus Frankreich, aus Holland, England und Rußland, um Antheil zu nehmen einerseits und sich andrerseits zu überzeugen von der geistigen Strömung, welche herrscht.

Wir haben an den beiden Tagen, die dem Heutigen vorhergehen, berathen über diese Mittel und Wege; wir haben entgegen den Angriffen, die jetzt unaufhaltsam seit Jahresfrist gegen uns geschleudert werden, als wollten wir der Autorität der Kirche zu nahe treten, als wollten wir abfallen vom Glauben, — wir haben gegenüber diesen Anschuldigungen, welche immer darauf hinausgehen, als seien es Entstellungen, wenn wir die Wahrheit mit schlichten Worten vortragen, wenn wir die eigenen Worte anführen, mit denen man uns das Falsche octroyirt hat, wenn wir die Widerlegung mit den Waffen des Geistes, den Waffen des Mannesmuthes geführt haben, ich sage, wir wollen diesen Entstellungen gegenüber constatiren: einmal dasjenige, was wir glauben und an dem wir halten wollen, und dann dasjenige, was zu thun wir uns als berechtigt und verpflichtet erachten.

Auf diesem Standpunkt haben wir ein Programm angenommen, in welchem wir gewissermaßen nach außen hin kurz den Glauben, die wesentlichen Sätze des Glaubens formulirt haben, ohne welche eine Treue am alten katholischen Glauben gar nicht möglich ist. Wir haben auf der andern Seite Beschluß über die Mittel und Wege gefaßt, welche für die Durchführung dieses unseres Zieles nothwendig sind.

Es wird Ihnen, meine Herren, das eine wie das andere bekannt werden. In diesen öffentlichen Versammlungen sollen Sie im Allgemeinen von den Ideen, von welchen wir getragen sind, eine richtige Anschauung bekommen, die Stimmungen und Strömungen erfahren, wie sie sind in den verschiedenen deutschen Gauen und darüber hinaus in den verschiedenen Ländern herrschen.

Ich fordere zunächst Herrn Professor Dr. Huber auf, eine Ansprache zu halten.

Professor Dr. Huber aus München:

Meine sehr geehrten Herren! Unsere Bewegung hat einen doppelten Charakter, sie ist national-politisch und kirchlich-religiös zugleich und sie ist dies, weil die neuesten dogmatischen Schöpfungen Roms zugleich einen Angriff auf die politische und culturhistorische Existenz unseres Volkes wie auf das deutsche Wissen und Gewissen enthalten. Wir können uns der Einsicht nicht verschließen, daß so lange der kirchliche Romanismus einen großen Theil der Nation in dem intensivsten Gebiet des geistigen Lebens, in der Religion nämlich, innerlich beherrscht und den deutschen Charakterzug inniger Religiosität zur Verbreitung antinationaler, cultur- und staatsfeindlicher Gesinnung mißbraucht, die nationale Einheit und die politische Machtgröße nicht fest, nicht dauerhaft gegründet steht, und so ist allenthalben auch das Bewußtsein lebendig geworden, daß die nationale Frage zugleich mit der kirchlichen Hand in Hand gehe und zugleich mit ihr erst vollständig gelöst werden könne.

Durchdrungen von der Ueberzeugung, daß Alles, was wir in Deutschland geworden sind, wir nur auf dem Grunde einer ernsten moralischen und intellectuellen Arbeit geworden sind, durchdrungen von der Ueberzeugung, daß der herrliche Bau des deutschen Reiches auf idealem Grunde steht, wendet sich jetzt nach den glorreichen Kriegsthaten der jüngsten Zeit unsere Aufmerksamkeit diesem idealen Fundamente zu und darunter dem wichtigsten von allen, dem sittlich-religiösen.

Aber nicht blos politisch-nationaler Natur sind die Motive, aus denen unsere Bewegung entsprungen ist, sondern so recht eigentlich, meine Herren, ist sie geboren aus dem deutschen Gewissen. Die ganze Geschichte des deutschen Volkes bezeugt bei demselben den Charakterzug inniger Religiosität. Mit tiefem Gemüth haben die Deutschen das Christenthum aufgenommen, mit Treue haben sie es gehegt und gepflegt und weil es ihnen nicht blos ein äußerliches Formenwesen, sondern ein innerliches Erleben war, weil es ihnen zu ihrem Gewissen wurde, darum fühlten sie sich gedrungen, sobald irgend eine Profanation oder Trübung des Christenthumes einzutreten drohte, dieselbe abzuwehren; denn bei einer solch innigen Beziehung zum Christenthum hätte jede Verfälschung desselben das deutsche Gewissen selbst corrumpiren müssen.

Auf Jahrhunderte hin hat unsere Nation um der Religion willen ihre äußere politische Machtexistenz zum Opfer gebracht, und als die Kämpfe für die religiöse Wahrheit nicht mehr mit physischen, sondern nur mehr mit geistigen Waffen gestritten wurden, da haben die deutschen Denker am ernstesten sich an der Lösung dieser heiligen Aufgabe betheiligt. Ja, auch die jüngsten Ereignisse gaben wieder lautes Zeugniß von dem religiösen Sinn der Nation. Wie nach den Befreiungskriegen von 1813—15 die ganze Nation einmüthig sich religiös gehoben fühlte, so hat sich diese Gesinnung auch während des letzten Krieges und nach seinem glorreichen Ende nicht verlängnet. Nicht ein Taumel der Selbstüberhebung hat sich unserer Feldherrn und ihrer tapferen Armee bemächtigt, sondern sie erkannten in den weltgeschichtlichen Geschicken, in welche sie als Werkzeuge eingreifen durften, das Walten einer höheren sittlichen Macht, sie gaben darum vor Allem Gott die Ehre. Moltke, der gefeiertste von allen unseren Feldherrn, hat sich sogar, wie wir wissen, innerhalb der protestantischen Kirche an die Spitze einer ähnlichen Bewegung, wie die unsrige ist, gestellt. Er, der Denker der Schlachten, hatte wohl Gelegenheit, über die Ursachen unserer Siege nachzudenken und als eine der wichtigsten mag ihm erschienen sein, daß in unsern Kriegern auf Grund religiöser Sinnesart ein strenges Pflichtgefühl lebendig war.

Meine Herrn! Weil wir der Ueberzeugung sind, daß die gegenwärtige Bewegung in der katholischen Kirche aus dem deutschen Gewissen geboren ist, darum sind wir auch der festen Hoffnung, zu siegen — Angesichts eines mächtigen Feindes und trotz der kleinlichen Spötter, welche durch unser Unternehmen ihre gedankenlose Gleichgültigkeit gestört erkennen. Wir haben keine anderen Mittel als die Mittel der Wissenschaft, aber wir vertrauen auf das deutsche Gewissen und dieses wird uns nicht täuschen.

Wenn unsere Bewegung nur eine künstlich gemachte wäre, so bliebe es unerklärt, daß zu gleicher Zeit durch die verschiedenen Bekenntnisse in Deutschland die gleiche Strömung geht. Ueberall ertönt der Ruf nach Neubelebung der Religion und daher die Forderung einer kirchlichen Reform um der Neubelebung der Religion willen. Und in der That, selbst wenn das religiöse Herzensbedürfniß ein geringeres wäre, als es in Wahrheit ist, es gäbe genug Gründe hochwichtiger Natur, um jeden Patrioten, jeden denkenden Freund der Menschheit zu einer Theilnahme an dem großen Werke zu vermögen.

Die Religion, meine Herrn, ist das Gefühl und Bewußtsein, mit seiner Existenz auf einem ewigen, geistigen Grunde zu ruhen und darum mit jedem Acte seines Lebens und endlich mit dem ganzen Ertrage desselben dem göttlichen Geiste, der in der Geschichte als sittliche Macht waltet, verantwortlich zu sein.

In solchem Gefühl und Bewußtsein weiß sich jedes einzelne Leben in den allgemeinen Zusammenhang der Geschichte aufgenommen, und indem es für denselben seine Arbeit zu vollbringen sich müht, kann jeder Moment dieses Lebens die höchste Bedeutung empfangen und in jedes, auch noch so gering scheinende Tagewerk die ideale Weihe hineingelegt werden. Indem also die Religion den Einzelnen dem göttlichen Geiste gegenüber auf's innigste verpflichtet und ihn zur Erhebung über seine engen egoistischen Interessen antreibt, ist sie die Quelle aller Sittlichkeit, die eben doch nur darin besteht, die möglichste Ausbildung der eigenen gottverliehenen Kräfte anzustreben, um sich mit ihnen den höheren Zwecken des menschlichen Lebens, mit einem Worte, dem Dienste Gottes in der Geschichte zu widmen.

Die Kraft zu den größten menschlichen Handlungen wird darum aus dem religiösen Bewußtsein gewonnen, die Kraft des Wirkens, wie die Kraft des Leidens, der Muth der That, wie der Muth der Entsagung. Dies, meine Herrn, ist die Religion und darum ist sie die Quelle aller moralischen und intellectuellen Cultur. Und wo Ihnen eine historische Form der Religion entgegentritt, ist unter der äußeren zeitlichen Hülle dies ihr innerer ewiger Kern.

Unter allen welthistorischen Religionen hat aber keine mehr das Wesen der Religion verwirklicht in Lehre und That, als die christliche Kirche. Darum vermochte sie aber auch auf den Trümmern der versinkenden alten Welt eine neue Epoche der Geschichte zu gründen und eine höhere menschheitliche Cultur heraufzuführen. Indem das Christenthum Gott als den gemeinsamen Vater und alle Menschen als seine Kinder betrachten lehrte, hat es nicht nur dem religiösen Verhältnisse die größte Innigkeit, jedem Einzelnen nicht blos die Liebe zur Pflicht und den Trost in der Schwüle des Lebenskampfes gegeben, sondern noch mehr, sie gab jedem das Bewußtsein der Würde seiner menschlichen Persönlichkeit, sie sprach es aus, daß jeder Einzelne, weil um den höchsten Preis durch die Liebe Gottes aus der Macht der Sünde und des Irrthums gerissen, vom höchsten Werth sei. In diesem Gedanken aber wurzelt der Fortschritt der Humanität, denn er fordert die höchste Ausbildung und allseitige Anerkennung der Persönlichkeit, er fordert die Verwirklichung der Freiheit und der Gleichheit unter den Menschen und er stiftete einen großen sittlichen, über den natürlichen Gegensatz der Rassen und Nationen hinausgreifenden Bund — die Kirche, eine große Familie, eine Liebesgemeinschaft, in welcher die Härte der socialen Unterschiede, und die politische Zwietracht der Völker aufgehoben sein soll. Wer in die christliche Kirche eintritt, hat die Welt mit ihren Kämpfen hinter sich gelassen, er tritt in ein Reich des heiligen Friedens. Dies, meine Herren, ist das Wesen der christlichen Religion, und wenn ich es hiemit richtig charakterisirt habe, so dürfte in dieser Versammlung wohl Niemand sich finden, der ihre große Bedeutung für jede Gestalt menschlichen Lebens zu läugnen versucht sein möchte.

Die Religion, welche das Leben als eine sittliche Aufgabe hinnehmen lehrt, gibt auch zur Lösung dieser Aufgabe die Kraft — eine Kraft, ohne welche die menschliche Existenz in's Thierische herabsinken müßte und oft nicht zu ertragen wäre. — Die christliche Religion hat die Familie geweiht und dadurch für das Gedeihen der Staaten eine starke Basis geschaffen. In einer Zeit, wo innerhalb der Gesellschaft die furchtbarsten Katastrophen zwischen den Besitzenden und zwischen den Besitzlosen drohen, wird vorzüglich sie es sein, welche eine billige Ausgleichung und Versöhnung bringen und dadurch Kämpfen vorbeugen kann, die unsere ganze Cultur in Frage stellen; denn ohne sittliche Mächte wird die sociale Frage nicht gelöst und die höchste sittliche Macht ist die christliche Kirche. In einer Zeit endlich, wo die Staaten Europas zu großen Kriegslagern geworden sind, wo neben der Rivalität der Nationen auch der Racenhaß sich wieder mächtig zu regen beginnt, ist die internationale sittliche Friedensgemeinschaft der christlichen Kirche noch ein mächtiges segensreiches Band der Menschheit.

Aber, meine Herrn, wenn es jemals wahr gewesen ist, was so oft ausgerufen wurde, daß nämlich die Religion, die christliche Religion in Gefahr sei, so ist dies gewiß heute der Fall. Zwei Feinde bedrohen zur Stunde die christliche Kirche und mit ihr die Religion. Der materialistische Atheismus, der sich in der Socialdemokratie eine politische Gestalt gibt, und der Jesuitismus. Beide sind Feinde des modernen Culturlebens und arbeiten sich nur gegenseitig in die Hände. Sie suchen den Culturstaat zu zertrümmern in der Hoffnung, auf seinen Ruinen ihr Reich bauen zu können. Diese Parteien sind nicht wesenlose Schemen, sondern gewaltige Mächte, welche uns immer näher und näher entscheidenden Katastrophen treiben. Nachdem die Autorität des Königthums und der Kirche in den Staub getreten worden, wird der Götze des Jahrhunderts, das Capital, den entfesselten Leidenschaften keine Zurückhaltung auferlegen können — umsoweniger als dieser Götze wirklich vielfach zu einem Moloch geworden ist, der sich von zahllosen Opfern aus dem Proletarierstande mästet. Was zu befürchten steht, wenn die sittlich-religiösen Gefühle in den Massen absterben, das haben die Flammen von Paris in deutlichen Lettern für jeden Denkenden geschrieben.

Der Materialismus aber, welcher den geistigen Grund der Welt und die Kraft der Selbstbeherrschung, der Aufopferung und

Resignation im Menschen leugnet, weil er die Kraft der sittlichen Selbstbestimmung leugnet, reißt das einzelne Leben los von dem höheren göttlichen Zusammenhang und entfesselt die selbstsüchtige Begierde, die an den Moment und an das Atom kettet und ihm den größtmöglichen Gewinn abzuringen versucht. So pflanzt diese Doctrin an die Stelle großer Bürgertugenden den Eigennutz und bereitet, wie schon Leibniz aussprach, eine große Revolution vor. Der Materialismus vergöttert die Gewalt und sanctionirt das Factum, und darum vor Allem möchte ich die Arbeiter vor dieser Doctrin bewahrt wissen, die dem herzlosen Principal den letzten moralischen Zügel, der ihn vielleicht von der Ausbeutung des Arbeiters noch zurückhält, hinwegnimmt.

Daran aber, daß der Materialismus in solchen Dimensionen um sich greift, nicht blos die höheren Stände der Gesellschaft vergiftet, sondern auch in die weiten Kreise der Arbeiter herabsteigt, daran sind vorzüglich auch diejenigen Schuld, welche, betraut mit der Leitung der Kirche und der Verkündigung ihrer Lehre, den hohen geistig-sittlichen Gehalt des Christenthums entweder unwissend aus Trägheit oder aus andern schlechten weltlichen Motiven dem Bewußtsein der Zeit verdunkelt und in einen unerträglichen Aberglauben verkehrt haben. Sie haben dazu beigetragen, daß zuerst Gleichgiltigkeit gegen die Religion, dann Religionslosigkeit und endlich Religionshaß allgemein zu werden anfingen. Vernunft und Moral mußten sich gegen das System empören, welches man unter dem Namen des Christenthums auszubieten wagt. Wie der Materialismus den Geist läugnet, so läugnet ihn auch practisch die in die Bande des Jesuitismus geschlagene Kirche, indem sie dem wissenschaftlichen Gedanken und der eigenen sittlichen Arbeit des Menschen keinen Raum mehr gestattet, sondern ihn bis zur völligen Unselbstständigkeit an eine äußerliche Autorität ketten will. Die römische Kirche hat in ihrer neuesten Entwicklung, mit der Schöpfung des Dogma's vom unfehlbaren Papste, das Princip des äußerlichen, blinden, gedankenlosen Autoritätsglaubens auf die Spitze getrieben. Dieses Dogma ist daher mehr als blos ein vereinzelter Glaubenssatz, es ist die Culmination des Princips, welches den Tod des Wissens und Gewissens bedeutet. (Bravo.)

Geistige Selbstständigkeit ist ein ausgeprägter Charakterzug der deutschen Individualität. Es ist daher nicht zufällig, daß wir vorzugsweise hier in Deutschland die religiöse Frage haben. Diese Thatsache sagt, daß jener alte ernst prüfende und suchende Geist, welcher für Alles, dem er sich innerlich hingeben soll, die Bezeugung in sich selbst fordert, noch unter uns lebendig und wirksam ist.

Die religiöse Frage ist ohne Zweifel der Mittelpunkt aller unserer politischen, socialen, ethischen und culturhistorischen Probleme. Soll aber sie zum Heile der Gesellschaft gelöst werden, so bedarf es des Zusammenwirkens vieler begeisterten Kräfte. Daher leihen Sie uns in dem Kampfe, den wir begonnen haben, Ihre Mitwirkung.

153

Wenn wir an der Indolenz und Unwissenheit des Zeitalters mit unserer Unternehmung scheitern sollten, so werden unsere Kinder die Sünden ihrer Väter zu büßen haben. (Bravo!)

Doch gebe ich mich einer besseren Hoffnung hin und so schließe ich mit den Worten, welche jüngst ein berühmter protestantischer Gelehrter Angesichts unserer Bewegung niederschrieb: „Die katholische Opposition der Gegenwart, soweit vom Protestantismus entfernt ihre Träger sind, zeigt etwas der reformatorischen Opposition Aehnliches darin, daß sie nicht blos aus wissenschaftlicher Gewissenhaftigkeit, die sich sträubt, eine Unwahrheit anzuerkennen, sondern aus einem gottesfürchtigen Gewissen hervorgeht, welches die von der Concilsmajorität beschlossene Blasphemie zurückweist. Ist das, dann wird die Sache im Kampfe nicht unterliegen, sondern erstarken, und Gott wird den muthigen Käupfern das Wort in den Mund geben, welches ihr eine wachsende Gemeinde schafft, denn die Kirche ist Gemeinde." (Bravo!)

Präsident v. Schulte:

Herr Geheimerath v. Windscheid wird im Namen Deutschlands einige Worte sprechen.

Geheim-Rath v. Windscheid aus Heidelberg:

Meine hochgeehrten Herrn! Diese Versammlung ist, wenn auch nicht ausschließlich, doch vorzugsweise eine deutsche; und so mag gestattet sein, daß unter den verschiedenen Begrüßungen, die Ihnen werden entgegengebracht werden, zuerst der Gruß Deutschlands, ein Gruß aus deutschem Geist Ihnen entgegentritt. Und doch weiß ich nicht, ob ich den Auftrag, den ich übernommen habe, übernommen haben würde -- und ich weiß nicht, ob ich nicht in diesem Augenblick auf seine Ansführung verzichten sollte nach der vortrefflichen Rede, die Sie soeben gehört haben; denn was ich Ihnen in kurzen Worten jetzt nur sagen kann, ist Ihnen in ausgeführten Worten entgegengetreten: ein Gruß des deutschen Geistes an deutsche Männer!

Meine Herrn! Der Kampf, den wir kämpfen, ist im eminenten Sinn des Wortes ein deutscher Kampf. In Deutschland hat die Freiheit des Geistes immer eine Stätte gehabt, und was Deutschland errungen hat, hat es errungen mit den Waffen des freien Geistes. (Bravo.)

Nun wird den deutschen Katholiken zugemuthet, diese Waffen niederzulegen; es wird ihnen angesonnen, eine Lehre anzunehmen, welche die Erkenntniß eines einzelnen Menschen, der zufällig so geworden ist, wie er geworden ist, hinstellt als Norm der religiösen Wahrheit für Alle; es wird von uns verlangt, daß wir uns zu den Sätzen bekennen sollen, die im Syllabus enthalten sind, die sich in schneidenden Widerspruch stellen mit den Grundprincipien unserer Geistescultur. (Bravo.)

Meine Herrn! Diese Zumuthung und dieses Verlangen hat in ganz Deutschland eine tiefgehende Bewegung hervorgerufen und diese Bewegung ist es, die aus allen Gauen unseres Vaterlandes Männer als Abgeordnete hieher geführt hat. — Sie protestiren durch ihr Erscheinen gegen eine Lehre, sie sind entschlossen, mit allen Kräften zu wirken gegen eine Lehre, die, wenn sie zur Herrschaft gelangt, für den größeren Theil des deutschen Volkes den Quell geistigen Lebens verstopfen würde oder, was schlimmer wäre, in religiöse Gleichgiltigkeit und Stumpfheit stürzen und damit dem geistigen, dem sittlichen Verfall in die Arme treiben würde.

Meine Herrn! Deutschland nimmt gegenwärtig einen hervorragenden Platz ein unter den leitenden Völkern der Welt, und wir sind nicht gewillt, uns die Errungenschaften, die wir erworben haben in langer und harter Arbeit, unter den heißen Wettern der Schlachten, im Sonnenschein des Friedens, uns verkürzen zu lassen. (Bravo.) Wir wissen, daß das, was wir errungen haben, nur mit denselben Mitteln gewahrt werden kann, mit denen wir es erworben haben, mit den Mitteln des freien Geistes, des Geistes, der kein Gesetz, das ihm von außen gesetzt wird, annimmt. (Bravo.)

Wir Deutsche fühlen uns verantwortlich für unsere Geschichte, und wir wünschen nicht, daß wenn einst die Geschichte dieser Zeit geschrieben wird, wir des Verraths geziehen werden an den Heiligthümern unserer Nation. (Bravo.) Und so möge der schützende Geist unseres theuren Vaterlandes, der es groß und herrlich gemacht hat, seine segnende Hand ausstrecken über unsere Bestrebungen und sie zum Ziele führen. (Bravo.)

Präsident v. Schulte:

Herr Pfarrer Anton wird die Grüße der Deutsch-Oesterreicher bringen.

Pfarrer Anton aus Wien:

Sehr geehrte Versammlung! Wenn ich Ihnen sagen würde: Ich bringe Ihnen die Grüße von Tausend und Tausend deutscher Brüder aus Oesterreich, so würde ich noch viel zu wenig sagen. Ich bringe Ihnen nicht nur die Grüße dieser Tausend und Tausend deutscher Brüder; ich bringe Ihnen die Geister und die Herzen dieser Brüder, aller derjenigen deutschen Brüder, sage ich, welche noch den deutschen Geist haben, welche noch angehören dem Charakter des Deutschthums, welche noch nicht untergegangen sind in auswärtigen Systemen und Richtungen.

Ich bringe Ihnen, habe ich gesagt, die Geister von Tausend und Tausend deutscher Brüder, aller derjenigen, welche sich in Opposition gesetzt haben mit dem unerhörten vaticanischen Dogma von der Infallibilität des Papstes. Ich sage: Ich bringe Ihnen die Geister, und mit Recht glaube ich das zu sagen. Denn die Sache der Geister ist das Erkennen und das Verständniß. Nun, so gut Sie hier in Deutschland den ganzen Wahnsinn dieses sogenannten Dogmas erkannt haben, mit derselben Erkenntnißkraft, mit demselben reinen Verständniß haben es Tausend und Tausend deutsche Brüder im österreichischen Lande auch erkannt, auch aufgefaßt. Wie hätte es denn nicht sein sollen! Ist doch auch über uns Deutschen in Oesterreich immer noch derselbe deutsche Geist, derjenige deutsche Geist, sage ich, der von jeher an der Spitze der Cultur gestanden, derjenige deutsche Geist, der sich von jeher gegen den Romanismus und seine Uebergriffe gewehrt hat. Wir alle kennen unserm deutsche vaterländische Geschichte. Für was haben die Deutschen unter dem fränkischen und schwäbischen Kaiserhaus ihr Herzblut hingegeben, als für den Kampf des deutschen Freiheitsgeistes gegenüber dem Sclaventhum des Romanismus. Diese Erkenntniß hat man in Oesterreich nun und nimmermehr verloren. Wir haben uns gut erinnert, daß die deutschen Stämme immer die ersten gewesen sind, die da für Recht und Wahrheit gesprochen haben. Wir haben es immer und immer erkannt und es ist in unsere deutsch-österreichischen Geist noch lebendig — und kein Regierungswechsel, kein System, keine herrschende Partei kann das unterdrücken — es ist noch lebendig das Gefühl, daß der Deutsche immer und immer für das Recht, die Wahrheit und den heiligen Glauben eingestanden ist; und das wollen wir noch jetzt in Oesterreich. Ich bin in der glücklichen Lage, obwohl ich nur ein ganz einfacher, schlichter Priester bin, über große Erfolge berichten zu können, wenn es nicht an Zeit gebräche. Ich, der schwache Mann, habe meine Mühe nicht gespart und der Herr hat angesehen die Niedrigkeit seines Knechtes. Denn wir sind alle nur das Organ desselben einen Gottes. Es hat sich das deutsche Volk in Oesterreich von den Kuppen des Riesen- und Erzgebirges bis zum Wellenschlag des adriatischen Meeres, von den Wogen des Inn bis an die Gebirgskette von Siebenbürgen zum Kampfe erhoben. Unterdessen ist Deutschland muthig unter die Waffen getreten. Dieser Geist nun, der deutsche Geist, der hat alle Geister angefüllt; und wenn ich sage: Ich bringe diese Geister, so sage ich ein wahres Wort als ehrlicher Oesterreicher.

Ich habe auch gesagt: Ich bringe die Herzen dieser Tausend und Tausend in Oesterreich. Freilich, nicht wahr, das Herz hat zuerst damit zu thun. Man sagt: Das Herz hofft. Nun wir Oesterreicher, wir Teutsch-Oesterreicher, wir haben auf Deutschland gehofft. Wir haben in der Erkenntniß, daß Deutschland überall den Weg des Lichtes und der Wahrheit vorausgegangen ist, gehofft, daß es auch jetzt geschehen wird; und ich kann es zu meiner eigenen und zur Befriedigung der Brüder in Oesterreich sagen: Wir sind befriedigt durch die Bewegung, wir sind noch mehr als befriedigt worden. Wir haben alle gehofft, daß wir zusammenwirken. Wir in Oesterreich haben gehofft, daß wir vor allem Andern in Deutschland den Vortritt finden werden in diesem großen Kampfe. Wir haben ihn gefunden und das ist für unser deutsches Herz genug.

Wenn ich sage: Unsere Hoffnung hat uns nicht getäuscht, so rede ich ein wahres Wort; denn bei den Zuständen, welche sich in der Weltlage herausstellen können, konnte man nicht sogleich bemessen, daß Alles so gehen werde, wie es gegangen ist. Ich danke Gott und seiner Voraussehung, daß es so gegangen ist.

Wenn ich aber gesagt habe, das Herz hofft, so sollte man wohl auch das Wort sagen können: Das Herz fürchtet. Nein das deutsche Herz fürchtet nie. Ich bin ein einfacher Mann, ich habe mich nie gefürchtet; die Tausende, die sich angeschlossen haben, fürchten sich auch nicht. Wenn wir für die Wahrheit, für den Glauben, für die Kirche Christi eintreten, was haben wir zu fürchten. Petrus sagt: „Wenn Gott mit uns ist, wer ist wider uns"; und Gott wird mit uns sein. Hat er nicht gesagt, — „wenn zwei oder drei sich in seinem Namen versammeln, so werde er unter ihnen sein." Nun gut, wir sind mehr als zwei und drei. Sache des Herzens ist die Liebe, und alle Liebe strebt nach Einigung und Einheit. Nun, geehrte Versammlung, Deutschland hat es zu dem großen Ziele endlich gebracht, daß es politisch einig ist. Wir Deutsche in Oesterreich haben das mit Freude begrüßt. Deutschland ist politisch einig. Ich glaube allerdings, daß diese politische Einheit ein großes Gut ist, daß sie aber noch mehr gehoben wird durch die moralische, durch die geistige Einheit; und in diese Einheit gehören wir Deutsch-Oesterreicher auch hinein. Man konnte verschiedenartig bemalte Grenzpfähle in die deutsche Erde einschlagen, das hat die Geschichte, das haben die Verhältnisse, das hat die Politik gethan. Aber Grenzpfähle zwischen deutsche Herzen hinein kann man nicht schlagen. Und insoferne glaube ich, daß gerade das Streben der Deutschen hier und der Deutschen in Oesterreich, ihr höchstes Gut zu wahren und einheitlich vorzuschreiten, daß das die sittliche, die geistige Unterlage ist, auf welcher ein wenn auch nicht ganz nach den alten politischen Marken abgegrenztes, aber doch ein sittlich, geistig, religiös geeinigtes deutsches Volk basteht. Es mag ein Deutscher leben in Amerika in den Prairien, oder in Asien, oder am Neckar, am Rhein; was deutsch ist, wird sich jetzt überall begegnen in Einheit, und dazu habe ich Ihnen ein deutsches Herz gebracht aus Oesterreich. Nehmen Sie das, was ich Ihnen gebracht habe, brüderlich und freundlich an, denn es ist brüderlich und freundlich geboten.

Geist und Seele, Gedanke und Gemüth ist von den Deutsch-Oesterreichern dem deutschen Volke stets zugewendet und umsomehr zugewendet, als uns jetzt die Gefahr droht, daß halb cultivirte Stämme über Deutsche herrschen sollen. Das wird nie und nimmer sein. Und darum rechne ich im Hinblick auf unsere große

Aufgabe immerhin auf den Beistand des Herrn, daß wir zuletzt noch überwinden werden. Deutschland hat noch immer überwunden, ist noch immer Sieger geblieben, wo es ihm Ernst war, zu siegen. Warum kämpfen wir denn? Dort steht die ehrwürdige Germania und deutet nach oben; und was sagt sie denn? „Ewig währt Wahrheit und Recht." Und weil wir diese Wahrheit und weil wir dieses Recht in seinen heiligsten Interessen vertreten in Deutschland und in Oesterreich, weil wir alle zusammen einig und aus einem Geiste und Herzen die Wahrheit und das Recht vertheidigen, darum werden wir auch siegen in unserem Kampfe. Das sagt uns Germania. „Ewig währt Wahrheit und Recht." Es muß werden und wird werden, und der Herr wird die Wege bahnen. (Bravo!)

Professor Schwicker aus Ungarn:

Hochgeehrte Versammlung! Es gereicht mir zur ganz besonderen Ehre, im Namen der ungarischen Katholiken eine so zahlreiche Versammlung begrüßen zu können. Ich bringe im Namen vieler Tausende gleichgesinnter treuer Katholiken die wärmsten Sympathien jenen Bestrebungen entgegen, die in Deutschland seit einem Jahre auftauchten, um den Anstrengungen des römischen Absolutismus mit Entschiedenheit entgegenzutreten. Wir Ungarn wollen diesen Bestrebungen nicht allein unsere Sympathie entgegenbringen, sondern auch mit voller Thatkraft Antheil nehmen an diesem Kampfe. Ungarn hat seit seinem Bestande als christlicher Staat von jeher immer Mittel und Wege gewußt, den Absolutismus Roms in seine Schranken zu weisen und die unbeschränkte Macht des Papstes, namentlich auch in politischen Dingen, zurückzuweisen. Umsomehr geschieht dies jetzt, nachdem seit dem vaticanischen Decrete vom 18. Juli 1870 dem Papste, einem hinfälligen sterblichen Menschen, die Glorie der Unfehlbarkeit um das Haupt geschlungen werden sollte. Eine solche wahrhaft gottlose Selbstüberhebung, welche hinausgreift über alle Schranken des menschlichen Geistes und die menschliche Freiheit auf allen Gebieten bedroht, ein solches Hinausgreifen findet namentlich in dem politisch freien Ungarn eine ganz entschiedene Opposition und niemals wird Ungarn seinen Nacken beugen unter diesem römischen Joch. Die Katholiken Ungarns sind aber auch vor allem Andern politische Naturen, und jede Frage hat in meinem Vaterlande nur dann einen rechten Boden im Volke, wenn sie eine politische Seite hat. Man wird nicht leugnen können, und es wurde auch heute schon ausgeführt, daß die Beschlüsse des vaticanischen Concils eine vorwiegend politische Tendenz mit in sich bergen; und es besteht ein nicht unbegründeter Verdacht, daß eben die politische Tendenz vielleicht eines der treibendsten Motive bei Schaffung der Decrete gewesen ist. Es ist daher für mein Vaterland auch ein Act der Selbsterhaltung und des Selbstschutzes seiner politischen Freiheit und Selbstständigkeit, wenn dieses Attentat auf die politische Freiheit aller Staaten zurückgewiesen wird.

Die Katholiken Ungarns wollen aber nicht blos nur negirend verfahren, nicht blos nur ablehnend.

Man hat uns von verschiedener Seite her zu wiederhollen Malen das Zeugniß ertheilt, daß wir eine politisch-practische Nation wären, und daß wir in politischen Dingen nicht ganz unbewandert seien und unserer Consequenz auch manchen Erfolg verdanken. Von diesem Gesichtspunkte aus haben auch die Katholiken Ungarns die religiöse Reformfrage zunächst von einer politischen Seite aufgefaßt und sind bestrebt, in positiver Weise die Reform der Kirche im Punkte der Kirchenverfassung anzugreifen und durchzuführen.

Gerne und willig gestehen wir zu, daß die wissenschaftliche und religiöse Seite der Reformfrage in der Kirche zunächst eine Aufgabe der deutschen Wissenschaft ist, von der wir gerne lernen und der wir uns gerne beugen. Wir wollen aber auch unser Schärflein beitragen, und das denken wir dadurch zu thun, wenn wir einen Beweis liefern, auf welche positive Weise das kirchliche Leben neu geschaffen werden könnte.

Die größten Gebrechen und Mißbräuche unserer Kirche sind wohl darin begründet, daß das alte Kirchengemeindeleben in Folge der einseitigen hierarchischen Entwicklung in der Kirche vollständig brach gelegt oder sogar ganz vernichtet worden ist. Namentlich hat man das Laienthum oder das gläubige Volk von der Betheiligung am Kirchenregimente aber auch ganz und gar hinausgeworfen; man duldet es höchstens als misera plebs contribuens; aber wo es gilt, zu leiten, zu ordnen, da hat der Laie in der Kirche gar nichts zu reden. Ein solcher Zustand wird einem politisch freien Volke für die Dauer ganz unerträglich; und aus diesem Grunde haben die ungarischen Katholiken seit sechs Jahren eine Bewegung ins Werk gesetzt, die anfänglich klein war, aber immer mehr und mehr um sich gegriffen hat — so zwar, daß man heute mit der größten Hoffnung auf einen bestimmten Erfolg rechnen kann. Ich meine darunter die Bewegung zur Gewinnung der Katholiken-Autonomie.

Es würde zu weit führen, wenn ich vor der Versammlung die Geschichte der Bewegung erörtern würde. Darum will ich nur kurz sagen, was die Katholiken-Autonomie will und soll.

Diese Katholiken-Autonomie soll einerseits die Selbstständigkeit der Kirche dem Staate gegenüber sichern und feststellen, andererseits aber soll sie dem Laienthum in der Kirche einen geregelten und gesicherten Einfluß auf die Leitung der äußeren kirchlichen Angelegenheiten garantiren.

Wir haben bereits von Erfolgen zu erzählen. Es ist gewiß schon die eine Thatsache, daß wir weltlichen Katholiken Ungarns im Vereine mit dem Episcopate und den Vertretern des niederen

Clerus in einer öffentlichen Versammlung, in einem Congresse zusammengesessen und berathen haben, schon diese eine Thatsache ist, sage ich, ohne Beispiel im katholischen Europa. Es ist dieses schon ein Beweis, daß die Katholiken Ungarns von Erfolg reden dürfen, und wenn auch das Elaborat, welches die Katholiken Ungarns im März dieses Jahres zu Stande gebracht haben, nicht in allen Punkten den Ansprüchen der freisinnigen Katholiken genügen kann, so muß ich doch gestehen, daß die dort niedergelegten Principien ein fruchtbarer Keim für die Zukunft sind; denn es ist dort gesagt, daß den weltlichen Katholiken das Recht zusteht mit dem Episcopate im Verein über die Wahl und die Bestellung der Geistlichen, über die Verwaltung des Kirchenvermögens, über die Leitung und Regelung des katholischen Schul- und Erziehungswesens Berathungen zu pflegen und Beschlüsse zu fassen, und darüber zu wachen, daß sie auch durchgeführt werden. Die Katholiken Ungarns sind also nicht mehr eine stumme, willenlose Heerde, und sie werden es sich nicht mehr gefallen lassen, daß der vom Apostel Petrus verworfene herrschende Clerus für die Zukunft seine Rolle weiter spielen werde.

Wenn wir in dieser Weise suchen an der practischen Seite der Kirchenreform zu arbeiten, so glaube ich, daß wir auch im Sinne einer richtigen Arbeitstheilung des Geistes wirken, und daß eben wir mit Freuden uns den Bewegungen unserer deutschen Nachbarn anschließen können. Und sowie wir auf dem politischen Felde nur eine Interessengemeinschaft und nicht eine Interessenfeindschaft kennen, so wollen wir auch auf dem culturellen, religiösen und wissenschaftlichen Gebiete Hand in Hand mit den deutschen Nachbarn gehen, um so vereint die Schätze des Geistes in Friede und Freiheit zu erringen. (Bravo!)

Professor Munzinger aus Bern.

Hochgeehrte Versammlung! Ich bringe einen Gruß aus dem Schweizerland, unsern Gruß dem geistig hohen Deutschland und der edlen Stadt München, dieser Stadt, in welcher uns die Kunstwerke mit Begeisterung erfüllen, und Schönheit und Wahrheit mit einander verwandt sind.

Ich grüße aber auch die *patriotische* Stadt München.

Ich erinnere mich des Augenblickes, wo in der Stunde der Gefahr gerade Bayern mit seinem Könige und die Stadt München entschlossen auf Seite der Vaterlandsfreunde gestanden sind.

Von diesem München und seinem edlen und wackern Döllinger ist ein Feuer, ein Licht der Wahrheit ausgegangen, und dieses Licht hat auch bis in unser Land hinein gezündet, und ich lebe der Hoffnung, daß dieses Feuer von einem Berggipfel zum andern springen wird, so daß es in jedes Thal hineinleuchten soll.

Wir in der Schweiz haben schon vor Jahren einmal einen ernsten Kampf geführt mit denselben Feinden, die uns heute bedrängen. Im Jahre 1847 haben wir nicht gegen unsere Brüder, wohl aber gegen die Jesuiten den Krieg geführt, und wir haben dann in der neuen Bundesverfassung von 1848 den Artikel festgesetzt, daß die Jesuiten auf ewige Zeiten aus der Schweiz vertrieben sind. (Bravo!)

Auch heute, deutsche Männer, kehren wir Schweizer mit Befriedigung von München zurück. Unsere Erwartungen haben sich erfüllt. Es ist durch den Congreß bestimmt erklärt worden, daß wir nicht blos Opposition gegen das Unfehlbarkeitsdogma machen, sondern gegen den ganzen Geist, der seit Jahrhunderten aus Rom geweht hat, Opposition und Kampf erheben. (Bravo!)

Es ist auch durch den Congreß entschieden worden, (und das ist für mich das Größte) es soll die Wissenschaft und die Gesinnung des Volkes, sein wahrer Glaube entscheidend sein. Es ist auch die Verfassung besprochen worden. Die Kirche ist bis jetzt auf der Spitze gestanden, und wir haben gefunden, daß es sich gehört, daß die Kirche auf das rechte Fundament gestellt werde. Wir hatten dafür, daß unsere Kirche eine volksthümliche sein müsse; und ich war heute Morgens erfreut, als die Versammlung fast mit Einstimmigkeit den Beschluß faßte, diesen Satz der Volksthümlichkeit nun auch wirklich zur Wahrheit werden zu lassen. (Bravo!)

Noch eines, meine Herrn! Es ist in dem Programm von gestern der wunderbar schöne Gedanke ausgesprochen worden, daß wir uns denken, es könne einmal in Zukunft eine Religion geben, zu der alle gehören, Katholiken und Protestanten.

Ich frage Sie, wenn Sie sich an die schwierigen Momente, an die traurigen Momente des deutsch-französischen Krieges zurückerinnern, ich frage Sie, meine Herrn, als Sie damals mit den Protestanten des Nordens gelitten haben, mit ihnen geseufzt haben, für die Ihren im Felde mit ihnen gehofft haben, haben Sie damals nicht das Gefühl gehabt, daß allerdings eine Religion möglich sein sollte, die uns Alle mit einander verbindet. (Bravo!)

Wir in der kleinen Schweiz haben den Gedanken, daß wir gerade in diesem Sinne etwas wirken können. Sie wissen Alle, daß auf unseren Gebirgen der jetzt deutsche Rhein entspringt, aber auch die Rhone, die in die lachenden Thäler Galliens hinunterfällt, aber auch der Ticino, der nach Italien hinunterströmt. Sie wissen auch, meine Herrn, daß wir kleinen Schweizer, 3 Nationalitäten mit einander verbunden, in Friede und in Eintracht leben.

Ich habe nun allerdings den Gedanken, daß gerade die Schweiz, welche diese Vereinigung dieser verschiedenen Nationalitäten im Kleinen darstellt, daß diese ein Zeichen ist, daß allerdings in Zukunft nicht blos eine herrliche, humane Religion, sondern auch ein Gedanke des Friedens über Alle walten soll. (Bravo!)

Man sagt von uns Schweizern gar oft, vielleicht mit Unrecht, wir seien practische Leute. Wenn ich nun mit einigen Worten schließen soll, so gehen diese gerade dahin, daß wir auf das Practische

unsern Sinn gerichtet haben sollen und da ist mir vor Allem
wichtig, daß wir auf der einen Seite Maß halten, nicht Alles
miteinander wollen, aber gerade ebensogut andererseits an demjenigen, was wir wollen, auch festhalten und nicht darauf sehen,
ob wir in der Minorität sind. Die Wahrheit wird schon siegen.
Es ist ja, meine Herrn, die Wahrheit, um die wir kämpfen, daß
einer nicht etwas glaubt, was er nicht glaubt, sondern nur glaubt,
was er eben glaubt. Und ein letztes Wort ist: Wir sollen einig
bleiben. Ich schließe mit dem Worte des sterbenden Attinghausen
in „Wilhelm Tell": Seid einig, einig, einig! (Bravo!)

Van Thiel, Pfarrer zu Enkhuyzen in Nordholland:

Meine verehrtesten Herrn! Der Augenblick, in welchem wir,
meine Mitbrüder und ich, in Ihrer Mitte erscheinen dursten, ist für
uns ein wahrhaft erhebender, mehr als wir es auszudrücken vermögen. Glieder einer Kirche, die ehemals berühmt, aber seit mehr
als 150 Jahren mit nur zu großem Erfolge verdächtigt worden
ist, als hätte sie sich ihre Krone, d. h. ihre katholische Eigenschaft
und Bezeichnung entreißen lassen, stehen wir hier als deren Abgeordnete inmitten einer hochachtbaren Versammlung für die Rein-
erhaltung ihres Glaubens besorgter Katholiken, und unser Kommen entsprach ihren liebevollen Wünschen. Wenn diese Liebesbe-
zeigung gegen eine Kirche, die seit bereits geraumer Zeit daran
gewöhnt ist, nur Bannflüche auf sich herabschleudern zu sehen, den
Zoll ihres innigsten Dankes verdient, einen Zoll, den ich in deren
Namen Ihnen darzubringen die Ehre habe: so erscheint es aber auch
unter den obwaltenden Umständen geradezu geboten, daß ich Ihnen
mit wenigen Worten die Einzel-Kirche schildere, unter deren
mütterlicher Pflege wir erzogen worden sind. Indem ich Sie bitte,
mir diese Schilderung zu gestatten, welche im Bewußtsein, daß sie
unter den Augen Desjenigen erfolgt, der sich uns als die Wahrheit selbst zu erkennen gibt, ebenso einfach als getreu ausfallen
wird, habe ich einen doppelten Zweck im Auge, einmal einem Theile
der katholischen Kirche, der seit anderthalb hundert Jahren unter dem
ebenso harten als ungerechten Druck der Verleumdung seufzet, zur
Anerkennung seines Rechtes und der Unsträflichkeit seines Verfahrens zu verhelfen; dann aber Sie in den Stand zu setzen, selbst
zu beurtheilen, ob Sie, als Sie dieser Kirche Ihre Bruderhand gereicht, eine That der Gerechtigkeit vollzogen oder durch allzu große
Treuherzigkeit irregeleitet worden sind. Im Uebrigen bitte ich um
Nachsicht, wenn Ihnen meine Worte dem Gegenstande, den ich zu
verhandeln habe, gar zu wenig angemessen erscheinen sollten. Man
äußert sich ganz angemessen nur in seiner Muttersprache, und gilt
dies daher auch von mir, wenn auch meine etwas genügendere
Kenntniß des Hochdeutschen mich, obwohl ich der jüngste der hier
erschienenen Vertreter der Utrechter Kirche bin, mit der Bestellung
ihres Grußes hat beauftragen lassen.

Die Kirche von Utrecht, meine Herren, der als Priester zu dienen ich mir als Ehre rechne, ist eine Tochter der großen deutschen Kirche. Acht volle Jahrhunderte hindurch war sie ein Theil der Cölner Kirchen-Provinz, und erst in der Mitte des 16. Jahrhunderts wurde sie davon getrennt, um wieder an die Spitze derjenigen Kirchen-Provinz gestellt zu werden, die fortan mit deren Namen „Utrechter Provinzial-Kirche" genannt wurde.

Diese Wiedererrichtung der Utrechter Metropole fällt zusammen mit dem harten religiösen Sturme, von welchem im 16. Jahrhunderte ganz Nordeuropa ergriffen worden ist. Der Sturm hat damals unsere Kirche aufs Stärkste erschüttert; sie hat dadurch ihr äußeres Ansehen fast ganz eingebüßt, war aber doch so glücklich, daß sie in ihrem wesentlichen Bestande als katholische Kirche nicht verschwand, sondern im Stande gewesen ist, wenigstens einen Theil ihrer Kinder retten zu können. Sobald eine vergleichsweise Ruhe sich eingestellt hatte, hat sie die Hand ans Werk gelegt und mit der barmherzigen Hülfe ihres göttlichen Hirten hat sie das Glück gehabt, ihre Ruinen zum Theil wieder anzurichten und sogar in dem Verhältniß ihrer numerischen Verluste an innerem Werthe zu gewinnen. Dieses Zeugniß ist der Utrechter Kirche durch einen der Diener des römischen Hofes im Anfang des 18. Jahrhunderts gegeben worden, also in demselben Augenblicke, wo die traurigsten Zwistigkeiten, durch die Missionspriester der sogenannten Gesellschaft Jesu ausgesäet und sorgfältig gepflegt, den traurigen Erfolg gehabt haben, eine äußere Trennung unter den Kindern einer und derselben Mutter herbeizuführen.

Es hieße Ihre Geduld mißbrauchen, wenn ich hier in die näheren Umstände dieser schmerzlichen Trennung mich einlassen wollte. Für meinen Zweck wird es genügen, wenn ich in so wenig Worten, als nur irgendwie möglich, die Vorwände zur Trennung und das Resultat derselben Ihnen darlege.

Erster Vorwand: Unsere Väter hätten sich, sagt man, ohne ein Recht dazu zu haben, der Regierung dieser Kirche bemächtigt, anstatt diejenige anzuerkennen, welche von den Dienern des römischen Hofes gehandhabt wurde. Aber diese Diener selbst erkannten mit der ganzen sachkundigen Welt damaliger Zeit die ununterbrochene Existenz der Domcapitel von Utrecht und Harlem an; nun aber wissen Sie besser, als ich, meine Herren, daß gemäß dem bestehenden canonischen oder Kirchenrechte den Domcapitels als den Repräsentanten der Diöcesangeistlichkeit die Regierung der einzelnen Kirchen bei erledigtem Bischofsstuhle zukommt. Freilich haben diese selben Diener des römischen Hofes später ihre Sprache geändert und sind soweit gegangen, daß sie die Fortexistenz dieser nämlichen Capitel zu leugnen sich nicht entblödet haben, welche sie kurz vorher noch „Erlauchte Capitel" genannt hatten. Unsere Väter konnten sich in eine so veränderte Sprache nicht finden und antworteten ganz einfach, daß es im Hause Gottes ein Gesetz und eine Rechtsprechung gebe, daß man nur nöthig habe, sie zum rechtlichen Beweise ihrer Existenz aufzufordern und ihnen die ungerechte Anmaßung ihrer Stellung zu beweisen, deren man sie zeihe. Sie seien ganz bereit, sich ihrer Stellen zu entkleiden, Stellen, welche damals besonders sicherlich nichts Anziehendes für den natürlichen Menschen hatten, sowie man sie in einem geregelten Rechtsverfahren der ihnen schuldgegebenen Anmaßung überführt haben würde; wenn aber dies nicht geschehe, so seien sie verpflichtet, das Erbtheil ihrer Väter zu vertheidigen. Anstatt eines kirchenrechtlichen Urtheils wurde nun der Bannfluch gegen sie geschleudert.

Zweiter Vorwand: Es ist dies der Vorwand einer Irrlehre. In Beziehung hierauf haben wir nichts anders zu antworten, als daß die Glaubensbekenntnisse der katholischen Kirche auch die unserigen sind. Auch hat man niemals von Rom aus auch nur einen einzigen Artikel namhaft gemacht, in Beziehung auf welchen die Utrechter Kirche den alten Glauben ihrer Apostel Willibrord und Bonifacius verlassen hätte. Doch ein Verbrechen hat man ihr vorgeworfen. Es besteht dieses in jener angeblichen Irrlehre, welche die Universität zu Löwen in einem Schreiben an den Papst Alexander VII. so gut gekennzeichnet hat, als sie dieselbe das Verbrechen aller derer nannte, denen kein Verbrechen zur Last liegt: "Crimen omnium nullum crimen habentium". Es ist das Verbrechen des sogenannten Jansenismus. Heutzutage wie dazumal ist dies eingebildete Verbrechen das Schreckbild, dessen eine gewisse Gesellschaft, die zu bekannt ist, als daß ich nöthig hätte, sie mit ihrem Namen zu bezeichnen, gebraucht, um den Einfältigen Furcht einzujagen und alle diejenigen anzuschwärzen, welche das Unglück haben, ihr zu mißfallen. (Bravo!) Sie wissen ja besser, meine Herren, als ich, daß in gewissen Schriften schon jetzt auch gegen Sie die Bezeichnung des "neuen Jansenismus" gebraucht worden ist. Um ein für allemal diesen allzukindischen Anklagen ein Ende zu machen, hat unsere Kirche geantwortet: "Was haben wir zu schaffen mit Paulus oder mit Apollo oder mit Kephas und ebenso mit Jansenius?" Wir gehören Jesu Christo allein und seiner Kirche an. Hat Jansenius die Irrthümer oder Häresien, die man ihm zuschreibt, wirklich in seinem Buche gelehrt, desto schlimmer für ihn. Wir werden darum nicht minder allezeit bereit sein, sie mit der katholischen Kirche zu verurtheilen, sowohl in den Werken des Jansenius, wie in jedem andern Buche, nur freilich unter der Bedingung, daß sie uns darin nachgewiesen werden; denn die Verleumdung ist der erwähnten Gesellschaft so zur Gewohnheit geworden, daß es wahrhaft eines allzu blinden Glaubens bedürfte, um eine Anklage Seitens derselben ohne Beweis für wahr zu halten und um blos auf eine solche Anklage hin zu erlauben, daß man einen katholischen Bischof der Hölle zuweise und sein Andenken brandmarke, welcher in Gemeinschaft der katholischen Kirche nach einem, wie selbst seine Ankläger eingestehen, würdig verwalteten Amte aus dem Leben schied.

Kommen wir jetzt zum dritten Vorwand, welcher am Allgemeinsten verbreitet worden ist: es ist dies der Vorwand des „Schisma". Glücklicherweise entbehrt dieser Vorwand wo möglich noch mehr als der vorhergehende jeden Scheingrundes; denn unsere Kirche hat bis zum heutigen Tage Niemand aus ihrer Gemeinschaft für ausgeschlossen erachtet, als erstens diejenigen, welche selbst der Gemeinschaft der katholischen Kirche entsagen, und zweitens diejenigen, die durch ein „rechtmäßiges Urtheil" wegen „hartnäckigen Mißverhaltens" ausgeschlossen worden sind.

Das, meine Herren, sind die Vorwände der Trennung, welche man unter den Gliedern der Utrechter Kirche herbeizuführen gewußt hat. Die Urheber derselben sind fast ganz allein die Glieder der sogenannten Gesellschaft Jesu.

Und was das Resultat dieser traurigen Trennung anbelangt, so ist dasselbe nur zu bekannt. Man hat fortgefahren, in höchst frommer Weise die Verleumdung gegen unsere Kirche zu verbreiten und hat dazu die tausend und abertausend Stimmen der durch diese selbe Gesellschaft Betrogenen gebraucht, ohne daß man jemals den gerechten Reclamationen unserer Väter gerecht geworden wäre. So hat man es dahin gebracht, daß sie und ihre Kinder für eine von der katholischen Kirche getrennte Secte gelten.

Bedeckt mit Schmach hat die Utrechter Kirche zunächst die Hülfe der benachbarten Kirchen in Anspruch genommen; aber ihre Gegner haben nur zu lange zu verhindern gewußt, daß man auf ihren Hülferuf und ihre Thränen geachtet.

Erst als der maßlose Ehrgeiz dieser nämlichen Gesellschaft deren Aufhebung unter Clemens XIV. erfordert hatte, und beinahe gleichzeitig die Acten der Provinzialsynode der Utrechter Kirche vom Jahre 1763 deren vollkommene Rechtgläubigkeit an das helle Tageslicht gestellt, führte die göttliche Vorsehung herbei, daß sie getröstet und ihr Muth erhöht wurde durch die wärmsten Zeugnisse der Billigung und der geistigen Gemeinschaft, die ihr nunmehr von allen Seiten zukamen, und die theilweise wenigstens durch den Druck veröffentlicht worden sind. Ja der Friede sollte ihr endlich wiedergegeben werden; da rief derjenige, welcher allein als höchster Herr des Lebens und des Todes waltet, den Papst Clemens XIV. von diesem Schauplatze ab, und die anseligen Vorurtheile seiner Nachfolger im Bunde mit den politischen Ereignissen, die seitdem in Europa eingetreten sind, waren Ursache, daß die Utrechter Kirche nach wie vor durch die große Mehrzahl der Glieder und der Häupter dieses geistigen Leibes Jesu Christi verkannt worden ist, ungeachtet sie niemals aufgehört hat mit Leib und Seele demselben anzugehören.

(An dieser Stelle mußte der Kürze der Zeit wegen die Rede abgebrochen werden bis auf den näher zu bezeichnenden Schluß.

Der jetzt folgende Theil der Rede wurde nicht gesprochen, sondern ist aus dem Manuscript des Redners entnommen.)

Die Utrechter Kirche ihrerseits hat seitdem fortgefahren, auf der Bahn voranzuschreiten, welche die göttliche Vorsehung ihr vorgezeichnet hat, „hoffend auch gegen jede Hoffnnng", weil sie weiß, daß Gott mächtig genug ist, um sie, wenn ihre Stunde gekommen sein wird, ihres Trauergewandes zu entkleiden, und sie mit Freuden zu bekleiden.

In diesem Zustande der Dinge und bei dieser Gesinnung kam ihr durch das öffentliche Gerücht die Kunde der Berufung des vaticanischen Concils zu Ohren. Ihre Liebe zur Einheit ließ sie einen Augenblick lang glauben, daß nunmehr vielleicht die Stunde ihrer Befreiung geschlagen habe; aber dies dauerte nur einen Augenblick. Bald mußte sie begreifen, daß eine durch ihre einzigen Gegner beherrschte Versammlung nicht geeignet war, ihr Gerechtigkeit widerfahren zu lassen. Sie hat sich daher abseits gehalten und hat sich für eine andere Zeit vorbehalten, für die Zeit nämlich eines Concils, welches ebenso dem apostolischen Concil von Jerusalem entsprechend sein würde, als das „vaticanische" es nicht war.

Und nun vernimmt sie, daß der Herr, welcher über seine Kirche wacht, sich gewürdigt hat, hervorragende Zeugen der im Vatican so unwürdig unterdrückten Wahrheit zu erwecken. Im Innersten wurde sie dadurch bewegt, und als diese nämlichen Zeugen ihr auch noch zu wissen thaten, daß ihre Abgeordneten in dem „Altkatholiken-Congresse zu München" wahrlich keine Abweisung zu erfahren hätten, so hat sie es für ihre Pflicht erachtet, dem darin liegenden Berufe nachzukommen, um abermals auch bei dieser Gelegenheit, wie schon so oft, den Nachweis zu führen, daß ihr Herz der katholischen Kirche angehört, und daß ihr nichts theurer sein würde, als ungeachtet der Geringfügigkeit ihrer Kräfte zur Vertheidigung der Wahrheit in der katholischen Kirche beitragen zu können.

(Folgt der Schluß der Rede, der wieder gesprochen wurde.)

Und jetzt, meine Herrn, dürfen wir, nachdem die Verhandlungen, an denen wir theilgenommen haben, zu Ende gegangen sind, Ihnen die Versicherung geben, daß wir von der größten Freude erfüllt sind, weil wir die Ueberzeugung davontragen, daß Sie den graden Weg der katholischen Wahrheit eingeschlagen haben und auch weiterhin auf demselben fortzuschreiten gesonnen sind. Auch dafür sei Ihnen der innigste Dank dargebracht, daß Sie uns, die in so grausamer Weise im väterlichen Namen selbst hinausgestoßenen Kinder, als ihre wahren Mitbrüder und Glaubensgenossen auf das Herzlichste begrüßt haben.

In die Heimath zurückgekehrt werden wir unsern Brüdern, die auch die Ihrigen sind, berichten können, daß der Herr sich noch Tausende unter Ihnen vorbehalten hat, die die Kniee vor Baal nicht gebeugt haben und die Wahrheit einem falschen Frieden nicht zum Opfer bringen werden.

Bevor ich endige, kann ich nicht umhin, den hochverehrten Nestor der katholischen Theologie unserer Zeit zu erwähnen und ihm, obwohl er hier nicht anwesend ist, meinen Herzensdank darzubringen für die so wahrheitsgetreue Schilderung der Sache der „Utrechter Kirche", welche er in der vorgestrigen Versammlung, wenn auch nur in allgemeinen Zügen, ausgeführt hat. So sprechen wir denn den Wunsch aus, es wolle der Herr ihm noch lange das Leben und die Kräfte gewähren, auf daß er der Wahrheit der katholischen Bewegung zur Stütze auch noch ferner gereiche, im treuen Bemühen, daß sie nicht abweiche von dem richtigen Wege.

Ja das sind unsere inbrünstigen Wünsche. Mögen Sie fortschreiten, wie Sie es bisher gethan, und möge der Geist des Herrn Ihr Führer sein und bleiben.

So sei es denn zum Schlusse mir noch erlaubt, Ihnen zuzurufen: „Versetzet nicht die alten Grenzsteine, welche eure Väter gesetzt." (Sprüche Salomons XXII, 28.) Und wenn vielleicht die Leiden und die Noth noch längere Zeit fortdauern sollten, so lassen Sie sich dennoch nicht entmuthigen, sondern seien Sie auch dieser Worte des heiligen Geistes tief eingedenk: „Der da glaubt, der übereilt sich nicht." (Jsaias XXVIII, 16.) (Bravo!)

Pater Hyacinthe aus Paris (rauschender Empfang):

Messieurs! Je suis ému et je m'étonne de prendre la parole en français dans une assemblée allemande. Personne n'a souffert plus que moi de l'horrible guerre que viennent de se faire l'Allemagne et la France: guerre civile au premier chef, car il ne peut y en avoir d'autre aujourd'hui sur le continent, et celle-ci armait l'une contre l'autre les deux provinces de l'Europe qui avaient peut-être le plus besoin de rester unies; guerre impie, comme toutes celles qui se font entre des chrétiens; guerre enfin, si vous me permettez de dire loyalement toute ma pensée, aussi dommageable aux vainqueurs qu'aux vaincus. Je n'ai cessé de protester contre cette guerre depuis son origine, ou plutôt lorsqu'elle n'était, comme on disait alors, qu'un point noir à l'horizon: ma présence au milieu de vous, messieurs, est une protestation de plus contre cet esprit d'antagonisme et de haine dont les violents et les sophistes voudraient faire l'état normal des peuples chrétiens. — „Hommes de sang, retirez-vous de moi! *Viri sanguinum, declinate a me!"* (Bravo!)

Je me souviens d'ailleurs qu'au-dessus de toutes les patries particulières, il est une patrie universelle: l'Eglise catholique. Celle-là, ni les malheurs de la France, ni les triomphes de l'Allemagne, ni les excommunications injustes ne m'interdiront de l'aimer et de la servir. Ni Berlin, ni Paris, ni Rome ne pouvaient m'empêcher de venir ici! (Bravo!)

Ce que je suis venu chercher ici, messieurs, ce qui m'a attiré vers votre œuvre, c'est son caractère profondément catholique. Je n'en pouvais douter, d'après ce que je savais des esprits éminents qui en ont été les promoteurs et qui en demeureront les directeurs, et parce que je m'honorais d'avoir pour maître et pour ami le premier d'entre eux, l'homme en qui elle se personnifie et dont je disais il y a quelques mois, aux applaudissements d'un auditoire anglais et protestant, qu'il est le patriarche de la science et de la conscience allemandes!

Les esprits légers et les esprits perfides, deux sortes d'esprits qui se mettent aisément d'accord quand il s'agit de nuire à la vérité, se sont rencontrés pour contester à votre mouvement le caractère catholique qui en est l'essence, et pour lui en attribuer un autre étroitement national et servilement gouvernemental. Si cette tactique avait réussi, on vous aliénait du même coup les sympathies religieuses et les sympathies libérales non-seulement en France, mais dans le monde entier. Sans doute, en un sens, le mouvement est allemand: il a son berceau dans vos savantes universités, dans vos loyales et robustes consciences; et l'une des gloires les plus solides et les plus pures de l'Allemagne au XIXᵉ siècle sera certainement de lui avoir donné naissance non pour le renfermer en elle-même, mais pour l'étendre à l'Europe et au monde. Et, quant à vos gouvernements, je l'espère, sans prétendre intervenir dans nos discussions et dans nos résolutions, ils se reconnaîtront le devoir de protéger les droits de leurs sujets catholiques, aussi bien les droits des prêtres que ceux des laïques, contre des persécutions qui, pour ne pas employer la force matérielle, n'en sont ni moins violentes, ni moins cruelles. Dans les siècles les plus purs du christianisme, les catholiques fidèles n'ont pas hésité à demander cette protection aux empereurs payens eux-mêmes contre les hérétiques plus nombreux et plus puissants qui voulaient leur enlever l'usage de leurs temples. Oui, je l'espère, vos gouvernements seront assez équitables pour protéger la liberté de vos consciences opprimées, en même temps qu'ils seront assez clairvoyants pour se défendre eux-mêmes, pour défendre l'État, la société civile, je ne dirai pas contre les envahissements de l'Église — l'Église n'envahit jamais — mais contre les menées arrogantes ou perfides de la secte qui a réussi pour un temps à se substituer à l'Église. Voilà ce que vous attendez de vos gouvernements, mais vous n'en accepteriez pas davantage: vous sépareriez nettement et énergiquement votre cause de quiconque voudrait vous pousser plus loin.

Les ultramontains nous reprochent faussement d'en appeler à César, mais ils oublient qu'eux-mêmes ne font pas autre chose.

Ne sont-ce pas eux qui s'efforcent d'ériger en dogme l'intervention du bras séculier dans les choses de l'âme et de Dieu? Ne sont-ce pas eux qui nous montrent dans la puissance temporelle un instrument de la puissance spirituelle, et qui ne conçoivent le prince vraiment catholique que comme le gendarme, et, au besoin, le bourreau de l'Eglise? Ne sont-ce pas eux qui parcourent la terre, comme le Satan du livre de Job, pour voir s'ils ne trouveront pas dans quelque coin attardé du globe un gouvernement assez aveugle ou assez faible pour se mettre au service de pareilles théories, et pour devenir leur complice en attendant de devenir leur victime? Quant à nous, messieurs, nous ne sommes point les disciples du *Syllabus* de 1864, nous ne sommes point les fauteurs du concordat autrichien, nous ne poursuivons aucune restauration politique, sous le voile des intérêts religieux, et nous ne permettrions à personne de nous employer pour un tel but. Nous n'avons qu'une fin: conserver la foi catholique telle que nous l'ont léguée nos pères, telle que nous l'ont enseignée nos mères dans nos berceaux, nos maîtres dans nos écoles, nos prêtres dans nos églises; conserver la foi catholique, et nous sauver nous-mêmes en sauvant l'Eglise, sous les ruines de laquelle on veut nous ensevelir! (Bravo!)

Non, le mouvement auquel je me rallie n'est point resserré dans la sphère d'un égoïsme national, il ne reçoit le mot d'ordre d'aucun potentat de ce monde: en politique, il est libéral; en religion, il est catholique!

L'opinion publique ne s'y est pas méprise, elle a confirmé le nom que vous vous étiez donné: *les anciens catholiques*. Vous avez affirmé par cette simple parole votre attachement à l'antique religion fondée par Jésus-Christ et par ses apôtres, et votre opposition à la religion nouvelle que le pape et les jésuites essaient de lui substituer.

Les anciens catholiques — ce nom est à lui seul toute une profession de foi; il est en même temps tout un programme de réforme. Cette réforme qu'ont si ardemment, mais si vainement appelée, les penseurs les plus profonds et les âmes les plus pures de l'Eglise catholique, voici qu'elle a été rendue inévitable par ceux-là même qui y faisaient obstacle. Les récents excès de la cour de Rome ont montré avec une souveraine évidence que désormais la conservation de l'Eglise est inséparable de sa réforme. Il est vrai, l'autorité vous manque, pour entreprendre cette réforme, mais vous pouvez et vous devez la préparer. Un homme que je n'aime pas à citer dans un siècle où il n'a déjà que trop de disciples, Machiavel a dit cette profonde vérité: „On ne réforme une institution qu'en la ramenant vers son principe." Anciens catholiques, vous ne tenterez jamais de pousser l'Eglise vers de téméraires nouveautés, mais c'est dans son passé que vous étudierez le secret de son avenir.

J'ai dit ce que je suis venu chercher parmi vous: je dirai maintenant ce que j'apporte.

C'est avant tout mon humble personne. — Une individualité humaine, ce n'est rien, je le sais, et pourtant c'est beaucoup: car s'est une conscience, c'est une âme, c'est quelque chose enfin que le Christ a aimé et pour qui il est mort. „Il m'a aimé et c'est livré pour moi!" Ce n'est pas que je me croie d'une valeur ou d'un secours particuliers pour votre oeuvre, mais je me sens le devoir de m'y consacrer. S'il est loisible au philosophe de demeurer dans l'isolement de sa pensée et de son coeur, il n'en est pas ainsi du chrétien. Le chrétien catholique appartient à l'Eglise, il doit vivre et agir non seulement pour elle, mais avec elle et en elle. *Vae soli!* J'ai devancé votre protestation, parce que les circonstances particulières dans lesquelles je me trouvais engagé ne m'ont pas permis d'attendre. Je l'ai devancée, mais je la prévoyais. J'ai protesté contre l'assemblée du Vatican avant même qu'elle ne fut réunie. A mes yeux, sa convocation manquait d'oecuménicité, sa préparation de liberté; je ne pouvais donc reconnaître à l'avance l'autorité de ses décisions.

Ce que je vous apporte encore, messieurs, c'est la protestation muette, mais profonde, de tant de consciences opprimées qui attendent le moment de la délivrance, dans les deux pays que je représente ici, et dont je peux dire qu'ils sont mes deux patries: la France et l'Italie. Ces protestations sont beaucoup plus nombreuses qu'on ne le pense, et surtout elles tirent une valeur toute exceptionnelle du caractère de leurs auteurs. Je les ai rencontrées à Rome même, dans le clergé séculier, dans les monastères et jusque sous les voûtes du Vatican. „Nous sommes aux catacombes comme nos ancêtres, me disait un de ces illustres persécutés; nous y prions, nous y souffrons, nous y travaillons comme eux. Quand l'heure de Dieu aura sonné, nous sortirons de dessous-terre et nous serons tout un peuple!" Je remonte moi-même de cette Eglise souterraine, et n'eussé-je pas eu autre chose à vous dire, je serais encore venu vous faire entendre le cri de ses douleurs et de ses espérances!

Pour un observateur superficiel, le triomphe de l'ultramontanisme en France est maintenant consommé. „Malheur à nous, pouvons-nous dire avec le prophète, parce que le jour a décliné, parce que les ombres du soir se sont allongées sur nous!" Il semble que nous n'avons plus de choix, en fait de doctrines, qu'entre l'athéisme et le boudhisme; en fait de maîtres, qu'entre les communistes du *Père-Duchêne* et les jésuites de la *Civiltà cattolica!*

Il n'en est rien cependant, et je ne crains pas d'affirmer

que le nombre de ceux qui croient aux nouveaux dogmes est relativement petit.

Et, en effet, messieurs, sans parler de la multitude d'infidèles ou d'indifférents que renferment les cadres officiels de notre Église, hommes qui tiennent à leur titre de catholiques, mais qui ne peuvent évidemment pas croire à l'infaillibilité du pape, puisqu'ils ne croient pas à la divinité de Jésus-Christ; sans parler non plus de tant de prêtres et de laïques dont je vous disais tout-à-l'heure que n'ayant pas été mis en demeure de souscrire à ce qui pour eux serait un mensonge, ils n'ont pas cru devoir prendre les devants par une protestation spontanée; sans parler de tous ceux-là, combien parmi ceux même qui ont explicitement adhéré au concile, évêques, prêtres et laïques, combien qui n'y croient pas dans la réalité de leur conscience! Combien qui portent en eux-mêmes ces combats acharnés, ces révoltes triomphantes de la vérité vraie contre la vérité conventionnelle et factice!

Les uns, se faisant de la foi une notion très-fausse et ne distinguant plus entre se *soumettre* et *croire*, acceptent l'autorité extérieure des décrets du Vaticau sans en reconnaître la vérité intrinsèque. Sous la pression presque irrésistible du système d'obéissance aveugle qui prévaut depuis longtemps dans l'Église, la foi se confond dans leur esprit et dans leur conscience avec la discipline; et ils glissent, sans le savoir, sur la pente du plus dangereux scepticisme. „Ce dogme, me disait à moi-même un évêque illustre, d'abord opposant, puis soumis, ce dogme n'a pas l'importance que vous lui attribuez, et, au fond, il ne décide rien. Je n'y étais pas opposé comme théologien, car il n'est pas aux, mais comme homme, parce qu'il est inepte. On nous a fait jouer à Rome le rôle de sacristains, et pourtant nous étions au moins deux cents qui valions mieux que cela!" Et un autre, non point opposant, mais chaud partisan du dogme et cardinal de l'Église romaine, m'a fait entendre ces paroles d'un effrayant réalisme: „Je conviens avec vous qu'il y avait autre chose à faire; ce n'est pas quand l'édifice religieux tremble dans ses fondements que l'on doit regarder en l'air s'il y a quelque vitre cassée. Mais il fallait faire ce dogme, puisque le pape le voulait, et vous savez sans doute qui l'y poussait?"

J'ai cité ces paroles, qui mettent la vérité vraie en face de la vérité officielle, parce que je pense qu'elles appartiennent à l'histoire. Elles peuvent servir avec plusieurs autres à mieux faire connaître la nature du vote conciliaire ou de la soumission subséquente de beaucoup d'évêques. Je n'accuse point ces prélats, je les aime et je les plains; mais j'accuse devant le monde entier l'abominable et hypocrite tyrannie qui pèse sur la conscience des évêques, avant de peser sur la conscience des peuples. (Bravo!)

D'autres, se croyant obligées d'adhérer intérieurement aux nouvelles formules, s'efforcent de leur donner aux yeux du public comme à leurs propres yeux un sens dont elles ne sont pas susceptibles. Ils luttent contre la terrible évidence de ces formules, et finalement ils aboutissent à un misérable compromis entre les convictions de leur raison et la faiblesse de leur volonté. „Obéissez, mais n'exécutez pas," disaient les Cortès d'Aragon en transmettant à la nation ceux des ordres du roi qui leur paraissaient excessifs. Tel est le secret du système d'interprétations forcées dans lequel tant d'esprits éclairés, mais timides, cherchent un repos qu'ils n'y trouvent point. Qu'ils me permettent de le leur dire avec une franchise qu'excuse et qu'exige l'heure solennelle où nous sommes: Un tel système n'est pas moral, vous en rougiriez les premiers, s'il s'agissait de tout autres matières. Si l'Eglise parlait le langage que vous lui prêtez, elle ne parlerait pas le langage des honnêtes gens!

Pourquoi donc, en face de cette minorité de fanatiques aveugles et d'intriguants sceptiques qui se donnent la main et entraînent à leur suite, dans une erreur qu'elles ne comprennent pas, les foules ignorantes, indifférentes ou abusées; pourquoi ces illusions des esprits les plus perspicaces, pourquoi ces défaillances des coeurs les plus vaillants? Pourquoi, comme aux jours d'Isaïe, „les sentinelles d'Israël sont-elles devenues comme des chiens muets qui ne savent plus aboyer, et qui, assoupis dans l'ombre, ne voient que des fantômes?"

Je n'en chercherai pas la cause dans des calculs vulgaires, mais il est des intérêts si graves et si délicats qu'ils en deviennent presque sacrés. C'est de ceux-là seulement que je veux parler. Pour le prêtre, c'est la pauvreté et le déshonneur sous le coup de l'interdit, sous les foudres de l'anathème; c'est la perte de ce ministère de l'autel et des âmes auquel, dans sa jeunesse, il s'était si joyeusement immolé. Pour le laïque, c'est la souffrance dans cet honneur et dans ces biens qui ne sont pas uniquement les siens, mais qui appartiennent encore à une femme, et que tous deux ils doivent léguer à leurs enfants; fonctionnaire, c'est son avancement qu'il compromet sous un ministère ultramontain; député, c'est son élection; médecin ou avocat, sa clientèle; commerçant, ses affaires; citoyen quel qu'il soit, sa considération auprès d'un grand nombre de ses compatriotes. Dois-je nommer enfin ce qu'il y a de plus profondément douloureux? la paix de son foyer et le respect de son cercueil! Ah! messieurs, pour vaincre de tels obstacles, il ne faut pas seulement du courage, il faut de l'héroïsme! (Bravo!)

Que sera-ce donc si la conscience se fait la complice du coeur, si elle ajoute au poids de nos faiblesses, le poids de ses terreurs; si elle nous arrête, éperdus, devant le crime d'un schisme imaginaire! A tout prix, s'écrie-t-on de toutes parts, il faut éviter le schisme! — Eh! sans doute il faut éviter le schisme; mais, pour l'éviter, il faut le connaître, et jamais mot n'a été si puissant et en même temps moins compris. Refuser à l'évêque ou au pape l'obéissance qui leur est due, ou poussant encore au delà et cherchant à justifier les erreurs de la volonté par celles de la raison, méconnaître les principes de la hiérarchie catholique et l'autorité nécessaire de la primauté, voilà le schisme: il est là, mais il n'est pas ailleurs!

Ils ne sont donc pas schismatiques, ceux qui, restés fidèles à l'autorité du Saint-Siège et de l'épiscopat, se refusent à confondre cette autorité divine avec l'abus que les hommes en font. Ils ne sont pas schismatiques, ceux qui se souviennent des obscurcissements passagers, mais terribles, que Dieu dans sa colère a quelquefois permis dans son Eglise, et de l'un desquels, l'Arianisme, Saint-Jérome écrivait: „Sous le nom de l'unité et de la foi, c'est l'infidélité qu'on avait définie et rien ne paraissait alors plus conforme à la piété et plus convenable aux serviteurs de Dieu que de suivre la multitude et de ne pas se séparer de la communion du monde entier!"

Non, ils ne sont pas schismatiques ceux qui pour reconnaître la foi catholique dans les décisions d'un concile, exigent que ce concile soit vraiment un concile, non une assemblée sans liberté comme l'étaient allors celles de Rimini et de Séleucie, comme l'est aujourd'hui celle de Rome. Non, enfin, ils ne sont pas schismatiques, ceux qui s'obstinent saintement à demeurer dans l'Eglise malgré les efforts que l'on fait pour les en chasser, et qui refusent également de sacrifier la vérité à l'unité et l'unité à la vérité.

Ce n'est pas là le schisme, c'est plutôt le martyre!

J'en rends grâce à Dieu, messieurs, ce martyre à été le nôtre. Toutefois, si glorieux qu'il soit, j'ose dire qu'il ne suffit pas tout seul: il y faut encore joindre l'apostolat. Prêtres, nous avons été faits ministres du Christ et dispensateurs des mystères de Dieu Si nous avions prévariqué contre notre sacerdoce, nous mériterions d'en être dépouillés, ou plutôt nous nous en serions déjà dépouillés nous-mêmes. Nous lui sommes demeurés fidèles, et c'est pour cette fidélité même que l'on nous persécute. Nous avons donc le droit, — ce n'est pas assez dire, car on peut renoncer à l'exercice d'un droit, on ne renonce pas à l'accomplissement d'un devoir, — nous avons le devoir, dans certains cas au moins, de monter à l'autel du sacrifice et de la louange, de distribuer aux fidèles le pain de la parole et de l'eucharistie, l'onction de la grâce et des sacrements.

Vous le comprenez, messieurs, notre action ne deviendra populaire et féconde que lorsqu'elle sera entrée dans cette voie. Si l'on creuse aux fondements de l'Eglise, on y rencontre sans doute les écrits des docteurs et le sang des martyrs, mais on y trouve surtout la parole et le ministère des apôtres. „Allez dans le monde entier, prêchez l'Evangile à toute créature: celui qui croira et sera baptisé sera sauvé."

Dans le soir de l'Eglise Judaïque, pendant que les ombres s'épaississaient sur la synagogue, pendant que l'antique Israël subissait une décadence et traversait une crise si semblables aux nôtres, Jésus était assis au bord du puits de la Samaritaine. Il relevait par la sagesse d'en haut le coeur de ses disciples trop enclins aux calculs de la prudence humaine, et il leur adressait ces paroles: „Vous dites qu'il y a encore quatre mois, et puis la moisson viendra. Et moi je vous dis; Levez les yeux, et voyez les campagnes, comme elles sont déjà blanchies pour la moisson!"

Il me semble, messieurs, entendre en ce moment l'écho de ces paroles arriver jusqu'à nous.

Et notre maître ajoute:

„Oui, la moisson est grande, mais les ouvriers sont en petit nombre. Priez donc le maître de la moisson qu'il envoie des ouvriers dans son champ!" (Bravo!)

Präsident Dr. von Schulte:

Ich glaube im Sinne der Versammlung zu handeln, wenn ich dem Herrn Redner, namentlich denen, welche den universellen Charakter unserer Versammlung bethätigt haben, den tiefgefühlten Dank der Versammlung ausspreche.

Dieser Charakter hat sich nicht blos gezeigt in der Rede. Von allen Seiten her kommen die Begrüßungen, in dieser Stunde eben wieder von Maria Wört, Graz, Königsberg, Garmisch, Frankfurt, Prag. Sie sehen, man nimmt allerwärts Theil an dem, was uns bewegt.

Professor Dr. v. Schulte aus Prag
(tritt das Präsidium an den Geheimen Rath v. Windscheid ab und besteigt die Rednerbühne):

Hochgeehrte Versammlung! Die Absicht, in der ich aus einem Zufalle heute rede, morgen reden wollte, ist die, in ruhiger Weise im Großen, wie es in dieser Versammlung möglich ist, den Gegensatz zu zeigen, in welchen uns die neue Lehre versetzt hat, im Vergleiche zur alten Lehre.

Ich kann selbstverständlich — dazu würde mir die Zeit mangeln, ich müßte Sie mit gelehrten Untersuchungen quälen — nicht in Details eingehen auf den Nachweis, daß so zu sagen jede Zeile, jeder Buchstabe der vaticanischen Decrete eine Lüge enthält, daß jede einen Bruch, einen Riß in das Fundament wirft, welches uns von unserem Herrn hinterlassen ist. Ich kann dies nicht thun; es bleibt mir daher nur übrig, die Schlagschatten zu zeichnen.

Unsere Situation ist eine einfache; wir sind in den Augen derer, auf deren Häuptern die Tiara sitzt, in deren Hand der

Stab ist, der als der Stab des guten Hirten erscheinen soll, wir sind in ihren Augen die Ketzer, die räudigen Schafe.

Warum sind wir das? Das sind wir, weil wir am 19. Juli vorigen Jahres dasselbe glaubten, was wir am 18. Juli geglaubt haben (rauschender Beifall), weil wir dasselbe glaubten, was uns die Mutter von Kindheit an gelehrt, was wir in der Schule gehört, was wir aus dem Katechismus gelernt haben.

Unsere Hirten, sie sind an uns einfach zu Henkers geworden; sie haben uns hinausgestoßen, sie haben erklärt: wir, die wir treu an dem Glauben hängen, wir, die wir nichts Neues annehmen, wir sind abgefallen vom Glauben.

Wir haben dem gegenüber den Kampf begonnen; wir haben ihn begonnen im festen Bewußtsein, daß wir, wenn Sie auf die weltlichen Vortheile, wenn Sie auf Aeußerliches sehen, die Schiffe hinter uns abgebrochen haben. Aber wir haben ihn begonnen in dem Bewußtsein, daß, wenn wir die Schiffe abgebrochen haben, wir damit für jeden wirklichen Gläubigen uns die Brücke gebaut haben zu dem Schiffe, das oben schwebt. (Bravo.)

Aber ich halte es für Pflicht, daß wie jeder einzelne, so auch die Gesammtheit sich klar bewußt werde der Gründe. Es handelt sich nicht blos darum, daß man mit dem Gefühle gehe, daß man das richtige Gefühl handeln lasse. Wir müssen auch den kalten nackten Verstand handeln lassen; und darum muß ich mir gestatten, in Kürze das zu zeigen, was ich im Anfange erwähnt habe.

Am 18. Juli 1870 wurde definitiv gefestigt das Werk, das formell fertig war seit dem dies Allensis. „Wir lehren, sagt Papst Pius IX. in der Constitutio dogmatica, und definiren als ein göttlich geoffenbartes Dogma, daß der römische Papst die Gabe der Unfehlbarkeit hat." Als Folge wird gesagt: „es seien die Definitionen des römischen Papstes aus sich, nicht aus der Zustimmung der Kirche unabänderlich."

Diese Unabänderrlichkeit seiner Decrete wird darauf gestützt, daß es heißt, „es sei in dem heiligen Petrus dem römischen Papste diejenige Unfehlbarkeit versprochen worden, mit welcher Christus seine Kirche ausgestattet wissen wollte."

Das ist der Wortlaut. Wenn man nun sagt, der Papst hat diejenige Unfehlbarkeit, besitzt die Unfehlbarkeit, welche Christus der Kirche hinterlassen hat, so hat sie entweder der Papst oder nicht. Wenn er sie hat, so hat sie die Kirche nicht. Das folgt für jeden Menschen. Das ist das Wichtigste.

Um dieses aber möglich zu machen, mußte das dritte Capitel vorhergehen und in diesem Capitel der dogmatischen Constitution wird erklärt als ein Dogma, daß der römische Bischof besitzt:

„alle und jede Gewalt über die ganze Kirche, über jede einzelne Kirche, alle und jede Gewalt über alle Gläubigen und über jeden einzelnen Gläubigen, alle und jede Gewalt über alle Bischöfe und über jeden einzelnen Bischof."

175

Das ist wiederum der Wortlaut. Was lehren uns nun unsere Bischöfe? Unsere Bischöfe sagen:

„Ihr lieben Schäflein, gar nichts hat sich geändert, man hat Euch bisher nur die Geschichte nicht so genau gesagt. Man konnte es Euch nicht so genau sagen, weil wir es selber noch nicht so genau gewußt haben."

Lesen Sie die Hirtenbriefe des bayerischen Episcopats, des Bischofs von Cöln und verschiedener anderer, den Gesammthirtenbrief der Bischöfe in Fulda. Was sagt man? Bisher hat auch jeder geglaubt, der Papst sei unfehlbar; aber es war bis zum 18. Juli noch nicht declarirt, daher konnte man es nicht formell sagen. Meine Herrn! Das ist die erste und die Grundunwahrheit, aus der alles fließt. Der Franzose sagt: Ce n'est que le premier pas qui coûte. Und das haben die Bischöfe bewiesen. Sie haben den ersten Schritt gethan, der zweite kommt von selbst, entweder in das Loch oder gerade.

Ich sage, das ist die Grundunwahrheit. Meine Herrn! Alle Concilien, welche die alte Kirche kennt, bis in das 9. Jahrhundert hinein haben nie und nimmermehr einen Satz für ein Dogma erklärt, den nicht immer die Kirche geglaubt hat, der nicht im ersten Moment, wo er angegriffen wurde, für ein Dogma erklärt worden ist, dessen Angreifer nicht vom ersten Augenblicke an als Ketzer erschienen sind. Man hat jetzt die Frechheit zu sagen, erst zu Nicäa im Jahre 325 sei die Göttlichkeit Christi declarirt worden. Ich sage, das ist eine Frechheit. In dem Moment, wo die Göttlichkeit Christi zum ersten Male bezweifelt worden ist, ist ein Schrei des Entsetzens durch die ganze christliche Kirche gegangen; und deshalb konnte man in Nicäa die Göttlichkeit declariren. Und so ist es mit jedem Dogma gegangen. Aber, meine Herrn, welche Dogmen hat man auch nur in dem ersten Jahrtausend declarirt? Nicht Dogmen, mit denen man ein verrottetes System zu erhalten sucht; nicht Dogmen, mit denen man irdische und politische Zwecke erreichen wollte; nicht Dogmen, ohne die man selig werden kann, nein, nur diejenigen Dogmen, welche als zur Seligkeit nothwendig erschienen, die sich bezogen auf die Grundlehren unserer Religion. Diese Grundlehren wurzeln in Christus. Es ist die Grundlehre, daß wir nur selig werden können in dem Glauben an Christus, aber in diesem Glauben durch die Werke. Freilich, seit man die Welt gewöhnt hat seit Jahrhunderten, — ich möchte sagen, das sittliche Bewußtsein des einzelnen Menschen — daß der Mensch nicht durch einen Dritten in den Himmel gebetet werden kann, sondern daß er nur durch seine eigenen Handlungen, durch sein eigenes Bewußtsein, durch seine Treue und seinen Glauben, dadurch daß er wirklich überzeugt ist von der Göttlichkeit Christi und daß er in Gott seinen Mittler und Heiland sieht und in diesem Glauben wirkt, — seit man die Welt gewöhnt hat, diesen Glauben nicht mehr als das Erste, das Wesentliche, sondern, ich muß den

Ausdruck gebrauchen, allerlei Schnurrpfeifereien für wesentlicher zu halten, als jenen Glauben, seit der Zeit konnte man Dogmen publiciren, die man machte. Es ist also eine Unwahrheit, daß man verfahren hat, wie früher. Aber damit ist es nicht aus. Es sagen uns die Bischöfe mehr. Man sagt uns in den Hirtenbriefen: man entstellt die Dogmen. Worin soll die Entstellung bestehen? Eigentlich, heißt es, ist ja gar nicht der Papst persönlich für unfehlbar erklärt. Darauf sage ich sehr einfach: Jetzt steht freilich in der Ueberschrift De Romani Pontificis infallibili magisterio. In der ersten Vorlage hieß es aber schlechtweg in der Ueberschrift: „Rom. Pontificem in rebus fidei et morum definiendis errare non posse", „der Papst könne nicht irren bei der Entscheidung von Glaubens- und Sittendingen"; darin war die Rede von der Prärogative der Unverirrlichkeit oder Unfehlbarkeit des Papstes. „Rom. Pon. inerrantiae seu infallibilitatis praerogativa." In der zweiten Vorlage lautete die Ueberschrift „von des Papstes Unfehlbarkeit", „De Romani Pontificis infallibilitate". Also der Vorwurf, der Antrag, den Se. Heiligkeit selbst dem Concil übergaben, enthielt die Worte: Ueber die persönliche Unfehlbarkeit des Papstes. Wenn man es nun hinterher für gut gefunden hat, anstatt dessen zu sagen: Ueber das unfehlbare Lehramt des Papstes, so möchte ich denn doch wissen, welcher Mensch, der fünf gesunde Sinne hat, sich dadurch täuschen ließe. Es ist das einfach ein Kniff und weiter gar nichts. Uebrigens, meine Herren, kommt die Sache ja auf dasselbe hinaus. Es ist ja keinem Menschen von uns eingefallen, anzunehmen, daß man etwa die Unfehlbarkeit, wie man gesagt hat, für eine päpstliche Eigenschaft erklärte, wie man z. B. den Umstand, daß Jemand eine rothe oder dicke Nase besitzt, für eine persönliche Eigenschaft erklärt. Meine Herrn! So thöricht und so einfältig ist von den Opponenten keiner gewesen, soviel gesunden Verstand, wie auf der Gegenseite, haben und besitzen wir auch. Wenn nun aber wörtlich steht, und wenn ich als ein von Christus geoffenbartes Dogma glauben soll, daß der Papst diejenige Unfehlbarkeit besitzt, welche Christus seiner Kirche hinterlassen hat, dann muß sie doch der Papst besitzen. Wo ist sie dann? Man sagt freilich nun: beim Lehramt. Das versteht sich von selbst. Die Unfehlbarkeit braucht man nicht zum Essen und Trinken und analogen Verrichtungen, man braucht sie beim Lehramt. Es ist also ein Schwindel zu sagen, das unfehlbare Lehramt ist nicht eine Eigenschaft.

Aber man geht noch weiter. Man sagt: aber was wollt ihr denn? die Unfehlbarkeit beruht ja auf einem Charisma. Das ist eine weitere Erfindung, die man gemacht hat. Dieser Ausdruck „Charisma" findet sich in der alten Kirche und ältern Theologie und Wissenschaft gar nicht. Denn Niemand wird doch behaupten, daß jeder Bischof jetzt einer der zwölf Apostel sei. Ergo das, was für diese allein paßt, kann nicht auch für die Nachfolger passen.

Darauf brauche ich, wie ich glaube, nicht weiter einzugehen, weil ich Eulen nach Athen tragen würde. Wenn nun dem also ist, dann versteht es sich ganz von selbst, daß dieses Charisma doch irgend woher kommen muß; und nun beruft man sich da merkwürdiger Weise auf ein paar Stellen, die in der Bibel stehen, nämlich auf die Stelle, wo der Herr sagt: „Petrus, ich habe für dich gebetet, daß dein Glaube nicht wanke, und du, wenn du der einst belehrt sein wirst, stärke deine Brüder."

Bekanntlich steht im lateinischen Text: et tu aliquando conversus. Und nun hat man gedacht, das kann man grammatisch anders geben, und setzt statt „conversus" „hinwiederum". Das wird nun zwar jeder Gymnasiallehrer dem Sextaner streichen, das thut aber nichts. „Und du hinwiederum stärke deine Brüder." Diese Stelle muß herhalten.

Meine Herrn! Wie verhält sich's denn damit? Das ist sehr einfach. Als der Herr mit seinen Jüngern beim Abendmahl saß, war bekanntlich von der Verläugnung die Rede, die eintreten würde; und weil Petrus gar so glaubensstark war in der Theorie, daß er erklärte, wenn Alle ihn verläugnen würden, er ihn es nicht, sagte der Herr: „Ehe der Hahn zweimal kräht, wirst du mich dreimal verläugnet haben"; und nun in dieser Verbindung sagte er ihm: „wenn du aber dann wieder belehrt bist, dann stärke deine Brüder."

Nun, frage ich: kann man wirklich einem ruhigen Menschen zumuthen, wenn es kein anderes Moment gibt, in diesem Satz, der in dieser Verbindung gesprochen ist, zu finden: kraft dieses Satzes darf am 18. Juli 1870 Pius IX für unfehlbar erklärt werden? (Lebhafter Beifall.)

Meine Herrn! Ich gebe zu, wenn der Satz von Anfang der Kirche an, immer so verstanden worden wäre, dann stünde es anders. Wie verhält es sich aber factisch? Niemals in der alten Kirche hat man diesen Satz so verstanden.

Bekanntlich hat der hl. Petrus den Herrn verläugnet u. s. w. Kurz Sie sehen, es ist das ein weiteres Moment, mit welchem man uns die Sache fälscht.

Man sagt weiter: Ja, der Papst, der lehrt nur unfehlbar in Sachen des Glaubens und der Moral. Ganz richtig; es ist das eine ganz unschuldige Sache: „Glauben und Moral."

Bekanntlich hat sich nach dem Concil auch eine bedeutende politische Opposition erhoben. Man hat sich wieder erinnert, daß es einige Päpste gab, die starke Dinge gegenüber dem Staate gewagt haben; man hat sich erinnert, wie Gregor VII. mit so einem, ich möchte sagen, teuflischem Wonnegefühl selbst in seinem Briefe erzählt, daß er den deutschen Kaiser barfuß, im schlechtesten Wetter, im tiefsten Winter im Hofe zu Canossa hat stehen lassen, bis er Abbitte that; man hat sich erinnert, wie Gregor VII nicht blos, wie man Friedrich II. und andere excommunicirte in For-

men, in denen man sie dem Judas überwies und seiner Schwefel=
bande in der Hölle; man hat sich erinnert, wie es ausgesprochene
Politik war von Innocenz III. an, die Hohenstaufen zu verderben;
man hat sich erinnert, wie zuletzt Bonifaz VIII. es als Dogma
aussprach, daß keine menschliche Creatur selig werden könne, wenn
sie nicht unterworfen sei dem römischen Papste; man hat sich er=
innert, daß diese Theorie practisch geworden ist, daß sie practisch
geworden ist in den Scheiterhaufen durch Jahrhunderte hindurch;
ja man ist in seinen Folgerungen sich zuletzt bewußt geworden:
wenn es so fortgeht, dann reden die Scheiterhaufen wieder,
dann hört die Cultur in der Welt auf, und gerade so gut, wie
man im Fanatismus auf einem Gebiete keine Schranken kennt, ge=
rade so gut kann man sie auch auf dem andern Gebiete ignoriren.
Und gibt es einen größern Fanatismus, als den religiösen? Der
stärkste ist derjenige, der so weit geht, daß geglaubt wird im Fa=
natismus, eine gottgefällige That zu thun, wenn man den Mit=
menschen deshalb umbringt, daß es ihm unmöglich wird, zu fehlen.
Es ist darob, wie Sie wissen, nicht blos ein theoretischer Kampf
entstanden.

Nein, meine Herrn, das bayerische Ministerium hat offen er=
klärt, diese neuen Dogmen seien staatsgefährlich.

Dasselbe ist von andern Regierungen erklärt, dasselbe ist
practisch die Anschauung in der ganzen Welt.

Freilich, da mußte man beschwichtigen. Nun! und wie be=
schwichtigt man?

Man sagt: Ja das war ja im Mittelalter, das ist nicht jetzt.
Ja freilich, meine Herrn, das ist allerdings ganz richtig, der an=
gebliche Gefangene im Vatican kann jetzt keine 1,500,000 Mann,
die ungefähr nothwendig wären, mindestens nothwendig wären,
um das deutsche Reich zu unterjochen, hereinrücken lassen.

Ist damit etwas gedient? Und man sagt: Pius wird die
Theorie nicht ausführen. Nun, das glaube ich auch, weil ich ihn
persönlich sehr hochachte, weil ich überzeugt bin, daß er an der
ganzen Sache nicht schuld ist, sondern jene Gesellschaft von
Schwarzröcken, von denen er sich offen in einem Breve als eman=
cipirt erklärt hat diesen Sommer.

Aber, meine Herrn, ist denn die Sache wahr? ist das so un=
schuldig? ist es denn genug mit der Versicherung?

Man geht weiter in dem Hirtenbrief und sagt:
Ihr seht, da war eine Feier an einer hochberühmten Acade=
mie, die nebenbei bemerkt wissenschaftlich ziemlich obscur ist; als
diese Gesellschaft den Papst begrüßte, sprach er sich dahin aus:

„Es fällt mir im Traum nicht ein, gegen die modernen Staa=
ten aufzutreten."

Dessen bin ich vollständig überzeugt. Aber ist das eine Wider=
legung? Die Bischöfe erklären uns: „wir haben eine authentische
Declaration gefordert." Sie ist bisher noch nicht gekommen; aber

ein Rescript an den Nuntius ist gekommen; es ist nicht publicirt worden! Was wäre auch damit gedient? Was sollen wir denn jetzt glauben? Wir sollen einfach glauben, daß alles dasjenige, was ex cathedra der römische Papst erklärt, Glaubenssatz ist. „Ex cathedra" — das ist eine der allerschönsten Erfindungen und Maschinen, die unser Jahrhundert überhaupt kennt; mit der kann man Alles niederschlagen, denn wenn etwas unangenehm wird, sagt man, es ist nicht ex cathedra. Ex cathedra wäre es vollständig möglich, daß auch das Dogma vom 18. Juli wieder aus der Welt geschafft würde; denn im Eingang steht gar nicht: wir erklären ex cathedra. Wenn nun ein Papst herginge und sagt: ich erkläre jetzt ex cathedra, daß ich am 18. Juli nicht ex cathedra erklärt habe, dann wäre das Dogma wieder weg. (Heiterkeit.)

Ich gebe nun zu, meine Herren, daß eine solche Erklärung ex cathedra genügt, wenn der Papst ex cathedra erklärte: was Bonifaz VIII. in der Bulle Unam sanctam gesagt hat, ist falsch; wenn er ex cathedra Alles zurücknimmt, was seit Gregor VII. über das Verhältniß zwischen Kirche und Staat declarirt worden ist. Aber, meine Herren, bis es dahin kommt, werden wir nicht mehr existiren und die Welt auch nicht. Das, glaube ich, kann ich ohne Weiteres sagen.

Die Staatsgefährlichkeit dieser Lehre wird man also nie und nimmer auf diese Weise aus der Welt schaffen. Aber es ist auch weiter nicht wahr, wenn man sagt: er kann nur erklären in Sachen, die sich beziehen auf den Glauben und die Moral. Was ist denn der Glaube, was ist die Moral? Wer bestimmt denn die Grenze? Zur Moral gehört das ganze menschliche Handeln, Wollen und Streben, die Grundsätze für unser ganzes Bewegen auf der Welt. — wie Sie sehen: ein ziemlich weites Gebiet.

Es gehört zur Moral gewiß Alles, was im Strafgesetzbuche steht, und das ist ziemlich viel. Mit andern Worten: wenn der Papst jeden Satz ex cathedra definiren kann, der sich darauf bezieht, so kann er jedes Gesetz ändern. Das ist auch practisch geschehen.

Er hat die österreichische Verfassung für eine lex abominabilis erklärt, für abscheuliche Gesetze. Wenn man so mit den Staatsgrundgesetzen verfahren kann, so denken Sie nur erst, wenn man wollte, und es handelt sich blos um etwa eine einzige Verfügung einer Behörde, da könnte man die cathedralische Erklärung sogar in die dritte Instanz hinunter dirigiren. Dem stünde nichts entgegen.

Ich frage aber weiter, was ist denn jetzt Dogma?

Dogma ist in Zukunft dasjenige, was der Papst dafür erklärt. Wenn ein bestimmter Satz erklärt wird ex cathedra, nun so ist der Satz Dogma, wenn man auch bisher immer das Gegentheil geglaubt hat; darauf kommt gar nichts an. Es ist also

einfach — das fordert die logische Consequenz — durch diesen
Satz erklärt worden; es gibt gar nichts, was sich bezieht auf das
Leben der Menschen, auf die socialen Verhältnisse, auf die staatlichen, was nicht ex cathedra vom Papste mit dem Charakter
eines Glaubenssatzes bekleidet werden kann.

Das ist die einfache Folge. Also der Papst ist souveräner
Herr der Welt.

Das ist der eine Satz. Der andere, den man ebenso durch
Entstellungen hat versüßen wollen, bezieht sich auf die Jurisdiction
des Papstes in der Kirche.

Man sagt: warum braucht ihr denn zu erschrecken? das versteht sich von selbst, daß der Papst nicht allein handelt, er handelt stets in Verbindung mit den Bischöfen, er kann nicht Alles
allein machen, so wenig wie ein Regent ohne Minister fertig werden kann. Dann sagt man weiter, daß er alle diese Rechte nur
im Principe hat. Das heißt gar nichts. Wenn der Papst alle
Gewalt hat, dann hat er alle Gewalt, und dann hat er sie auch
über jeden Einzelnen; und wenn diese Gewalt erklärt wird für
eine ordentliche, regelmäßige, gewöhnliche, unmittelbare und höchste,
dann muß ich erst einige Zeit dort zugebracht haben, wo man
gewöhnlich erst dann hinkommt, wenn es im Oberstübchen
fehlt, um zu begreifen, daß das Gegentheil von dem beclariert ist.
(Heiterkeit).

Es ist außer allem Zweifel: es gibt gegenüber der vaticanischen Declaration keinen berechtigten Episcopat mehr!

Nun sagt man: wie so denn! Es wird nichts geändert gegen
früher.

Da muß ich das offene Bekenntniß thun: es ist wahr, factisch hat der Papst Alles das bisher auch gekonnt. Wenn in
Rom gepfiffen wurde, wurde in den Provinzen nach dem Pfiff
getanzt; aber das ist etwas ganz Anderes.

Seit dem 14. Jahrhundert und unbedingt seit dem 15. seufzt
die ganze Welt nach einer Reform der Kirche an Haupt und
Gliedern. Die ist uns nicht geworden.

Wir wissen sehr gut, daß man Alles in Rom konnte; aber
wir hatten den Trost, es werde besser werden, weil es besser werden könnte.

Meine Herrn! Dieser Trost ist uns genommen, und damit
ist uns Alles genommen. Denn wenn dort einzig und allein alle
Gewalt sich concentrirt, wenn alle Mißbräuche bekleidet werden
zum Theil geradezu mit dem Charakter von Dogmen und wenn
keine Besserung mehr möglich ist, dann, meine Herrn, gibt es nur
eine Alternative: entweder zu Grunde gehen, oder die Extirpa-
tion dieses Krebsschadens, der sich an den Leib der Kirche gesetzt
hat. (Bravo.)

Wenn dieses Dogma nicht aus der Kirche herauskommt, kann

es wie und nimmer anders werden. Dazu die Mittel zu besprechen, ist nicht meine Sache hier in diesem Moment. Aber was ist in Wirklichkeit eingetreten? Eine totale Umkehr des ganzen Zustandes. Welches war die Stellung der alten Kirche? Selbstständig regierte der Bischof seine Gemeinde, von einem juristischen Primat des römischen Bischofs, der dem Einzelnen practische Rechte involvirt hätte, außer in der engeren römischen Kirchenprovinz, keine Spur vor dem Concil von Nicäa, niemals ein Wort davon vor dem Jahre 325.

Der Papst war immer der erste unter seinen Mitbrüdern, aber auch noch nicht einmal practisch. Wir haben Concilien des 4. Jahrhunderts und ein späteres in Gallien und eines in Afrika, wo die Legaten des Papstes nicht den ersten Platz, sondern einen viel späteren hatten!

In der alten Kirche ist keines der 8 älteren ersten Concilien von einem Papst berufen worden, kein einziges dieser 8 ist von einem Papst bestätigt worden. Kein Mensch hat in der ganzen Zeit für nothwendig erachtet, daß ein allgemeines Concil vom Papste förmlich bestätigt werden müsse.

Die Beweise hiefür (verzeihen Sie, daß ich mich selber citire, weil ich sie hier nicht liefern kann) habe ich der Welt geliefert. Das ist einfache Thatsache.

Dem gegenüber soll ich jetzt glauben — nach dem vaticanischen Decret: der Papst ist die Kirche; denn wenn der Papst alle Gewalt, die höchste, unmittelbare, absolute über Alles hat, dann ist er einfach die Kirche. Das ist freilich nicht gesagt, aber dem denkenden Menschen braucht man das nicht zu sagen, weil er es selbst merkt. (Heiterkeit.)

Wie steht es weiter in der alten Kirche?

Es ist keinem Papst in den ersten Jahrhunderten und noch lange nachher eingefallen, zu sagen: ich declarire ex cathedra; im Gegentheil, wir haben ja die heftigsten Kämpfe gehabt. Ich erinnere nur an die Frage wegen der Giltigkeit der Ketzertaufe, in der der hl. Cyprian auf das Energischste dem Papste wider-strebte; ich erinnere nur daran, daß 3 öcumenische Synoden den Papst Honorius für einen Ketzer erklärt haben, daß nicht einmal, sondern dutzendmal ist gesagt worden: wenn ein Concil falsch lehrt, muß es durch ein anderes corrigirt werden. Die alte Kirche kennt keine mechanische Unfehlbarkeit; sie hat nie und nimmer angenommen, daß der hl. Geist durch irgend welche Vorrichtung immer dem einzelnen Bischofe ins Ohr hineingäbe, was richtig ist. Es gibt nicht eines, es gibt Hunderte von Zeugnissen, die ich in einem Werk niedergelegt habe, in welchen ausdrücklich bekundet wird von der ältesten Kirche an: die Unfehlbarkeit besteht darin, daß man dasjenige lehrt, was immer geglaubt worden ist. Also, wenn man erforscht, was an jedem Orte gegolten hat von Christus an und wenn man dahin kommt, daß an allen Orten, in allen Diöcesen dasselbe gegolten hat, und wenn man feststellt, daß jeder Bischof sein Zeugniß dahin abgeben kann: in meiner Gemeinde ist immer dieser und jener Glaube gewesen, dann, meine Herrn, sei das eine unfehlbare Lehre der Kirche. Es ist undenkbar, daß, wenn dem nicht so wäre, der Beweis geführt werden könnte, es habe ein Dogma von den Apostelzeiten ab in allen Diöcesen gegolten, es sei in allen Diöcesen geglaubt worden; es ist undenkbar, daß dieser Beweis von Allen geführt werden kann.

Sie sehen, das ist etwas ganz Anderes. Darin, meine Herrn, liegt es, daß man Einstimmigkeit fordert, daß man eine Einstimmigkeit fordert, die materiell diesen Beweis involvirt, nicht eine formale Einstimmigkeit. Denn daß, wenn einer oder ein paar aus irgend welchen Motiven sich das Vergnügen machen, zu widersprechen, darum das Zeugniß nicht anders wird, liegt auf der Hand. Sie sehen also, es ist eine einfache Täuschung, oder — und das ist das Richtige; ich schuldige die Bischöfe nicht an — es geht den meisten in dieser Frage, wie der Herr am Kreuze sagt: Vater vergieb ihnen, sie wissen nicht, was sie thun. (Heiterkeit.)

Das ist, sage ich, keine Formfrage: „Einstimmigkeit oder nicht"; und daher ist es eine bewußte oder unbewußte Täuschung, wenn man für den großen Haufen sagt: Ja selbst in Nicäa waren ein paar Leute nicht derselben Ansicht, — und wenn man sagt: Ja, das Concil hatte nur soviel und das soviel Stimmen.

Nun, in welche Täuschung versetzt man uns weiter?

In der Congregation vom 13. Juli, wo das Dogma angenommen wurde, stimmten 88 mit „Nein" und diese 88 vertreten fast die Hälfte der katholischen Christenheit, wie ich statistisch zusammengestellt habe, weit über ein Drittel. 88 Bischöfe bekunden, daß in ihren Diöcesen nicht die Unfehlbarkeit und Omnipotenz des römischen Bischofs geglaubt werde. Denn das bekunden sie, weil sie ja — in jedem Hirtenbriefe können Sie das lesen — sagen: Wir machen keine Dogmen, sondern wir sprechen das Dogma nur aus. Ergo, haben sie nach ihren eigenen Worten nur ausgesprochen, was sie als Glaubenssätze in ihren Diöjesen vorfanden. Eine Masse Anderer hat sich der Abstimmung enthalten. Ja, von diesen 88 erklären 55 in einer schriftlichen Eingabe am 17. Juli dem Papste: sie gingen weg, die Welt hätte ihre Boten gesehen; sie legten sie noch einmal nieder in dieser Scriptur, damit sie offenkundig würden. Sie erneuerten und bekräftigten in dieser Scriptur ihre Voten. In die öffentliche Versammlung gingen sie nicht, deshalb, weil es ihnen zu nahe trete, dem hl. Vater in einer Sache, die ihn persönlich berühre, ins Antlitz „Nein" zu sagen.

Nun frage ich, wie kann man da von einer Ueberzeugung reden? Wie kann man da nun sagen, man ist einstimmig gewesen? Ja freilich, weil 533 dagesessen haben, unter denen ein

Drittel nach den Grundsätzen der alten Kirche nicht einmal stimmberechtigt war, weil sie bestanden aus apostolischen Vicaren, päpstlichen Prälaten, die der hl. Vater von oben bis unten ernähren mußte und die schon deshalb, wie man in Rom sagt, aus Dankbarkeit doch offenbar nicht anders handeln konnten! (Heiterkeit.)

Weiter! Wie kann man uns jetzt sagen, es sei der Consensus der Kirche da? Ja freilich, die Bischöfe haben nachträglich anders gesagt, mit einem vulgären Ausdrucke: sie sind zum Kreuze gekrochen. Es kommt aber darauf etwas an. Auf der einen Seite sagt man uns: es muß ein Concil sein — und jetzt sagt man uns: wenn es kein Concil ist, thut sich's so auch; es kann auch ohne Concil gehen. In der That, sage ich, auf dem Concil ist das Zeugniß nicht gegeben worden. Nun soll es nachträglich gegeben werden. Ja, darin liegt die ganze Sache, daß Christus nicht gesagt hat: Ich bin bei Euch, wenn Du Erzbischof von X. und Du, Erzbischof von Y. in Deinem Bureau sitzest, — sondern daß er gesagt hat: Wo immer zwei oder drei in meinem Namen versammelt sind, da werde ich mitten unter ihnen sein.

Und, meine Herrn, darum hat die alte Kirche nicht etwa blos angenommen, daß das allgemeine Concil den Glauben bekunden könne, nein — ich habe, darf ich sagen, in diesem Punkte den juristisch unwiderleglichen Beweis geliefert, daß die ganze alte Kirche bis ins vorige Jahrhundert hinein angenommen hat: jedes Concil kann den Glauben bezeugen. Ganz natürlich, weil unser Herrgott den Menschen nicht hingesetzt hat, damit er für die Erkenntniß des von ihm Geoffenbarten übermenschliche Mittel gebrauche, sondern weil er auf natürlichem Wege das, was grundgelegt und niedergelegt ist, erkennen kann. Niedergelegt ist das Wort Gottes und die Offenbarung in der Schrift und in den alten Vätern für die späteren Generationen. Um sie daraus zu erkennen, braucht man keinen mechanischen hl. Geist. Da braucht man nur natürliche Kräfte: die Ehrlichkeit, das Richtige erkennen zu wollen, den Charakter, der Wahrheit nicht zu widerstreben, den Muth, die Wahrheit zu sagen, Kenntnisse, die Wahrheit zu finden. Mehr ist nicht nothwendig. (Lebhaftes Bravo.)

Dieses Recht, das ist das Recht des Episcopats; und darin bestand in der alten Kirche seine Aufgabe. Er hatte autoritatives Zeugniß abzugeben für den Glauben; und wenn dieses autoritative Zeugniß richtig gefunden ist, dann muß man dem Zeugnisse folgen. Aber nie und nimmer hat Christus und die Kirche gelehrt: was Einer sagt, ist darum, weil er es sagt, zu glauben. Nein! Prüfet Alles und wählet das Beste! sagt der Apostel. Ich bin berechtigt zu prüfen. Und darum stellte man in der alten Kirche schon einfach die Frage auf, wie schon in einem Werke der hl. Vincenz von Lirin um 434 erörtert hat: wie dann, wenn die ganze Kirche vom Glauben abfällt? „Der Apostel sagt: halte dich zunächst an die Väter! Aber wenn das Uebel fortgeschritten ist, wenn der Eine aus Feigheit vom Richtigen abfällt, der Andere aus Gefälligkeit gegen die Menschen, ein Dritter aus persönlichen Gründen u. s. w.? Gehe zurück auf die hl. Schrift! Dann hilft das bloße Zurückgehen auf die Väter nichts."

Ist das nicht geschrieben für 1870? (Anhaltendes Bravo.)

Es handelt sich um mehr. Es ist, wie ich gezeigt habe, der Episcopat untergegangen in seiner Selbstständigkeit; es mögen sich die Bischöfe sträuben, wie sie wollen. Der Ausdruck, den ich schon vor Jahr und Tag gebraucht habe, sie seien nichts mehr, wie „päpstliche Diöcesan-Vicare", ist richtig und läßt sich nicht bestreiten. Ich könnte Ihnen Namen nennen. Wir haben Bischöfe selbst gesagt: wir können es nicht in Abrede stellen, wir sind es.

Das sind die thatsächlichen Verhältnisse. Aber es ist nicht blos der Episcopat, es ist Alles aufgegangen. Es ist nicht mehr möglich, das Priesterthum wieder herzustellen in der Stellung, in welcher es sich früher befand, wo ein Einverständniß der Weltpriester und Laien mit den Bischöfen der Provinz herrschte. So war eine Gemeinschaft vorhanden. Man hat die Kirche durch die vaticanischen Decrete einfach aufgelöst in der Person und in die Person des Papstes. Der alten Kirche ist der Begriff dieser mechanischen und juristischen Organisation fern. Die alte Kirche identificirt nämlich die Kirche nicht mit dem Clerus und noch weniger mit dem Episcopat und am allerwenigsten mit einem einzelnen Bischofe. Lesen Sie die Briefe von Ignatius!

Von der Bibel will ich schweigen, die leider uns Katholiken durchgehends das verschlossene Buch mit sieben Siegeln ist. Darin liegt auch mit das Grundübel.

Das ist der Begriff der alten Kirche: die Gemeinschaft, in welcher nicht eine juristische Maschine, sondern in welcher der Geist Gottes lebendig sein soll. Eine solche Kirche, meine Herrn, sehe ich als das Endziel unseres Strebens an. Uns ist nicht genug geschehen mit einer formalen Declaration. Wir müssen wünschen, und dahin muß unser Streben zuletzt gehen, den Begriff der Kirche zur practischen Wahrheit wieder zurückgeführt zu sehen, wie ihn der Herr gesetzt hat: daß die Kirche sei die Gemeinschaft, welche an Christus glaubt, in welcher nicht die Schablone, nicht das Bureau, nicht die bloße Form, sondern in welcher der Geist des Herrn lebe, und wirke. Das walte Gott! (Stürmisches, lang andauerndes Bravo.)

Vicepräsident Geheimrath v. Windscheid:

Ich wiederhole nur ein Gefühl, welches die Versammlung längst zum Ausdruck gebracht hat, wenn ich dem geehrten Herrn Redner für seinen trefflichen Vortrag im Namen der Versammlung den wärmsten Dank ausspreche. (Lebhafter Beifall.)

Hiemit schließe ich die Versammlung, und bemerke, daß morgen um 3 Uhr Nachmittags die Vorträge fortgesetzt werden.

Zweite öffentliche Sitzung im Glaspalaste.
(Am 24. September. Nachmittags 5 Uhr.)

Ehrenpräsident Dr. v. Schulte:

Hochverehrte Versammlung! Es sind die letzten Stunden, in denen wir uns zusammenfinden, um das Werk zu krönen, das wir in vollem Glauben, in voller Hoffnung, in voller Zuversicht begonnen haben.

Es geziemt sich bei einem solchen Werke, zum Schlusse demjenigen ein Hoch darzubringen, welcher unter uns der höchste ist.

Wer immer sonst noch den Dank des Landes verdient, meine Herrn, — es ist nothwendig, daß dieser erste Dank dargebracht wird zu einer Zeit, wo er nicht mit dem andern zusammenfällt und auch nur irgendwie als den andern verdunkelnd angesehen werden könne*).

Wir sind, meine Herrn, zusammengekommen in einer Stadt, in einer gastlichen Stadt, in einer Stadt, welche in ganz Deutschland voranleuchtet in mannigfacher Rücksicht.

Wenige, ja man kann sagen, keine gibt es, in denen durch der Herrscher Munifizenz und der Herrscher Sinn das gethan worden ist für Kunst, für Wissenschaft, für geistiges, für Volksleben, was geschehen ist in München.

Ein solches Werk, ein solches Ziel, es ist nicht möglich, ohne daß diejenigen mitwirken, welchen man mit Recht den Namen der Väter der Stadt vindicirt.

Der Magistrat der Haupt- und Residenzstadt München hat unerschütterlich festgehalten an derselben Glaubenstreue, an derselben Wahrheit, an denselben Gedanken für Recht und Wahrheit, für echte deutsche Treue, welche uns als Ziel und Aufgabe erscheinen. Er hat noch an dem heutigen Tage dies in glänzender Weise bethätigt, indem er Gelegenheit gab, heute morgen in feierlichem Gottesdienste zu zeigen, daß wir nicht unseren Glauben practisch nur im Geringsten hintansetzen wollen. Lassen Sie mich den Gefühlen des Dankes Ausdruck geben und warmen Dank darbringen auf den Magistrat und die Vertretung der Stadt München. — Aber nicht blos dem Magistrate der Stadt München gebührt unser Aller, der fremden Delegirten und Versammelten, Dank, auch den edlen

---

*) Bezieht sich auf Stillsprotest v. Döllinger, der seinem Versprechen gemäß erwartet wurde.

Männern aus München, welche sich der Aufgabe unterzogen haben, die Bewegung fest zu organisiren, in den richtigen Bahnen einerseits der Besonnenheit, andererseits der Entschiedenheit zu halten, in welche sie gelenkt worden ist. Denienigen verdienten Herrn, welche das Comité der ächten Katholiken in München constituiren, bringe ich — ich glaube im Namen Aller zu sprechen — den innigsten Dank dar für das, was sie gethan haben. Möge der Herr all' ihr Mühen vergelten und lohnen, und möge er sie stärken auf dem ferneren Weg, den sie so ruhmvoll begonnen haben.

Ich gebe nunmehr dem Herrn Professor Reinkens das Wort.

Professor Dr. Reinkens aus Breslau:

Meine hochverehrten Herrn! Der Kampf, den wir kämpfen, ist in seinen sittlichen Beweggründen und höchsten Zielen durchaus geistiger Art, wie sehr er auch die materielle Wohlfahrt berühren mag. Es ist kein blos innerkirchlicher Streit, sondern ein kirchenpolitischer. Aber auch mit diesem Begriff ist sein ganzer Inhalt noch nicht erschöpft. — Die katholische Kirche erkennt sich selbst als eine göttliche und folglich unantastbare und unverletzliche Institution. Ihren Grundcharakter, ihre Verfassung und ihr Grundgesetz können die zeitweiligen Inhaber der Aemter, können Papst und Bischöfe nicht ändern, und wenn diese als Personen, die dem Irrthum und der Leidenschaft unterworfen sind, sich daran vergreifen, so sind sie in diesem Punkte nicht Repräsentanten des Amtes, sondern Verletzer desselben. Man darf dann nicht sagen: wo diese Personen sind, welche die göttliche Institution verleugnen, da ist diese Institution der Kirche; sondern die Kirche ist dann bei denen, welche diese Institution festhalten — bei den treuen Gläubigen, für welche die Aemter von dem göttlichen Stifter der Kirche eingesetzt sind, und welche für die Kirche ihre Existenz zu opfern bereit sind, ja die zu sterben sich entschlossen haben für die Wahrheit, wenn es nothwendig ist. — Ein Grundcharakter der katholischen Kirche ist eben ihre Katholicität. Diese nun hat die römische Curie seit Jahrhunderten systematisch zu zerstören sich bemüht, und sie hat diese Zerstörung am 18. Juli 1870 durch ihre unheilvollen Decrete sanctioniren lassen. Das mag Manchem, der vielleicht hierüber noch nicht nachgedacht hat, paradox klingen. Es verhält sich indessen nicht anders. Die Katholicität der Kirche konnte aber durch die römische Curie nicht vernichtet werden, ohne daß sie zugleich die nationalen Eigenthümlichkeiten aller außeritalienischen Völker auf religiösem Gebiete unterdrückte, — und auch das hat sie gethan, soweit sie es vermochte. Darum ist unser Kampf nicht blos ein katholischer, sondern auch ein nationaler Kampf.

Es dürfte wohl von Wichtigkeit sein, daß wir uns die Begriffe Katholicität und Nationalität klar machten, damit wir vollständig wissen, warum wir kämpfen. Gestatten Sie mir hierüber einige Worte, welche vielleicht für eine Verständigung geeignet sind.

Die Entstehung der Menschenracen, der großen Völkerfamilien, wird von den Theologen, entsprechend dem Berichte des alten Testamentes, mit großen sittlichen Catastrophen in der Geschichte des Menschengeschlechtes, welche dessen Stellung zu Gott änderten, in Zusammenhang gebracht. Die **Möglichkeit** der Racen sucht man in der Entzweiung der Stammeltern mit Gott und die Verwirklichung durch Zerschlagung des Diamanten der Sprache bei der Entartung in der Familie der Noachiden. Uns allerdings scheinen die Racenbildungen vielmehr eine Entartung zur Erniedrigung des einen Stammes vor dem andern zu sein, als eine **Entfaltung zur Vielheit** der Formen nach dem Begriffe der Menschheit. Eben weil wir in dem einen Stamme eine Herabwürdigung sehen vor dem andern, kann man nicht füglich an eine reine Entwickelung bei der Annahme eines einzigen Stammvaters denken; und so liegt es nahe, jene großen sittlichen Catastrophen hiemit in Betracht zu ziehen. Ganz anders aber verhält es sich mit den Nationen, deren es nicht blos viele innerhalb einer und derselben Menschenrace gibt, sondern deren sich auch historisch nachweisbar nicht wenige aus zusammenfließenden Elementen verschiedener Racen gebildet haben. Schon weil das Letztere unzweifelhaft der Fall ist, muß die **Fähigkeit nationaler Verzweigung im Begriffe der Menschheit** gefunden werden. Die Entwickelung derselben in Nationen entspricht daher gewiß der **Idee des Schöpfers.** Darum hat jede Nation das Recht, ihre Eigenart auf allen Gebieten des Lebens herauszustellen und zu behaupten. Worin die Eigenart einer Nation bestehe, was ihren Begriff bilde, darüber hat man viel gestritten; daß es aber nationale Volksgenossenschaften gebe, ist Jedem zweifellos. Indem man Menschenracen und Nationen nicht unterschied, hat man Unklarheit in die klare Sache gebracht. Es ist schon ein weitverbreiteter Irrthum, daß zur Bildung einer Nation die Gemeinschaft des Blutes und der Abstammung gehöre. Das ist nicht wahr; wäre es richtig, so könnte man im klassischen Alterthum von einer griechischen Nation nicht sprechen und in heutiger Zeit nicht von einer italienischen und auch von der deutschen müßten wir nicht unbedeutende Theile ausscheiden. Auch Sitte und Recht sind zeitweise innerhalb derselben Nation sehr verschieden und begründen an sich selbst bei Gleichartigkeit noch keine Nationalität. Die Gemeinsamkeit der materiellen Interessen und des Bodens kann die Bildung einer Nation vorbereiten; Gemeinschaft der Staatsform und der Religion ist aber sehr häufig erst das Ziel des Strebens einer vorhandenen Nation. Die Entstehung der Nationen liegt für den historischen Forscher in Dunkel gehüllt, sie entzieht sich seinem Auge noch mehr als der Ursprung der ersten Staaten. Erst finden wir eine zusammengehörige Masse, ehe das Bewußtsein von der Zusammengehörigkeit erwacht, und diese Masse sich als Nation weiß und fühlt. Zusammengehörigkeit einer bestimmten Volksmenge finden wir in der Geschichte wie durch ein Naturgeheimniß geschaffen. Eine gemeinsame Sprache bindet sie innerlich und äußerlich, macht einen Kreis von Ideen zum Gemeingut und nöthigt die Einzelnen zu einer Solidarität in Handel und Wandel. — Die Nation ist da. Die gemeinsame Sprache hat einen unverwüstlichen Charakter in dem logischen Gefüge und der Ordnung ihrer Elemente, und dieser geistige Charakter entspricht der innersten Denkweise eines so und nicht anders beschaffenen Geistes. Die nationale Sprache allein kann daher auch schon das geistige Gepräge einer Nation charakterisiren, durch ihre Bezeichnungen, die den Sprachschatz bilden, zumal wenn sie durch nationale Literatur gebildet und festgestellt sind, zieht sie einen Kreis von Ideen, aus welchem die Nation als solche nicht heraustritt.

Durch nichts kann also eine Volksmenge naturgemäß mehr zusammengehören, durch nichts mögen die Einzelnen in derselben sich mehr aufeinander angewiesen finden, als durch die gemeinsame Sprache. Wie sie entstehe, wer weiß es uns zu sagen? Ein gebildeter Volksstamm zieht Volkstheile, die weniger Cultur haben, die mit ihm auf demselben Boden sind oder mit ihm im Grenzverkehr stehen, in die Gemeinsamkeit seiner Sprache und Cultur hinein. Anhänglichkeit in der folgenden Generation an denselben Boden, Gemeinsamkeit der Lebensbedingungen und Interessen, erstrebte gemeinschaftliche Staatsform, Gleichheit der Religion: — Alles das stellt in der Entwicklung der geistigen Anlagen Eigenthümlichkeiten heraus und bildet schließlich die Eigenart. Es ist dem Historiker, der ein Auge für Völkerpsychologie hat, leicht ersichtlich, daß verschiedene Nationen ihre Vorzüge haben. So z. B. ragen die alten Griechen augenscheinlich hervor durch Intelligenz und Kunstsinn, die Römer durch Willenskraft und practisches Talent; und wenn die Germanen in keiner geistigen Gabe einer andern Nation nachzustehen scheinen, so zeichnen sie sich doch ganz besonders aus durch Gemüthstiefe und Sinnigkeit. Die Ultramontanen, welche den Ursprung der Sprachenvielheit und der Nationalitäten nicht in einer göttlichen Idee, und sonach auch nicht in dem Begriffe der Menschheit, sondern vielmehr nur in der Sünde und in einem Strafgerichte Gottes begründet glauben, sehen diese Vorzüge gar nicht. Sie erkennen nichts als die Verschiedenheit; die Verschiedenheit aber halten sie für das Böse und meinen, dieses Böse müsse ausgetilgt werden durch die Erlösung. Das ist ein folgenschwerer Irrthum. Sie wollen eine Einheit des Menschengeschlechts erstreben durch die Vernichtung der nationalen Eigenthümlichkeit; und in diesem Princip der Verneinung unserer Eigenart erkennen sie die Katholicität der christlichen Religion. Verneinung der nationalen Unterschiede zur Herstellung der Einheit durch Gleichmachung Aller — das, wähnen sie, sei Katholicität. Wenn das die Katholicität der christlichen Religion wäre, dann hätten sie ganz recht, einen Einheitspunkt zu fordern, in welchem ein Despot alle Einzelnen zu seinen Füßen sehen müßte; denn das Individuelle gibt sich nicht auf, die Eigenart einer Nation will nicht sterben. Es könnte darum eine solche Gleichmachung Aller nur erreicht werden, so scheint es, durch physische Gewalt; aber auch damit ließe sich die Eigenart nur zurückdrängen, nicht ertödten. Die Ultramontanen stellen denn auch consequent einen Despoten als Herrn der Kirche und der Gläubigen auf, während ein Haupt der christlichen Kirche nur das Amt eines Dieners hat, nur berufen ist, zu sagen, wie der, der von oben war: „Ich bin nicht gekommen mir dienen zu lassen, sondern damit ich diene."

Noch in diesen Tagen habe ich in ultramontanen Blättern folgenden Begriff der Katholicität gefunden: Der Grundbegriff der Katholicität, so hieß es, ist dieser: es existirt nur „die Eine göttlich gestiftete Heilsanstalt auf Erden, deren lebendige Autorität die Offenbarung Jesu Christi bewahrt und der alle Getauften ohne Unterschied der Nationen und der Racen gliedlich einverleibt sind." Das ist ein echt ultramontauer Begriff; das ist kein göttlicher Gedanke, sondern der Ausdruck einer Prätension der Tyrannei. Also die Katholicität der christlichen Religion soll sich nicht beziehen auf das gesammte Menschengeschlecht in seiner Einheit, was ein erhabener Gedanke ist, sondern nur auf die einzelnen Getauften. Die lebendige Autorität ist ihnen bekanntlich der Papst. Der eine Herr also steht da über Alle herrschend, und er sieht nicht Nationen, sondern nur Einzelne, nur Glieder seiner Anstalt; diese Einzelnen aber überherrscht er nach einerlei Gesetz und Ordnung. Das ist der ultramontane Begriff der Katholicität. Dieser eine Herr also ist hiernach für jeden aus uns, welcher Nation und Zunge wir auch angehören mögen, der Herr von oben; er ist der einzige, welcher Intelligenz und Willen hat, und ihm gegenüber sind wir nur, um mich jesuitisch auszudrücken, wie „ein Leichnam, der, wenn man ihn so wendet, so liegt, und wenn man ihn anders wendet, anders." Das sind die Ausdrücke des Stifters der Gesellschaft Jesu in Betreff der Mitglieder ihren Oberen gegenüber. Wir sind ihm gegenüber „wie ein Stock in der Hand eines Greises", auch das ist ein Ausdruck von demselben Manne. Das Verhältniß der einzelnen Jesuiten zu ihrem Oberen ist jetzt auf den Papst und die einzelnen Gläubigen übertragen, und dieses Verhältniß gründet man auf die Katholicität. Aber diesen Begriff der Katholicität weisen wir zurück. Diese Theorie ist falsch. Die christliche Religion ist allerdings katholisch, aber sie ist katholisch, weil sie bestimmt ist, allen Nationen genug zu thun auf der Erde, jeder in ihrer Eigenart; sie ist katholisch, weil der Stifter derselben, weil der Sohn des lebendigen Gottes herabgestiegen ist, alle Menschen selig zu machen, für Alle sein Blut vergossen hat und für Alle gestorben ist, weil Alle berufen sind, an seinem Heile

Antheil zu nehmen. Katholicismus ist nicht Monarchismus oder absolute Herrschaft eines Einzigen über Alle, sondern die Fähigkeit der christlichen Religion, die Völker aller Sprachen durch denselben Geist in die Gemeinschaft Gottes, des Einen Glaubens an das Heil in Christo, der Einen Liebe und des Einen Friedens aufzunehmen. Dabei bleibt nun freilich die Lehre des Evangeliums die ewige Wahrheit. Seine Lehre aber das Verhältniß Gottes zum Menschen ist universell, hat einen ganz bestimmten, unveränderlichen Inhalt; sie ist Welt und Himmel umfassend. Das Moralprincip ferner, welches Jesus der Menschheit gegeben hat, „das Gesetz der Liebe" ist unwandelbar in sich selbst; aber die Wahrheit für das Erkennen und Leben, das Gesetz der Liebe, wie es kund gethan ist mit so wunderbaren Worten in der Bergpredigt Jesu, ist geeignet allen Anschauungen und Bedürfnissen der Nationen und Zungen, so weit sie gesund sind und wahrhaft der Entwicklung der Menschheit entsprossen, zu genügen. Sie sind anwendbar auf jede Nation. Jene Ultramontanen jedoch meinen, die Einheit der Kirche, die freilich auch in der Katholicität eine Bedingung hat, sei nur dann vorhanden, wenn alle religiösen Aeußerungen des Menschengeistes in der Einerleiheit der Form sich kund gäben. Das ist ein kleinlicher und kurzsichtiger Gedanke oder vielmehr gar kein Gedanke, sondern nur eine unklare Einbildung. Sehen wir doch auf die Natur: Zahllos sind die Schattirungen der Farbenpracht in der Natur, und doch beruhen sie alle auf dem einfachsten Gesetze der Körperoberflächen zum Licht und zu unserm Auge. Die Naturforscher haben in der organischen Welt und im Mineralien reich Formen ohne Zahl entdeckt; das geschärfte Auge findet immer neue, und doch führen alle Formen in der organischen Welt zurück auf die Zelle und ihre Ausgestaltung, und im Mineralreich auf die Crystallform; und schließlich weist Alles in der Wahlverwandtschaft der Elemente hin auf die Einheit des Wesens der Natur. Die Einheit des Wesens schließt die Vielgestaltigkeit der Formen nicht aus, sondern ein. Mit dem Leibe steht der Mensch in dem Naturleben. Das Menschenantlitz hat einen festen Typus, ein specifisches Gepräge, und dennoch wird es nicht nachweisbar sein, daß unter den Milliarden von Menschen, die gelebt haben, ein einziges Angesicht dem andern bis zur Verneinung jeglichen Unterschiedes gleich gewesen wäre. Und wir dürfen annehmen, daß es ähnlich sich verhält mit dem individuellen Menschengeist. Jeder einzelne Menschengeist ist wiederum eigenthümlich, und keiner gleicht dem andern bis zur völligen Einerleiheit im Denken, Wollen und Empfinden; und so ist es auch mit den höheren Einheiten in den Nationen, mag man diese nun als Instanzen aufwärts zur Einheit oder als Stufen abwärts bis zur persönlichen Individualität nehmen.

Dieses allgemeine Gesetz hat seinen Wiederschein in den Kunst-

Schöpfungen der Menschen. Wie einfach ist z. B. das Gesetz einer Melodie, und doch scheint die Zahl der Melodien, welche in der schönen Ordnung weniger Töne schlummern, unbegrenzt. Die für uns so unermeßliche Mannichfaltigkeit und Vielheit der Formen bei der Einheit des Wesens ist nicht bedingt durch die Sünde, sondern begründet in dem schöpferischen Gedanken Gottes; und es beruht darauf alle Schönheit in der geschaffenen Welt. Auch bei dem geistigen Leben des Christen in Wahrheit und Liebe offenbart sich dasselbe Gesetz, ein Moralprincip des Christenthums; und die eine Wahrheit wird von jeder individuellen Persönlichkeit zwar nach ihrem objectiven Inhalte im Wesentlichen aufgefaßt, aber doch immer wiederum verschieden, und es hat Niemand ein Recht, dem einzelnen Menschengeiste, wenn er vor Gottes Angesicht seine religiösen Gefühle offenbart, zu bestimmen, daß sie eben nur so und nicht anders sein sollen. (Bravo.)

Ebensowenig darf die national-religiöse Eigenthümlichkeit unterdrückt werden. Die Apostel haben die Katholicität der Kirche nicht so aufgefaßt, daß sie die Nationen aufgefordert hätten, ihren nationalen Geist sterben zu lassen, damit das Evangelium herrsche und Alles äußerlich gleichmache. Und sie hatten doch unbestreitbar den Geist Christi. Bei allen ihren Gründungen von Gemeinden zeigt sich keine Spur von einer Centralstelle, von wo aus durch zahllose Vorschriften in Cultus und in der Disciplin oder gar in der Lehre alles religiöse Denken und Leben der Völker unter Mißachtung und Unterdrückung der nationalen Bedürfnisse zur Einerleiheit der Form zwangsweise geführt werden sollte. Wir wissen, daß sie in den Landeshauptstädten ihre Predigten begonnen. Sie haben Landeskirchen, Nationalkirchen gegründet, die aber zusammengeschlossen waren durch die Einheit desselben Geistes, desselben Glaubens an die Erlösung, an Jesus Christus und dieselbe Liebe.

Wir wissen, daß die Nationalkirchen in ihrer Jurisdiction und in ihrem Cultus möglichst selbstständig waren, daß sie zur Selbstverwaltung Nationalconcilien abhielten. Noch im 4. und 5. Jahrhunderte haben Obermetropoliten Liturgien geschaffen und wieder umgebildet, wie z. B. Basilius von Cäsarea in Cappadocien eine Liturgie verfaßte, und als er erkannte, daß die Gläubigen beim Gottesdienste ermüdet wurden, wieder abkürzte, ohne daß er den Bischof, der den Vorrang vor den Uebrigen hatte, den Bischof von Rom, gefragt hätte. Kein Patriarch bestritt den Metropoliten dies Recht. Nationalsprachen wurden liturgische Sprachen, und kein Christ fand eine Beschränkung der kirchlichen Einheit darin. Daß die lateinische Sprache, welche nicht die erste liturgische Sprache der christlichen Religion war, die vorzugsweise oder gar allein berechtigte sein sollte, ist eine späte Erfindung, eine Folge kleinlicher Auffassung. Die Apostel kamen nach Italien mit griechischem Ritus: weil sie aber das Nationale achteten, gestatteten sie, daß die bekehrten Römer in ihrer eigenen Sprache den Geist des Evangeliums offenbarten. Die Weltherrschaft der Römer verbreitete deren Sprache unter fremde Nationen, und die bald sehr mächtigen römischen Bischöfe benutzten diesen Umstand, den christlichen Ritus in der lateinischen Sprache bei andern Völkern einzuführen, Anfangs friedlich, dann zwangsweise. Und als fernerhin durch die factische Anstrebung eines Universal-Episcopats das Patriarchat von Rom als apostolisches allein stand und die Päpste auf die ausschließliche Statthalterschaft Christi, welche bis ins 12. Jahrhundert allen Bischöfen zugesprochen wurde (Vicarii Christi hießen sie) Anspruch erhoben, erschien ihnen dann die lateinische Sprache als die allein göttlich privilegirte, indem sie die andern nur als indulgirt betrachteten und daher selbst im Oriente Gemeinden des lateinischen Ritus zu bilden unternahmen, die jedoch stets nur ein exotisches Gewächs dort waren. Da entstand denn auch die Vorstellung, die lateinische Sprache sei als die allgemeine rituelle ein Symbol der Wiedergabe der Spracheneinheit. Dieses Symbol ist aber nicht zutreffend, schon deshalb nicht, weil solche Einheit nicht aus dem Geiste, sondern aus dem äußeren Befehle stammte und überhaupt nur äußerlich wäre. Das Pfingstwunder hat ja nicht bewirkt, daß Alle, die da versammelt waren, einerlei Laute und logische Ordnung der Elemente hatten, sondern daß sie, was von Galiläern gesprochen wurde, so vernahmen, wie wenn es in ihrer Muttersprache gesprochen gewesen wäre. Noch im IX. Jahrhundert (879) mußte ein Papst Zeugniß ablegen gegen die alleinige Herrschaft der lateinischen Sprache im Ritus der Kirche. Als Papst Johannes VIII. durch die Apostel Mährens, Cyrill und Methodius, genöthigt wurde, die slavische Sprache als eine rituelle anzuerkennen, erhob er sich in den Motiven der Sanction zu dem Gedanken, daß, weil Gott der Urheber aller Sprachen (durch das Individualisirungsprincip im Begriffe der Menschheit) sei, auch alle Sprachen die Bestimmung haben, daß Gott darin angebetet und gepriesen werde. Schon durch die Anerkennung verschiedener ritueller Sprachen war die nationale Eigenthümlichkeit im religiösen Cultus mitgesichert. So ist es ganz naturgemäß gekommen, daß der Begriff der „Nationalkirche" im christlichen Alterthume, auch als durch die allgemeinen Concilien eine Gemeinsamkeit in der Kirchenverfassung erzielt wurde, seine Stelle fand.

Wenn auch die großen Patriarchen einander und die Metropoliten den Patriarchen Mittheilungen machten und sich über die Bedingungen der Kirchengemeinschaft verständigten, so waren sie doch im Wesentlichen selbstständig. Wir kennen Nationalkirchen von einer Blüthe, die kaum mehr in der Geschichte des Christenthums erreicht wurde. Eine solche Nationalkirche war die von Armenien. Es ist nicht nachweisbar, daß die armenische Kirche, die alte armenische Kirche, in irgend einem jurisdictionellen Zu-

sammenhang mit Rom jemals gestanden habe. Und sie hat eine
Blüthe entwickelt, daß, als von Persien aus durch die Magier,
mit denen sich später die Nestorianer verbanden, eine blutige Ver=
folgung über diese Kirche hereinbrach, dieselbe nicht überwunden
wurde, bis der Kern der Nation im Grabe lag. In Schlachten
und unter den Marterwerkzeugen opferten die katholischen Armenier
ihr Leben für den Glauben; so lebendig war diese Nationalkirche.
Die Nationalkirchen haben sich unbeschadet der Einheit überall ge=
bildet. Und selbst dann, als die römische Curie anfing zu centrali=
siren, selbst als durch die factischen Ansprüche des römischen
Bischofs auf einen universellen Episcopat das abendländische Pa=
triarchat isolirt wurde, als der Orient sich trennte und im Abend=
lande Spaltung auf Spaltung folgte, hat Niemand es gewagt,
im Princip die nationale Selbstständigkeit der Kirchen anzu=
greifen, als ob Nationalkirchen etwas Böses seien.

Ja, durch das ganze Mittelalter hindurch erhielt sich, trotz
der von Rom systematisch betriebenen Unterdrückung der National=
Liturgien die Anschauung von der principiellen Berechtigung der
Nationalkirchen. Noch am Anfang des 15. Jahrhunderts, auf
dem Concil in Constanz 1414—1418, wurden die Nationen in
ihrer kirchlichen Bedeutung so anerkannt, daß man den Beschluß
faßte, auf dem Concil nach Nationen abzustimmen. Der prin=
cipielle Angriff auf die Nationalkirchen ist erst erfolgt seit dem
Concil zu Trident, namentlich durch die Jesuiten. Die römische
Curie hatte allerdings seit der Wirksamkeit der pseudoisidorischen
Decretalen ein Interesse, die Nationen zu unterdrücken, und sie
hat es mit allen möglichen Mitteln gethan; aber es geschah nicht
mit dem Bewußtsein, wie später, seit die Jesuiten diesen Kampf
übernommen hatten. Die römische Curie hat die Patriarchal=,
Primat= und Metropolitan=Verfassung der Kirche im Wesen ver=
nichtet und nur einen Schattenbegriff davon übrig gelassen. Aber
als der principielle Kampf gegen die Nationalkirchen begann, hat sie
auch den Schattenbegriff von diesen nicht mehr übrig lassen wollen;
sie hat den Begriff „Nationalkirche" verleumdet, und diese Ver=
leumdung ist so wirksam gewesen, daß auch heute noch ein Mann
wie der Bischof Hefele von Rottenburg, zu einer Zeit, als er
noch nicht schwach geworden war den vaticanischen Decreten gegen=
über, seine Abneigung gegen den Gedanken an Nationalkirchen
öffentlich kundgeben zu müssen glaubte. Ich rede von National=
kirchen ihrem wahren Begriffe nach, unbeschadet der Einheit.
Die römische Curie, sage ich, hat selbst den Begriff ver=
leumdet, und zwar in dem bekannten Worte „Gallicanismus".
Es hat kein Mensch im Mittelalter daran gedacht, die National=
kirchen als unchristliche Kirchen anzusehen. Heute ist Gallicanis=
mus ein Schimpfwort; und wir, die wir uns erhoben haben
gegen die vaticanischen Decrete, wir sind als Gallicaner denuncirt
worden.

Was ist aber Gallicanismus? Es ist nichts anderes, als die Eigenthümlichkeit der Kirche Frankreichs, soweit sie gerettet worden war den Ansprüchen der Curie gegenüber. Es ist nichts anderes, als ein Rest von der Nationalkirche des christlichen Alterthums. Die gallicanische Kirche ist in ihren Rechten geschützt worden vor den Uebergriffen Roms durch König Ludwig den Heiligen i. J. 1229 und 1239 und durch die sogenannte pragmatische Sanction v. J. 1270. Und was ist darin gesagt? Nichts, als daß die Kirche Frankreichs ihre Rechte bewahren solle. Und so konnte auch Bossuet noch sagen: „Was wollen wir anders, als unser gemeinsames Recht, den wahren Grund und das Fundament aller guten Ordnung der Kirche unter der canonischen Gewalt des Bischofs einer jeden Diöcese, wie dieselbe besteht nach den Ausprüchen, Concilien und den Satzungen der Väter."

Man hat sich aber nicht damit begnügt, sondern man hat jede Regung, welche auf dem Boden der alten Kirche noch stattfand, zu unterdrücken unablässig sich bemüht; nicht nur den Namen, sondern auch die Sache hat man bis auf den letzten Rest zu vernichten gestrebt. Heutzutage sind deutsche Bischöfe eifrig thätig, die letzte Spur davon zu tilgen. Das thut z. B. der Erzbischof von Cöln, Tag und Nacht darauf sinnend, wie er, wo noch in einer Pfarrkirche seiner Diöcese eine Spur der Selbstständigkeit des cölnischen Ritus vorhanden ist, dieselbe austilgen könne. Es ist aber nicht die Frage, ob überhaupt Nationalkirchen sein sollen, sondern ob viele oder eine.

Wenn keine Nationalkirche sein sollte, so müßte eben eine Gesetzgebung für die Gesammtkirche vom Himmel fallen. Das Oberhaupt der Kirche gehört einer Nation an. Seine ganze Umgebung, die römische Curie, besteht in der weitaus großen Mehrzahl aus Gliedern einer und derselben Nation; diese können sich nicht erheben über die Eigenart ihrer Nationalität. Was ist also geschehen mit der Beseitigung der Nationalkirchen? Das ist geschehen: Abgesehen von der Isolirung, von der Lostrennung des Orients und anderer Kirchen, abgesehen davon ist alles, was in der katholischen Kirche des Abendlandes existirt, romanisirt. Wir haben nur eine einzige, die römische Nationalkirche, weiter nichts. Es ist ein gewisser Instinkt gewesen, der die römische Curie dazu getrieben hat, den Namen „römisch" zu katholisch hinzuzusetzen, und jetzt hat man auf dem vaticanischen Concil versucht, sogar das Wort „katholisch" zu entfernen, und nur zu sagen „römisch". Die abendländische katholische Kirche ist nichts anders mehr, als eine römische Nationalkirche. (Bravo!) Diejenigen, welche sich ihr vollständig fügen, diejenigen Cleriker, welche ganz in die clericale Denkweise der Römer eingehen, die sind nicht mehr deutsch, nicht mehr Patrioten in Deutschland, sie wissen nicht anders mehr zu denken als römisch. (Lebhaftes Bravo.)

Ich könnte es bis in das Einzelnste nachweisen, daß alles das, was die Römer aus dem alten Heidenthum durch Jahrhunderte nachgeschleppt haben, uns in religiöser Form aufgedrängt worden ist, selbst der ganze Unfug, der mit den Medaillen getrieben wird. Jetzt genügt nicht mehr eine. Man hängt sich ein halbes Dutzend um, eine wirkt nicht mehr. Ich habe eine Nonne gekannt, welche sogar eine siebente dazu hieng mit Haaren von dem hl. Vater. Dieser ganze Unfug läßt sich schließlich zurückführen auf die bulla, welche die heidnischen Römer mit dem Amulet den Kindern umhingen. Die Vernichtung der nationalen Eigenthümlichkeiten kann nicht allein bleiben, es muß auch die persönliche Eigenthümlichkeit vernichtet werden, und das ist es, was wir jetzt erleben. Das Opfer des Verstandes fordert man von uns mit dem Opfer des Willens, und was ist das anders als der alte römische Despotismus. Der Römer gab nicht den Nationen Gesetze, weil er sie als vernünftig erweisen konnte, sondern weil sie seinen Willen ausdrückten. Der eine Wille sollte herrschen über alle; und weil das nicht einleuchtete, so redete der Römer den Nationen ein, er habe eine höhere Mission dazu, er sei von Gott gesendet und sein Wille sei der Wille Gottes. Was ist es anders, was uns jetzt zugemuthet wird, als daß wir den Willen eines Menschen als höchstes Gesetz für unseren Lebenswandel erachten sollen? Pius IX. schrieb sogar in seinem seltsamen Einladungsschreiben an die Protestanten, wodurch sie eigentlich nicht eingeladen wurden: die Autorität (welche er nämlich repräsentirte) habe ihr Denken zu bestimmen und ihr Handeln zu leiten. Das alte römische Volk war stolz auf seine Würde, auf seine Majestät. Jetzt sagt das italienische Volk, soweit es in den Clerikern, die in Rom zu Tausenden zu sehen sind, besteht, das italienische Volk habe das Hohepriesterthum als ein göttliches Privilegium zu eigen — bekanntlich ist seit Jahrhunderten auch kein anderer mehr Papst gewesen, als ein Italiener —; und daraus schließen sie, daß das römische Volk von übernatürlicher Würde sei. (Gelächter.) Das steht in dem officiösen Blatte des Papstes, in der Civiltà Cattolica, Jahrgang 1809, 3. Heft. Jawohl, wenn man in Rom geworfen ist und hat sich diese Cleriker angesehen, diese Tausende, — von Einzelnen wird man angebettelt, wie mir das in der Peterskirche geschehen ist, — dann kann man freilich auf den Gedanken kommen, die seien von übernatürlicher Würde. (Anhaltende Heiterkeit.) Aber dazu muß man nicht blos einen Glauben haben, der Berge versetzt, sondern der auch den Verstand verrückt. Ich habe gesagt: Wir kämpfen einen nationalen Kampf. Wir wollen in unsern Reformen, die wir mit Gottes Hülfe erreichen werden, auch die Eigenart unseres Volkes sichern, und wollen es jeder Nation der Erde gönnen, daß sie ihre Eigenart bewahrt. Wir werden eine höhere Einheit des Geistes und der Liebe finden, die erhaben ist über die Einerleiheit der Form. Wir erstreben eine solche Reform, die den Geist des Christenthums in seiner ganzen Kraft, in seiner ewigen Geltung vollständig rettet und lebendig erhält, aber alle Bedürfnisse der Nationen befriedigt.

Eine Reform werden wir durchführen, welche uns nicht nur gönnt, bei der Einheit der Kirche unsere Eigenart herauszustellen und zu behaupten, sondern welche diese Eigenart auch verklärt. Wir wissen ja, daß auch im verklärten Reiche Gottes die Herrlichkeit des einen Sternes eine andere ist wie die des andern, und daß der Seher der Apocalypse vor dem Throne Gottes noch die verschiedenen Völker und Stämme, Nationen und Zungen erkannte, die sich aber einigten in dem Rufe: „Heil unserem Gott!" (Bravo!)

Wenn man einer Nation ihre Sprache nimmt, so ist es, als müßte sie sterben. Das letzte Kind, welches zu den Jahren der Entscheidung gekommen ist, muß zucken in seinem innersten Leben, wenn man es ihm wehrt, in seiner Muttersprache zu reden. Aber schmerzlicher ist es noch, wenn man dem religiösen Gemüthe seine eigene Sprache nehmen will: das ist der Tod der Liebe zu Gott und zu den Menschen, die Vernichtung alles idealen Lebens. (Bravo!)

Diese Sprache werden wir uns sichern, und damit werden wir die Cultur retten; denn wo die religiöse Weihe alle Cultur-Elemente durchdringt, da erst entfaltet sie ein frohes Leben. Wie wir auf unserem Culturstandpunkte heute jene riesigen Berge, welche sich als Scheidewand der Völker aufgerichtet, durchbohren und Völkerstraßen durch ihr Inneres bahnen, so werden wir durch die Macht der Wissenschaft auch jene Berge der Lüge abtragen, hinter denen die Ultramontanen ihre Blöße decken. (Rauschender Beifall.)

Wir werden aber auch mit der Glaubenskraft unseres religiösen Gemüthes zu jenen Bergen sprechen: „versetzet euch", welche der Hochmuth der Hierarchen aufgethürmt, um von diesen Bergen des Hochmuthes aus ihren Thron neben den Thron Gottes zu stellen, — und sie werden sich versetzen. Wenn das geschehen, — dann erst wird unter uns wieder die Friedensgestalt dessen wandeln, der gesagt hat, ich bin sanftmüthig und von Herzen demüthig; und er wird unter uns wandeln, um die Gesetze der Liebe zur Geltung zu bringen und um die Völker zu segnen! — (Rauschender anhaltender Beifall.)

Dr. v. Schulte, Ehrenpräsident:

Die Begeisterung der Versammlung zeigt, wie die Worte gezündet haben, die der Mann vom Rhein, dessen Wirksamkeit an der Oder die Hierarchie, gegen deren Lüge unser Kampf geht, so eben gebrochen hat, gesprochen.

Sie zeigt, daß eine Gemeinsamkeit ist und daß, mag der Rhein oder die Oder auftreten, ein deutsches Herz da ist.

Möge in gleichem Sinne jetzt der folgende Redner Herr Professor Stumpf sprechen, der Westphale, der als Vorkämpfer am Rheine steht.

Oberlehrer Stumpf aus Coblenz:

Hochverehrte Versammlung! Wer heute vor Ihnen auftritt in dieser gewaltigen weiten Halle, vor einem ganzen Meere von Menschen, von deutschen Männern, der fühlt sich mächtig ergriffen; denn er empfindet es, daß es ein ganz eigenthümliches Interesse ist, was diese Versammlung hier vereinigt; er empfindet, daß es ein eigenthümliches Interesse ist, mit dem die gebildete Welt auf die Versammlung hinblickt.

Es ist nicht ein blos nationales, es ist nicht ein blos politisches, es ist auch nicht ein blos wissenschaftliches Interesse, was Sie uns, was die Welt uns heute entgegenbringt.

Meine Herrn! Man erwartet von uns tief eindringende, alle Gebiete des Lebens berührende Wirkungen und warum?

Die Bewegung, welche diese Versammlung hier zusammenführt, sie ist geboren aus den Tiefen der menschlichen Seele, sie ist geboren aus unserem religiösen, aus unserem christlichen Gewissen, aus jenem Heiligthum, in welchem wir die höchsten und heiligsten Impulse empfangen.

Und was gestern ein beredter Mund aussprach für sich, daß er hieher bringe etwas Großes, seine Seele, sein christliches Gewissen, das, meine Herrn, wage ich mit schwacher Stimme von mir und von uns zu sagen: wir Alle bringen unser christliches Gewissen hieher.

Und wie kommt es denn, daß wir gemahnt wurden von der Stimme unseres Innern, hier zu erscheinen? Es ist nicht unbekannt; aber erlauben Sie mir mit einem kurzen Worte auf die Entwicklung dieser Bewegung zurückzugreifen.

Als wir, zu selbstständigem Denken erwacht, als Glieder der katholischen Kirche in unserer Jugend uns umschauten, was fanden wir da? Ein Streben, im Christenthum zu betonen, was Sache der Autorität ist, ein Streben die Selbstständigkeit der Geister zu beugen unter ein höheres Machtgebot, indem man uns sagte, „das sei die Quintessenz des Christenthums, daß man jede Eigenheit, jede Freiheit des Willens und des Denkens aufgebe und sich demüthig unterwerfe."

Meine Herrn! Wir fanden in unserer Jugend die Veräußerlichung des religiösen Lebens in einer Summe von Uebungen, welche den inneren Gottesdienst des Geistes zu einem Mechanismus erniedrigen und verkehren. Wir fanden im Mittelpunkte der Kirche eine Einrichtung, welche unter dem Vorwande, sie müsse das Denken zügeln, damit es sich nicht verirre, jeden freien Impuls vernichtete, jene bekannte congregatio indicis, die insbesondere dem deutschen Geiste die Flügel beschnitt.

Meine Herrn! Wir fanden, daß man es als etwas besonders Christliches anpries, wenn der Laie seinem Beichtvater und Priester blindlings folge, wenn der Priester ohne zu un-

tersuchen, auf das Commando seines Bischofes marschire, wenn
der Bischof jedem Winke, der aus Rom kommt, gehorche. Und
so tief eingewurzelt waren diese Gefühle falscher, sogenannter
Pietät, daß man es als selbstverständlich ansah, wenn Bischöfe,
Nachfolger der Apostel aus eigenem Rechte, in römischen Bischofs-
versammlungen nicht Ausdrücke genug finden konnten, um zu er-
sterben zu den Füßen des hl. Vaters.
 Das Alles fanden wir und ertragen es. Wir ertragen es,
weil, wie schon gestern gesagt worden ist, noch Hülfe möglich war.
Noch hatten wir die Freiheit, im Glauben uns die Selbstständigkeit zu wahren. Noch war nicht ausgegangen die neue Lehre,
wornach man nicht nur äußerlich sich zu unterwerfen verpflichtet
fühlen sollte, sondern auch innerlich. Auch innerlich soll nun die
ganze Christenheit schweigen und sich unterwerfen, den Verstand
aufhören lassen, wenn das römische Machtgebot in die Welt ausgeht. Ja, das Princip der persönlichen Verantwortlichkeit soll
ganz vertilgt werden in der Kirche. Denn während man durch
das Dogma von der päpstlichen Unfehlbarkeit das christliche Denken dem Papste unterwarf, befreite man auch diesen, den Unfehlbaren, von der eigenen Verantwortlichkeit, durfte sie dem hl. Geiste
zuschieben, der ihn nicht in Irrthum fallen lasse. Und das, meine
Herrn, das war zu viel. Als in dem Augenblicke, wo die Absicht, eine solche Lehre zu verkünden, klar wurde, hier aus dieser
gesegneten Stadt, von demjenigen Geiste, den wir als den tiefsten
und reichsten unter uns verehren, das Mahnwort ausging zum
Widerstande, da haben auch wir, wir Laien im Bunde mit den
erleuchtetsten Priestern unserer Nation — es waren ihrer im Vergleiche mit den vielen Schwachen leider nur wenige, — da haben
auch wir Laien einen Kampf begonnen, der uns nicht leicht wurde.
Denn es war ein Kampf, in welchem das christliche Gewissen, verlassen von allen Stützen äußerer Autorität, allein auf sich selber
stand und stehen mußte, ein Kampf, in dem es galt, die christliche
Freiheit zu retten, ohne den Glauben zu verlieren. Was haben
wir denn gewollt? Wollten wir im kecken Uebermuthe die alten
Grundfesten der Kirche stürmen? Wollten wir eine Revolution?
Nie und nimmer. Es war nur ein gesetzlicher Widerstand, der
die besten und edelsten Güter des Menschen in Schutz nahm:
denn, meine Herrn, die Würde des menschlichen Geistes und der
Freiheit ist eine so erhabene, daß es ein geistiger Selbstmord wäre,
wenn der Mensch sich einer andern Autorität beugen wollte, als
einer göttlichen. Diese göttliche Autorität aber, die haben wir
stets verehrt und verehren sie noch heute in unserer Kirche. Aber,
meine Herrn, wie spricht diese Autorität? Liegt sie voll und
ganz in jedem zufälligen Worte von heute und wäre es ausgesprochen von einer noch so großen Anzahl von Bischöfen?
 Nein, meine Herrn, diese göttliche Autorität muß ihren göttlichen Charakter auch dadurch beweisen, daß sie eine ewige und

ewig unveränderliche ist; nur dann gilt sie vor uns, wenn sie einen klaren, durchsichtigen Gedanken ausspricht, der von Christus und der Apostel Zeiten bis auf unsere Tage hinab unverändert in der Kirche fortgelebt hat. Nur dann können wir ihr uns unterwerfen, ohne uns selbst, ohne unsere Freiheit aufzugeben. Und dazu, meine Herrn, waren wir bereit, als wir uns zum Kampfe erhoben. Es sollte nicht ein Kampf subjectiven Meinens sein; und wenn die katholische Wissenschaft, wenn die Stimmen der Bischöfe des Erbtreises unsere Opposition mit Gründen, mit Beweisen, daß heute, gestern, stets, immer, zu allen Zeiten so gelehrt worden sei, verurtheilt hätten: dann hätten wir uns unterworfen. Aber dieses Urtheil ist nicht gefällt worden, sondern das Gegentheil.

Auf dem Concil selbst hat es sich gezeigt, daß die Lehre von der Unfehlbarkeit des Papstes eine neue Lehre ist.

Haben wir es denn vergessen, wer die gewichtigsten Gründe gegen diese neue Lehre ins Feld führte?

Waren es nicht deutsche? waren es nicht ungarische, amerikanische, französische? ja waren es nicht selbst italienische Bischöfe? waren es nicht selbst römische Cardinäle?

Und, meine Herrn, haben Sie irgendwo gehört und gelesen, daß auch nur einer dieser Gründe widerlegt sei? Und wie lautete der Beschluß, den selbst dieses unter dem Joche einer alle Freiheit in unerhörtester Weise einschnürenden Geschäftsordnung tagende Concil gefaßt hat? Enthielt er eine Billigung des Dogmas? Nein, eine Verwerfung.

Ueber 80 der gewichtigsten Stimmen, welche die gebildetsten, die größten Kirchen vertreten, haben das neue Dogma verworfen; und ein Verbrechen war es, nach Constatirung des Dissensus es dennoch zu proclamiren.

So, meine Herrn, sind wir uns in diesem großen tiefeingreifenden Kampf selber vollkommen klar geworden.

Wir haben gesehen, daß unser christliches Gefühl uns richtig geleitet, als wir bemerkten, daß man uns etwas aufzwingen wollte, was nicht in unserm Catechismus steht. Wir haben nicht geirrt, wir wissen es. In diesem Kampfe aber waren wir genöthigt, die Geschichte der Kirche vor unsern Augen vorübergehen zu lassen. Er zeigte uns alle Schwächen der Gegenwart, er verlangte gebieterisch von uns, auf Mittel zu sinnen, die Zukunft zu sichern und uns vor neuem Unheil zu bewahren.

Und so, meine Herrn, entsprang dem Kampfe, der auf Abwehr des Neuen gerichtet war, die Idee einer kirchlichen Reform. Es liegt darin kein innerer Widerspruch, denn, meine Herrn, wenn es gilt einen lebendigen durch die Geschichte emporwachsenden Organismus zu heilen, so muß man zurückgehen auf seine Keime.

Jede Institution unter Menschen hat einen Lebenskeim in einer oder in einer Summe von großen Ideen, aus der sie emporwächst.

Anfänglich sind diese Ideen noch nicht völlig ausgebildet und klar, aber in dem ersten Ursprung sind sie wenigstens alle vereint. Und wenn dann der Organismus fortwächst in der Geschichte, da begegnet es wohl, daß die Menschen es vergessen, sich den ganzen Reichthum der ursprünglichen Ideen stets zu vergegenwärtigen, daß sie nach einer Seite sich hinwenden. Einseitigkeiten wachsen auf, fremde Gewalten greifen in das Leben der Institutionen ein und drängen sie von ihrer Basis ab.

Wenn dann, meine Herrn, die eine Einseitigkeit die andere hervorruft, wenn ohne Rücksicht auf die historische Entwicklung gewaltsam der Organismus in das Gleiche gebracht werden soll, dann wird das eine Uebel nur durch ein anderes geheilt, dann entsteht nicht Reform, sondern Revolution.

Eine wahre Reform ist erst dann möglich, wenn man von dem ersten Ursprung des Organismus an, da wo der ganze Reichthum seiner Ideen noch zusammen ist, die historische Entwicklung ruhig verfolgt, wenn man die Abwege wahrnimmt, die fremden Eingriffe beobachtet und unn alles zusammenfassend, was die historische Entwicklung Gutes aus dem ursprünglichen Gehalte dargestellt hat, fortschreitet zum neuen Werke. Denn wie derjenige, der in die Zukunft schauen will, rückwärts blicken muß, so kann auch der nur den richtigen Weg in die Zukunft hineingehen, der auf den zurückgelegten Weg zurücksieht und die Abwege vermeidet.

So, meine Herrn, thun auch wir. Auch wir, wenn wir vorwärts gehen wollen, schauen zurück und zwar auf den Ursprung des Christenthums, wo wir die ganze Fülle göttlichen Lebensleims vereint finden in der ältesten christlichen Kirche.

Und da, meine Herrn, finden wir dann bestätigt, was wir gefühlt, ja was wir factisch ausgeübt haben, indem wir heute vor Ihnen stehen, das Recht der Laien, das Recht der Gemeinde mitzureden, mitzudenken, mitzuhandeln im großen Organismus der Kirche. Denn wie hat Christus seine Kirche gegründet? Zwei Elemente sind es, die sie constituiren.

Meine Herrn! Wenn wir wahrhaft reformiren wollen, so gilt es keines dieser Elemente zu verderben, keines zu vernichten, ihr richtiges Verhältniß aufzufassen. Es sind aber diese Elemente das Priesterthum und die Gemeinde; das Priesterthum aber, wie der Heiland es auffaßte, nicht berufen zum Herrschen, sondern zum Dienen, denn die Gemeinde war der Endzweck, das eigentliche Ziel der Kirche, eine in Liebe vereinigte Gemeinde, deren einziger König Christus selbst ist. Daher hat er denn, indem er den Priestern den Auftrag gab, die Gemeinde zu leiten, das heilige Opfer darzubringen, die Sacramente zu spenden, das Volk zu belehren, ihnen zugerufen, daß sie ihren Brüdern gegenüber sich nicht als Herrn und Meister geltend machen dürften.

Er sagte: „Wer unter Euch der Erste sein will, der sei euer Knecht, und wer groß sein will, der sei euer Diener", und indem er sie aufforderte, die Völker zu lehren, mahnt er sie, daß sie nicht eine Lehre aus eigener Macht zu verkünden haben, nicht eine Lehre, die nicht von ihm ausgehe.

Er sagt nämlich: Ihr sollt euch nicht Lehrer und Meister nennen, denn ihr alle seid Brüder, und nur einer ist euer Lehrer und Meister — Christus.

Und, meine Herrn, wenn er den Priestern die Macht gab, zu binden und zu lösen, in seine Kirche hineinzulassen und hinauszustoßen, so gab er doch auch der Gemeinde einen Schutz gegen jede hierarchische Willkür, eine Garantie dafür, daß ihr kein neues Evangelium aufgedrungen werden könnte; denn durch den Mund des heiligen Apostels ruft er den Galatern und in ihnen uns Allen zu: „Wenn Jemand euch eine neue Lehre verkündet, und wenn es ein Engel vom Himmel wäre, der sei verflucht."

Das, meine Herrn, ist ein Anathema, welches die magna charta der kirchlichen Freiheit der Gemeinde ist. Und wie äußert sich in diesem Punkte das Leben der alten christlichen Gemeinde? Auch die Apostel haben schon ein Concil gehalten. Was haben sie gethan?

Hat Petrus, hat Paulus, hat einer der übrigen aus seiner persönlichen Unfehlbarkeit heraus dort etwa eine Lehre oder Anordnung verkündet?

Nein, sie haben miteinander berathen.

Und haben die Apostel miteinander allein berathen in geschlossenen Räumen unter dem silentium pontificium?

Nein, im Angesichte der Presbyter, der Aeltesten, vor der ganzen Gemeinde. War die Gemeinde, waren die Priester zum Stillschweigen verurtheilt? Nein. Denn die heilige Schrift erzählt: es fand eine sehr lebhafte Discussion in der Versammlung statt. Wie ist der Beschluß verkündet worden? Hat etwa Petrus im Gefühle seiner Gewalt, als oberster unfehlbarer Lehrer der Christenheit den Beschluß verkündigt?

Nein, sondern die Apostel, die Presbyter und die Gemeinde theilen den übrigen Gemeinden mit, was beschlossen worden sei.

Meine Herrn! Das ist das Ideal, welches uns vorschwebt. Hier wissen wir, daß wir auf festem Grunde stehen, daß wir kein Recht beanspruchen, das uns nicht zukommt; und wir wollen nicht ruhen, bis dies unverlierbare Recht der Gemeinde wieder erneuert ist. (Bravo.)

Meine Herrn! Nicht allein auf diesem Gebiete, dem Gebiete der Lehre, wurde in den ältesten Zeiten das Wort der Gemeinde gehört.

Als es galt, Diaconen zu bestimmen, ließ man sie in Jerusalem von der Gemeinde wählen; als es galt, Paulus einen Gefährten auf seiner Mission zu geben, die Gemeinde erwählte ihn; wenn es galt, in späteren Jahrhunderten noch, einen Bischof zu wählen, Clerus und Volk hatten eine Stimme dabei, die niemals überhört wurde; und öfters ist es ausdrücklich ausgesprochen worden, daß, wenn eine Gemeinde nicht wolle, kein Bischof ihr aufgedrängt werden könne.

Und, meine Herren, wir brauchen uns noch heute nicht weit umzusehen, um analoge Zustände zu finden; noch sind sie lebendig in unserer Nähe in jenem Lande der Freiheit, wo die hohen Alpen eine Scheidewand aufgeführt haben. In der Schweiz, in den katholischen Urcantonen, werden noch heute die Pfarrer durch allgemeine Volkswahl berufen.

Wenn Sie fragen, meine Herren, was der alten Kirche jene weltüberwindende Kraft gegeben, so ist die Antwort nicht schwer. Es war das innere Liebesleben, welches die christliche Gemeinde durchdrang und erfüllte, weil Priester und Volk noch nicht als Herrscher und Diener einander gegenüber, sondern als Brüder zusammen standen, weil jedes Glied der Kirche sein Amt wie seine Freiheit bethätigen konnte im Dienste und zum Heile der Gesammtheit.

Daß es nicht so geblieben, das, meine Herren, ist der Grund des späteren und des heutigen Verfalles und Verderbens. Gestatten Sie mir, in großen Zügen die spätere Entwicklung kurz zu charakterisiren.

Als die Kirche aus den Katakomben in die Welt hinaustrat, und sich in der Welt constituirte, da sahen die Regierungen den unendlichen Einfluß, den es ihnen geben würde, wenn sie sich der Kraft der Kirche bemächtigten; und der Kirche fremde äußere Mächte haben die Entwicklung aus dem Inneren heraus gehindert und gestört.

Als dann im Mittelalter die Päpste, die gewaltigen, gegenüber denen unsere heutigen Gegner wie Pygmäen erscheinen, den Kampf mit den umgebenden Gewalten aufnahmen, haben sie es nicht im Geiste der altchristlichen Gemeinde gethan, sondern im hierarchischen Geiste; sie haben dem Staate als feste Phalanx eine eng geschlossene Hierarchie entgegengestellt, und immer tiefer ist die Gemeinde herabgedrückt worden zu einer passiven, willenlosen Masse. Wohl hat man das auch schon in früheren Jahrhunderten empfunden. Es hat sich ein großes Reformconcil in Constanz und später in Basel versammelt, und hier war es ein deutscher Mann, der an einer Kirche der Stadt Priester war, aus der ich zu Ihnen gekommen bin, es war der damalige Dechant von St. Florin zu Coblenz, der nachherige Cardinal Nicolaus von Cues, der die Reform auf die Herstellung der christlichen Gemeinde begründen wollte.

Aber mißlungen sind diese Versuche. Und es trat, weil sie nicht langen, jene traurige Spaltung ein, die wir Alle beklagen. Die katholische Kirche aber erlitt das schreckliche Schicksal, daß sie, zwar in sich geschlossen, aber hinausgedrängt wurde aus der Welt. Die großen Ideen der Neuzeit, die großen humanitären Ideen, die aus dem Christenthum stammen, sind aufgegriffen worden außerhalb der Kirche, sind verwirklicht ohne sie; und das ist ein Vorwurf schwerwiegend, beklagenswerth, eine Wendung der menschlichen Geschicke, die uns vor die schwersten Probleme gestellt hat.

Jetzt aber ist wieder ein Augenblick gekommen, wo vielleicht mit Gottes Gnade, wieder gutgemacht werden kann, was verfehlt und verdorben wurde, wieder ist der Augenblick gekommen, wo das religiöse Bewußtsein der Menschheit in seinem innersten Kern erschüttert ist, und diese Erschütterung ist gekommen zu einer Zeit, welche die größten Thaten dieses Jahrhunderts gesehen, welche die tiefsteingreifenden Fragen zu lösen unternommen hat.

Es fehlte nur noch diese Erregung der tiefsten Tiefe der menschlichen Seele, um das gewaltige Schauspiel, welches die Welt heute darbietet, vollkommen zu machen. Wir, meine Herrn, haben in diesem Kampf eine feste Stellung zu nehmen; unser Programm zeigt sie Ihnen. Wir sprechen es aus, daß die Wissenschaft, das Glaubensbewußtsein des Volkes eine Stimme im innersten Heiligthum der Kirche haben, daß wir nicht bloß die hörende, sondern auch die gehörthabende, die bekennende Kirche sind; wir sprechen aus, daß jede gesunde Reform davon abhängig ist, daß den Laien wieder eine verfassungsmäßig geregelte Theilnahme an den kirchlichen Angelegenheiten gegeben werde. (Bravo!) Von der Verwirklichung dieses Grundsatzes hoffen wir Gutes und Großes, und darum gehen wir vorwärts mit Muth, aber auch mit Mäßigung und Besonnenheit; denn es steht sehr viel auf dem Spiele. Heute ist die Stunde günstig. Wenn wir sie versäumen, wenn der große Moment nicht das rechte Geschlecht findet, wer weiß, ob er sobald wiederkehrt. Darum, meine Herrn, Ruhe, Besonnenheit und Muth! Compromittiren wir nicht durch falsche, verkehrte, verwegene Schritte die heiligsten Interessen. Nicht bloß das Höchste und über Alles zu Schätzende, das Seelenheil eines Jeden von uns und von vielen Anderen steht auf dem Spiele, nein, auch die großen Fragen, welche die Zeit bewegen, das Verhältniß von Staat und Kirche, die Frage von der Stellung der Wissenschaft zum Glauben, die Ausgestaltung unseres Schulwesens und endlich vor Allem die wie eine finstere Wetterwolke am Horizont stehende sociale Frage, sie können alle nur dann eine gedeihliche Lösung finden, wenn auf den Grundsätzen unseres Programms eine Reform der Kirche stattfindet. Denn eine gestaltende Kraft muß hineingreifen in den Streit unserer Tage und muß die auflösenden gegen einander kämpfenden Mächte binden.

Die Kirche, meine Herrn, hat eine doppelte Seite: eine menschliche und eine göttliche. Nach der menschlichen Seite vertritt sie alle großen humanen Ideen, welche die Gedankenwelt unserer Zeit ausmachen; aber weil die Verwirklichung dieser Ideen nicht im Bunde mit der Kirche, die sich in Folge eigener Fehler zurückgezogen hat aus der Welt und zurückgestoßen wurde von ihr, sich vollzogen hat, darum streiten jetzt die entbundenen Kräfte miteinander in wildem Kampf, und eine Versöhnung ist nur denkbar, wenn die göttliche Liebeskraft, welche die Kirche in ihrem Innersten birgt, bindend wieder eintritt in die Welt und das Getrennte in Freiheit vereinigt. Eine Versöhnung ist nur möglich durch Herstellung der wahren christlichen Gemeinde. (Bravo!)

Herr Pfarrer Dr. Tangermann aus Bonn:

Hochgeehrte Versammlung! Die religiöse Frage, welche gegenwärtig die ganze civilisirte Welt bewegt und die uns hier in der patriotischen Haupt- und Residenzstadt eines altkatholischen Landes zu einer gemeinsamen Berathung versammelt hat, kann ihre befriedigende Lösung nur in der Nation finden, in welcher die Tiefe und Innigkeit des religiösen Gefühls mit der Klarheit und Kraft des geistigen Denkens sich vereint. Die deutsche Nation hat von jeher nach dem Zeugniß der Geschichte eine universelle Bedeutung gehabt. Meine Gedanken knüpfen sich hier durch eine zufällige Ideen-Association an die schöne Gedankenreihe des ersten Redners, der in so reicher Ausführlichkeit gerade diesen Punkt entwickelte.

Seitdem wir nun mit Gotteshülfe die verlorene Centralmachtstellung in Deutschland wieder errungen, seitdem wir eine große einige Nation geworden, ist auch das religiöse Problem wieder näher an uns herangetreten, und ohne Frage das wichtigste aller Zeiten.

Die Bedeutung dieses Problems in der religiösen Frage ist von unberechenbarer Tragweite, ihre Perspektive geht weit über Deutschland hinaus; und wenn sie eine glückliche Lösung finden soll, dann dürfen wir das specifisch-germanische Element in dieser religiösen Bewegung nicht außer Acht lassen. Wir müssen gleichzeitig die universelle Bedeutung der deutschen Nation im Auge behalten. Wir werden gerade hier in einer besonderen Weise daran erinnert, nicht blos durch den Patriotismus des bayerischen Königs, sondern durch das ganze bürgerliche gemeinschaftliche Leben der Stadt München; denn wir finden hier allüberall wie in den Werken der Kunst die ganze deutsche Geschichte gleichsam mit den bürgerlichen Lebensverhältnissen verwachsen, so daß bei unseren Wanderungen durch die Stadt wir allüberall auf geschichtliche Momente stoßen, die auch für die Gegenwart von großer Bedeutung sind.

Es handelt sich jetzt offenbar um das preiswürdigste aller Güter, um die Erneuerung des christlichen Lebens, die Neubelebung der christlichen Wahrheit, um das persönliche Recht, die sittliche Freiheit, um Wahrheit und Ehre.

Wer ein warmes Herz hat für die höchsten und heiligsten Interessen, der schließe sich mit Liebe und Hingebung unsern Bestrebungen an, denn es bedarf der Concentrirung aller Geisteskräfte, aller sittlichen Bestrebungen, wenn wir in diesem welthistorischen Kampf etwas Nachhaltiges erreichen wollen.

Wir werden das nie erreichen, solange wir uns in einer unserm innersten deutschen Wesen fremden Richtung bewegen. Das thun wir aber, wenn wir uns die hierarchische Verunstaltung des Christenthums, die italienische Veräußerlichung der Religion nach römischem Machtspruch und durch bischöfliche Zwangsmaßregeln aufoktroyiren lassen. (Bravo!) Das thun wir, wenn wir den heiligen Ernst und die Erhabenheit des altkatholischen Gottesdienstes zum Schaugepränge eines Ceremonieudienstes machen, wodurch der Kern des Evangeliums den Gläubigen entzogen wird, so daß sie kein Verständniß davon haben; das thun wir, wenn wir es geschehen lassen, daß der Religionsunterricht in unsern Schulen von specifisch-römischen Anschauungen durchdrungen und nach jesuitischen Maximen zugerichtet wird, wodurch nicht blos das religiöse Leben in seiner primitiven Grundgestaltung geschädigt, sondern auch die patriotische Gesinnung in den jugendlichen Herzen der Kinder zurückgedrängt wird.

Das thun wir weiterhin zum großen Schaden unserer religiösen und nationalen Interessen, wenn wir als deutsche Katholiken alljährlich große Summen Geldes nach Rom senden (Bravo), um den weltlichen Hofstaat des Papstes zu unterstützen, um ein ganzes Heer italienischer Parasiten geistlichen und weltlichen Standes zu unterstützen (Bravo), wodurch wir der Verweltlichung des Papstthums und der Romanisirung des kirchlichen Lebens nur noch mehr in die Hände arbeiten. Wir können und dürfen nun einmal die Interessen der römischen Hierarchie nicht mit den religiösen Interessen der Kirche vermengen oder gar identificiren, wie uns das zugemuthet wird. Beides ist unendlich von einander unterschieden.

Die Grundsätze der römischen Hierarchie haben sich als unvereinbar erwiesen mit den berechtigten Forderungen der Zeit. Die ganze Welt weiß das, meine Herrn! Sie wissen es Alle, ich appellire an Ihr eigenes Urtheil (Bravo). Sie haben sich als unvereinbar erwiesen mit der freien Entwicklung des Geistes in religiöser wie auch in wissenschaftlicher, politischer und socialer Beziehung. Diese hierarchischen Principien haben den lebendigen, weltumfassenden Organismus der Kirche in einen starren, todten Mechanismus verwandelt; sie haben die Centralisation des römischen Systems bis auf die äußerste Spitze hinauf getrieben, so daß der unfehlbare Papst nunmehr gleichsam die ganze Kirche absorbirt, die Welt umfassende Peripherie aller christlichen Völker ins römische Centrum hineinzieht. Und wir, die freien Söhne des alten Germanenthums, sollen uns eine Verunstaltung des Christenthums in der Weise gefallen lassen? Wird nicht offenbar durch eine solche Centralisation das Wesen der Kirche tief alterirt, geschädigt, sogar vernichtet? Wird bei einer solchen Centralisation ein wahrhaft freies, christliches Leben jemals möglich werden? O nein, o nein, und abermals nein! Wird nicht durch diese italienische Veräußerlichung der Religion auch der Kern des Evangeliums allmälig für die großen Massen verloren gehen? Ganz gewiß. Rom selbst, meine Herren, kann uns dafür zum Beweise dienen, und mein verehrter vorletzter Herr Vorredner hat darauf bereits hingewiesen; denn vielleicht nirgends in der Welt ist das Christenthum so verweltlicht, so veräußerlicht, so geist- und ideenlos geworden, wie gerade im Centrum der Hierarchie, wo das christliche Imperium der Päpste seit vielen Jahrhunderten ganz frei, ganz unumschränkt, ganz alleinherrschend gewesen. Und wir sollten uns eine derartige Zumuthung stellen lassen, einzuwilligen in das, was von dortiger unberechtigter Weise uns zugemuthet wird? Wir sollten als eine Lohndiener der ecclesia militans nach dem Beispiel unserer Bischöfe fahnenflüchtig werden und dem nunmehr nothwendig gewordenen Principienkampfe feig und charakterlos aus dem Wege gehen? Wenn unsere deutschen Brüder aus Nord und Süd so todesmuthig für die nationalen Güter in den Kampf hinausgezogen, und auf den Schlachtfeldern Frankreichs ihr Blut verspritzt haben, und wenn es, meine verehrten Herrn, die berechtigte, sittliche Qualität der deutschen Nation gewesen ist und ihre zukunftsreiche Mission in der Geschichte, die da unsere Waffen siegreich gemacht und den napoleonischen Despotismus niedergeworfen hat: wird nicht dieselbe nationale Geisteskraft, dieselbe sittliche Nationalkraft des deutschen Volkes auch siegreich werden über den römischen Glaubenszwang und über diesen unberechtigten absoluten Gehorsam, den man von uns verlangt? (Bravo.)

Wir haben als Deutsche die doppelte Pflicht gegen diese maßlosen Zumuthungen Roms Front zu machen, dagegen anzukämpfen; denn sie widerstreben eben so sehr unserem deutschen Nationalgefühle, als sie auch dem Geiste des Christenthums diametral entgegengesetzt sind. Das neu-testamentliche Gottesreich ist ja doch kein Reich des religiösen Zwanges, es ist kein Reich einer blos äußerlich vorgeschriebenen Bekenntnißweise. Es ist seinem innersten Wesen nach ein geistiges Reich, zunächst ein Reich der Wahrheit, (Gerechtigkeit und Liebe, das die freie sittliche Persönlichkeit des Menschen zur nothwendigen Voraussetzung hat, so daß wir durch den Glauben an Christus zur sittlichen Freiheit, zur persönlichen Selbstständigkeit erzogen, herangebildet und für das Reich einer andern Welt erzogen werden sollen.

Durch die Freiheit des Geistes ist das Christenthum entstanden, und ohne diese Freiheit hätte es niemals in den Herzen der Völker Wurzel gefaßt. (Bravo.) Hätte man in den ersten Jahrhunderten den Römern, den Griechen ein solches Christenthum geboten, wie es uns von Rom aus jetzt geboten wird, man würde gesagt haben: wir wollen es nicht, wir verlangen darnach nicht; wir wollen auf eigenen Füßen stehen, nur dem Lichte der natürlichen Vernunft folgen, dann werden wir wahrlich sicherer gehen, als wenn wir diesen blendenden Irrlichtern folgen. (Bravo.)

Aber auch unsere deutsche Nationalität widerstrebt von Hause aus einer bureaukratisch centralisirenden Allgewalt der römischen Curie; und wir sind deßhalb vollkommen berechtigt und sogar verpflichtet, diesen exorbitanten Uebergriffen uns entgegenzustellen, sie abzuwehren und eine solche dictatorische Behandlung der Religionssachen nicht für zulässig zu erachten. Wir sind ja Deutsche, denen das Freiheitsgefühl und das Freiheitsbedürfniß von Hause aus angeboren ist. (Bravo!) die dadurch ein natürliches Recht haben auf sittliche Freiheit, auf persönliche Selbstständigkeit, ja deren ganzes Wesen sogar darauf angelegt ist, gegenüber der römischen Centralisation das germanische Individualitätsprincip innerhalb seiner berechtigten Sphäre zu einer ausgeprägten Geltung zu bringen und also der persönlichen Selbstständigkeit und sittlichen Freiheit des einzelnen Menschen auch innerhalb der kirchlichen Gemeinschaft Achtung und Anerkennung zu verschaffen. Diese Freiheit — ich spreche es aus, obschon es mir nicht vergönnt ist, darauf weiter einzugehen und es näher nachzuweisen — die wir Deutsche vor allen übrigen Nationen des Erdkreises zu vertreten die providentielle Berufung haben, sie stammt mit ihrer idealen Strebenskraft nach dem Zeugnisse, eines ausgezeichneten französischen Staatsmannes, aus den germanischen Wäldern. Wenn wir diese uns nationale Freiheit verleugnen, dann verleugnen wir unser angebornes Selbstbewußtsein, dann verleugnen wir das alte historische Recht, dann verleugnen wir das deutsche Gewissen. (Bravo.)

Oder sind wir etwa durch die romanischen Einflüsse noch nicht genug geschädigt worden in unserem religiösen Leben? Woher kommt es denn, daß unsere politischen und socialen Zustände, genau betrachtet, viel entwickelter sind, als unsere religiösen?

Weil wir dem Romanismus überantwortet, weil die römische Schablone für uns zu sehr maßgebend war. (Bravo.)

Woher kommt es, daß unsere deutschen Bischöfe für die materiellen, für die volkswirthschaftlichen Angelegenheiten der deutschen Nation, die offenbar von großer Wichtigkeit sind, so geringe Theilnahme gezeigt, daß sie für die idealen, für die nationalen Aufgaben der deutschen Nation so wenig Verständniß an den Tag gelegt? (Bravo).

Man hat ihnen das nicht mit Unrecht vielfach vorgeworfen. Darum haben sie für unsere idealen nationalen Interessen ein so geringes Verständniß an den Tag gelegt, weil sie eben zu sehr Römer geworden, weil sie ihre Natur verleugnet, ihrem Vaterlande sich entfremdet. (Bravo.)

In früheren Jahrhunderten besaß der deutsche Klerus noch eine gewisse Unabhängigkeit Rom gegenüber, und das germanische Kirchenleben hatte einen genügenden Schutz in der Selbstständigkeit des deutschen Episkopates. Wie sehr nun aber auch der letzte Rest von Selbstständigkeit verschwunden, wie sehr unsere Bischöfe nunmehr von Rom ganz und gar abhängig geworden, darüber haben uns die unsinnigen Beschlüsse des sogenannten vaticanischen Concils leider hinlängliche Auskunft gegeben. Aber was folgt daraus, wenn wir weder von Rom noch von den römischen Bischöfen — ich nenne sie „römisch", denn sie sind nicht deutsch mehr — etwas zu erwarten haben? Wir müssen uns eben selbst helfen. (Bravo.)

Wenn wir nicht im Vertrauen auf die unbesiegbare Macht der Wahrheit, im Vertrauen auf den Anfänger und Vollender unseres Glaubens alle unsere Kräfte zusammen vereinigen zu einem gemeinsamen Kampfe, dann werden wir aus dieser kirchlichen Misère niemals herauskommen.

Wenn wir nicht alle gesunden Volkskräfte in Bewegung setzen, wenn wir nicht mit der ganzen Kraft unseres sittlichen Selbstbewußtseins diese religiöse Bewegung unterstützen, nicht alle überall, in allen Städten und in jeder Gemeinde, die edelsten besten Seelen heraussuchen und zusammenvereinigen für die gemeinsame Sache, dann haben wir niemals auf ein wahrhaft erneutes, gesundes, christliches Leben zu hoffen, dann haben wir unsere Mission für das Christenthum verloren.

Das ist ein furchtbarer Gedanke. Wem blutet nicht das Herz gleichsam schon bei der Vorstellung, daß wir unsere Mission verlieren könnten für das Christenthum, für die Sache der wahren Religion!

Wahrlich, wenn nicht der Herr selbst in die ewigen Wahrheiten der Religion eine unversiegbare Lebenskraft gelegt, wenn wir nicht von der weltüberwindenden Macht des Glaubens tief und lebendig überzeugt wären, dann müßten wir in Anbetracht so trostloser Zustände an der Zukunft unserer Kirche verzweifeln.

Und da könnte man fragen, wie sind solche abnorme Zustände nur möglich geworden in der Kirche? Ich will darauf mit wenigen Worten nur einfach entgegnen: „weil man die Idee der Kirche verdunkelt hat". Das ist die einfachste Antwort, die sich darauf geben läßt. (Bravo.) Man hat den universellen Standpunkt des echten Katholicismus in Glauben und Leben einem engherzigen, einem einseitigen, einem lügenhaften Jesuitismus zum Opfer gebracht.

Man hat durch die Grundsätze vom absoluten Gehorsam, durch die klerikale Bevormundung und religiöse Veräußerlichung das selbstständige Leben in den einzelnen Gebieten, jede Selbstständigkeit der Corporationen, ja das christliche Bewußtsein innerhalb der Gemeinden erstöbtet, deprimirt, den ganzen Glauben verwirret mit allerlei Machtmitteln.

Man hat die ganze Laienwelt gleichsam zu einem passiven Substrat gemacht, was zu weiter gar nichts dient, genau betrachtet, als etwa den Bischöfen Gelegenheit zu geben, im Interesse Roms ihre Hebel einzusetzen und allüberall recht zahlreiche Peterspfennige herbeizubringen. Dafür ist die ganze Laienwelt gut! (Beifall.)

Aber eine eigenthümliche Berechtigung, eine Selbstbethätigung auf dem sittlich-kirchlichen Gebiete ist ihr nicht zuerkannt, dazu hat sie gar kein Recht.

Das sind wahrlich für uns trostlose Zustände, wenn wir nicht hoffen dürften, daß auf irgend eine Weise eine Aenderung angebahnt und möglich gemacht würde. Eines hat freilich die centralisirende Kirchengewalt, die centrale Kirchenbehörde durch alle diese Machtmittel erreicht, sie hat die Macht der Hierarchie gefestigt, sie mit laufendsachen Schanzen umgeben. Und es ist kein geringer Kampf, eine nach der andern fortzuschaffen; denn eine Schanze des Vorurtheils steht hinter der andern, ein Bollwerk der Hierarchie, aufgerichtet in selbstsüchtiger Weise, steht hinter dem andern.

Was aber die Hierarchie in solcher Weise für die Form erreicht hat, ist im Wesen der Sache verloren gegangen; denn der unfreie Glauben stirbt ab und endigt entweder in einem gewohnheitsmäßigen Kirchenthum, wie wir es jetzt in allen romanischen Ländern finden, oder aber im offenbaren Unglauben.

Wäre aber, meine verehrten Herrn, eine solche Alternative nicht das traurigste Prognostikon, das wir der Zukunft Deutschlands stellen könnten? und haben wir nicht alle miteinander die heiligste Pflicht, Angesichts einer so gewaltigen Gefahr das uralte Vermächtniß des Glaubens nach Möglichkeit zu vertheidigen? oder sollen wir es den Intriguen einer finstern Partei überlassen und uns davon zurückwenden und weichen? Das ist bequem; das wäre freilich für uns insgesammt das bequemste gewesen.

Wir haben aber die Pflicht, nach unseren besten Kräften für die Erneuerung des christlichen Glaubens, des christlichen Lebens einzustehen, dabei mitzuwirken; wir sollen „unbeschadet der Einheit der Kirche" auf nationalem Boden eine auf dem Grunde unserer deutschen Nation den berechtigten Zeitforderungen und den Bedürfnissen des deutschen Herzens, des deutschen Gemüthes entsprechende Organisation der Kirche schaffen, aber eine solche, welche uns von Rom möglichst unabhängig macht.

Ich sage nicht, meine Herrn, daß wir uns ohne weiteres von Rom losreißen sollen. Wenn Rom sich zur Wahrheit des Herrn, zum wahren Christenthum bekehrt, da brauchen wir uns nicht loszureißen; man soll uns nur unsere berechtigte Nationalität, unsere Selbstständigkeit wiedergeben.

Jede Nationalität hat ihre Eigenthümlichkeit, und die zu bewahren, ist sie verpflichtet.

Eine wahrhaft gesicherte Selbstständigkeit dieser germanischen Eigenthümlichkeit, dieser eigenthümlich gearteten Beschaffenheit ist aber nur möglich innerhalb einer festen Organisation, die uns gegen unberechtigte Ein- und Uebergriffe schützt.

Wohlan, meine sehr verehrten Herrn, kämpfen wir mitsammen den Kampf des Glaubens mit Verstand und Einsicht, mit Ruhe und Besonnenheit, nehmen wir die Mahnung, die in den großen welterschütternden Ereignissen zu uns redet, uns wohl zu Herzen.

Stellen wir uns mit der kirchlichen Bewegung gleichsam in die nationale Entwicklung mitten hinein, damit jenes zwiespältige Wesen, welches Dank der neuesten Geschichte überall offenkundig geworden, jener heillose Gegensatz zwischen Religion und Kirche, zwischen Christenthum und Hierarchie, zwischen Christenthum und Civilisation mehr und mehr verschwinde, und daß es uns möglich werde, nicht nur alle berechtigten Elemente der Wahrheit aus den verschiedenen Lebensgebieten zum harmonischen Zusammenwirken zu vereinen, sondern auch die confessionellen Gegensätze, welche der Fanatismus, der Parteihaß der letzten Zeit mehr und mehr in die Extreme hinausspitzte und hinaustrieb, mit Gottes Gnade zu einer hohen Einheit zu vermitteln, damit wir endlich zu einer wahrhaft allgemeinen, wahrhaft katholischen, echt christlichen Kirche gelangen; denn genau betrachtet, existirt sie gar nicht.

Wir haben sie zwar im Catechismus stehen; wir sagen: „Ich glaube an eine heilige allgemeine katholische apostolische Kirche" aber diese Kirche ist in der Gegenwart nicht vorhanden. Das ganze Morgenland ist losgerissen von der Gemeinschaft, das ganze Abendland ist zersplittert, zerklüftet nach allen Richtungen hin. Die Allgemeinheit haben wir nicht mehr, das universelle Christenthum, was wir haben sollten, es ist nicht da.

Hoffen wir mit Gottes Gnade, daß wir es unter uns verwirklichen, scheuen wir nicht den Kampf, denn:
„Ohne Kampf kein Sieg,
Ohne Sieg keine Krone"
sagt der Apostel.

Wir haben zwar augenblicklich keine Machtmittel, wir entbehren der menschlichen Stütze, der materiellen Hülfsmittel, aber wir haben einen mächtigen Bundesgenossen, der uns mit seiner eigenwaltenden, göttlichen Kraft ausrüsten wird, wenn wir in Reinheit der Gesinnung uns ihm hingeben und ihm bestens vertrauen. (Bravo.)

Präsident:

Ich glaube im Sinne der verehrten Versammlung zu sprechen, wenn ich sage, daß es nächst Gott wir selbst sind, die uns helfen.

Und wenn wir uns der Priester erinnern, welche gelitten für ihre Ueberzeugung, so lassen Sie uns dann auch gedenken derjenigen Gemeinde, welche zuerst sich selbst geholfen hat:
„des Pfarrers und der Gemeinde Mering."
(Stürmischer Beifall.)

Ich gebe das Wort einem andern Priester, der bereits in vielen Gauen Deutschlands schon Zeugniß seiner Ueberzeugung ablegte, Herrn Dr. Michelis.

Professor Dr. **Michelis** aus **Braunsberg**:

Hochansehnliche Versammlung! Der Gegenstand, den ich hier zu besprechen übernommen habe, ist ein unermeßlich populärer. Ich will denjenigen Paragraphen unseres Programmes zu motiviren suchen, welcher die Wirksamkeit der sogenannten Gesellschaft Jesu als unverträglich mit der gesunden Entwicklung der Kirche, der Menschheit und unseres Vaterlandes und also die Ausweisung der Jesuiten wenigstens aus unserm deutschen Vaterlande als die erste Vorbedingung der Ausführung unseres sittlichen hohen Zieles bezeichnet. (Bravo.)

Meine Herrn! Ich werde mich durch die Natur dieses Gegenstandes und durch Ihren Beifall nicht fortreißen lassen. Ich werde nicht mit gehobener Stimmung und mit Begeisterung sprechen, sondern nüchtern und kalt. Dasjenige, was ich hier unternehme, ist entweder eine Farce oder es ist ein Todesurtheil. Eine Farce wollen wir und will ich nicht aufführen. Das leichtfertige „Nieder mit Rom" und „Weg von Rom" wollen wir dem jugendlichen Uebermuth verzeihen, der die Aufgabe des Christen, des Mannes und die Weltgeschichte nicht kennt; wir aber wollen als gereifte Männer mit überlegtem Ernste überrathen, was in der That für die Kirche, für die Menschheit und für unser Vaterland als nothwendig sich erweist, und wenn es auch ein Todesurtheil heißt. Ein Todesurtheil ist unter allen Umständen eine ernste Sache, die ernst behandelt sein will. Ich werde, indem ich zugleich mit der knapp mir zugemessenen Zeit haushalte, zuerst, indem ich in wenigen kurzen Zügen das innere Wesen der sogenannten Gesellschaft Jesu Ihnen vor Augen lege, das Todesurtheil motiviren, ich werde dann an zweiter Stelle in einer Reihe von Fragen mir selbst und Ihnen die Bedenken vorlegen, welche bei einem solchen thatkräftigen und ernsten Beginnen, welches keine Farce sein soll, uns sich könnten entgegenzuwerfen scheinen.

Ich schreite also zu meinem ersten Theil und gehe mit einem ganz kurzen Blick von dem Wesen der Kirche als Organismus aus. Ich finde, daß, wenn man von der Kirche als Organismus spricht, man sehr gewöhnlich die bloße äußere Organisation mit dem Wesen der Kirche als Organismus verwechselt. Lassen Sie mich den Gedanken an den Begriffen klar machen, von denen wir hiebei ausgehen. Ich werde mich nicht ins Weite verlieren, sondern mit einem einzigen Blick, wie ich denke, die Sache zu Ende bringen.

Die Pflanze, das Thier ist ein lebendiger Organismus. Sie sind es aber nicht blos durch das, was wir äußerlich an ihnen sehen. Die Pflanze hat in dem Zusammenhange ihrer Zellen, der thierische Leib hat in den Systemen seiner Knochen, seiner Muskeln, Gefäße u. s. w. einen vollständigen Mechanismus an sich; und was in die Erscheinung tritt, das ist der Mechanismus.

Dieser Mechanismus ist aber nicht der ganze Organismus, sondern es liegt in diesem lebendigen Wesen ein tieferes Princip, ich will es hier nicht näher charakterisiren, und nicht darüber streiten, mögen wir es Lebensprincip, Seele oder wie immer nennen, welches eben diesen Mechanismus producirt und überall sich kund gibt. So ist es auch mit der Kirche.

Nicht die äußere irdische Erscheinung der Kirche, die organisirt ist in ihrer Verfassung, ist schon die ganze Kirche als Organismus, sondern dazu gehört eben dieses ihr wahres Lebensprincip. Das ist aber kein anderes, als das Fleisch gewordene Wort, als eben der Mensch gewordene Sohn Gottes, der als das tiefste Lebensprincip in die Menschheit zu ihrer Regeneration wieder eingetreten ist.

Wer also die blos äußere Erscheinung der Kirche in der Organisation ihrer Verfassung mit diesem ganzen Organismus der Kirche verwechselt, der begeht den ganz vollständig analogen und adäquaten Irrthum mit unsern Materialisten, welche eben auch den Mechanismus mit dem Organismus des Lebens verwechseln.

Die Geschichte der Kirche zeigt nun, daß im Mittelalter eben eine solche Hervorkehrung ihrer blos äußeren Form in der Verfassung eingetreten ist, so daß die Kirche ganz und gar blos nach ihrer äußeren Erscheinung gewissermaßen sich concentrirt hat und eben deshalb auch in ihrer Verfassung selbst durch den Absolutismus, wozu dies weltlich gewordene Papstthum sich erhöht, in eine solche blos dem Mechanismus folgende Concentration eingetreten ist. Aus diesem Zustande der mittelalterlichen Kirche ist hervorgegangen nach der einen Seite die Infallibilität und nach der andern Seite der Jesuitenorden.

Und indem ich die Dinge in diesem Zusammenhange betrachte, wird Ihnen sofort klar werden, weßhalb denn in der Wirklichkeit die Infallibilität und der Jesuitenorden zwei ursächlich und wechselseitig mit einander verbundene Dinge und Erscheinungen sind.

Auf den ersten Punkt werde ich mich nun hier nicht einlassen.

Ich will meine Ansicht nur in dem einen Satz zusammenfassen, daß ich die dogmatisirte Infallibilität als nichts anders betrachte als den Reflex der mittelalterlichen Papstherrlichkeit, welcher Reflex deswegen jetzt zu einem Dogma geworden ist, weil mit dem Abgang des Mittelalters, in dem seine wissenschaftliche Form in der Scholastik festgehalten wurde, zu gleicher Zeit eine solche Verdunklung und Erniedrigung und Abschwächung der Intelligenz in die Theologie und in das kirchliche Bewußtsein eingetreten ist, daß man sich nicht mehr schämt, mit ruhigem Bewußtsein Lüge als Wahrheit zu verkünden.

Es ging aber der Jesuitismus aus dieser selben Quelle hervor. Der Jesuitismus ist nichts anderes als eine Institution, welche dazu begründet ist, diese mittelalterliche mechanische Form der Kirche festzuhalten und als das Wesen der Kirche selbst geltend zu machen.

Daß das möglich war, liegt eben in jenem Entwickelungsgang der Geschichte, da eben die menschlichen Dinge in der Regel im Gegensatz sich bewegen. Weil der Reformationsversuch in der Kirche in Luther in der That zu einer Revolution, zu einer Verleugnung des Kirchenautoritätsprincips überschlug, so ward auf der andern Seite durch den Jesuitismus das Autoritätsprincip in jener abnormen und verkehrten krankhaften Weise geltend gemacht, wie es im Jesuitenorden repräsentirt ist.

Indem sich eine Gesellschaft in der Kirche bildete, die gewissermaßen das rein mechanisch gewordene Princip in der Kirche repräsentirt, ist nothwendig geworden, daß der Grundcharakter dieser Gesellschaft in Verleugnung der moralischen Berechtigung der individuellen Persönlichkeit besteht.

Der Jesuitismus ist jener Mechanismus, der den Geist, den persönlichen Willen, das Bewußtsein, die Freiheit im Menschen zum bloßen Stück in seiner Maschine machen will. (Bravo.)

Ich sagte: „machen will", ich mußte sagen: in Wirklichkeit macht; denn so weit das möglich, ist das unter dem Schein des katholischen Autoritätsprincips in der sogenannten Gesellschaft Jesu ausgeführt worden.

Wir können den Weg dieser Ausführung sehr leicht bezeichnen, es sind drei Schritte.

Zunächst heißt es: du als Mensch bist Gott deinem Schöpfer absoluten Gehorsam schuldig. Das wird Keiner bestreiten, der Gott als seinen Schöpfer anerkennt.

Zweiter Schritt: Gott ist repräsentirt in seinen Stellvertretern auf der Erde, also bist du auch dem Stellvertreter Gottes auf Erden absoluten Gehorsam schuldig.

In diesem zweiten Schritt liegt offenbar schon die Sophistik, denn das wirkliche Reich Gottes auf Erden verlangt keinen solchen Stellvertreter. Das ist eben das, wozu die Infallibilität das katholische Princip verunstaltet hat.

Der dritte Schritt ist: du, welcher du eintrittst in die Gesellschaft Jesu, du mußt deinem Ordensobern, der sich zum absoluten Gehorsam dem Papste verpflichtet hat, vollständig als den Stellvertreter Gottes für dich betrachten, so daß du ihm gegenüber deine Individualität aufgibst, denn wenn der Ordensobere dir sagt: (es sind das die Worte des Ignatius) das Weiße, was du siehst, ist schwarz, so mußt du mit ihm sagen, das ist nicht weiß, sondern schwarz.

Sie werden so das Räthsel des Infallibilitätsglaubens begreifen, wenn Sie erwägen, daß unsere Bischöfe und heutigen Theologen in der Schule des Jesuitismus gebildet sind.

Das Princip des Jesuitismus ist also die Entziehung der persönlichen Geltung des Menschen. Es ist dieses Princip an und für sich schon unsittlich. Ich sage geradezu: es ist mehr, es ist dämonisch, es zerstört in dem Menschen das Heiligste, was ihm Gott gab — das Bewußtsein seiner Freiheit und seiner Gottesebenbildlichkeit; denn ich glaube nie und nimmer, daß weder der Papst noch der General der Jesuiten in Wirklichkeit je an die Stelle Gottes treten kann, so daß wir Gottesähnlichkeit erhielten, wenn wir uns nach ihrem Vorbild richteten.

Dieser verderbliche Einfluß des Jesuitismus zeigt sich vor Allem in der Wissenschaft.

Er unterschiebt der Fortentwicklung der Wissenschaft im Glauben ein bestimmtes philosophisches Schulsystem des hl. Thomas v. Aquin, das ein für seine Zeit bedeutendes, aber höchst mangelhaftes einseitiges System ist. Diese Unterschiebung bewirkt den furchtbaren Zustand im christlichen Bewußtsein, jene furchtbare Verworrenheit, die das Dogma mit der Schulmeinung zusammenwirft.

Zweitens führt der Jesuitismus sein Princip durch — die Moral schiebe ich noch zurück — thatsächlich in dem Einzelnen.

Er verlangt von Jedem, der in den Orden tritt, das absolute Opfer seines Willens, absoluten Gehorsam, den wir doch nur Gott allein schuldig sein können.

Aber nicht zufrieden damit, verlangt er auch das Opfer der Erkenntniß und des Verstandes, so daß eben wenn der Ordensobere sagt: zweimal zwei sind fünf, dieses der Jesuit nachsagen muß.

Bedenken Sie nun eine solche vollständig gebrochene Individualität, und Sie werden begreifen, was das Moralsystem der Jesuiten zu bedeuten hat.

Von einer Moral im eigentlichen Sinn, von einem Handeln nach innerstem Gewissen und Ueberzeugung kann keine Rede mehr sein. Ihr Gesetz ist ein solches Moralgesetz, dem sich jeder Einzelne anbequemen muß; und weil das Gewissen im Menschen doch nie ausstirbt, ist die ganze jesuitische Moral darauf angewiesen, in allerhand Theorien von geheimen Reservationen, durch den Probabilismus etwas als Moral hinzustellen, was wir in Wahrheit nur als eine Vernichtung, als einen Hohn aller Moral ansehen können. (Bravo.)

Wäre dieses System innerhalb der Gesellschaft Jesu abgeschlossen, so könnte man vielleicht sagen: lassen wir die Leute in ihrem Kloster machen, was sie wollen, obgleich auch das nicht richtig wäre; denn das wahre Interesse der menschlichen Gesellschaft muß sich auch um das bekümmern, was im Geheimen der Klöster vor sich geht, und es ist nicht richtig, daß da geschehen kann, was man will, (Bravo) ohne daß das menschliche Bewußtsein eine Aufsicht darauf hat.

Aber ganz anders gestaltet sich die Sache, wenn eine Gesellschaft mit solchen Grundsätzen sich mitten hineinsetzt in die menschliche Gesellschaft, wenn sie sich geltend machen will als diejenige, die den höchsten Willen Gottes den Menschen bringt; dann erscheint eine so wirkende Gesellschaft innerhalb der Kirche und der menschlichen Gesellschaft nicht anders in sittlicher Beziehung als wie ein Giftmischer in Bezug auf das leibliche Wohl des Menschen. (Bravo.)

Vielleicht könnte es scheinen, daß alle diese Schäden überwunden würden durch das Princip des Uebernatürlichen in der Religion, was die Jesuiten als Ordensgesellschaft für sich in einer fast exclusiven Weise in Anspruch zu nehmen gesonnen sind. Es wäre das wieder ein Gegenstand, worüber viel zu sagen wäre und ich mich tief einzulassen hätte. Ich will nur das eine anführen, daß, wenn so das Uebernatürliche zu einer bloßen Schul- und Ordensformel gemacht wird, es dann wohl begreiflich ist, wie erleuchtete und sonst auch sittlich hochstehende Männer durch diesen Begriff und Gedanken des Uebernatürlichen sich irre leiten lassen können, so daß sie eben die natürliche Stimme ihres Gewissens für gar nichts mehr achten und glauben, daß sie noch heilige und gute Christen sein könnten, wenn sie auch über die natürliche Stimme ihres Gewissens sich wegsetzen, um dem übernatürlichen Gebote der Kirche, wie sie es meinen, zu genügen, — was der Apostel Paulus freilich anders gemeint hat.

Sollten aber durch diese Vorkehrung des Princips des Uebernatürlichen die Jesuiten, die Gesellschaft Jesu, weniger schädlich werden für die Kirche und die menschliche Gesellschaft?

Ich will diese Frage mit der andern beantworten, ob ein Giftmischer wohl deshalb weniger schädlich und verderblich wäre, wenn dieser Giftmischer ein concessionirter Apotheker wäre.

Ich habe in Berücksichtigung der Kürze meiner Zeit mich mit dieser kurzen Motivirung des Todesurtheils begnügen müssen. Ich glaube aber, daß ich kein unwahres Wort gesagt habe, daß ich nichts gesagt habe, was nicht aus den authentischsten Quellen der Gesellschaft selbst nachgewiesen werden kann und offen daliegt. Wenn aber das wahr ist, dann glaube ich, ist das Todesurtheil motivirt, dann werden wir einstimmig sein in dem Urtheile, daß eine Gesellschaft mit solchen Principien, mit einer solchen vollständigen Umkehrung der göttlichen Wahrheit und der göttlichen Moral ein Gift für die menschliche Gesellschaft ist, welches innerhalb ihrer nicht geduldet werden darf und kann.

Ich gehe zum zweiten Theile über und werde in kurzer Beantwortung einiger Fragen, die sich Jedem hier wohl aufdrängen, die Bedenken entfernen, welche vielleicht der wirklichen thatkräftigen Ausführung eines solchen Urtheils entgegenstehen könnten.

Zunächst kann man ja sagen: Wenn das wahr ist, wenn der Jesuitismus, wenn diese Institution ein so verderbliches, so schlechtes Princip vertritt, wie hat sie dann innerhalb der katholischen Kirche bestehen können?

Wird da nicht die Kirche selbst nothwendig in Mittriben=
schaft gezogen?

Ich weiß wohl, daß dieser Schein groß genug ist, aber ich
weiß auch, daß dieser Schein lange Zeit genug gewährt hat, daß
wir einmal zu der ganz klaren Erkenntniß kommen müssen, daß
Jesuitismus und katholische Kirche himmelweit verschiedene Dinge
sind, daß der Jesuitismus nichts anderes ist, als eine menschliche
Gesellschaft, soll ich sagen eine Klostergesellschaft? Nein; soll ich
sagen eine weltliche Corporation? Nein. Also ein Mittelding
zwischen Kloster- und weltlichem Wesen.

Am richtigsten würde ich vielleicht sagen: Eine politische Ge=
sellschaft, welche sich gewisse Ziele gesteckt hat, die sie nun unter
dem Scheine und der Autorität der Kirche in die Welt bringt.

Jesuitismus und Kirche ist also nicht dasselbe; und wenn man
die Geschichte des Jesuitenordens etwas näher ansieht, so wird
man leicht gewahr werden, daß der Orden in der That beständig
nur in einem gewissen Gegensatz zur Kirche bestanden hat, ich
spreche dabei natürlich von dem inneren Princip. Ich leugne
nicht das Gute, was Einzelne im Orden geleistet haben, das Tüch=
tige und Verdienstliche, das er auch hat.

Ich muß mich eben kurz ausdrücken. Aber die Päpste haben
eigentlich in einem beständigen Kampfe mit dem Jesuitismus ge=
standen; und wie man das auch nehmen will, jedenfalls steht fest,
daß durch Papst Clemens XIV in einem so authentischen De=
crete, wie je eines ex cathedra vom Papste erlassen worden ist,
die Jesuitengesellschaft vor jetzt fast hundert Jahren als eine ge=
meinschädliche Gesellschaft aufgehoben und ausgewiesen worden ist.

Damit fällt die ganze Vertheidigung des Jesuiten-Ordens
von etwa kirchlichem Standpunkte aus.

Wir würden nun eine zweite Aufhebung des Jesuiten-Ordens
durch einen erleuchteten Papst erwarten, wenn wir Hoffnung da=
zu hätten. Das steht in Gottes Hand; vorläufig müssen wir
selbst Hand anlegen.

Ein zweiter möglicher Einwurf wäre dieser: da ja — könnte
mir einer sagen — nach Deinem eigenen Urtheil die Gesellschaft Jesu
ein in sich selbst so grundverkehrtes Princip hat, nichts Grund=
verkehrtes aber auf die Dauer in der Welt bestehen kann, so wird
sie schon von selbst zu Grunde gehen; thut nur Nichts dazu, Ihr könn=
tet vielleicht dadurch nur schaden. — In der That ist das Prin=
cip des Jesuiten-Ordens ein steriles; und wer die Geschichte ver=
folgt, wird sehen, daß es freilich im Anfange noch ein gewisses
höheres Leben aus der Kirche in sich trug, mehr und mehr aber
in der Wissenschaft, Kunst und socialen Wirkung steril geworden
und zurückgegangen ist, und ich würde deßhalb diesem Vorwurfe
gern beistimmen. Ich würde auch die Gesellschaft Jesu ruhig in sich
wirthschaften und in sich zu Grunde gehen lassen, wenn wir noch
einen Episcopat hätten. Weil wir aber factisch keinen Episcopat

mehr haben, weil unser Episcopat durch das von den Jesuiten an⸗
gelegte Infallibilitäts-Decret zu willenlosen Werkzeugen des zum
Despoten in der Kirche erhobenen Papstes geworden ist, haben
wir kein anderes Mittel mehr, als selbstthätig Hand anzulegen
mit dem, was uns zu Gebote steht; und auf die Gefahr hin, daß
man uns verleumden sollte, wenn wir die Hülfe des Staates zur
Aufhebung des Jesuiten⸗Ordens in Anspruch nehmen, werde ich
mich unter diesen Umständen darin nicht irre machen lassen. Das
würde mir vorkommen, als ob einer einen Menschen tadeln wollte,
weil er einen Hebel gebrauchte, wenn er den Stein mit der bloßen
Kraft seiner Hände nicht fortbewegen kann. (Bravo.) Es ist
aber Gefahr im Verzuge. Wäre im Jahre 1848, als die Bischöfe
zu Würzburg zusammenkamen, ein ähnlicher Versuch gemacht
worden, wie er jetzt mit der Infallibilität gemacht worden ist, ist
es so sicher, als $2 + 2 = 4$ ist, daß an ein Gelingen dieses Ver⸗
suchs damals nicht zu denken gewesen wäre. Zwanzig Jahre der
Wirksamkeit der Jesuiten in Deutschland nach ihrem wohl angelegten
Plane haben genügt, unsern Episcopat und unsere Geistlichkeit zu
corrumpiren, daß sie heute das großartigste und traurigste Beispiel
einer moralischen Niederlage geben, welches je eine Genossenschaft
auf Erden erlitten hat! (Bravo.) Sollen wir abermals 20 Jahre
warten, sollen wir nur 10, nur 5 Jahre warten, bis das Uebel
dann vollständig unheilbar geworden ist? Jetzt lebt noch die
Generation, deren Nestor und Führer Döllinger ist, die Gene⸗
ration jener bessern Theologen in Deutschland, die allein im Stande
und von Gott erwählt ist, diesem Unheil in der Kirche ein Ende
zu machen. Aber abermals 20 Jahre jesuitischer Wirksamkeit und
eine solche Generation wird nicht mehr da sein! Gegen die phy⸗
sische Allmacht so wirkender Kräfte kann der Mensch Nichts.
Wollen wir uns nicht moralisch zurückziehen, wollen wir nicht den
Kampf für die Wahrheit, den Kampf für den Glauben aufgeben,
dann müssen wir heute Hand anlegen, um den Jesuitismus aus
Deutschland zu entfernen.

Ich frage ferner: Ist es möglich? Ja wohl, sage ich, es ist
sehr gut möglich. Die Jesuiten existiren nach der Gesetzgebung
auch des neuen deutschen Reiches nicht mit Recht in Deutschland.
Es bedarf keines neuen Gesetzes, es bedarf nur der vom Volks⸗
bewußtsein getragenen Anträge an den Reichstag, an die betref⸗
fenden Autoritäten, und wir werden auf ganz gesetzlichem Wege
ruhig und ohne großes Aufsehen den Jesuitismus aus Deutschland
entfernen. Sollten sie dann vielleicht so weit gehen, daß sie die
Waffen des fanatisirten Pöbels (ich sage des fanatisirten katholi⸗
schen Pöbels; denn wer fanatisirt ist, der gehört zum Pöbel) für
sich in die Schranken rufen, so sollen sie es thun. Noch wird die
Kraft des Gesetzes stark genug seyn, um den Sieg zu erringen.
 (Bravo.)

Endlich, dürfen wir es denn unserem Gewissen nach wagen,

wegen unserer Einsicht in die innere Schädlichkeit des Jesuiten-Ordens einen solchen Schritt zu thun? Müssen wir uns nicht fragen, was soll an die Stelle desselben treten? Wer soll denn das leisten, was sie jetzt leisten? Nun das ist mir die allergeringste Sache. Was vertreten die Jesuiten? Das Autoritätsprincip? Wie wird das Autoritätsprincip durch eine solch' einseitige und unwahre Uebertreibung des Autoritätsprincipes gesichert und in der Welt grundgelegt? Oder wird es grundgelegt durch die Förderung der ächten Freiheit in Verbindung mit der Autorität? Und anders kenne ich keine Freiheit. Also die Autorität und das Autoritätsprincip wird auch ohne die Jesuiten und besser ohne sie vertreten sein. Oder in der Wissenschaft — sind sie dort uns unersetzlich? Nun, das Geringe, was die neueren Jesuiten in der Wissenschaft geleistet haben, das haben sie aus den Quellen geschöpft, die die bessere deutsche Wissenschaft ihnen bereitet hat. Selbstständig hat noch kein neuerer Jesuit etwas geleistet. Oder in der Seelsorge? Nun wahrhaftig unsere Seelsorge hat ohne die Jesuiten ebenso gut und besser bestanden wie jetzt; und sie wird in der Zukunft besser bestehen wie jetzt, wenn unsere Theologen nicht mehr nach der jesuitischen Dogmatik und nicht mehr nach dem Moralsystem von Gury unterrichtet werden, sondern wenn wir wieder eine gründliche Wissenschaft haben, wie wir sie gewohnt.

Oder etwa für die Missionen? Nun, die Missionen sind ein sehr zweifelhaftes Ding, worüber sich viel sagen läßt; jedenfalls aber, wenn Missionen nothwendig und gut sind, sind sie auch durch andere Ordensleute und Weltpriester ebenso gut herzustellen, als nach der Schablone der Jesuiten.

Also welche Bedenken ich auch immer mir vorlegen mag, ich finde keines, welches die Motivirung des Todesurtheils abschwächen könnte. Wir stehen an dem Punkte: wir müssen etwas thun. Und was wir auch immer beginnen und thun werden zur Besserung unserer kirchlichen Zustände, alles wird vergebens sein, wenn nicht der Jesuitenorden mit seinen absolut verkehrten Grundsätzen und Principien entfernt ist.

Es ist, wie ich schon oben erwähnt habe, schon einmal über den Jesuitenorden das kirchliche Urtheil von Seite des Papstes Clemens XIV. gesprochen worden. Es ist dieses Urtheil von der Curie ausgegangen, und der Papst gibt als Hauptgrund für die Aufhebung des Jesuiten-Ordens an, daß sie die inneren Störenfriede in der christlichen und menschlichen Gesellschaft sind.

Heutzutage, in diesem Augenblicke, wenn wir nicht auf einen ähnlichen Schritt hoffen können, muß derselbe geschehen von dem innern sittlichen Bewußtsein des katholischen Volkes aus in Verbindung mit der rechtmäßigen Staatsgewalt, welche ihrerseits das nothwendige Bedürfniß erkennen muß, ein solches gemeinschädliches Princip aus der Gesellschaft zu entfernen. Und wenn es in diesem ruhigen und klaren Bewußtsein geschieht, dann haben wir die Hoffnung, daß sich an die Stelle dieser von den Jesuiten verunstalteten Kirche der wahre Gedanke und die wahre Idee der Kirche in unserem Vaterlande, und in der Menschheit so wieder aufbauen, daß wir wenigstens fürs Erste keine Erneuerung des Jesuiten-Ordens zu fürchten hätten. (Bravo!)

Präsident Professor v. Schulte:

Hochgeehrte Versammlung! Lassen Sie mich noch einige Worte sprechen, bevor ich mein Amt in die Hände des Präsidenten des Lokalcomités niederlege.

Es war beschlossen worden, daß am Schlusse der heutigen Versammlung einer der verdientesten Männer in wenigen Worten das Programm motiviren und dann der Versammlung vortragen sollte, nämlich Herr Professor Dr. Friedrich von hier.

Leider vergönnt es die abgelaufene Zeit nicht, daß diesem Folge gegeben werden kann; aber wohl vergönnt es die Zeit, daß ich ihm den Dank darbringen darf, gewiß in aller Namen, für das, was er gethan, was er geleistet, was er erstrebt. (Beifall.)

Wenn Sie nun, meine hochverehrten Herrn, auf diese Weise den Wortlaut des Programms hier nicht hören, so darf ich doch annehmen, daß Sie ihn aus den öffentlichen Blättern kennen, oder noch lesen werden. Sie haben durch ihre Anwesenheit, die Begeisterung und Zustimmung, welche Sie gezeigt haben, gestern und heute den Beweis geliefert, daß Sie zu den Sätzen stehen, die wir als unser religiöses, culturliches, religiös-politisches Glaubensbekenntniß formulirt haben. Aber nicht blos mit der Annahme ist es genug. Das lassen Sie mich, der ich, wenngleich mit schwachen Kräften hier im Namen Aller stehe, die sich als Deputirte, als Repräsentanten der gläubigen Katholiken Deutschlands und darüber hinaus ansehen dürfen, aussprechen, es möge jeder, hinausgegangen in die Heimath, sich laut und offen zu diesen Grundsätzen bekennen. Man macht den Vorwurf: es gibt keine Männer. Lassen Sie mich nicht vergeblich die Aufforderung, als deutsche Männer treu zu handeln, an Sie richten.

Ich kann diesen Ort nicht verlassen, ohne auch das hervorzuheben, daß es nothwendig ist, ein Organ zu haben, welches mit voller ungetheilter Kraft die Wahrheit und Berechtigung unserer Ideen vertritt. Da alle ultramontanen Blätter systematisch Alles verdrehen, da in manchen Gegenden systematisch von Seiten des Clerus auf die Unterdrückung hingearbeitet wird, da keiner politischen Zeitung — soviel auch einzelne, die Augsburger Allgemeine Zeitung voran, für unserer Bewegung gethan haben, — anzusinnen ist, daß sie in das Detail der Bewegung eingehe, alle einzelnen Fragen behandle: so ist ein specifisches Blatt eine Nothwendigkeit. Ein solches haben wir geschaffen in dem zu Cöln erscheinenden, durch alle Postanstalten zu beziehenden „Rheinischen

Merkur". Ich möchte ihnen darum dies Organ recht ans Herz legen.

Nun lassen Sie mich zum Schlusse den Dank der Versammlung darbringen dem Manne, der seit 50 Jahren an der Spitze der deutschen Wissenschaft steht. Ich habe vergessen, eine der größten Zierden Münchens hervorzuheben. Nicht die Kunstpaläste, nicht was es gethan hat für Kunst und Wissenschaft überhaupt ist es allein, was München groß macht. Nein, München war auch der Ort, an welchem zu jener Zeit, als das Wort „katholische Wissenschaft" verhöhnt werden durfte, namentlich auf dem Gebiete der Theologie zwei Männer auftraten, welche sie zu Ehren brachten. Es war der selige Möhler und ist Döllinger; und gerade dieser Nestor deutscher Theologen, den wir 50 Jahre im Lehramte sehen, er hat treu gestanden bis zum heutigen Momente, während viele seiner Schüler, weil die Tiara auf ihren Köpfen sitzt, von den wahren Grundsätzen abgewichen sind.

Ich glaube, ihm nicht blos im Namen dieser Versammlung, sondern aller Katholiken, welche zu der ächten, alten, katholischen Kirche halten, den tiefsten Dank darbringen zu dürfen. (Beifall.)

Somit, meine Herren, nehmen Sie unseren, der von auswärts gekommenen Delegirten, Dank und halten Sie fest an den Grundsätzen.

Ich trete hiemit zurück und übergebe die Vorstandschaft dem hiesigen Vorstande.

Oberstaatsanwalt v. Wolf, Vorsitzender des Münchner Comités:

Meine Herrn! Mir liegt ob, noch eine ganz besondere Pflicht zu erfüllen. Ich glaube hier die Ueberzeugung aussprechen zu sollen, daß unser erhabener, von den edelsten Absichten, von der reinsten Liebe zu seinem Volke erfüllter Monarch, welchem ächt patriotische, erleuchtete Räthe der Krone zur Seite stehen, in huldvoller Weise seine Sympathien unserem Ringen, unserm Vorgehen, unserer Bewegung zuwende.

Meine Herrn! Wollen wir unserm allergnädigsten König die schuldige Verehrung dadurch bezeugen, daß wir aus vollster Brust rufen: Seine Majestät, unser allergnädigster König, er lebe hoch! hoch! hoch! (Stürmische Zustimmung.)

Ich erkläre unter Wiederholung des tiefgefühlten Dankes für Ihre Theilnahme an unserem Congresse die Sitzung für geschlossen.

Programm
des
Katholiken-Congresses in München.
(22.—24. September 1871.)

I. Im Bewußtsein unserer religiösen Pflichten halten wir fest an dem alten katholischen Glauben, wie er in Schrift und Tradition bezeugt ist, sowie am alten katholischen Cultus. Wir betrachten uns deshalb als vollberechtigte Glieder der katholischen Kirche, und lassen uns weder aus der Kirchengemeinschaft noch aus den durch diese Gemeinschaft uns erwachsenden kirchlichen und bürgerlichen Rechten verdrängen.

Wir erklären die wegen unserer Glaubenstreue über uns verhängten kirchlichen Censuren für gegenstandslos und willkürlich, und werden durch dieselben an der Bethätigung der kirchlichen Gemeinschaft in unserem Gewissen nicht beirrt und nicht verhindert.

Von dem Standpunkte des Glaubensbekenntnisses aus, wie es noch in dem sog. Tridentinischen Symbolum enthalten ist, verwerfen wir die unter dem Pontifikate Pius' IX. im Widerspruche mit der Lehre der Kirche und den vom Apostel-Concil an befolgten Grundsätzen zu Stande gebrachten Dogmen, insbesondere das Dogma von dem „unfehlbaren Lehramte" und von der „höchsten, ordentlichen und unmittelbaren Jurisdiction" des Papstes.

II. Wir halten fest an der alten Verfassung der Kirche. Wir verwerfen jeden Versuch, die Bischöfe aus der unmittelbaren und selbstständigen Leitung der Einzelkirchen zu verdrängen. Wir verwerfen die in den vaticanischen Decreten enthaltene Lehre, daß der Papst der einzige göttlich gesetzte Träger aller kirchlichen Autorität und Amtsgewalt sei, als im Widerspruche stehend mit dem Tridentinischen Canon, wonach eine göttlich gestiftete Hierarchie von Bischöfen, Priestern und Diaconen besteht. Wir bekennen uns zu dem Primate des römischen Bischofes, wie er auf Grund der Schrift von den Vätern und Concilien in der alten ungetheilten christlichen Kirche anerkannt war.

a) Wir erklären, daß nicht lediglich durch den Ausspruch des jeweiligen Papstes und die ausdrückliche oder stillschweigende

Zustimmung der dem Papste zu unbedingtem Gehorsam eidlich verpflichteten Bischöfe, sondern nur im Einklange mit der hl. Schrift und der alten kirchlichen Tradition, wie sie niedergelegt ist in den anerkannten Vätern und Concilien, Glaubenssätze definirt werden können. Auch ein Concil, welchem nicht, wie dem vaticanischen, wesentliche äussere Bedingungen der Oecumenicität mangelten, welches aber in allgemeiner Uebereinstimmung seiner Mitglieder den Bruch mit der Grundlage und Vergangenheit der Kirche vollzöge, vermöchte durchaus keine die Glieder der Kirche innerlich verpflichtenden Dekrete zu erlassen.

b) Wir betonen, daß die Lehrentscheidungen eines Concils im unmittelbaren Glaubensbewußtsein des katholischen Volks und in der theologischen Wissenschaft sich als übereinstimmend mit dem ursprünglichen und überlieferten Glauben der Kirche erweisen müssen. Wir wahren der katholischen Laienwelt und dem Clerus wie der wissenschaftlichen Theologie bei Feststellung der Glaubensregeln das Recht des Zeugnisses und der Einsprache.

III. Wir erstreben unter Mitwirkung der theologischen und canonistischen Wissenschaft eine Reform in der Kirche, welche im Geiste der alten Kirche die heutigen Gebrechen und Mißbräuche hebe und insbesondere die berechtigten Wünsche des katholischen Volks auf verfassungsmäßig geregelte Theilnahme an den kirchlichen Angelegenheiten erfüllen werde, — wobei, unbeschadet der kirchlichen Einheit in der Lehre, die nationalen Anschauungen und Bedürfnisse Berücksichtigung finden könnten.

Wir erklären, daß der Kirche von Utrecht der **Vorwurf des Jansenismus** grundlos gemacht wird, und folglich **zwischen ihr und uns** kein dogmatischer Gegensatz besteht.

Wir hoffen auf eine Wiedervereinigung mit der griechisch-orientalischen und russischen Kirche, deren Trennung ohne zwingende Ursachen erfolgte und in keinen unausgleichbaren dogmatischen Unterschieden begründet ist.

Wir erwarten unter Voraussetzung der angestrebten Reformen und auf dem Wege der Wissenschaft und der fortschreitenden christlichen Cultur allmälig eine Verständigung mit den protestantischen und den bischöflichen Kirchen.

IV. Wir halten bei der Heranbildung des katholischen Clerus die Pflege der Wissenschaft für unentbehrlich.

Wir betrachten die künstliche Abschließung des Clerus von der geistigen Cultur des Jahrhunderts (in Knabenseminarien und einseitig von Bischöfen geleiteten höheren Lehranstalten) bei dessen großem Einflusse auf die Volkscultur als gefährlich und höchst ungeeignet zur Erziehung und Heranbildung eines sittlich frommen, wissenschaftlich erleuchteten und patriotisch gesinnten Clerus.

Wir verlangen für den sog. niederen Clerus eine würdige und gegen jegliche hierarchische Willkür geschützte Stellung. Wir **verwerfen** die durch das französische Recht eingeführte und neuestens allgemeiner angestrebte willkürliche **Versetzbarkeit** (amovibilitas ad nutum) der Seelsorgsgeistlichen.

V. Wir halten zu den die bürgerliche Freiheit und humanitäre Cultur verbürgenden Verfassungen unserer Länder, verwerfen darum auch aus staatsbürgerlichen und culturhistorischen Gründen das den Staat bedrohende Dogma von der päpstlichen Machtfülle und erklären, unseren Regierungen im Kampfe gegen den im Syllabus dogmatisirten Ultramontanismus treu und fest zur Seite zu stehen.

VI. Da offenkundig durch die sog. „Gesellschaft Jesu" die gegenwärtige unheilvolle Zerrüttung in der katholischen Kirche verschuldet worden ist; da dieser Orden seine Machtstellung dazu mißbraucht, um in Hierarchie, Clerus und Volk culturfeindliche, staatsgefährliche und antinationale Tendenzen zu verbreiten und zu nähren; da er eine falsche und corrumpirende Moral lehrt und geltend macht: so sprechen wir die Ueberzeugung aus, daß Friede und Gedeihen, Eintracht in der Kirche und richtiges Verhältniß zwischen ihr und der bürgerlichen Gesellschaft erst dann möglich ist, wenn der gemeinschädlichen Wirksamkeit dieses Ordens ein Ende gemacht sein wird.

VII. Als Glieder der katholischen noch nicht durch die vaticanischen Decrete alterirten Kirche, welcher die Staaten politische Anerkennung und öffentlichen Schutz garantirt haben, halten wir auch unsere Ansprüche auf alle realen Güter und Besitztitel der Kirche aufrecht.

www.ingramcontent.com/pod-product-compliance
Lightning Source LLC
Chambersburg PA
CBHW031745230426
43669CB00007B/484